Bibliografische Information der Deutschen Nationalbibliothek
Die Deutsche Nationalbibliothek verzeichnet diese Publikation
in der Deutschen Nationalbibliografie; detaillierte
bibliografische Daten sind im Internet über
http://dnb.ddb.de abrufbar.

Hardy Gundlach (Hrsg.)
Public Value in der Digital- und Internetökonomie
Köln : Halem, 2011

Alle Rechte, insbesondere das Recht der Vervielfältigung
und Verbreitung sowie der Übersetzung, vorbehalten.
Kein Teil des Werkes darf in irgendeiner Form (durch
Fotokopie, Mikrofilm oder ein anderes Verfahren)
ohne schriftliche Genehmigung des Verlages reproduziert
oder unter Verwendung elektronischer Systeme
(inkl. Online-Netzwerken) gespeichert, verarbeitet,
vervielfältigt oder verbreitet werden.

© 2011 by Herbert von Halem Verlag, Köln

ISBN 978-3-86962-013-8

http://www.halem-verlag.de

E-Mail: info@halem-verlag.de

SATZ: Herbert von Halem Verlag
DRUCK: docupoint GmbH, Magdeburg
GESTALTUNG: Claudia Ott Grafischer Entwurf, Düsseldorf
Copyright Lexicon ©1992 by The Enschedé Font Foundry.
Lexicon® is a Registered Trademark of The Enschedé Font Foundry.

Hardy Gundlach (Hrsg.)

Public Value in der Digital- und Internetökonomie

Herbert von Halem Verlag

Inhalt

Vorwort   9

I. EINLEITUNG

HARDY GUNDLACH   11
Public Value in der Medienökonomie

II. PUBLIC VALUE UND DREI-STUFEN-TEST

THORSTEN HELD   25
Nach dem Beihilfekompromiss:
Der rechtliche Rahmen für Online-Angebote
öffentlich-rechtlicher Rundfunkanstalten

MANFRED KOPS   46
Publizistische Vielfalt als Public Value?

NATASCHA JUST / MICHAEL LATZER   79
Medienpolitik durch Europäische Wettbewerbspolitik:
Druck auf öffentlichen Rundfunk durch Beihilfenpolitik –
Public-Value-Konzepte als Lösungsansatz

JULIA SERONG   101
Public Value im Internet und Drei-Stufen-Test

III. ZUKUNFT DES ÖFFENTLICH-RECHTLICHEN RUNDFUNKS

REGULA TROXLER / DANIELA SÜSSENBACHER /   121
MATTHIAS KARMASIN
Public-Value-Management als Antwort auf die
Legitimationskrise und Chance für neue Strategien
der Mehrwertgewinnung

ARMIN ROTT / NILS GRANNEMANN 144
Die Ermittlung des finanziellen Aufwands von
Telemedien im öffentlich-rechtlichen Rundfunk:
Probleme und Perspektiven

ULRIKE MELLMANN 158
Tausenderkontaktkosten als Kennziffern zur Messung von
Medienleistungen im öffentlich-rechtlichen Fernsehen

JULIA WIPPERSBERG 175
Zur Unverzichtbarkeit von öffentlich-rechtlichem
Rundfunk in der Digital- und Internetökonomie –
Studienpräsentation: Zur Unverwechselbarkeit des
ORF-Online-Angebots

IV. PUBLIC VALUE DER MEDIEN IM STRUKTURWANDEL

JAN KRONE / TASSILO PELLEGRINI 198
Ökonomisierung des Datentransports im Internet und
seine Auswirkungen auf den öffentlich-rechtlichen
AV-Sektor – Netzneutralität und breitbandiger Content
am Beispiel des EU-Mitglieds Deutschland

WOLFGANG SEUFERT 228
Regionale Werbenachfrage und Vielfalt des regionalen
Informationsangebotes in Deutschland

CASTULUS KOLO 242
Zeitungskrise und Zeitungszukunft – Modellierung von
Entwicklungsszenarien vor dem Hintergrund verschiedener
Subventionierungsvorschläge

V. MÖGLICHKEITEN UND GRENZEN VON PUBLIC VALUE
    IN DER MARKTWIRTSCHAFT

KATI FÖRSTER / JOHANNA GRÜBLBAUER   264
TV-Markenmanagement: Eine empirische Untersuchung
des ökonomischen und psychologischen Markenwertes von
TV-Sendern in Österreich

LOTHAR FUNK / SVEN PAGEL   295
Marktversagen des Wirtschaftsjournalismus –
Eine Chance für die Öffentlich-Rechtlichen?

MIRIAM DE ACEVEDO / M. BJØRN VON RIMSCHA /   313
GABRIELE SIEGERT
Unterhaltungsproduktion im Public-Service-Fernsehen

VI. CORPORATE SOCIAL RESPONSIBILITY (CSR)
    UND PUBLIC VALUE

CARSTEN WINTER / ANKE TROMMERSHAUSEN   335
Potenziale und Probleme der Corporate Social
Responsibility (CSR) von TIME-Unternehmen unter den
Bedingungen der Medienkonvergenz

FRANZISCA WEDER / LARISSA KRAINER   355
Public Value und die Verantwortung von
Medienunternehmen.
Corporate Communicative Responsibility als
Bedingung für die Möglichkeit der Herstellung
von Public Value

Autorinnen und Autoren   378

Vorwort

In der Fakultät Design, Medien, Information an der Hochschule für Angewandte Wissenschaften Hamburg fand am 13. und 14. November 2009 die Jahrestagung der Fachgruppe Medienökonomie der Deutschen Gesellschaft für Publizistik- und Kommunikationswissenschaft statt. Dieser Band ist ein Ergebnis der Jahrestagung. Die Beiträge verdeutlichen das Selbstverständnis der Fachgruppe Medienökonomie: Ihre Mitglieder begreifen sich als Schnittstelle zwischen der Publizistik- und Kommunikationswissenschaft und den Wirtschaftswissenschaften.

Die AutorenInnen führen den Begriff ›Public Value‹ in die wissenschaftliche Diskussion ein. Sie bereichern dadurch die medienpolitische Debatte, denn seit einigen Jahren ist der Begriff ›Public Value‹ in den medienpolitischen Diskussionen präsent. ›Public Value‹ ist aber ein schwer greifbarer Begriff. Was in den Debatten unter ›Public Value‹ zu verstehen ist, lässt sich nicht immer klar erkennen oder spiegelt häufig den jeweiligen Interessenstandpunkt desjenigen wider, der den Begriff verwendet. Ist der Begriff ›Public Value‹ nur das zeitgemäße Synonym für ›öffentliches Interesse‹ (›public interest‹), somit das Synonym für einen Begriff, der nicht weniger schwer fassbar ist? Der Strukturwandel in der Medienökonomie ist der Anlass, sich in der Medienpolitik mit dem Begriff ›Public Value‹ auseinanderzusetzen. Die Internet- und Digitalökonomie forciert den Strukturwandel. Sie stellt die verschiedenen Formen der Medienregulierung auf den Prüfstand. Der Begriff ›Public Value‹ kennzeichnet deshalb auch Fragen, nämlich danach, welchen Public Value die Medienökonomie in Zukunft leistet und wie eine sinnvolle Regulierung der Medien zu gestalten ist. Dabei geht die Medienregulierung von der überragenden Bedeutung aus, die die soziale, kulturelle und politische Funktion der Medien für die Gesellschaft hat. Von der besonderen Konstellation der Medien und Kommunikation in einer Gesellschaft gehen die Beiträge der AutorInnen aus.

I. EINLEITUNG

HARDY GUNDLACH

Public Value in der Medienökonomie

In den Diskussionen zu der besonderen Funktion der Medienunternehmen in der Gesellschaft sprechen die Beteiligten häufig von einem Public Value, den die Medien oder Medienfirmen herstellen, sichern oder ermöglichen. Der Begriff ›Public Value‹ ist Teil einer Debatte, die Medienschaffende, BürgerInnen, PolitkerInnen, WissenschaftlerInnen sowie ReguliererInnen führen, weil die Digital- und Internetökonomie einen tiefgreifenden Strukturwandel in den Medien forciert. Die Folge des Strukturwandels ist, dass sich die Rahmenbedingungen der sozialen, kulturellen und politischen Funktion der Medien für die Gesellschaft verändern. Ein Merkmal des Wandels ist, dass die Bedeutung des Internets für den Medienkonsum der Bürger stetig wächst. Zum Beispiel hat in den jungen und jüngeren Zielgruppen das Internet das Leitmedium Fernsehen bereits abgelöst. Neben dem Internet forciert das Digitalfernsehen den strukturellen Wandel, der die Regeln für das Fernsehgeschäft verändert (KRONE 2009). Zudem verändert der Cyberspace des Internets die Ökonomie der Printmedien. Das enorme Angebot an Online-Medien führt zu mehr Wettbewerb, dem sich die Printmedien stellen mussen. Ein Grund für die gestiegene Wettbewerbsintensität ist, dass es Journalisten oder Menschen mit journalistischen Ambitionen heutzutage wenig kostet, sich im Netz selbstständig zu machen. Auch verändert sich die Art und Weise, wie die Medien das Funktionieren der heutigen Demokratien sichern, sich über Medien politische Themen veröffentlichen lassen und die Medien als Forum für die politischen Debatten dienen und Einfluss auf die Meinungsbildung nehmen.

In Europa wird der Begriff ›Public Value‹ häufig in medienpolitischen Diskussionen verwendet, bei denen es darum geht, die Rolle der Public

Broadcasting Services bzw. des öffentlich-rechtlichen Rundfunks zu klären oder zu hinterfragen. Aber der Strukturwandel betrifft alle Institutionen im Medienbereich, die die publizistische Qualität, die Sicherung der Meinungsvielfalt oder die regionale Medienvielfalt fördern, Frequenzpolitik betreiben oder die Internetfreiheit beeinflussen

Die Kommunikationswissenschaft beschränkt den Public-Value-Begriff nicht auf die Medienregulierung, denn unabhängig von dem Interventionsgrad einer Regulierung ist für die Medienunternehmen und das Medienmanagement bedeutsam, inwieweit sie Public Value schaffen, weil sie Öffentlichkeit für die sinn- und wertstiftenden Akteure und Kommunikationsbezüge produzieren und gewährleisten.

1. Public-Value-Begriff in den Wirtschaftswissenschaften

Der Begriff ›Public Value‹ lässt sich als Ausdruck des Interesses begreifen, Güter oder Dienste für ein übergeordnetes Bedürfnis zu erstellen. Ein derartiges Interesse ist kein neuer Gegenstand für Untersuchungen der Kommunikations-, Medien- oder Wirtschaftswissenschaften. Dass Güter oder Dienste jenseits des Marktes bereitgestellt werden, weil daran ein kollektives Interesse besteht und das Marktangebot als nicht ausreichend angesehen wird, ist ein permanenter Gegenstand der wissenschaftlichen Reflexion. Auch innerhalb der Wirtschaftswissenschaften hat dies eine lange Tradition. Das Interesse formuliert der Public-Value-Begriff ebenso wie die Begriffe ›öffentliches Interesse‹, ›Allgemeininteresse‹, ›bonum commune‹, ›volonté générale‹, ›Wohlfahrt‹, ›größtes Glück der größten Zahl‹ und ›Gemeinwohl‹. Was die politische Verwendung solcher Begriffe betrifft, klären die Wissenschaften darüber auf, dass mit Vorbehalten den Versuchen begegnet werden sollte, die solche Begriffe mit wenigen Formeln oder sogar durch eine einzige ökonomische Regel ›rein wissenschaftlich‹ klären können.

Die Wirtschaftswissenschaften untersuchen den Begriff ›Public Value‹ sowohl aus gesamtwirtschaftlicher als auch aus einzelwirtschaftlicher Perspektive. Aus gesamtwirtschaftlicher Perspektive lässt sich der Public-Value-Begriff unter Zuhilfenahme der Wohlfahrtsökonomie analysieren. Danach entsteht Public Value durch positive externe Effekte, öffentliche und meritorische Güter. Auch die Verminderung negativer externer Effekte bzw. externer Kosten schafft Public Value (überblicksartig zu den ökonomischen Konzepten: FRITSCH et al. 2007). Die wohlfahrtsökonomischen Konzepte spielen als Begründungs- und Erklärungsansätze für Medienregulierung eine große Rolle. Danach ergibt sich eine Gesamtwohlfahrt der Gesellschaft, die die Summe aus ›Private Value‹ und ›Public Value‹ ist. Der ›Private Value‹ der Güter und Dienste entsteht auf Märkten und lässt sich als Konsumenten- und Produzentenwohlfahrt erfassen. Aber auf Märkten werden Güter und Dienste, die positive externe Effekte schaffen, nicht oder nicht in einem gesellschaftlich wünschenswerten Maße bereitgestellt. Um die positiven Effekte zu gewährleisten, kann der Staat öffentliche und meritorische Güter bereitstellen. Dabei ist die Kategorie der meritorischen Güter in den Wirtschaftswissenschaften immer wieder Gegenstand von Kontroversen, da sich diese Kategorie nicht mit dem Konzept des methodologischen Individualismus vereinbaren lässt.

Die einzelwirtschaftliche Perspektive ist die Perspektive des Medienmanagements. Danach kann der Public-Value-Begriff das unternehmerische Leitbild, die Identität des Unternehmens und das Zielsystem begründen. Wie die Beiträge in diesem Band zeigen, wäre bei der Perspektive aber die Einschränkung des Public-Value-Begriffs auf Public Broadcasting Services eine Verengung. Jedenfalls analysiert die Kommunikationswissenschaft die Kommunikation und Medien als besondere Konstellation in einer Gesellschaft und damit auch den Public Value, den privatwirtschaftliche Medienunternehmen ermöglichen.

Die Betriebswirtschaftslehre definiert öffentliche Unternehmen durch die gesellschaftliche Zielfunktion und Trägerschaft. Anhand dieser beiden Merkmale unterscheiden sie sich von privaten Unternehmen. Das Management eines öffentlichen Unternehmens hat die Fragen zu klären, welche Werte das Unternehmen für die BürgerInnen schaffen soll, für welche Werte es sich einsetzen und den Markt bearbeiten soll, um die Güterversorgung für die BürgerInnen zu verbessern. Dies ist nicht nur für die Legitimität und die Betrauung durch die Politik nötig. Auch für die Effizienz hat das Management die Begriffe zu klären, um Ziele, Zielerreichungsgrade und Kennzahlen zu definieren.

Der Public-Value-Begriff inspiriert seit den 1990er-Jahren die wissenschaftliche Diskussion zur Reform öffentlicher Dienste. Coats und Passmore (2008: 4) zufolge ist

> »public value [...] the analogue of the desire to maximize shareholder value in the private sector. It is designed to get public managers thinking about what is most valuable in the service that they run and to consider how effective manage-

ment can make the service the best that it can be. This approach presents a way of improving the quality of decision making, by calling for public managers to engage with services users and the wider public, it seeks to promote greater trust in public institutions and meet head on the challenge of rising expectations of service delivery.«

Die Perspektive geht zurück auf Mark H. Moore, der 1995 mit seiner Arbeit *Creating Public Value* die Idee des Public Value als eine Management-Doktrin für den öffentlichen Wirtschaftssektor einführte. Ähnlich wie die Wohlfahrtökonomie strebt auch die Management-Doktrin eine individualistische Begründung an, denn nach dem »managerial view of public value« sei »value [...] rooted in the desire and perceptions of individuals [...] Consequently, public sector managers must satisfy some kinds of desires and operate in accord with some kinds of perceptions« (MOORE 1995: 52). Kelly et al. (2002) betonen, dass Public Value das zeitgenössisch passende Konzept sei, um öffentliche Dienste zu erfassen und zu bewerten. »Public preferences are at the heart of public value. In a democracy only the public can determine what is truly of value to them« (KELLY et al. 2002: 6). Nach diesem Ansatz hat eine öffentliche Dienstleistung dann einen Wert, wenn die BürgerInnen einzeln oder gemeinschaftlich bereit sind, eine Gegenleistung für das öffentliche Angebot zu erbringen.

Die Public-Value-Doktrin erreichte die Medienpolitik über die Reform der Regulierung der BBC. Das BBC-Manifest *Building Public Value* betont: »public value should be the goal for everything the BBC does« (BBC 2004: 11). Public Value charakterisiert danach das unternehmerische Ziel der Public Broadcasting Services. Darin unterscheiden sich Public Broadcasting Services von privatwirtschaftlichen Unternehmen, die ausschließlich kommerzielle Ziele verfolgen und private Werte im Interesse der Aktionäre und Eigentümer schaffen. Im Unterschied dazu schafft die BBC »[...]public value in five main ways: Democratic value [...], Cultural and creative value [...], Educational value [...], Social and community value [...], Global value [...]. These are the BBC's public purposes« (BBC 2004: 7f.). Die Debatte führte zur Einführung eines Public-Value-Tests (COLLINS 2007).

Die Managementperspektive weist somit dem Begriff ›Public Value‹ die folgenden Merkmale zu:
- Zielgröße für öffentliche Dienste,
- Leitbild für öffentliche Dienstleister und Maßstab für die Qualität öffentlicher Dienstleistungen,
- kann nur aus Gesellschaftsbedürfnissen heraus definiert werden,

- die Gesellschaft muss über den Public Value öffentlicher Dienste entscheiden und sie ist somit dazu zu befragen,
- das Gesellschaftsbedürfnis ist Teil der Bedürfnisse der Individuen und demnach durch Befragung der Individuen erkennbar,
- erfordert eine geeignete empirische Methode der Markt- und Präferenzforschung und
- kann z. B. über die Gegenleistung, die die Bürger bereit sind, für das öffentliche Angebot zu erbringen, quantifiziert werden.

2. Gemeinwohl

Der Begriff ›Public Value‹ leitet sich somit aus einem ›Gesellschaftsbedürfnis‹ ab. Um den Public Value zu bestimmen, ist somit zu klären, wie ein Gesellschaftsbedürfnis die Ziele und Qualitätsmaßstäbe für die Leistungen von Unternehmen bestimmen kann. In Anlehnung an die rechtssoziologische Arbeit von Glendon Schubert (1960) zur Bestimmung des ›Public Interest‹ lassen sich unter anderem folgende drei Erklärungsmuster für Public Value anführen: die rationalistische, die idealistische und die realistische Gemeinwohlkonzeption. -

Public Value im Sinne der rationalistischen Gemeinwohlkonzeption hieße, dass das öffentliche Unternehmen Werte schafft, weil es Ziele realisiert, die auf die individuellen Bedürfnisse (Glücks- und Nutzenvorstellungen, Präferenzen) der einzelnen Menschen zurückzuführen sind. Von diesem Konzept gehen auch die Wohlfahrtsökonomik und die (neo)klassischen sowie (neo)liberalen Analysen der Märkte, Politik, Institutionen und öffentlicher Güter aus. Das Sympathische an der Zieldefinition ist, dass sie davon ausgeht, dass der Einzelne am besten über seine Interessen und Bedürfnisse entscheiden kann, folglich danach jeder Mensch bester Richter in eigener Sache ist. Deshalb verzichtet die Zieldefinition ausdrücklich auf die Aussage, welches Güterangebot richtig oder falsch wäre. Eine Abweichung von der Konzeption wäre als Bevormundung (Paternalismus) zu bewerten. Aber die rationalistische Konzeption ist nicht rational begründet. Sie ist Ausdruck eines idealistischen (liberalen) Vorurteils und ein naturalistischer Trugschluss, insofern, als sich das Ideal nicht mit den tatsächlichen Präferenzen begründen lässt.

Eine idealistische Gemeinwohlkonzeption bestimmt den Public Value anhand von universellen und apriorisch gültigen Normen für das Handeln, die nicht verhandelbar und nicht individualistisch begründet, aber dem menschlichen Erkenntnisvermögen zugänglich sind. Der Paternalismus bzw. der Widerspruch zwischen tatsächlichen Präferenzen und idealistischem Public Value lässt sich über die klare und bekenntnismäßige Offenlegung des Ideals überwinden, denn dies ermöglicht den BürgerInnen, sich mit der Wohlfahrtsidee auseinanderzusetzen, ihre Übereinstimmung damit zu diskutieren und zu überprüfen. Dem idealistischen Konzept entspricht zum Beispiel der Ansatz, ein Gesellschaftsbedürfnis (Gemeinsinn) aus einem subjektiv empfundenen Gesellschaftsbedürfnis abzuleiten. Nach diesem Konzept kann der Einzelne nicht nur einen Standpunkt als Konsument (Konsumentennutzen, Consumer Value) einnehmen. Vielmehr kann auch ein abgrenzbarer, gesellschaftlicher Standpunkt als BürgerIn (Bürgernutzen, Citizen Value) mittels Befragungen empirisch erfasst werden (aktuell z. B.: GEESE/ZEIGHARDT 2008; HUMAN CAPITAL 2008; FAUTH u. a. 2006).

Nach der realistischen Gemeinwohlkonzeption müsste das Management eines öffentlichen Unternehmens dasjenige als Public Value ansehen, was als Public Value gilt. In der Tendenz würde Public Value auf das geltende Recht reduziert und darauf, welche Interessen sich bei der Entscheidung über Gesetze und der Anwendung unbestimmter Rechtsbegriffe durchsetzen und wie zum Beispiel die betroffenen Wirtschaftssubjekte selbst durch Lobbyismus Einfluss nehmen können. Die Konzeption gibt keine Antwort, ob dasjenige, was aktuell gilt, Ergebnis von Marktversagen, gesellschaftlichen Zielen oder eher von Regulierungsversagen ist.

3. Public Value als medienpolitische Regulierungsdoktrin

In die medienpolitische Regulierungsdebatte führt die Politik der Europäischen Union den Public-Value-Begriff ein, da die europäische Wettbewerbs- und Beihilfepolitik die Einführung sogenannter Public-Value-Tests forciert. Zudem übernahm die Medienpolitik den Begriff durch die britischen Public-Value-Tests, die eine Vorreiterrolle haben. Vor diesen Hintergründen hat die deutsche Medienpolitik für die Beauftragung von Online-Angeboten der öffentlich-rechtlichen Rundfunkanstalten (›öffentlich-rechtliche Telemedienangebote‹) einen Drei-Stufen-Test eingeführt (§ 11f Abs. 4 RStV). Ein Ziel des Drei-Stufen-Tests ist, die europakonforme

Regulierung des öffentlich-rechtlichen Rundfunks zu erreichen (EUROPÄISCHE KOMMISSION 2009). Der Test sieht vor, dass die Rundfunkanstalt gegenüber dem Rundfunkrat begründet, dass ein geplantes neues oder verändertes Telemedienangebot vom öffentlichen Auftrag erfasst ist (KOPS/SOKOLL/BENSINGER 2009; SCHULZ 2008; HELD in diesem Band). Auf der ersten Stufe sind Aussagen darüber zu treffen, inwieweit das Angebot den demokratischen, sozialen und kulturellen Bedürfnissen der Gesellschaft entspricht (11f. Abs. 4 Nr. 1 RStV). Die zweite Stufe des Tests gibt vor, dass zu prüfen ist, welche Auswirkungen das Angebot auf den publizistischen Wettbewerb und das Marktgeschehen hat. Danach sind Aussagen darüber zu treffen, in welchem Umfang durch das öffentlich-rechtliche Online-Angebot in qualitativer Hinsicht zum publizistischen Wettbewerb beigetragen wird. Dabei sind Quantität und Qualität der vorhandenen frei zugänglichen Angebote, die marktlichen Auswirkungen des geplanten Angebots sowie dessen meinungsbildende Funktion angesichts bereits vorhandener vergleichbarer Angebote, auch des öffentlich-rechtlichen Rundfunks, zu berücksichtigen. Die dritte Stufe bezieht den Finanzierungsaufwand in das Verfahren ein (§ 11f. Abs. 4 RStV).

In Deutschland erstellen die öffentlich-rechtlichen Rundfunkanstalten Rundfunkprogramme und Telemedien, die aufgrund ihrer besonderen Bedeutung für den freien, individuellen und öffentlichen Meinungsbildungsprozess durch die Urteile des Bundesverfassungsgerichts (BVerfG) und die Landesgesetze zu öffentlichen Aufgaben deklariert werden. Nach der etwas umständlich klingenden Terminologie der Europäischen Union sind dies »Dienstleistungen von allgemeinem wirtschaftlichem Interesse« (Art. 106 ArbeitEUV, Lissabon, vormals Art. 86 Abs. 2 EUV, Nizza). Gegenüber der Eigentumsform und dem Unternehmenstyp des öffentlichen Unternehmens ist das Europarecht neutral und erkennt öffentliche Unternehmen ausdrücklich an (Art. 295 EUV, Nizza, Art. 345 ArbeitEUV, Lissabon). Allerdings überprüft die EU die angebotenen Dienste danach, welche der öffentlichen Aufgaben marktbezogene Dienste (Wettbewerbsangebot) und welche eher nicht marktbezogene Dienste (Ausnahmebereich) sind. Für die deutsche Medienpolitik folgt daraus, dass die Finanzierung über die Rundfunkgebühr ein Feld für Konflikte mit den wettbewerbspolitischen Zielen der EU eröffnet. Die Konflikte entstehen nicht wegen der Gebührenhöhe. Der Grund für das Konfliktpotenzial ist, dass die Europäische Kommission die Gebühr als eine staatliche Subvention zugunsten der öffentlich-rechtlichen Rundfunkanstalten bewertet, die nicht marktkonform ist, sofern sie Wettbewerbsverzerrungen zu Lasten privater Unternehmen begründet. Die Gebührenfinanzierung der Public Broadcasting Services forciert also den Konflikt mit den Binnenmarktzielen der Europäischen Union, wenn die gebührenfinanzierten Public Broadcasting Services auf Märkten tätig sind, auf denen auch private Wettbewerber aktiv sind. Im Unterschied zu dem Binnenmarktziel der Europäischen Union gründet die Rundfunkgebühr nicht auf Marktzielen. Die medienpolitischen Ziele der Rundfunkgebühr sind an Vielfaltzielen orientiert und marktfern definiert. Dies zeigt ein Vergleich der Ziele der deutschen Rundfunkordnung mit der europäischen Binnenmarktordnung.

ABBILDUNG 1
Zielkonflikte der Regulierung der Public Broadcasting Services, hier: Fallbeispiel Online-Angebote

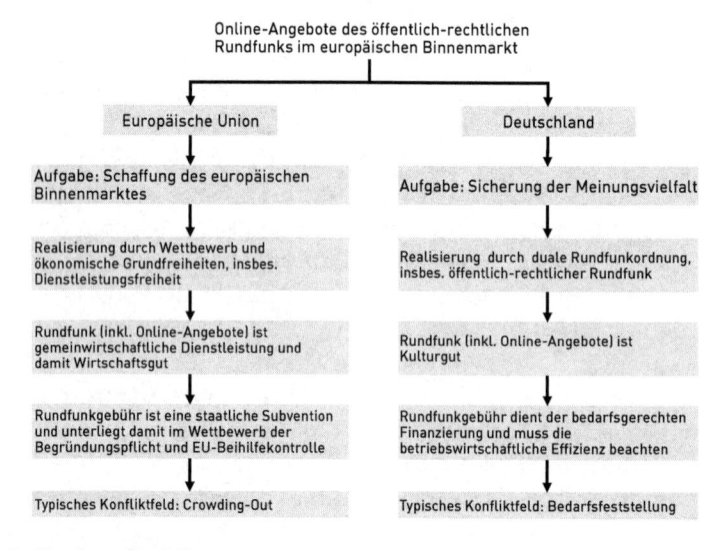

Online-Angebote des öffentlich-rechtlichen Rundfunks im europäischen Binnenmarkt

Europäische Union	Deutschland
Aufgabe: Schaffung des europäischen Binnenmarktes	Aufgabe: Sicherung der Meinungsvielfalt
Realisierung durch Wettbewerb und ökonomische Grundfreiheiten, insbes. Dienstleistungsfreiheit	Realisierung durch duale Rundfunkordnung, insbes. öffentlich-rechtlicher Rundfunk
Rundfunk (inkl. Online-Angebote) ist gemeinwirtschaftliche Dienstleistung und damit Wirtschaftsgut	Rundfunk (inkl. Online-Angebote) ist Kulturgut
Rundfunkgebühr ist eine staatliche Subvention und unterliegt damit im Wettbewerb der Begründungspflicht und EU-Beihilfekontrolle	Rundfunkgebühr dient der bedarfsgerechten Finanzierung und muss die betriebswirtschaftliche Effizienz beachten
Typisches Konfliktfeld: Crowding-Out	Typisches Konfliktfeld: Bedarfsfeststellung

Quelle: eigene Darstellung

Die Konflikte entstehen insbesondere durch die europaweite Tendenz, dass die Public Broadcasting Services neue digitale Spartenkanäle gründen und die Online-Angebote ausbauen. Ein Beispiel für neue Online-Angebote sind die Mediatheken (z. B. die ZDF-Mediathek), die auch als Catch-up-TV (BBC iPlayer) oder Video-on-Demand bezeichnet werden. Durch Regeln wie die Vorgabe des Programmbezugs der Online-Angebote lässt sich der Konflikt mit der Wettbewerbspolitik kaum vermeiden, denn der öffentliche Auftrag der Public Broadcasting Services umfasst ein sehr großes, attraktives und vielfältiges Rundfunkprogrammangebot, worauf sich dann die Online-Angebote beziehen. In Deutschland führen die Unbestimmtheiten regelmäßig zu medienpolitischen Konflikten, die bei der Feststellung der erforderlichen Gebührenhöhe für eine bedarfsgerechte Finanzierung des öffentlich-rechtlichen Angebots entstehen. Anders als die deutsche Medienpolitik betont die Marktperspektive der Europäischen Kommission vor allem die Risiken für den Handel und Wettbewerb im gemeinsamen Markt, die durch neue digitale Spartenkanäle und Online-Angebote der Public Broadcasting Services entstehen. Der Grund dafür ist: Je attraktiver das programmbezogene Online-Angebot ist, das die meinungsrelevanten und vielfältigen Inhalte der Bevölkerung bereitstellt, desto schwieriger kann es für private Medienunternehmen werden, die publizistischen Online-Märkte zu erschließen.

4. Die Beiträge

Die AutorenInnen der ersten Beiträge analysieren die Rolle der öffentlich-rechtlichen Rundfunkanstalten in der Digital- und Internetökonomie. THORSTEN HELD stellt die Beziehung zwischen dem Public-Value-Begriff und dem deutschen Drei-Stufen-Test her. Der medienrechtliche Drei-Stufen-Test gilt für die Telemedienangebote der öffentlich-rechtlichen Rundfunkanstalten. Sein Beitrag zeigt die europa- und verfassungsrechtlichen Hintergründe auf und die Geschichte, die in Deutschland zur Einführung des Drei-Stufen-Tests geführt hat. Der Test geht auf den Europäischen Beihilfekompromiss zurück, den die Bundesrepublik Deutschland mit der Europäischen Kommission anlässlich der Gebührenfinanzierung und Beauftragung des öffentlich-rechtlichen Rundfunks einging. Der Public Value ist im Sinne der Terminologie des Europarechts zu verstehen. Danach kann das öffentlich-rechtliche Angebot den sozialen, demokratischen und kulturellen Bedürfnissen der Gesellschaft dienen. Der deutsche Drei-Stufen-Test geht bei der Art und Weise der Berücksichtigung der Marktwirkungen über das von der EU-Kommission Geforderte hinaus. Während das Bundesverfassungsgericht, die Rechts-, Publizistik- und

Kommunikationswissenschaft mehr den Kollektiv- und Kulturgutcharakter der Medien betonen, stellen die Wirtschaftswissenschaften eher den Charakter der Medien als Wirtschaftsgüter in den Vordergrund. MANFRED KOPS analysiert, inwiefern die marktwirtschaftliche Vielfalt der gesellschaftlich gewünschten publizistischen Vielfalt entspricht. Die privatwirtschaftlich finanzierte Vielfalt kann hinter der von den MarktteilnehmerInnen und verfassungsrechtlich gewünschten Vielfalt zurückbleiben. Aus der Perspektive des Bürgernutzens kann eine nicht marktliche oder eine regulierte marktliche Bereitstellung der Medien im Vergleich zu einer marktlichen Bereitstellung einen Public Value stiften. NATASCHA JUST und MICHAEL LATZER betrachten den Begriff ›Public Value‹ als einen Schlüsselbegriff, der der Legitimation des öffentlich-rechtlichen Rundfunks und seiner neuen Dienste dient. Der Hintergrund ist, dass die Wettbewerbspolitik der Europäischen Kommission zu medienpolitischen Veränderungen auf der nationalstaatlichen Ebene führt. Die EU-Politik gefährdet zwar die öffentlich-rechtlichen Rundfunkanbieter nicht existenziell. Sie forciert aber verschiedene Baustellen in den Mitgliedstaaten, die mehr oder weniger starke Veränderungen zur Folge haben können. Auch JULIA SERONG betrachtet den Begriff ›Public Value‹ als einen Schlüsselbegriff in der Debatte, die zu dem Funktionsauftrag des öffentlich-rechtlichen Rundfunks geführt wird. Die Kommunikationswissenschaft stellt den Begriff der Medienqualität in den Mittelpunkt. Die Bestimmung des Public Value der Medienqualität diskutiert sie anhand der Konzepte Consumer Value, Citizen Value und Public Value. Sie verbindet die Konzepte mit dem Gemeinwohlbegriff. Ihrer Meinung nach muss ein gehaltvolles Gemeinwohlkonzept stets einen Bezug zum Individuum aufweisen. Ein öffentliches Interesse, welches nicht auf die Interessen der Individuen zurückführbar ist, sei nicht denkbar. Der Public Value stützt sich auf dem Citizen Value.

Im dritten Kapitel führen die AutorInnen Aspekte auf, die in Zukunft für die öffentlich-rechtlichen Rundfunkanstalten relevant werden können. Dies betrifft das Managementkonzept, die inhaltlichen Leistungsvergleiche der Online-Medien und nicht zuletzt die Transparenz der Kostenrechnungssysteme. Nach REGULA TROXLER, DANIELA SÜSSENBACHER und MATTHIAS KARMASIN ist der Begriff ›Public Value‹ eine Antwort auf die Legitimationskrise der Public Broadcasting Services in Europa. Im Kern führt der Public-Value-Begriff zu der Frage, welche Rolle der öffentlich-rechtliche Rundfunk in einer sich rasch wandelnden Gesellschaft spielen soll. Worin bestehen seine Aufgaben und wie und unter welchen Bedingungen kann er Leistungen im Auftrag der Gesellschaft erbringen? Die Autoren gehen dieser Frage im Rahmen einer komparativen Studie ausgewählter europäischer Länder nach. Im Rahmen der Untersuchung setzen sie sich mit den Bedeutungsdimensionen des Begriffs auseinander. Die Experteninterviews zeigen spezifische Begründungslinien für Public Value. Zudem verdeutlichen sie die Unterschiede in der medienpolitischen Ausgestaltung und Umsetzung der Public-Value-Maßnahmen. Die öffentliche Legitimierung der Public Broadcasting Services stellt keine messbare Zielerreichung dar, sondern erfordert einen kontinuierlichen Prozess mit und in der Öffentlichkeit. Der Beitrag von ARMIN ROTT und NILS GRANNEMANN hebt hervor, dass die Relevanz und die Schwierigkeiten der dritten Stufe des Drei-Stufen-Tests deutlich unterschätzt werden. Die dritte Stufe sieht die Berücksichtigung des finanziellen Aufwands eines neuen öffentlich-rechtlichen Telemedienangebots vor. Um die Aufwandsschätzungen zu verbessern, hilft die Kenntnis der Ursachen für systematische Planungsfehler bereits weiter. Die Autoren kommen zu dem Schluss, dass die Anforderungen an die dritte Stufe präzisiert werden müssen. Nach ULRIKE MELLMANN würde gegenüber der derzeitigen Dominanz der Sendeminutenkosten die Verwendung genrespezifischer Tausenderkontaktkosten die Rationalität von Wirtschaftlichkeitsvergleichen öffentlich-rechtlicher Rundfunkanstalten verbessern. Dadurch könnte in Zukunft die Diskussion über die Wirtschaftlichkeit und die Leistungen der öffentlich-rechtlichen Rundfunkanbieter weniger politisiert verlaufen. Die Datenverfügbarkeit für den Indikator Tausenderkontaktkosten ist aber derzeit noch schwierig. Nach JULIA WIPPERSBERG fordert das Ziel Public Value, dass die Rundfunkanstalten durch die Programme und Online-Angebote spezifische Leistungen für die Gesellschaft erbringen. Die spezifische Leistung untersucht sie anhand eines Vergleichs des Online-Angebots des ORF zu anderen Online-Medienangeboten. Dazu führt sie eine vergleichende Themenstruktur- und Themeninhaltsanalyse durch. Der Vergleich umfasst das ORF-Online-Nachrichtenangebot *news.orf.at*, die ORF-Online-Auftritte *steiermark.orf.at* und *sport.orf.at*. Verglichen werden die öffentlich-rechtlichen Internetauftritte mit den Online-Angeboten der drei überregionalen Tageszeitungen *diepresse.com*, *derstandard.at*, *kurier.at*, der Boulevardzeitung *kleinezeitung.at* sowie mit *oe24.at* und LAOLA.*at*.

Die Beiträge des vierten Kapitels verdeutlichen, dass sich in der Internet- und Digitalökonomie der Public Value der Medien nicht auf die Rolle der Public Broadcasting Services reduzieren lässt. JAN KRONE und TASSILO PEL-

LEGRINI führen die Perspektive der Netzneutralität ein und zeigen deren Bedeutung für die Innovationsfreundlichkeit des Netzes. Sie verdeutlichen, welche Folgen der Umstand hat, dass das Internet größtenteils aus privatwirtschaftlich betriebenen Netzwerken besteht, in denen sich die neuen Geschäftsmodelle der Netzbetreiber entwickeln. Sie betonen die katalytische Funktion, die die Telekommunikationsunternehmen für die digitalen Multimediamärkte entwickeln. WOLFGANG SEUFERT erweitert den Begriff ›Public Value‹ um die Orientierungsfunktion, die die Massenmedien bei allen Arten von individuellen Entscheidungen haben. Er stellt die Frage, ob der Public Value der Informationsvielfalt durch lokale Tageszeitungen eine Förderung von Lokalmedien aus öffentlichen Mitteln rechtfertigt. Der Ansatz wäre zwar für die Lokalpresse in Deutschland neu. Zugunsten von lokalen Hörfunk- und Fernsehangeboten werde der Ansatz aber in einigen Bundesländern seit Langem verfolgt. Anlass zu der Frage und zum empirischen Schwerpunkt des Beitrags geben die Entwicklungen bei dem regionalen Werbefinanzierungspotenzial für Tageszeitungen. Im Vergleich zur Printwerbung erzielen die regionalen Zeitungshäuser im Internet nur sehr geringe Werbeumsätze. Der Beitrag von CASTULUS KOLO betont, dass in der Mediendebatte zum Public Value der Medien die Gleichsetzung von Qualitätsjournalismus mit der Gattung ›Zeitung‹ bzw. der ökonomischen Einheit des Zeitungsverlags dahinter den Blick auf das Wesentliche verstellt, denn wie man z.B. in den USA beobachten kann, existieren neben dem vormals zeitungstypischen Qualitätsjournalismus sowohl in der Praxis als auch in der institutionellen Verankerung neue Formen des Qualitätsjournalismus (z.B. *Politico, Huffington Post*). Die Frage nach dem Public Value betrifft den Journalismus im Netz und weniger die Zukunft der Zeitungen angesichts des Strukturwandels.

Die AutorInnen des fünften Kapitels zeigen Ansätze für empirische Studien. Nach KATI FÖRSTER und JOHANNA GRÜBLBAUER steht bei der Public-Value-Diskussion häufig die dargebotene Qualität der Medienangebote im Mittelpunkt. Ihre empirische Studie untersucht die wahrgenommene Qualität aus Sicht der Befragten. Die Studie betrachtet Medien aus der Sicht der NutzerInnen als Marken. Zehn österreichische Fernsehsendermarken werden anhand verschiedener Indikatoren analysiert, um den ökonomischen und psychologischen Markenwert der Sender zu bestimmen. LOTHAR FUNK und SVEN PAGEL gehen mit ihrem empirischen Ansatz der Rolle des Wirtschaftsjournalismus nach. Sie zeigen erhebliche Widersprüche auf, die ein Wirtschaftsjournalismus bewirke, der sich vor allem als Verbraucherberatung versteht. Der Wirtschaftsjournalismus leiste seit den 1980er-Jahren in der Tendenz eine neoliberal ausgerichtete Berichterstattung. Demgegenüber verfüge der öffentlich-rechtliche Rundfunk über die Ressourcen, die die Möglichkeit schaffen, durch mehr Vielfalt und durch eine die Widersprüche berücksichtigende Wirtschaftsberichterstattung Public Value zu schaffen. MIRIAM DE ACEVEDO, BJØRN VON RIMSCHA und GABRIELE SIEGERT stellen die Ergebnisse ihrer in der Schweiz durchgeführten Studie vor. Ein Anlass zu der Studie ist die Frage, ob es eine spezielle Public-Service-Unterhaltung gibt, ob also auch im Unterhaltungsbereich gebührenfinanzierte Fernsehsender Public Value schaffen. Im Rahmen der Studie wurden Redakteure und Programmeinkäufer bei privaten und öffentlich-rechtlichen Sendern befragt. Um mögliche Unterschiede zwischen Public Service und privatwirtschaftlich betriebenen Sendern zu untersuchen, wurden Interviews zu den Leitbildern, Auswahlkriterien, Kompetenzen und Orientierungen durchgeführt. Ein Ergebnis ist, dass sich die Ansichten von Redakteuren bei öffentlichen und kommerziellen Sendern durchaus unterscheiden und Public-Service-Redakteuren eine gewisse Gemeinwohlorientierung attestiert werden kann.

Der abschließende Teil des Bandes stellt den Public Value der Corporate-Social-Responsibility-Konzepte (CSR) in den Mittelpunkt. CARSTEN WINTER und ANKE TROMMERSHAUSEN untersuchen die Potenziale und Probleme des Konzeptes der Corporate Social Responsibility in den Medienunternehmen der ehemals getrennten Branchen Telekommunikation, Information, Media und Entertainment (TIME). Die Frage nach dem gesellschaftlichen Wertbeitrag (Public Value), den diese Medienunternehmen in einer Gesellschaft leisten können und aus strategischen Motiven auch zunehmend erbringen wollen, wird unter Berücksichtigung der neuen Voraussetzungen der Medienkonvergenz erläutert. Dabei werden die Rahmenbedingungen, unter denen TIME-Unternehmen ihre Produkte und Dienstleistungen heute zur Verfügung stellen, zunächst dargelegt, bevor die gesellschaftliche und auch die strategische Relevanz von CSR für TIME-Unternehmen herausgearbeitet wird. Dies trägt zu einem Verständnis von CSR bei, das das spezifische Kerngeschäft von TIME-Unternehmen im Kontext von Medienkonvergenz berücksichtigt und die Externalitäten dieses Kerngeschäfts identifizierbar macht. So ist es möglich, neue Potenziale, aber auch Probleme des Konzeptes der CSR für TIME-Unternehmen zu benennen und zu diskutieren. Es wird gezeigt, dass aus gesellschaftlicher und strategischer Perspektive Public Value geschaffen werden kann. Abschließend diskutieren FRANCISCA WEDER und LARISSA KRAINER den Public Value der Corporate Communicative Responsibility von Medienunternehmen. Danach schaffen und sichern Medienunternehmen Public Value, weil sie Öffentlichkeit für die sinnstiftenden und wertstiftenden Akteure und Kommunikationen produzieren und gewährleisten. Nach der These der Autorinnen wird Public Value erst dann hergestellt, wenn die kommunikative Verantwortung in und von Medienunternehmen realisiert wird. Die vorgestellten Studienergebnisse zeigen, dass die Generierung von Public Value entsteht, sobald das Bewusstsein der mehrdimensionalen Corporate Communicative Responsibility bei einem Medienunternehmen, umgesetzt als Medienethik, deutlich wird.

Literatur

EUROPÄISCHE KOMMISSION: Mitteilung der Kommission über die Anwendung der Vorschriften über staatliche Beihilfen auf den öffentlich-rechtlichen Rundfunk. Aus: *Mitteilungen der Organe und Einrichtungen der Europäischen Union*, Amtsblatt Nr. C 257 vom 27.10.2009, S. 1-14, eur-lex.europa.eu Aufruf am 5.4.2010

FRITSCH, MICHAEL; THOMAS WEIN; HANS-JÜRGEN EWERS: *Marktversagen und Wirtschaftspolitik*. 7. Auflage, München 2007

GEESE, STEFAN; CLAUDIA ZEUGHARDT: Die ARD-Themenwoche ›Mehr Zeit zu leben: Chancen einer alternden Gesellschaft‹ im Urteil der Zuschauer. In: *Media Perspektiven*, H. 8, 2008, S. 386-393

HUMAN CAPITAL: *Audience attitudes to the licence fee and public service broadcasting provision beyond the BBC*. London 2008

FAUTH, REBECCA u. a.; THE WORK FOUNDATION (Hrsg.): *Willingness to pay for the BBC during the next Charter Period. A report prepared for the Department for Culture, Media and Sport*. London 2006

KOPS, MANFRED; KAREN SOKOLL; VIOLA BENSINGER: *Rahmenbedingungen für die Durchführung des Drei-Stufen-Tests*. Köln/Berlin 2009

KRONE, JAN (Hrsg.): *Fernsehen im Wandel. Mobile TV & IPTV in Deutschland und Österreich*. Baden-Baden 2009

SCHUBERT, GLENDON: *The Public Interest*. Illinois 1960

SCHULZ, WOLFGANG: *Der Programmauftrag als Prozess seiner Begründung*. Berlin 2008

II. PUBLIC VALUE UND DREI-STUFEN-TEST

THORSTEN HELD

Nach dem Beihilfekompromiss: Der rechtliche Rahmen für Online-Angebote öffentlich-rechtlicher Rundfunkanstalten

1. Einleitung

2009 und 2010 beschäftigte der Drei-Stufen-Test nicht nur die Gremien der öffentlich-rechtlichen Rundfunkanstalten, sondern war auch Gegenstand medienpolitischer Debatten und wissenschaftlicher Diskussionen. Mit dem Test betrat der Gesetzgeber Neuland und warf damit zahlreiche Fragen auf, die von rechtlichen Auslegungsfragen über Streitigkeiten über geeignete Methoden zur Messung marktlicher Auswirkungen bis hin zu kommunikationswissenschaftlichen Überlegungen zur Bewertung der Qualität von Online-Angeboten reichen; Letztere kamen auch bei der diesem Sammelband zugrunde liegenden Tagung zum Ausdruck.

Zum Zeitpunkt des Verfassens dieses Artikels waren die Tests zu den bestehenden Online-Angeboten der Rundfunkanstalten noch nicht abgeschlossen; es zeichnete sich aber ab, dass nach dem staatsvertraglich vorgeschriebenen Endpunkt der Bestandsprüfung am 31. August 2010 die Debatten noch längst nicht beendet sein würden.

In diesem Beitrag werden als Hintergrund für die folgenden Artikel, die sich mit Fragen des Drei-Stufen-Tests beschäftigen, die europa- und verfassungsrechtlichen sowie die rundfunkstaatsvertraglichen Grundlagen skizziert.

2. Der Beihilfekompromiss

Beginnend im Jahre 2002 erhielt die Europäische Kommission mehrere Beschwerden, u.a. vom Verband Privater Rundfunk und Telemedien e.V.

(VPRT). Stein des Anstoßes waren die Online-Aktivitäten und digitale Zusatzkanäle sowie Erwerb und Nutzung von Sportübertragungsrechten durch die öffentlich-rechtlichen Rundfunkanstalten. Die Kommission prüfte daraufhin die Vereinbarkeit dieser Aktivitäten mit dem europäischen Beihilferecht.

2.1 Die Vorgaben des Beihilferechts

2.1.1 Vorliegen einer Beihilfe i. S. d. Art. 107 AEUV

Art. 107 des Vertrags über die Arbeitsweise der Europäischen Union (AEUV) – ehemals Art. 87 des Vertrags zur Gründung der Europäischen Gemeinschaft (EGV) – enthält ein Beihilfeverbot. Die Definitionsmerkmale einer Beihilfe sind hiernach:
- staatliche Mittel oder aus staatlichen Mitteln gewährt,
- Begünstigung bestimmter Unternehmen oder Produktionszweige,
- Verfälschung oder drohende Verfälschung des Wettbewerbs,
- Beeinträchtigung des Handels zwischen Mitgliedstaaten.

Zwischen der Bundesregierung und der Europäischen Kommission blieb bis zuletzt umstritten, ob es sich bei der Gebührenfinanzierung der deutschen Rundfunkanstalten um staatliche Beihilfen handelt (ausführlich: SCHULZ 2009). Die Bundesregierung stellte sich im Gegensatz zur Kommission auf den Standpunkt, dass die Rundfunkgebühren weder als staatlich anzusehen seien noch eine Begünstigung darstellten.

Das Merkmal der Staatlichkeit sah die Bundesregierung als nicht erfüllt an, weil nicht der Staat über die Gebühren verfügt, sondern diese von der Gebühreneinzugszentrale (GEZ) im Auftrag der Rundfunkanstalten eingezogen werden. Bei ihrer Auffassung stützte sich die Bundesregierung auf die PreussenElektra- (C-379/98) und Pearle-Rechtsprechung (C-345/02) des Europäischen Gerichtshofs (EuGH).[1]

---

[1] Im PreussenElektra-Urteil hat der EuGH entschieden, dass die Verpflichtung privater Elektrizitätsversorgungsunternehmen zur Abnahme von Strom aus erneuerbaren Energien zu festgelegten Mindestpreisen nicht zu einer unmittelbaren oder mittelbaren Übertragung staatlicher Mittel auf die Unternehmen führe, die diesen Strom erzeugen. In der Pearle-Entscheidung verneinte der EuGH das Vorliegen einer Beihilfe im Falle von Abgaben zur Finanzierung von kollektiven Werbekampagnen der Mitglieder eines öffentlich-rechtlichen Berufsverbands. Die Finanzierung sei mit Mitteln erfolgt, über die der öffentlich-rechtliche Berufsverband zu keinem Zeitpunkt frei verfügen konnte. Auch in der Stardust-Marine-Entscheidung (C-482/59) hat der EuGH darauf abgestellt, ob der Staat auf die Geldmittel zur Unterstützung von Unternehmen zurückgreifen kann.

Allerdings hat der EuGH in seinem Urteil vom 13. Dezember 2007 (C-337/06) entschieden, dass es sich bei den Rundfunkanstalten um »überwiegend vom Staat« finanzierte Einrichtungen im Sinne des Vergaberechts (Richtlinie 92/50/EWG) handelt (es ging um die Frage, ob für die Beauftragung von Reinigungsunternehmen für die Gebäude der GEZ ein förmliches Vergabeverfahren hätte durchgeführt werden müssen). Der EuGH begründete seine Entscheidung damit, dass die Rundfunkgebühr durch einen staatlichen Akt eingeführt worden sei, durch den Staat garantiert und mittels hoheitlicher Befugnisse erhoben und eingezogen werde. Bei seiner Auslegung hat der EuGH ausdrücklich auf »den Zweck der gemeinschaftlichen Richtlinien auf dem Gebiet der öffentlichen Aufträge« abgestellt, es wird aber davon ausgegangen, dass der EuGH auf das Beihilferecht bezogen das Merkmal der Staatlichkeit in gleicher Weise auslegen würde (WIMMER 2009: 601; DEGENHART 2009: 375; GUNDEL 2008: 763). Das Gericht erster Instanz der Europäischen Gemeinschaften (EuG) hat in seiner Rechtsprechung vom 6.10.2009 in den Rs. T-21/06, T-24/06 und T-08/06 zur DVB-T-Förderung Zahlungen an private Rundfunkanbieter aus dem Haushalt der Landesmedienanstalt MABB, die aus Gebührengeldern finanziert wird, als staatliche Mittel angesehen.

Eine Begünstigung der Rundfunkanstalten verneinte die Bundesregierung, da die Gebührenfinanzierung nicht über das zur Erfüllung des öffentlichen Auftrags erforderliche Maß hinausgehe und die Finanzierung des öffentlichen Rundfunks die vom EuGH im Altmark-Urteil (C-280/00)[2] aufgestellten Voraussetzungen erfülle: Der öffentliche Auftrag der Rundfunkanstalten sei klar definiert, das Verfahren zur

---

[2] Vgl. auch das Urteil des EuG vom 12.2.2008 (T-289/03) in der Sache British United Provident Association/Kommission: »Gemäß der ersten [...] im [...] Urteil Altmark [...] aufgestellten Voraussetzung muss das begünstigte Unternehmen tatsächlich mit der Erfüllung gemeinwirtschaftlicher Verpflichtungen betraut sein, und diese Verpflichtungen müssen klar definiert sein. Die Verfahrensbeteiligten bestreiten nicht, dass der Begriff der gemeinwirtschaftlichen Verpflichtung in diesem Urteil dem der Dienstleistungen von allgemeinem wirtschaftlichem Interesse entspricht, den die angefochtene Entscheidung verwendet, und dass er sich nicht von dem in Art. 86 Abs. 2 EG unterscheidet. [...] Was die Befugnis zur Bestimmung der Art und des Umfangs einer gemeinwirtschaftlichen Aufgabe im Sinne des Vertrags und den Grad der Kontrolle betrifft, die die Gemeinschaftsorgane in diesem Zusammenhang ausüben müssen, so geht [...] aus der Rechtsprechung des Gerichts hervor, dass die Mitgliedstaaten über ein weites Ermessen bei der Definition dessen verfügen, was sie als Dienstleistungen von allgemeinem wirtschaftlichem Interesse erachten, und dass die Definition dieser Dienstleistungen durch einen Mitgliedstaat von der Kommission lediglich im Fall eines offenkundigen Fehlers in Frage gestellt werden kann.« Vgl. hierzu auch BARTOSCH 2009.

Ermittlung der Gebührenhöhe durch die Kommission zur Ermittlung des Finanzbedarfs der Rundfunkanstalten (KEF) basiere auf vorab festgelegten transparenten und objektiven Parametern, die den Rundfunkanstalten zufließenden Gebührenmittel überstiegen nicht die Nettokosten des öffentlichen Auftrags, sodass eine Überkompensierung ausgeschlossen sei, und das KEF-Verfahren gewährleiste, dass die Höhe des erforderlichen Ausgleichs auf der Grundlage einer Analyse der Kosten bestimmt werde, die einem durchschnittlichen, gut geführten Unternehmen entstünden.[3]

Die Europäische Kommission bejahte hingegen das Vorliegen einer Vorteilsgewährung: Der Auftrag der Rundfunkanstalten sei (u.a. im Online-Bereich) nicht ausreichend klar und präzise definiert. Außerdem sei es zweifelhaft, ob die Mittel anhand von vorab festgelegten transparenten und objektiven Parametern bestimmt würden, weil die Höhe der Rundfunkgebühr nicht von der KEF, sondern letztendlich von den Ländern festgesetzt werde. Darüber hinaus gewährleiste das derzeitige Finanzierungssystem nicht in hinreichendem Maße, dass der den öffentlich-rechtlichen Rundfunkanstalten gewährte Ausgleich die Kosten der Erfüllung des öffentlich-rechtlichen Auftrags nicht übersteige. Schließlich sei bei der Ausgestaltung des Verfahrens der Ermittlung der Gebührenhöhe durch die KEF nicht gesichert, dass sich der Ausgleich auf die Kosten eines durchschnittlichen, gut geführten Unternehmens beschränke.[4]

---

[3] Die Bundesregierung machte unter Verweis auf das Chronopost-Urteil des EuGH (C-83/01 P, C-93/01 P und C-94/01 P) geltend, dass das letztgenannte Kriterium (Kosten, die einem durchschnittlichen, gut geführten Unternehmen entstünden) dann nicht anwendbar sei, wenn es keinen vergleichbaren privaten Wirtschaftsteilnehmer als Maßstab gebe. Im genannten Urteil hatte der EuGH hervorgehoben, dass sich ein Unternehmen, das mit einer Dienstleistung von allgemeinem wirtschaftlichen Interesse betraut wurde (im Fall: die französische Post), in einer ganz anderen Situation befinde als ein privates Unternehmen, das unter normalen Marktbedingungen tätig sei. Zu den Besonderheiten gehöre, dass die Aufwendungen eines solchen Unternehmens durch kommerzielle Unternehmen zum Teil gar nicht getätigt worden wären. Die zwangsläufig hypothetischen ›normalen Marktbedingungen‹ könnten daher nur anhand der verfügbaren objektiven und nachprüfbaren Faktoren ermittelt werden.

[4] Anders als die Bundesregierung ist die Kommission der Auffassung, dass die einzelnen Kostenfaktoren der öffentlich-rechtlichen Rundfunkanstalten mit den Kosten privater Wettbewerber – auch unter Berücksichtigung der sich aus dem öffentlichen Auftrag ergebenden Verpflichtungen – verglichen werden könnten.

2.1.2 Rechtfertigung nach Art. 106 Abs. 2 AEUV

Da die Kommission von einer Beihilfe ausgeht, prüft sie im nächsten Schritt, ob die Beihilfe gerechtfertigt ist. Eine Rechtfertigung für staatliche Beihilfen enthält Art. 106 Abs. 2 AEUV (vormals Art. 86 Abs. 2 EGV). Hiernach gelten für Unternehmen, die mit Dienstleistungen von allgemeinem wirtschaftlichem Interesse betraut sind, die Vorschriften der Verträge, insbesondere die Wettbewerbsregeln, nicht, soweit die Anwendung dieser Vorschriften die Erfüllung der ihnen übertragenen besonderen Aufgabe rechtlich oder tatsächlich verhindert. Die Entwicklung des Handelsverkehrs darf dabei nicht in einem Ausmaß beeinträchtigt werden, das dem Interesse der Union zuwiderläuft.

Eine Voraussetzung für eine Rechtfertigung der Beihilfe nach Art. 106 Abs. 2 AEUV ist demnach, dass eine Betrauung mit einer Dienstleistung von allgemeinem wirtschaftlichem Interesse stattgefunden hat. Die Kommission legt bei ihrer Auslegung dieser Vorschrift großen Wert auf eine klare Definition des Auftrags sowie auf eine ausdrückliche Beauftragung und Kontrolle. Die anderen Voraussetzungen der Vorschrift – Verhinderung der Erfüllung der Aufgabe bei Anwendung der Wettbewerbsregeln einerseits, keine Beeinträchtigung der Entwicklung des Handelsverkehrs in einem Maße, das dem Interesse der Gemeinschaft zuwiderläuft, andererseits – zieht die Kommission zu einer Prüfung der Verhältnismäßigkeit der Maßnahmen zusammen.

2.2 Das Amsterdamer Protokoll

Im Zusammenhang mit dem Amsterdamer Vertrag von 1997 haben sich die Mitgliedstaaten auf mehrere Protokolle geeinigt, zu denen auch das ›Protokoll über den öffentlich-rechtlichen Rundfunk in den Mitgliedstaaten‹ gehört; dieses ist nun Bestandteil des AEUV.[5] Hierin wird in der Erwägung, »dass der öffentlich-rechtliche Rundfunk in den Mitgliedstaaten unmittelbar mit den demokratischen, sozialen und kulturellen Bedürfnissen jeder Gesellschaft sowie mit dem Erfordernis verknüpft ist, den Pluralismus in den Medien zu wahren«, die Befugnis der Mitglied-

---

[5] Vgl. Art. 51 des Vertrags über die Europäische Union (EUV): »Die Protokolle und Anhänge der Verträge sind Bestandteil der Verträge.«

staaten anerkannt, den öffentlich-rechtlichen Rundfunk zu finanzieren, sofern die Finanzierung der Rundfunkanstalten dem öffentlich-rechtlichen Auftrag dient, wie er von den Mitgliedstaaten den Anstalten übertragen, festgelegt und ausgestaltet wird. Weiter heißt es im Amsterdamer Protokoll, dass die Handels- und Wettbewerbsbedingungen in der Union nicht in einem Ausmaß beeinträchtigt werden dürfen, das dem gemeinsamen Interesse zuwiderläuft, wobei den Erfordernissen der Erfüllung des öffentlich-rechtlichen Auftrags Rechnung zu tragen ist.

Vor allem die Hoheit der Mitgliedstaaten bei der Festlegung des Auftrags des öffentlich-rechtlichen Rundfunks wird hier betont. Dies ist bei der Frage zu beachten, inwieweit die Kommission die Beauftragung der Rundfunkanstalten überprüfen kann – unabhängig davon, ob dies bei der Prüfung, ob überhaupt eine Beihilfe vorliegt, oder auf der Ebene der Rechtfertigung erfolgt. Hervorgehoben wird außerdem, dass den Erfordernissen der Erfüllung des öffentlich-rechtlichen Auftrags bei der Prüfung der Verhältnismäßigkeit im Rahmen des Art. 106 Abs. 2 AEUV Rechnung zu tragen ist.

2.3 Zentrale Punkte des Beihilfekompromisses

Auf dieser rechtlichen Basis ist die Beihilfeentscheidung der Europäischen Kommission vom 24.04.2007 ergangen (KOM [2007] 1761 endg.). Vorausgegangen war der Entscheidung ein Kompromiss zwischen Bundesregierung und Kommission; die Bundesregierung hatte Maßnahmen vorgeschlagen, um die Bedenken der Kommission auszuräumen – an ihrer Auffassung, dass keine Beihilfe vorliegt, hielt sie dabei ausdrücklich fest.

Im Bereich der Online-Dienste hatte die Kommission vor allem die Anforderung aufgestellt, dass der Auftrag ausreichend klar und präzise formuliert sein müsse. Den bis dahin geltenden Auftrag im Bereich sogenannter ›Mediendienste‹ bzw. ›Telemedien‹ hielt die Kommission für zu ungenau (nach alter Rechtslage war das programmbegleitende Anbieten von Telemedien mit programmbezogenem Inhalt vom Auftrag umfasst).

Inhaltlich sei es Deutschland überlassen, den Auftrag festzulegen; der Spielraum Deutschlands sei aber dann überschritten, wenn der Auftrag »offensichtliche Fehler« aufweise. Ein solcher würde nach Ansicht der Kommission etwa dann vorliegen, wenn elektronischer Handel zum Auftrag der Rundfunkanstalten gehörte. Zweifel daran, dass der Auftrag den demokratischen, sozialen und kulturellen Bedürfnissen der Gesellschaft entspricht, äußerte die Kommission auch bei Chats, Spielen, Rechnern, Links und Kontaktdiensten, machte die Zulässigkeit aber von deren konkreter Ausgestaltung abhängig.

Eine weitere Vorgabe der Kommission war es, dass die Bundesländer »in letzter Instanz darüber befinden« müssten, ob Angebote vom Auftrag umfasst sind.

Schließlich forderte die Kommission Maßnahmen, um Überkompensation und Quersubventionierung zu verhindern (hierzu gehören u. a. die Trennung zwischen Auftrag und kommerziellen Tätigkeiten sowie die Wahrung marktkonformen Verhaltens).

In Reaktion auf die Anforderungen der Kommission schlug die Bundesregierung im Bereich der Telemedien die folgenden Maßnahmen vor:

- eine gesetzliche Präzisierung des Auftrags,
- die Erstellung einer (Positiv/Negativ-)Liste, die illustrativen Charakter hat und auch Angebote bezeichnet, die – wie beispielsweise E-Commerce – als nicht vom Auftrag erfasst anzusehen sind,
- gesetzliche Verbote, u. a. von Werbung und Sponsoring sowie von flächendeckender lokaler Berichterstattung,[6]
- die Einführung eines Testverfahrens (›Drei-Stufen-Test‹) für neue und wesentlich veränderte Angebote,
- die Einräumung der Gelegenheit zur Stellungnahme für Dritte in diesem Verfahren,
- eine rechtsaufsichtliche Prüfung durch die Bundesländer nach Durchführung des Verfahrens.

Um Quersubventionierungen zu verhindern, versprach die Bundesrepublik außerdem klarere Regeln für kommerzielle Tätigkeiten.

Die Kommission sah die Vorschläge Deutschlands als geeignet an, um die von ihr gemachten Vorgaben umzusetzen, und stellte daher das Verfahren ein.

---

6 Ferner heißt es in den Zusagen Deutschlands: »Darüber hinaus werden die Anstalten gesetzlich verpflichtet, in Selbstverpflichtungen Regeln zu entwickeln, die sicherstellen, dass Verweisungen von ihren Angeboten nicht unmittelbar zu direkten Kaufaufforderungen führen. Auch sind die öffentlichen Rundfunkanstalten künftig gehalten, für sendungsbegleitende Angebote die betreffende Sendung und den zeitlichen Bezug in den Konzepten für diese Angebote transparent zu machen.«

Mit dem Beihilfekompromiss haben Kommission und Bundesrepublik einen Weg gefunden, den Auftrag der Rundfunkanstalten im Internet festzulegen, ohne den verfassungsrechtlichen Grundsatz der Staatsfreiheit des Rundfunks zu verletzen.[7]

2.4 Die Novellierung der Rundfunkmitteilung: ›Amsterdam-Test‹

Der deutsche Drei-Stufen-Test hatte ebenso wie der britische ›Public-Value-Test‹ Modellcharakter für die Europäische Kommission. In ihrer 2009 erfolgten Novellierung der sogenannten ›Rundfunkmitteilung‹ (2009/C 257/01)[8] legt die Kommission die Eckpunkte eines Testverfahrens fest, das in begleitenden Äußerungen als ›Amsterdam-Test‹ bezeichnet wurde.[9] Hiernach müssen die Mitgliedstaaten im Wege eines vorherigen Beurteilungsverfahrens prüfen, ob von öffentlich-rechtlichen Rundfunkanstalten geplante wesentliche neue audiovisuelle Dienste die Anforderungen des Protokolls von Amsterdam erfüllen und somit den sozialen, demokratischen und kulturellen Bedürfnissen der Gesellschaft dienen, und dabei auch die potenziellen Auswirkungen auf die Handels- und Wettbewerbsbedingungen angemessen berücksichtigen. Eckpunkte des Verfahrens sind u. a.
- die Durchführung einer offenen öffentlichen Konsultation,
- die Untersuchung der Gesamtauswirkungen neuer Dienste auf den Markt (Markteintrittssimulation); Aspekte der Prüfung sind

---

[7] Zwar bindet der Grundsatz der Staatsfreiheit die Kommission nicht direkt, allerdings besagt Art. 4 Abs. 3 des Vertrags über die Europäische Union (EUV): »Nach dem Grundsatz der loyalen Zusammenarbeit achten und unterstützen sich die Union und die Mitgliedstaaten gegenseitig bei der Erfüllung der Aufgaben, die sich aus den Verträgen ergeben.« Aus diesem Prinzip der gegenseitigen Rücksichtnahme folgt, dass die Organe der Europäischen Union jedenfalls die basalen Prinzipien der jeweiligen Verfassung des Mitgliedstaates zu beachten haben. Hierzu gehört auch der Grundsatz der Staatsfreiheit in Deutschland (HELD/SCHULZ 2004: 52).
[8] Mitteilung der Kommission über die Anwendung der Vorschriften über staatliche Beihilfen auf den öffentlich-rechtlichen Rundfunk, ABl. C 257 vom 27.10.2009, S. 1.
[9] Rede von Wettbewerbskommissarin Neelie Kroes vom 19. März 2009 (»The forthcoming Broadcasting Communication; measures to promote broadband«): »I cannot agree that an Amsterdam test at national level would involve an unjustifiable administrative burden. [...] As the Amsterdam test is quite broad there is finally also no possibility of infringing editorial freedom.«

u.a. das Vorhandensein ähnlicher Angebote, potenzielle Auswirkungen auf Initiativen privater Marktteilnehmer,
- eine Abwägung der Gesamtauswirkungen auf den Markt mit dem Wert für die Gesellschaft; überwiegend nachteilige Auswirkungen müssen durch einen Mehrwert gerechtfertigt sein.

Durchführung und Kontrolle müssen einer unabhängigen Stelle übertragen sein.

Die Mitteilung selbst ist kein verbindlicher Rechtsakt, allerdings bringt die Kommission in ihr zum Ausdruck, wie sie in zukünftigen Fällen entscheiden wird.[10] Erste Entscheidungen der Kommission sind bereits nach der Novellierung der Mitteilung ergangen.[11]

2.5 Zwischenfazit

Als Zwischenfazit zum Beihilfekompromiss kann festgehalten werden, dass die Kommission die Hoheit der Mitgliedstaaten bei der Definition der Aufgaben öffentlich-rechtlichen Rundfunks anerkennt. Auch Online-Angebote können hiernach zum Auftrag gehören. Allerdings ist bei diesen zu prüfen, welche Auswirkungen sie auf den Markt haben. Entscheidungen der Kommission wie die zu BBC News24 (NN 88/98) zeigen, dass es bei der Prüfung insbesondere darauf ankommt, ob eine Marktverdrängung oder Markteintrittsbarrieren zu befürchten sind. Dies bedeutet aber nicht, dass marktliche Auswirkungen unterhalb dieser Schwelle nicht zu berücksichtigen sind.[12]

Dass die Begutachtung der marktlichen Auswirkungen durch Externe erfolgen muss, ist nicht durch die Kommission vorgegeben. Die Kommission macht aber in der novellierten Rundfunkmitteilung deutlich, dass

---

10 Vgl. zum Charakter von Mitteilungen etwa THOMAS 2009: 423ff.
11 Entscheidungen betrafen etwa den öffentlich-rechtlichen Rundfunk in Österreich und in den Niederlanden, vgl. die Beihilfe-Entscheidungen E 2/2008 vom 28.10.2009 (K(2009)8113 endgültig) und E 5/2005 vom 26.1.2010 (C(2010)132 final).
12 Laut Kopp/Haarhoff droht die Frage von Wettbewerbsverzerrungen »stiefmütterlich behandelt« zu werden, da im Rundfunkstaatsvertrag ein explizites Verbot von unverhältnismäßigen Wettbewerbsverzerrungen fehle. Es bedürfe eines »balancing tests«: Positive und negative Effekte müssten gegeneinander abgewogen werden. Nicht erst der Marktaustritt von Wettbewerbern oder eine Marktverstopfung überschreite die kritische Eingriffsschwelle (KOPP/HAARHOFF 2010: 6). Allerdings entspricht die Formulierung in § 11f Abs. 4 RStV den Vorschlägen Deutschlands im Beihilfeverfahren, die von der Kommission ausdrücklich als geeignet anerkannt wurden (vgl. Ziffer 362 der Beihilfeentscheidung).

eine Markteintrittssimulation erforderlich ist.[13] Zur Methodik macht sie hier keine Ausführungen.

Auch bei überwiegend nachteiligen Auswirkungen auf den Markt können die entsprechenden Angebote zum Auftrag des öffentlich-rechtlichen Rundfunks gehören: Die Kommission betont in der novellierten Rundfunkmitteilung, dass überwiegend nachteilige marktliche Auswirkungen durch einen durch die öffentlich-rechtlichen Angebote erzeugten ›Mehrwert‹ gerechtfertigt sein müssen (und können).[14] Den Vorschlag der Bundesregierung, bei der Beurteilung des qualitativen Beitrags des öffentlich-rechtlichen Angebots zum publizistischen Wettbewerb u. a. die Auswirkungen des Angebots auf den Markt zu berücksichtigen, hält die Kommission in der Beihilfeentscheidung ausdrücklich für geeignet, um Bedenken hinsichtlich eventueller wettbewerbsverfälschender Auswirkungen auszuräumen.

Schließlich ist hervorzuheben, dass die Kommission den Test nur für wesentliche neue bzw. geänderte Dienste vorgibt; eine Prüfung des Bestands, wie sie in den 12. Rundfunkänderungsstaatsvertrag aufgenommen wurde, geht über die Anforderungen der Kommission hinaus.[15]

3. Verfassungsrechtliche Rahmenbedingungen

Nicht nur die europarechtlichen Vorgaben steuern die Beauftragung der öffentlich-rechtlichen Rundfunkanstalten: Die Länder haben bei der Ausgestaltung der Rundfunkordnung die Vorgaben des Art. 5 Abs. 1 S. 2 GG zu beachten. Der verfassungsrechtliche Rundfunkbegriff ist dyna-

---

13 »Um sicherzustellen, dass die öffentliche Finanzierung wesentlicher neuer audiovisueller Dienste den Handel und den Wettbewerb nicht in einem Ausmaß verzerrt, das dem gemeinsamen Interesse zuwiderläuft, haben die Mitgliedstaaten auf der Grundlage der Ergebnisse der offenen Konsultation die Gesamtauswirkungen neuer Dienste auf den Markt zu untersuchen, indem sie die Situation bei Bestehen des geplanten neuen Dienstes mit der Situation ohne ihn vergleichen.«
14 Vgl. Ziffer 8.8. der novellierten Rundfunkmitteilung: »Die Auswirkungen müssen gegen den Wert abgewogen werden, den die betreffenden Dienste für die Gesellschaft haben. Sind die Auswirkungen auf den Markt überwiegend nachteilig, so dürfte eine staatliche Finanzierung zugunsten der audiovisuellen Dienste nur dann verhältnismäßig sein, wenn sie durch den Mehrwert, der sich aus der Erfüllung sozialer, demokratischer und kultureller Bedürfnisse der Gesellschaft ergibt, gerechtfertigt ist, wobei auch das gesamte bestehende öffentlich-rechtliche Angebot zu berücksichtigen ist.«
15 Allerdings wird die Bestandsprüfung von Kommissionsvertretern mit Blick auf die lange Umsetzungszeit der Beihilfeentscheidung begrüßt, vgl. REPA/TOSICS (2009).

misch zu verstehen (vgl. BVerfGE 74, 297, 350) und umfasst auch neue Formen elektronischer Kommunikation, die an die Allgemeinheit gerichtet ist. Wie weit der Begriff des Rundfunks reicht und was der Verfassung zum Verhältnis zur Pressefreiheit entnommen werden kann, wenn Verlage Inhalte im Internet anbieten, kann an dieser Stelle nicht ausgeführt werden.[16] Allerdings sollen die Eckpunkte für die Online-Aktivitäten der Rundfunkanstalten skizziert werden, die den Entscheidungen des Bundesverfassungsgerichts (BVerfG) zu entnehmen sind.

Insbesondere in der Gebührenentscheidung aus 2007 kommt ein zentrales Wesensmerkmal der dualen Rundfunkordnung zum Ausdruck, die strukturelle Diversifizierung (zum Begriff HOFFMANN-RIEM 2000: 67ff.): »Die duale Ordnung eines Nebeneinander von öffentlichrechtlichem und privatwirtschaftlichem Rundfunk nutzt die durch die verschiedenartigen Strukturen der Veranstalter ermöglichten unterschiedlichen Programmorientierungen als Beitrag zur Sicherung der Breite und Vielfalt des Programmangebots« (BVerfGE 119, 181, 217).

Hieraus folgt zum einen, dass die Rundfunkanstalten im publizistischen Wettbewerb mit den privaten Veranstaltern bestehen können müssen (BVerfGE 119, 181, 217). Der Konzeption, die das Bundesverfassungsgericht für besonders geeignet hält, die Vorgaben aus Art. 5 Abs. 1 S. 2 GG zu erfüllen, würde es nicht entsprechen, den öffentlich-rechtlichen Rundfunk auf eine Lückenfüller-Funktion zu beschränken und ihm nur die Angebote zu ermöglichen, die für kommerzielle Anbieter nicht rentabel sind. Vielmehr geht das Gericht von einem umfassenden publizistischen Wettbewerb zwischen öffentlich-rechtlichen und privaten Anbietern aus, in dem die jeweiligen Vorteile der Anbietertypen zur Geltung kommen und Nachteile wechselseitig ausgeglichen werden (ausführlich: SCHULZ 2008: 17ff.; HELD 2008: 140ff.). Das Gericht betont, dass der »klassische Funktionsauftrag« der Rundfunkanstalten Information, Unterhaltung und kulturelle Verantwortung umfasst (BVerfGE 119, 181, 218).

Strukturelle Diversifizierung setzt aber auch voraus, dass der private Rundfunk (einschließlich der Online-Angebote der Verleger) nicht aus dem Wettbewerb gedrängt wird. In anderem Zusammenhang hat das Bundesverfassungsgericht hervorgehoben, dass privater Rundfunk nicht

---

16 Vgl. GERSDORF 2009: 103ff., BULLINGER/MESTMÄCKER 1997: 60ff. einerseits sowie HOFFMANN-RIEM 1996: 12f.; JARASS 1998: 136; HELD 2008: 81f.; PAPIER/SCHRÖDER 2010 andererseits. Zur Weite des Rundfunkbegriffs vgl. auch DEGENHART 2001: 60.

Bedingungen unterworfen werden darf, die ihn erheblich erschweren oder gar unmöglich machen (BVerfGE 83, 238, 311).

Damit der öffentlich-rechtliche Rundfunk seine Aufgaben auch unter veränderten technischen und gesellschaftlichen Bedingungen erfüllen kann, müssen die Betätigungsmöglichkeiten der Rundfunkanstalten offen sein für neue Inhalte, Formate, Genres und Verbreitungsformen (BVerfGE 119, 181, 218). Insoweit spricht das Gericht von einer »Entwicklungsgarantie« (BVerfGE 83, 238, 299; 90, 60, 91). Darüber hinaus müssen den Rundfunkanstalten auch die für die Erfüllung ihrer Aufgaben erforderlichen Mittel zur Verfügung stehen (BVerfGE 90, 60, 91f.). Der Gesetzgeber kann somit nicht die ›Gebührenschraube‹ für die Auftragskonkretisierung nutzen (SCHULZ 2008).

Ein zentraler verfassungsrechtlicher Grundsatz, der letztlich auch den Beihilfekompromiss maßgeblich geprägt hat, ist die Staatsfreiheit des Rundfunks (BVerfGE 57, 295, 320; 73, 118, 164ff.; 90, 60, 88; 119, 181, 221). Er setzt Grenzen für die Genauigkeit gesetzgeberischer Vorgaben, soweit durch diese Einfluss auf die Inhalte des Angebots genommen werden kann. Ein Verfahren wie der Drei-Stufen-Test, bei dem die internen Gremien darüber entscheiden, ob ein Angebot zum Auftrag gehört, kann gewährleisten, dass der Auftrag hinreichend konkretisiert wird, ohne staatlichen Einrichtungen Einfluss auf die inhaltliche Gestaltung der Angebote zu ermöglichen.

4. Der Drei-Stufen-Test im Überblick

4.1 Die Systematik der Regelungen

Mit dem 12. Rundfunkänderungsstaatsvertrag haben die Bundesländer den Beihilfekompromiss umgesetzt. Erstmals wurde den Rundfunkanstalten ein originärer Auftrag im Bereich sogenannter ›Telemedien‹ erteilt (zuvor waren die Online-Aktivitäten auf einen Annex zu Hörfunk und Fernsehen beschränkt): Laut § 11a RStV gehören zu den Angeboten des öffentlich-rechtlichen Rundfunks neben Rundfunkprogrammen (Hörfunk- und Fernsehprogrammen) auch Telemedien. Allerdings gilt dies nicht für alle Telemedien, sondern gemäß § 11d Abs. 1 RStV nur für solche, die »journalistisch-redaktionell veranlasst und journalistisch-redaktionell gestaltet sind«. Auch mit diesen Telemedien haben die Rundfunkanstalten laut § 11 Abs. 1 RStV als Medium und Faktor des Prozesses freier individueller und öffentlicher Meinungsbildung zu wirken und dadurch die demokratischen, sozialen und kulturellen Bedürfnisse der Gesellschaft zu erfüllen. In den Angeboten ist ebenso wie im klassischen Rundfunk ein umfassender Überblick über das internationale, europäische, nationale und regionale Geschehen in allen wesentlichen Lebensbereichen zu geben.

§ 11d Abs. 3 RStV enthält spezifische Funktionen der öffentlich-rechtlichen Telemedienangebote. Hiernach sollen sie

- die Teilhabe aller Bevölkerungsgruppen an der Informationsgesellschaft ermöglichen,
- Orientierungshilfe bieten und
- Medienkompetenz aller Generationen und von Minderheiten fördern.

Der Rundfunkstaatsvertrag benennt in § 11d Abs. 2 RStV bestimmte Telemedien, die bereits gesetzlich beauftragt sind, d.h. für die kein Drei-Stufen-Test erforderlich ist. Dies sind:

- das 7-Tage-Angebot von Sendungen (Sendungen über bestimmte Sportereignisse dürfen nur 24 Stunden zum Abruf bereitgehalten werden)[17] und
- das 7-Tage-Angebot von sendungsbezogenen Telemedien.

Alles darüber hinausgehende darf nur nach Durchführung eines Drei-Stufen-Tests angeboten werden, d.h.

- das Angebot von Sendungen über 7 Tage hinaus (Sendungen über bestimmte Sportereignisse dürfen jedoch auch nach Durchführung des Drei-Stufen-Tests nicht länger als 24 Stunden angeboten werden),
- sendungsbezogene Telemedien über 7 Tage hinaus,
- nicht sendungsbezogene Telemedien sowie
- Archive.

Schließlich enthält der Staatsvertrag Verbote: Bestimmte Angebote sind den öffentlich-rechtlichen Rundfunkanstalten gänzlich untersagt. Zu diesen zählen

- nicht sendungsbezogene presseähnliche Angebote,

---

17 § 11d Abs. 2 S. 1 Nr. 1, 2. Halbsatz: »[...] Sendungen auf Abruf von Großereignissen gemäß § 4 Abs. 2 sowie von Spielen der 1. und 2. Fußball-Bundesliga bis zu 24 Stunden danach [...]«.

- das Angebot von angekauften Spielfilmen und Serien auf Abruf (Ausnahme: Auftragsproduktionen),
- flächendeckende lokale Berichterstattung,
- Werbung und Sponsoring,
- Angebote der Negativliste (etwa Ratgeberportale ohne Sendungsbezug, Spieleangebote ohne Sendungsbezug, Foren, Chats ohne Sendungsbezug und redaktionelle Begleitung; Foren oder Chats unter Programm- oder Sendermarken sind zulässig).

4.2 Die drei Stufen

Die Entscheidung im Drei-Stufen-Test obliegt den internen Gremien. Grundlage ihrer Entscheidung ist die Vorlage eines Telemedienkonzepts durch den Intendanten.

Die Prüfungsschritte beim Drei-Stufen-Test sind in § 11f Abs. 2 RStV geregelt. Hiernach hat der Intendant gegenüber dem Gremium Aussagen darüber zu treffen,

- inwieweit das Angebot den demokratischen, sozialen und kulturellen Bedürfnissen der Gesellschaft entspricht,
- in welchem Umfang durch das Angebot in qualitativer Hinsicht zum publizistischen Wettbewerb beigetragen wird und
- welcher finanzielle Aufwand für das Angebot erforderlich ist.

Das Vorliegen dieser Voraussetzungen ist vom Gremium zu überprüfen. Kern der Prüfung ist die zweite Stufe: die Ermittlung des qualitativen Beitrags zum publizistischen Wettbewerb. Auf dieser Stufe geht es um die Beurteilung des Verhältnisses zwischen den öffentlich-rechtlichen Angeboten und ihren publizistischen Wettbewerbern. Die erforderliche Prüfung wird in § 11f Abs. 2 S. 2 RStV weiter ausgeführt: Es sind Quantität und Qualität der vorhandenen frei zugänglichen Angebote, die marktlichen Auswirkungen des geplanten Angebots sowie dessen meinungsbildende Funktion angesichts bereits vorhandener vergleichbarer Angebote, auch des öffentlich-rechtlichen Rundfunks, zu berücksichtigen.

Die zweite Stufe erfordert demnach zunächst eine Bestandsaufnahme des publizistischen Wettbewerbsumfeldes und eine Prognose darüber, wie sich dieses Umfeld verändert, wenn ein neues öffentlich-rechtliches Angebot in den Markt eintritt (bzw. im Falle der Bestandstests: ein bestehendes aus dem Markt austritt). Zudem ist zu beurteilen, ob eine Wettbewerbssituation mit dem öffentlich-rechtlichen Angebot oder eine ohne dasselbe unter publizistischen Gesichtspunkten vorzugswürdig ist (PETERS 2010: 184). Dies ist die Abwägung, die beim Drei-Stufen-Test zu treffen ist. Die Feststellung der marktlichen Auswirkungen ist dabei ein wichtiger Zwischenschritt.

Besonders anspruchsvoll ist die nach dem Staatsvertrag erforderliche Beurteilung der Qualität der Angebote. Qualität ist weniger als feststehendes Ziel als vielmehr als Prozess zu begreifen, der allerdings umso rationaler verläuft, je stärker er kriteriengeleitet ist (SCHULZ 2008: 37ff.). Zu diesen Qualitätskriterien können anerkannte journalistische Regeln gehören, aber auch gesellschaftliche Erwartungen, die etwa von den plural zusammengesetzten Gremien formuliert werden.

Gegenstand der dritten Stufe sind die Kosten des Angebots. Hier sind Plausibilität und Nachvollziehbarkeit der angegebenen Kosten zu prüfen. Anders als zum Teil in der Literatur geäußert (KOPS/SOKOLL/BENSINGER 2009: 75; PETERS 2010: 187) handelt es sich bei der dritten Stufe jedoch nicht um eine Kosten-Nutzen-Abwägung in dem Sinne, dass die aufgewandten Gebührenmittel ins Verhältnis zum kommunikativen Nutzen zu setzen wären. Eine Kosten-Nutzen-Abwägung ist kaum praktikabel durchzuführen. Der publizistische Nutzen lässt sich nicht soweit quantifizieren, dass er den Kosten gegenübergestellt werden könnte. Auch ist die Prüfung auf der dritten Stufe keine Effizienzkontrolle. Aus der Historie und der Stellung im RStV lässt sich erkennen, dass Sinn und Zweck des Drei-Stufen-Tests eine Prüfung des Auftragsbezugs ist. Die Überprüfung des Finanzbedarfs obliegt weiterhin der Kommission zur Ermittlung des Finanzbedarfs der Rundfunkanstalten (KEF). Dafür spricht auch die Formulierung in der Beihilfe-Entscheidung, wonach lediglich darauf abgestellt wird, welcher Aufwand »für die Erbringung des Angebotes vorgesehen ist« (Ziffer 328 der Beihilfeentscheidung).

4.3 Der Gang des Verfahrens

Nachdem die materiellen Vorgaben skizziert wurden, soll im Folgenden der Gang des Verfahrens dargestellt werden (eine ausführliche Beschreibung findet sich bei KOPS/SOKOLL/BENSINGER 2009 und PETERS 2010: 162ff.). Das Verfahren gliedert sich in mehrere Schritte:

- Vorprüfung, ob ein neues oder verändertes Telemedium vorliegt (entfällt bei Bestandsprüfung),
- Vorlegung eines Telemedienkonzepts durch Intendanten (das Konzept muss Zielgruppe, Inhalt, Ausrichtung und Verweildauer ausweisen),
- Veröffentlichung des Vorhabens im Internet, Dritten ist Gelegenheit zur Stellungnahme einzuräumen,
- Einholung eines externen Gutachtens zu den marktlichen Auswirkungen durch das zuständige Gremium,
- Entscheidung des Gremiums (erforderlich ist eine qualifizierte Mehrheit), Begründung und Bekanntmachung der Entscheidung,
- Prüfung durch die Rechtsaufsicht,
- Veröffentlichung des Telemedienkonzepts in den amtlichen Verkündungsblättern der betroffenen Länder.

Die Entscheidung im Drei-Stufen-Test wird vom Rundfunkstaatsvertrag den internen Gremien übertragen: dem Rundfunkrat bzw. dem Fernsehrat beim ZDF bzw. dem Hörfunkrat beim DEUTSCHLANDRADIO. Dem Gremium steht bei seiner Entscheidung ein gerichtlich nur begrenzt überprüfbarer Beurteilungsspielraum zu: Bei den Voraussetzungen der drei Stufen handelt es sich um unbestimmte Rechtsbegriffe (demokratische, soziale und kulturelle Bedürfnisse der Gesellschaft, qualitativer Beitrag zum publizistischen Wettbewerb etc.). Die Beurteilung dieser Kriterien obliegt einem Gremium, das plural zusammengesetzt ist und die verschiedenen Interessen in der Gesellschaft widerspiegelt. Der Drei-Stufen-Test ist gerade kein Verfahren, in dem lediglich rechtliche Voraussetzungen abgeprüft werden (die rechtliche Prüfung beschränkt sich in materieller Hinsicht auf die im Staatsvertrag enthaltenen Ge- und Verbote), sondern es soll gerade eine gesellschaftliche Beurteilung des geplanten (bzw. bestehenden) Online-Engagements der Rundfunkanstalten erfolgen, für die der Staatsvertrag die Leitplanken aufstellt.

Sieht das Gremium das Angebot nicht als vom Auftrag erfasst an, entscheidet es sich gegen das Angebot. Aus dem Grundsatz der Organtreue (vgl. HESSE 2003: 165f.) folgt aber, dass das Gremium vor seiner Entscheidung dem Intendanten die Gelegenheit geben muss, sein Telemedienkonzept zu ändern, um eine für ihn positive Entscheidung des Gremiums zu erreichen. Die Möglichkeiten des Rundfunkrates, seine Entscheidung mit Auflagen zu versehen, sind hingegen derzeit begrenzt, da inhaltliche Vorgaben mit der in den gesetzlichen Grundlagen der Rundfunkanstalten geregelten Programmhoheit des Intendanten kollidieren. Die Programmhoheit des Intendanten bleibt auch im Drei-Stufen-Test erhalten (DÖRR 2009a: 22; KOPS/SOKOLL/BENSINGER 2008: 69; a.A. HUBER 2010: 207ff., der in den Regeln zum Drei-Stufen-Test eine Einschränkung der Programmverantwortung des Intendanten erblickt). Das Gremium trifft seine Entscheidung aufgrund einer Vorlage des Intendanten, mit der dieser das Ob und Wie des Angebots festlegt. Das Gremium hat nach § 11f Abs. 6 RStV darüber zu entscheiden, ob das im Konzept des Intendanten beschriebene Angebot den Anforderungen des Drei-Stufen-Tests entspricht.

Auch eine Befristung des Angebots ist dem Rundfunkrat nicht möglich. Anders als bei anderen Entscheidungen im Rundfunkrecht (etwa z.T. bei der Zulassung privater Anbieter) sieht der Rundfunkstaatsvertrag beim Drei-Stufen-Test keine Befristung vor. Zwar ist nach § 11f Abs. 4 S. 4 RStV im Telemedienkonzept der »voraussichtliche Zeitraum«, innerhalb dessen das Angebot stattfinden soll, anzugeben. Dies dient aber laut amtlicher Begründung lediglich dazu, »eine genaue Prüfung zu ermöglichen«. Die Vorschrift eröffnet nicht die Möglichkeit einer eigenständigen Befristung des Angebots durch das Gremium.

Das ohnehin komplexe Verfahren wird bei ARD-Gemeinschaftsangeboten noch aufwendiger. Um sicherzustellen, dass eine Entscheidung getroffen wird, die die Auffassungen aller Gremien der ARD-Anstalten berücksichtigt, sehen die Verfahrensrichtlinien vor, dass die letztendliche Entscheidung zwar nur dem Rundfunkrat der federführenden Landesrundfunkanstalt obliegt, die Gremien der anderen Landesrundfunkanstalten aber mitberaten. Hierzu erstellt das zuständige Gremium eine Mitberatungsvorlage, die die Grundlage für die Beratungen in den anderen Gremien bildet. Basierend auf den Voten aus den Gremien der nicht federführenden Landesrundfunkanstalten spricht die Gremienvorsitzendenkonferenz der ARD (GVK) eine Empfehlung an den zuständigen Rundfunkrat aus. Letzterer entscheidet dann am Ende des Verfahrens, ob das Angebot vom Auftrag umfasst ist oder nicht.

5. Ausblick

Bereits während des Bestandstests kam es zu heftigen Diskussionen (etwa als die internen Mitberatungsvorlagen an die Presse gelangten).

Knackpunkte sind vor allem das Verbot presseähnlicher Angebote ohne Sendungsbezug und die Verweildauern[18] für Sendungen in den Mediatheken, etwa für Serien wie die sogenannten ›Dailys‹. Ersteres ist für die Verleger besonders relevant, für die die Markterschließung derzeit schwierig ist, Zweitere sind es für die privaten Rundfunkveranstalter (und zum Teil auch für die Produzenten und Regisseure).

Bei den presseähnlichen Angeboten[19] ist vor allem umstritten, ob klassische Zeitungen und Zeitschriften oder die Online-Angebote der Verlage der Vergleichsmaßstab sind und ob bereits die Textorientierung einzelner Beiträge ohne Sendungsbezug gegen das Verbot verstößt. Angesichts der Dauer gerichtlicher Prozesse und der Vermutung, dass sich die Kommission nicht in Auslegungsfragen des Rundfunkstaatsvertrags einmischen, sondern nur bei gravierenden Fehlern beim Drei-Stufen-Test erneut tätig wird, beherrscht das Thema vor allem die medienpolitische Debatte. Auch Auslegungsfragen der Negativliste werden weiterhin Gegenstand der Diskussion sein.

Eine Schwierigkeit besteht darin, dass der Begriff des Sendungsbezugs, der an mehreren Stellen des Staatsvertrags relevant ist (Verbot von presseähnlichen Angeboten ohne Sendungsbezug, Verbot von Ratgeberportalen ohne Sendungsbezug, Verbot von Spieleangeboten ohne Sendungsbezug), extrem eng angelegt ist. Es muss der Bezug zu einer konkreten Sendung bestehen, jede thematische Erweiterung oder die Nutzung von neuen Quellen ist nicht mehr davon umfasst. So weist etwa bereits eine Aktualisierung eines auf einer Sendung basierenden Beitrags den Sendungsbezug nach § 2 Abs. 2 Nr. 18 RStV nicht mehr auf, wenn dafür neue Quellen genutzt werden müssen.[20]

Damit führt der Staatsvertrag zu einem extremen Spagat: Auf der einen Seite überträgt er den Rundfunkanstalten einen originären, nicht mehr an das klassische Programm gekoppelten Auftrag, Telemedien

---

18 Vgl. zu der Frage, ob es sich bei der 7-Tage-Frist in § 11d Abs. 2 S. 1 RStV um eine ›Regelfrist‹ handelt, DÖRR 2009b: 901 einerseits und KNOTHE 2009: 6f.; WIEDEMANN 2009a: 8, 2009b: 6; PETERS 2010: 104; SCHMIDT/EICHER 2009: 5ff. andererseits.

19 Zur Frage der Presseähnlichkeit vgl. PAPIER/SCHRÖDER 2010: 16ff.; HAIN 2009: 105ff.; PETERS 2010: 124f.; DÖRR 2009a: 5; GERSDORF 2009: 103ff.; GERHARDT 2010: 19.

20 Zum Teil wird wegen der damit im Falle einer Überprüfung verbundenen Pflicht zur Offenlegung von Quellen gegenüber der Rechtsaufsicht von der Verfassungswidrigkeit der entsprechenden Regelungen ausgegangen, HAIN 2009: 98ff. Verfassungsrechtliche Bedenken äußert auch HAHN 2008: 220.

anzubieten, und auf der anderen Seite bindet er in bestimmten Bereichen das Angebot wiederum eng an einzelne Sendungen.

Ungeachtet der geschilderten Schwierigkeiten hat der Test in qualitativer Hinsicht bereits mehreres bewirkt: Zunächst führt er dazu, dass schon bei der Entwicklung neuer Angebotsideen das gesellschaftliche Bedürfnis in verstärktem Maße reflektiert und auch das Wettbewerbsumfeld stärker als bisher in den Blick genommen wird. Bereits dadurch, dass für neue Angebote der aufwendige Test durchzuführen ist, begünstigt er eine Selbstregulierung der Rundfunkanstalten. Der Test schafft Transparenz über geplante Angebote und ermöglicht die Einbeziehung verschiedener Perspektiven – über die im jeweiligen Gremium vertretenen hinaus –: nicht nur privater Konkurrenten, sondern auch gesellschaftlicher Organisationen, die zu den Konzepten Stellung nehmen können.

Darüber hinaus regt der Test die anstaltsinterne Qualitätsdebatte an. Es wird in zunehmendem Maß der Versuch unternommen, das spezifisch öffentlich-rechtliche Profil, die besondere Produktionslogik genauer zu definieren.

Schließlich stärkt der Test die Gremien, die sich zum einen mehr als vorher mit dem Thema Internet auseinandersetzen und zum anderen für ihre Beurteilungen in höherem Maße Kriterien im Sinne gesellschaftlicher Erwartungen formulieren. Letzteres wird sich auch auf andere Bereiche der Gremienkontrolle ausweiten.[21] Insoweit ist der Test nicht nur ein »bürokratisches Monstrum«,[22] sondern trägt zur Qualität im Medienbereich bei.

Literatur

BARTOSCH, ANDREAS: Öffentlichrechtliche Rundfunkfinanzierung und EG-Beihilfenrecht – Zehn Jahre später. In: *EuZW*, 2009, S. 684-688
BULLINGER, MARTIN; ERNST-JOACHIM MESTMÄCKER: *Multimediadienste.* Baden-Baden 1997

---

21 Ladeur hält hingegen die internen Gremien der Rundfunkanstalten für nicht geeignet, den Test durchzuführen: LADEUR 2009: 913.
22 Als solches hat der SWR-Intendant Peter Boudgoust den Bestandstest einmal bezeichnet (»Aber dass auch der Bestand überprüft werden soll, ist unnötig. Dadurch droht der Test zu einem bürokratischen Monstrum zu werden.«), Zitat aus *Tagesspiegel* vom 02.01.2009.

DEGENHART, CHRISTOPH: *Der Funktionsauftrag des öffentlich-rechtlichen Rundfunks in der ›Digitalen Welt‹*. Heidelberg 2001
DEGENHART, CHRISTOPH: Rechtsfragen einer Neuordnung der Rundfunkgebühr. In: ZUM, 2009, S. 374-383
DÖRR, DIETER: *Das Verfahren des Drei-Stufen-Tests*. Mainz 2009a
DÖRR, DIETER: Aktuelle Fragen des Drei-Stufen-Tests. In: ZUM, 2009b, S. 897-906
GERHARDT, NINA: Presseähnliche Angebote nach dem 12. Rundfunkänderungsstaatsvertrag. In: AfP, 2010, S. 16-20
GERSDORF, HUBERTUS: *Legitimation und Limitierung von Onlineangeboten des öffentlich-rechtlichen Rundfunks*. Berlin 2009
GUNDEL, JÖRG: Nationale Rundfunkfinanzierung, Art. 86 EGV und das EG-Beihilfenrecht: Die Position der Gemeinschaftsgerichte. In: ZUM, 2008, S. 758-765
HAHN, CAROLINE: Der Online-Auftrag des öffentlich-rechtlichen Rundfunks. In: ZRP, 2008, S. 217-220
HAIN, KARL-E.: *Die zeitlichen und inhaltlichen Einschränkungen der Telemedienangebote von ARD, ZDF und DEUTSCHLANDRADIO nach dem 12. RÄSTV*. Baden-Baden 2009
HELD, THORSTEN: *Online-Angebote öffentlich-rechtlicher Rundfunkanstalten – Eine Untersuchung des verfassungsrechtlich geprägten und einfachgesetzlich ausgestalteten Funktionsauftrags öffentlich-rechtlichen Rundfunks im Hinblick auf Internet-Dienste*. Baden-Baden 2008
HELD, THORSTEN; WOLFGANG SCHULZ: *Europarechtliche Beurteilung von Online-Angeboten öffentlich-rechtlicher Rundfunkanstalten*. Berlin 2004
HESSE, ALBRECHT: *Rundfunkrecht: Die Organisation des Rundfunks in der Bundesrepublik Deutschland*. 3. Auflage, München 2003
HOFFMANN-RIEM, WOLFGANG: Der Rundfunkbegriff in der Differenzierung kommunikativer Dienste. In: AfP, 1996, S. 9-15
HOFFMANN-RIEM, WOLFGANG: *Regulierung der dualen Rundfunkordnung*. Baden-Baden 2000
HUBER, PETER M.: Aktuelle Fragen des Drei-Stufen-Tests. In: ZUM, 2010, S. 201-211
JARASS, HANS D.: Rundfunkbegriffe im Zeitalter des Internet. In: AfP, 1998, S. 133-155
KNOTHE, MATTHIAS: Schwer nachvollziehbar – Zum Dörr-Gutachten in Sachen Drei-Stufen-Test. In: *epd medien*, Nr. 60 vom 1. August 2009, S. 5-9

KOPP, REINHOLD; INA HAARHOFF: Die Vernachlässigung des Marktes. In: *epd medien*, Nr. 3 vom 16.01.2010, S. 5-7

KOPS, MANFRED; KAREN SOKOLL; VIOLA BENSINGER: *Rahmenbedingungen für die Durchführung des Drei-Stufen-Tests*. Köln/Berlin 2009

LADEUR, KARL-HEINZ: Zur Verfassungswidrigkeit der Regelung des Drei-Stufen-Tests für Onlineangebote des öffentlich-rechtlichen Rundfunks nach § 11f RStV. In: ZUM, 2009, S. 906-914

PAPIER, HANS-JÜRGEN; SCHRÖDER, MEINHARD: Gutachten zu Presseähnlichen Angeboten. In: *epd medien*, 60, 4. August 2010, S. 16-33

PETERS, BUTZ: *Öffentlich-rechtliche Online-Angebote*. Baden-Baden 2010

REPA, LUKAS; NÓRA TOSICS: Commission and Germany agree on better control for the use of State aid in the broadcasting sector. In: *Competition Policy Newsletter*, 2009, 1. In: http://ec.europa.eu/competition/publications/cpn/2009_1_23.pdf [18. 4.2010]

SCHULZ, WOLFGANG: *Der Programmauftrag als Prozess seiner Begründung*. Berlin 2008

SCHMIDT, HEIDI; HERMANN EICHER: Dreistufentest für Fortgeschrittene. In: *epd medien*, 45/46, 10. Juni 2009, S. 5-11

SCHULZ, WOLFGANG: The Legal Framework for Public Service Broadcasting after the German State Aid Case: Procruste's Bed or Hammock? In: *Journal of Media Law*, 2, 2009, S. 219-241

THOMAS, STEFAN: Die Bindungswirkung von Mitteilungen, Bekanntmachungen und Leitlinien der EG-Kommission. In: *EuR*, 2009, S. 423-444

WIEDEMANN, VERENA: *Wie die Anstalten die Entscheidungen ihrer Gremien zum Dreistufentest vorbereiten und begleiten sollten*. Köln 2009a

WIEDEMANN, VERENA: Kein Einfallstor für Marktprimat. In: *epd medien*, Nr. 68 vom 29. August 2009b, S. 3-7

WIMMER, NORBERT: Der Drei-Stufen-Test nach dem 12. Rundfunkänderungsstaatsvertrag. In: ZUM, 2009, S. 601-611

MANFRED KOPS

Publizistische Vielfalt als Public Value?

1. Publizistische Vielfalt der Medien als Voraussetzung freier Meinungsbildung

Sowohl in ökonomischen als auch in rechtswissenschaftlichen Arbeiten wird auf den ›Doppelcharakter‹ der Medien hingewiesen, die sowohl der Befriedigung individueller, privater Bedürfnisse dienen (die Medien als *Wirtschaftsgüter*) als auch der Erfüllung kollektiver Aufgaben, insbesondere der freien öffentlichen Meinungsbildung und der öffentlichen Kommunikation (die Medien als *Kulturgüter*). Die Wirtschaftswissenschaften stellen dabei, der grundsätzlichen Sichtweise dieser Disziplin entsprechend, eher den Charakter der Medien als Wirtschaftsgüter in den Vordergrund. In dieser Eigenschaft werden die Medien von den ›Konsumenten‹ nachgefragt, weil sie ihnen einen privaten Nutzen (›Konsumentennutzen‹) stiften. Dieser ist umso höher, je besser das Angebot ihren individuellen Präferenzen entspricht. Insofern bestimmt der individuelle Nutzen auch die Zahlungsbereitschaft und – bei einer entgeltlichen Bereitstellung – den Preis. Dieser ist dann, wie in der Ökonomie üblich, Ausdruck des individuellen Nutzens, den das Gut stiftet; und die in einer Volkswirtschaft beobachtbaren Marktwirkungen sind Ausdruck der Summe des individuellen Nutzens (und damit seines gesamtwirtschaftlichen Nutzens).

Demgegenüber haben die Publizistik- und die Rechtswissenschaft stärker den Kollektivgut- oder Kulturgutcharakter der Medien herausgestellt. Auch das Bundesverfassungsgericht hat diese Funktion der Medien für die öffentliche Meinungsbildung und die öffentliche Kommunikation hervorgehoben und betont, dass es hierfür einer ›dienenden‹

Freiheit der Medien bedürfe.¹ Es hat auch darauf hingewiesen, dass der Rundfunk nicht nur *Medium*, sondern zugleich auch *Faktor* der öffentlichen Meinungsbildung sei.² Ökonomisch formuliert heißt dies, dass die Medien nicht nur die bestehenden Präferenzen der Konsumenten (Rezipienten/Nutzer) bedienen (›Mediumfunktion‹), sondern zugleich einen Prozess anstoßen, innerhalb dessen sich diese Präferenzen verändern (›Faktorfunktion‹).³

Aus dieser für alle Gegenstandsbereiche gegebenen Funktion als Medium und Faktor der freien Meinungsbildung erklären sich die enormen Potenziale der Medien, die Funktions- und Leistungsfähigkeit einer Gesellschaft zu beeinflussen. Das wird besonders deutlich bei der politischen Meinungsbildung, die für eine funktionsfähige demokratische Gesellschaft mit ›mündigen‹ und zur politischen Partizipation fähigen Bürgern konstitutiv ist, die andererseits aber auch, wie die Erfahrungen in vielen Ländern, auch in Deutschland, immer wieder gezeigt haben, durch staatlich beeinflusste und in Dienst genommene Medien besonders gefährdet ist. Aber auch für die freie Meinungsbildung in anderen Gegenstandsbereichen, die nicht durch die Politik, sondern durch andere Formen kollektiver Willensbildung (z. B. durch zivilgesellschaftliches Engagement) gestaltet werden, besitzen die Medien eine Schlüsselrolle.⁴

1   BVerfGE 12, 205 (260f.); BVerfGE 57, 295 (319),ferner BVerfG 83, 238 (315); 87, 181 (197); grundlegend zur ›dienenden‹ Freiheit der Medien STOCK 1985: 70ff.
2   BVerfGE 12, 205; STOCK 1985: 70ff., 213ff., 333ff.
3   Diese Faktorfunktion ist allerdings nicht als Erziehungsaufgabe oder Sozialisationsaufgabe zu verstehen. Vielmehr hat der Rundfunk an der öffentlichen Meinungsbildung mitzuwirken, indem er der Gesellschaft Angebote unterbreitet, Möglichkeiten aufzeigt und neue Perspektiven erschließt, auch solche, »die sich aus dem empirischen Hier und Jetzt lösen« (ROSSEN-STADTFELD 2009: 25). Dort heißt es weiter: »Er [der Rundfunk, d. V.] hat dieser Gesellschaft Perspektiven zu öffnen. In diesen werden zunächst bloß mögliche Bedürfnisse erkennbar, um so überhaupt erst angenommen werden zu können. Das bedeutet keineswegs, dass gesellschaftliche Wünsche, Bedürfnisse und Belange, die empirisch feststellbar sind, als für die Erfüllung des Rundfunkauftrags unerheblich gelten müssen. Doch zielt dieser Auftrag in seiner Ausrichtung auf die Meinungsbildungsfreiheit vor allem auf eine produktive, Ermöglichung, Wandel und Neuorientierung fördernde Betreuung gesellschaftlicher Kommunikation. Die Verfassung will den Rundfunk vor allem als Kontingenzreservoir und Überraschungsauslöser, als Möglichkeitsverstärker und Wahrscheinlichkeitsverdichter, insgesamt als Garant kommunikativer Vielfalt. Nur in diesen Dimensionen kann der Versuch heute noch unternommen werden, eine hochdifferenzierte, zutiefst plurale und sich schnell wandelnde Gesellschaft kommunikativ zu integrieren. Das je Andere, noch Unvertraute, aber doch schon Wahrnehmbare, also jedenfalls möglich Erscheinende soll nicht hinter dem Ereignishorizont kommerziell verriegelter Gängigkeit unsichtbar werden.«
4   Z. B. die Fairness und kommunikative Chancengleichheit, die ihrerseits wiederum die soziale Kohärenz der Gesellschaft und damit auch die allokative Leistungsfähigkeit beeinflussen. Vgl. KOPS 2008: 51ff.

Einige ökonomische Arbeiten haben versucht, diesen Beitrag der Medien zur freien Meinungsbildung in ihre Theorie zu integrieren (KOPS/SOKOLL/BENSINGER 2009: 78). Sie haben darauf hingewiesen, dass die Medien nicht allein oder nicht einmal vorrangig einen unmittelbaren individuellen Nutzen für die Konsumenten bzw. Rezipienten stiften, sondern darüber hinaus auch positive Wirkungen für die Gesellschaft als Ganzes haben. Auch diese kollektiven Wirkungen beeinflussen mittelbar die Wohlfahrt der einzelnen Gesellschaftsmitglieder, stiften insofern also ebenfalls eine Form des individuellen Nutzens. Dessen Höhe bestimmt sich allerdings nicht nach der Art und Menge der vom Einzelnen als Konsument genutzten Medien, sondern nach dem Umfang, in dem der Einzelne als Bürger an der Funktions- und Leistungsfähigkeit der Gesellschaft partizipiert. Wir bezeichnen diese Form des Nutzens deshalb, auch zwecks Unterscheidung vom oben eingeführten Begriff des ›Konsumentennutzens‹, als ›Bürgernutzen‹ der Medien.[5]

Eine solche Sichtweise zeigt, dass die publizistische Vielfalt der Medien eine wichtige Voraussetzung für freie individuelle und öffentliche Meinungsbildung ist. Sie zeigt aber auch die Schwächen einer ausschließlich die individuellen Präferenzen der Konsumenten befriedigenden und ausschließlich von deren individuellen Präferenzen bestimmten Bereitstellung der Medien: Indem sie sich auf den von ihnen gestifteten Konsumentennutzen

---

[5] Zur Unterscheidung von Konsumenten- und Bürgernutzen der Medien siehe KOPS/SOKOLL/BENSINGER 2009: 78ff. Dabei handelt es sich um eine analytische Trennung, die aufgrund der zwischen beiden Nutzenformen bestehenden Überlagerungen und Rückkopplungen keine exakte Abgrenzung von Medien erlaubt, die ausschließlich einen Konsumentennutzen oder ausschließlich einen Bürgernutzen stiften. So aus rechtswissenschaftlicher Sicht auch Rossen-Stadtfeld (2009: 10): »In seiner Analyse des Art. 5 Abs. 1 GG nimmt das Bundesverfassungsgericht keine strikte Trennung zwischen den Prozessen der individuell-privaten und der kollektiv-öffentlichen Meinungsbildung vor. Diesbezüglich legt es vielmehr seiner Grundrechtsinterpretation die Vorstellung eines Kreislaufs zugrunde. Dieser beginnt mit dem grundrechtlich geschützten Bedürfnis, die individuelle Persönlichkeit durch Meinungsbildung zu entfalten, öffnet sich dann in die Teilnahme am Prozess öffentlicher Meinungsbildung und wendet sich bereichert zurück, um immer wieder erneut wieder auszugreifen. In der Sichtweise des Bundesverfassungsgerichts können der Demokratiebezug und die individualrechtliche Komponente grundrechtlich geschützter Meinungsbildungsfreiheit nur analytisch unterschieden, nicht aber normativ oder gar praktisch voneinander abgetrennt werden. Beide stehen hier in einem zirkulären Verhältnis wechselseitiger Bedingtheit. Das verkennt die inzwischen oft schon wie selbstverständlich geäußerte Annahme, das Bundesverfassungsgericht entwerfe die Funktion der Massenmedien und insbesondere die des Rundfunks allein oder auch nur vornehmlich um der demokratiekonstitutiven Bedeutung kollektiv-öffentlicher Meinungsbildung willen. Für das Gericht behandelt Art. 5 Abs. 1 GG die Meinungsbildungsfreiheit von Persönlichkeit und demokratischer Gesellschaft als gleichursprünglich, aufeinander angewiesen, nicht voneinander zu trennen.«

konzentriert, vernachlässigt sie den von den Medien erwarteten Beitrag zur öffentlichen Kommunikation, die Erbringung eines Bürgernutzens. Insofern kann eine nicht marktliche oder eine regulierte marktliche Bereitstellung der Medien im Vergleich zu einer unregulierten marktlichen Bereitstellung auch einen Mehrwert, einen Public Value, stiften (siehe dazu KOPS 2010).

Ursache für einen solchen Mehrwert können zum einen Korrekturen der Defekte des Marktes (›Marktmängel‹) sein (Abschnitt 2). Der Mehrwert kann sich aber auch daraus ergeben, dass an die Bereitstellung von Medien Erwartungen gestellt werden, die der Markt – auch und vielleicht gerade der perfekte Markt – nicht erfüllen kann. Aus der marktzentrierten Sicht der Ökonomie wären dann also ›meritorische‹ Erwartungen an die Bereitstellungsergebnisse die Ursache für den Mehrwert einer regulierten marktlichen oder einer nicht marktlichen Bereitstellung (Abschnitt 3).

2. Mangelnde publizistische Vielfalt der Medien als Folge von Marktmängeln

2.1 Fehlende Ausschließbarkeit als Ursache mangelnder Vielfalt

Das Bundesverfassungsgericht hat, bezogen auf den Rundfunk, die Meinung vertreten, dass die Vielfalt kommerzieller Angebote wegen des durch die Werbefinanzierung »bewirkten Trends zu Massenattraktivität und Standardisierung sowie durch wirtschaftlichen Wettbewerbsdruck« verkürzt werde.[6] Ökonomische Ursache mangelnder Vielfalt kommerzieller Medienangebote wäre dann allerdings nicht die Werbefinanzierung

---

6 BVerfGE 119, 181, 215f. Bereits mit der Zulassung privater Anbieter hatte das Bundesverfassungsgericht auf die vielfaltsmindernden Wirkungen der Werbefinanzierung hingewiesen: »[Es] kann von privatem Rundfunk kein in seinem Inhalt breit angelegtes Angebot erwartet werden, weil die Anbieter zur Finanzierung ihrer Tätigkeit nahezu ausschließlich auf Einnahmen aus Wirtschaftswerbung angewiesen sind. Diese können nur dann ergiebiger fließen, wenn die Privaten hinreichend hohe Einschaltquoten erzielen. Die Anbieter stehen deshalb vor der wirtschaftlichen Notwendigkeit, möglichst massenattraktive Programme zu möglichst niedrigen Kosten zu verbreiten. Sendungen, die nur für eine geringe Zahl von Teilnehmern von Interesse sind und die oft – wie namentlich anspruchsvolle kulturelle Sendungen – einen hohen Kostenaufwand erfordern, werden in der Regel zurücktreten, wenn nicht gänzlich fehlen, obwohl erst mit ihnen die ganze Breite umfassender Information zu erreichen ist, ohne die es keine ›Meinungsbildung‹ im Sinne der Garantie des Art. 5 Abs. 1 Satz 2 GG geben kann« (BVerfGE 73, 118, 155f.).

selbst, sondern der dahinter stehende, eine Werbefinanzierung erforderlich machende Marktmangel fehlender Ausschließbarkeit.

Ausschließbarkeit ist eine wichtige Voraussetzung für eine marktliche Bereitstellung von Gütern: Es müssen gesellschaftlich akzeptierte und mit vertretbaren Kosten anwendbare Technologien existieren, die den Ge- oder Verbrauch der Güter durch Personen verhindern, die nicht bereit oder in der Lage sind, dafür den geforderten Marktpreis zu entrichten.[7] Ist diese Bedingung nicht erfüllt, kommt es zu keiner privatwirtschaftlichen Bereitstellung, weil dann kein Erlös erzielt werden kann (›Marktversagen‹). Möglicherweise kann der Ausschluss allerdings hilfsweise gegenüber einem Kuppelprodukt oder einem komplementären Gut vorgenommen werden. Marktversagen in dem Sinne, dass der Markt überhaupt kein Angebot hervorbringt, wird dadurch vermieden. In dem Umfang, in dem der Nutzen des komplementären Gutes nicht vollständig mit demjenigen des nicht ausschließbaren Gutes korrespondiert, kommt es dann allerdings zu Markt*mängeln*.[8]

Ob Marktversagen oder Marktmängel auch bei Medien auftreten, bedarf der Diskussion. Dass in Deutschland (wie in den meisten Ländern) die über den Straßenverkauf oder Abonnements finanzierten Printmedien ganz überwiegend privatwirtschaftlich bereitgestellt werden, während die analogen linearen Rundfunkprogramme zunächst fast vollständig (und auch heute noch überwiegend) hoheitlich (staatlich oder, wie in Deutschland: öffentlich-rechtlich) bereitgestellt werden, kann als Folge der Ausschließbarkeit der Printmedien und einer zunächst mangelnden Ausschließbarkeit der elektronischen Medien interpretiert werden. Das würde auch die intensivere Regulierung bzw. öffentlich-rechtliche Erbringung des Rundfunks in dessen ›Sondersituation‹ gegenüber der geringeren Regulierung bzw. privatwirtschaftlichen Erbringung der Presse in deren ›Normalsituation‹ erklären.[9]

Zu beachten ist allerdings der schon angesprochene Umstand, dass es sich bei der Ausschließbarkeit nicht um ein dichotomes Merkmal handelt, das perfekt oder gar nicht angewandt werden kann, sondern um ein mehr oder minder gut anwendbares Merkmal, möglicherweise auch

---

7 Zur damit angesprochenen Unterscheidung zwischen technischen, ökonomischen und gesellschaftlichen Ursachen einer fehlenden Ausschließbarkeit siehe KOPS 2004: 37ff.
8 Zu dieser Unterscheidung zwischen Marktversagen und Marktmängeln siehe SCHULZ/HELD/KOPS 2002: 107ff.
9 Zum Vergleich dieser beiden Modelle siehe STOCK 1981: 77ff.

um ein gegenüber komplementären Gütern anwendbares Merkmal. Für den Rundfunk ist z. B. der Ausschluss von in das Programm eingebetteten Werbebotschaften üblich, zunächst durch die sogenannte Unterbrecherwerbung, später auch durch eine parallel zum Programm verbreitete Werbung (z. B. auf ›split screens‹ oder auf ›virtuellen‹ Banden), neuerdings auch durch in das Programm integrierte Werbung (Product Placement). Dadurch kann Rundfunk privatwirtschaftlich finanziert und betrieben werden – in Deutschland existieren seit Anfang der 1980er-Jahre private Rundfunkveranstalter. Ausschließbar sind bei diesem Finanzierungsmodell aber nicht die Programmangebote, sondern die darin eingebetteten Werbebotschaften, und ausgeschlossen werden dabei nicht die zahlungsunfähigen oder -unwilligen Rezipienten der Programme, sondern zahlungsunfähige oder -unwillige Werbungtreibende. Die Programmangebote fungieren bei diesem Geschäftsmodell als ›Werberahmenprogramm‹, mit dem die Aufmerksamkeit des Publikums auf die Werbebotschaften gerichtet wird. Folglich werden die Programminhalte und -gestaltungsmerkmale auch von dieser Zielsetzung bestimmt und nicht von den Programmpräferenzen der Rezipienten.

Daraus erklären sich die vielfach kritisierten ›Programmstruktureffekte‹ werbefinanzierter Angebote,[10] insbesondere die Dominanz kommerzieller Interessen, die sich sowohl in der Auswahl der Programminhalte zeigt als auch in der journalistischen, technischen und ästhetischen Gestaltung (Stichworte: Aufmerksamkeit erheischend, simplifizierend, boulevardisierend und personalisierend). Werbefinanzierte Medien sind aus diesen Gründen auch nicht, um einen Begriff des Bundesverfassungsgerichts aufzugreifen, ›tendenzfrei‹, d. h. nicht unabhängig von einer systematischen Beeinflussung durch einzelne gesellschaftliche Gruppen, hier der werbungtreibenden Wirtschaft. Diese Tendenziösität führt unter anderem dazu, dass werbefinanzierte Medien im Vergleich zu direkt ausschließbaren Medien *weniger vielfältig* sind. Die Inhalte richten sich an kaufkräftige und für Werbung empfängliche Mehrheiten; Angebote für nicht durch die Werbung ansprechbare Publika (›50+‹) oder für nicht kaufkräftige Publika fehlen. Im Zeitablauf sind diese Mängel aufgrund der zunehmenden Bedeutung ›kommerzieller Kommunikation‹, ihrer sukzessiven medienrechtlichen Legitimisierung (Product Placement) und der Intensivierung des ökonomischen Wettbewerbs möglicherweise auch größer geworden.

10 Zum Begriff und den Ausprägungen siehe SCHULZ/HELD/KOPS 2002: 137ff.

2.2 Erhöhung der Ausschließbarkeit der Medien als Erhöhung ihres Beitrags zur freien Meinungsbildung?

Die zunächst fehlende direkte Ausschließbarkeit von Rundfunkprogrammen hat in Deutschland zur Entstehung eines zwangsfinanzierten öffentlich-rechtlichen Rundfunks geführt, der hinsichtlich seiner Ressourcen (EUROPÄISCHE AUDIOVISUELLE INFORMATIONSSTELLE 2008: 31ff.) und seines Programm-Outputs (ebd.: 112f.) im internationalen Vergleich ganz vorne liegt, auch aufgrund der Ergiebigkeit der ihm überlassenen Rundfunkgebühr als Hauptfinanzierungsquelle (LUDWIG 2009). Zum anderen hat sie zur Entstehung werbefinanzierter kommerzieller Rundfunkveranstalter geführt, die ähnlich hohe Einnahmen erwirtschaften, wie sie dem öffentlich-rechtlichen Rundfunk über die Rundfunkgebühr zur Verfügung gestellt werden (SEUFERT 2008). Das in Deutschland entstandene ›duale Rundfunksystem‹ besteht insofern aus zwei quantitativ ähnlich starken Säulen,[11] die mit Blick auf erwartete allokative Vorteile (Effizienz, Präferenzengerechtigkeit, Gemeinwohlausrichtung, Qualität, Innovationskraft etc.) jeweils spezifische Stärken und Schwächen aufweisen (KOPS 2007: 17ff.) und in ihrer Summe dadurch möglicherweise leistungsfähiger und auch vielfältiger sind als Rundfunksysteme, die auf eine ausschließlich kommerzielle oder ausschließlich nicht kommerzielle (staatliche oder öffentlich-rechtliche) Bereitstellung setzen.[12]

Mit Blick auf den Charakter von Rundfunkprogrammen als Kulturgütern, die der freien individuellen und öffentlichen Meinungsbildung dienen, haben sowohl die aus Gebühren finanzierten öffentlich-rechtlichen Angebote als auch die aus Werbung finanzierten kommerziellen Angebote den verteilungs- und gesellschaftspolitischen Vorteil, dass sie unabhängig von der individuellen Kaufkraft ein breites Publikum erreichen. Dieser Vorteil betrifft nicht nur die von den Rezipienten individuell nachgefragten Inhalte (und den damit gestifteten Konsumentennutzen),

---

11 Das wird unter Hinweis auf die rückläufigen Werbeeinnahmen bei gleichzeitiger Konstanz der Einnahmen aus der Rundfunkgebühr vonseiten der privaten Rundfunkveranstalter (SCHMID/GERLACH 2009) und neuerdings auch von einer im Auftrag der BLM erstellten Studie (BLM u. a. 2009) allerdings bestritten. Dem haben KETTERLING/KÖHLER/BERGER 2008 widersprochen, die für die privaten Rundfunkveranstalter höhere und im Zeitablauf gestiegene Einnahmen ausgewiesen haben als für die öffentlich-rechtlichen Rundfunkveranstalter (siehe auch KETTERLING/KÖHLER 2010).

12 Hoffmann-Riem (2001: 21ff.) spricht von »struktureller Diversifikation«. Siehe auch die Beiträge von Hoffmann-Riem, Schulz/Held und Vesting in: KOPS/SCHULZ/HELD 2002.

sondern auch ihren Beitrag zur öffentlichen Meinungsbildung (und den damit gestifteten Bürgernutzen). Das deutsche duale System von gebührenfinanzierten öffentlich-rechtlichen und werbefinanzierten kommerziellen Veranstaltern, dessen Entstehung institutionenökonomisch aus dem Marktmangel der fehlenden (direkten) Ausschließbarkeit erklärt werden kann, dürfte deshalb unter Einbeziehung distributiver Kriterien, insbesondere der chancengleichen Zugänglichkeit und der damit verbundenen Stärkung der freien Meinungsbildung, einem vollständig aus Entgelten finanzierten privatwirtschaftlichen Angebot überlegen sein. Bei ihm ist die Summe aus Konsumenten- und Bürgernutzen wahrscheinlich höher als bei einem ausschließlich entgeltfinanzierten privatwirtschaftlichen Angebot, selbst wenn Letzteres allokativ leistungsfähiger ist.[13]

Durch die mit neuen Technologien verbundenen Möglichkeiten, nicht zahlungsfähige oder -willige Nutzer vom Empfang von Rundfunkprogrammen, auch und gerade von den neuen Telemedien, auszuschließen (Kodierung und Dekodierung, Mikrozahlungen), können die fehlende (direkte) Ausschließbarkeit und die damit verbundenen allokativen Marktmängel mittlerweile beseitigt werden. Daraus wird bisweilen vorschnell gefolgert, der öffentlich-rechtliche Rundfunk könne abgeschafft werden, da nunmehr eine privatwirtschaftliche Finanzierung möglich sei.[14] Dabei wird übersehen, dass andere Mängel einer kommerziellen

---

13 Aus rundfunkrechtlicher Sicht kommt Hoffmann-Riem (2001: 23) zu einer ähnlichen Bewertung: »Das Konstruktionsprinzip der dualen Rundfunkordnung ist zwar nicht als einzig mögliches verfassungsrechtlich vorgegeben, entspricht aber in besonderer Weise einer Konzeption, die weitestgehend Privatwirtschaftlichkeit zulässt und nutzt, aber die Pflicht zur Vorsorge dafür einlösen muss, dass die mit Privatwirtschaftlichkeit als alleiniger Wirtschaftsform verbundenen Defizite ausgeglichen werden.« Angesichts der ungeklärten relativen Bedeutsamkeit allokativer versus distributiver Vorteile der unterschiedenen Finanzierungsformen (SCHULZ/HELD/KOPS 2002: 207ff.) und auch deshalb, weil die allokative Überlegenheit einer entgeltfinanzierten Bereitstellung von Medien angesichts der auch hier möglichen Marktmängel (subadditive Kosten, asymmetrische Informationsverteilung, externe Effekte, nicht reflexive Präferenzen, SCHULZ/HELD/KOPS 2002: 107ff.) fraglich ist, lässt sich darüber allerdings streiten.
14 So z. B. bereits SCHOLZ 1995, VPRT 1998; Wissenschaftlicher Beirat beim BMWI 1999. Andere Autoren leiten – vorsichtiger – daraus die Notwendigkeit ab, innerhalb der dualen Rundfunkordnung die kommerzielle Säule zulasten der öffentlich-rechtlichen Säule zu stärken. So schreibt z. B. Ladeur (2009: 908): »Der technologische und inhaltliche Wandel der Medien legt eine Schwäche der dualen Rundfunkverfassung offen, die von Anfang an bestand, nämlich die Unterentwicklung eines Moments der Ausgestaltung des Wettbewerbs zwischen öffentlich-rechtlichem und privatem Rundfunk, die sich auch als Problem einer ›Kollisionsordnung‹ beschreiben lässt. Zwar hat das BVerfG in seinen Rundfunkurteilen zum Teil durchaus anerkannt, dass es auch eine Expansionstendenz des öffentlich-rechtlichen Rundfunks gibt, deren Reichweite und Folgen nicht umstandslos der Selbstorganisation

Bereitstellung (subadditive Kostenverläufe, asymmetrische Informationsverteilung, intransitive Präferenzen) weiterbestehen, zum Teil im Zeitablauf sogar größer geworden sind (KOPS 2005).

Außer Zweifel steht aber, dass im Zuge der Digitalisierung und der vereinfachten Abrechnung innerhalb der kommerziellen Säule des dualen Systems werbefinanzierte Angebote zunehmend durch entgeltfinanzierte Angebote und entgeltfinanzierte Angebote mit einer geringeren Äquivalenz zwischen Nutzung und Preis (Pay-per-Channel) durch Angebote mit einer höheren Äquivalenz (Pay-per-View) ersetzt werden können. Auch ein zunehmender Teil der Leistungen von Zulieferern (z. B. von Presseagenturen) oder von Intermediären, die die Medien verbreiten, vermarkten und abrechnen, kann im Zuge der technischen Veränderungen besser und mit geringerem finanziellen Aufwand einer direkten Ausschließbarkeit unterworfen werden.

In dem Maß, in dem beides geschieht, verringern sich die aus der früheren fehlenden (direkten) Ausschließbarkeit resultierenden allokativen Mängel kommerzieller Angebote. Zugleich steigen aber auch die verteilungspolitischen Vorbehalte, weil dadurch ein zunehmender Anteil der Angebote nur mehr über Entgelte und damit nach Maßgabe der individuellen Zahlungsfähigkeit verfügbar ist (SCHULZ 1998; SCHULZ/HELD/KOPS 2002, 2007ff.), auch solcher Angebote, die nicht nur den Konsumentennutzen befriedigen, sondern auch oder gar in erster Linie zur freien Meinungsbildung und öffentlichen Kommunikation beitragen.[15] Ob (allokativ überlegene) entgeltfinanzierte Angebote oder (distributive Vorteile aufweisende) werbefinanzierte Angebote unter dem Strich stärker zur freien Meinungsbildung beitragen, muss dann abgewogen werden. Dabei sind zum einen die Inhalte und die Zielgruppen der Angebote zu berücksichtigen, zum anderen hängt diese Abwägung aber auch vom Stellenwert ab, der den

---

des öffentlich-rechtlichen Rundfunks überlassen bleiben kann. Die Beobachtung dieses Moments der Selbstgefährdung, das zu einer differenzierten Abstimmung von staatlich gesetzlicher Ausgestaltungsgesetzgebung und Selbstorganisation je nach Gefährdungslage zwingt, wird aber außerhalb des Rechts der Rundfunkfinanzierung zu wenig beachtet. Die Staatsfreiheit und deren Spezifizierung, die Programmfreiheit, können unter den Bedingungen des Wettbewerbs in der dualen Rundfunkordnung nicht genauso bewertet werden wie zu Zeiten des öffentlich-rechtlichen Monopols. Mit der Erosion der Grundlagen des Integrationsrundfunks auf der Basis des Gruppenpluralismus verändert sich auch die Stellung der ›Staatsfreiheit‹ und ihre Auswirkung auf die Verantwortungsteilung zwischen dem Staat und der Selbstorganisation der Rundfunkanstalten.« Mit Bezug auf Telemedien ähnlich schon DEGENHART 2001: 92ff.; GERSDORF 2009: 91ff.

15 Siehe SCHULZ/HELD/KOPS 2002: 213ff. Möglicherweise verstoßen sie auch gegen verfassungsrechtliche Vorgaben, siehe ebenda 55ff.

allokativen Zielsetzungen im Verhältnis zu Verteilungszielen beigemessen wird.[16] Aus gesellschaftspolitischer Sicht ist zumindest nicht per se jeder im Zuge der technischen Veränderungen, insbesondere der Digitalisierung, möglich werdenden Maßnahme zuzustimmen, die den Marktmangel fehlender Ausschließbarkeit der Medien vermindert oder beseitigt.

2.3 Subadditive Kosten der Medien als Ursache mangelnder publizistischer Vielfalt

Als weitere Ursache einer mangelnden Vielfalt kommerzieller Medien wird die Subadditivität der Kosten genannt. Eine solche liegt vor, wenn die Kosten mit der Ausbringungsmenge nicht oder nur unterproportional ansteigen (was zugleich mit der Ausbringungsmenge abnehmende Stückkosten bedeutet). Für Medien ergibt sich eine solche Subadditivität in erster Linie aus der Produktion der Inhalte, deren Kosten unabhängig davon sind, wie häufig die First Copy (z. B. der Text eines Buches, die Mastercopy eines Films, die im Internet eingestellte Website oder das von dort abrufbare Audio- oder Videofile) genutzt wird (sog. ›nicht rivalisierender Konsum‹). Daraus resultieren extrem hohe Größenvorteile (Economies of Scale), aufgrund derer die Stückkosten mit der Zahl der Nutzungen rasch und durchgängig fallen.[17] Ähnlich wirken Fühlungsvorteile (Economies of Scope) als andere Form subadditiver Kosten: Auch sie resultieren aus einer nicht rivalisierenden Mehrfachnutzung von Ressourcen (vor allem wieder: von Inhalten) und dem damit verbundenen fehlenden oder nur unterproportionalen Anstieg der Stückkosten, jetzt aber nicht bei einer Ausweitung der Ausbringungsmenge, sondern bei einer Verwertung auf unterschiedlichen medialen Märkten.[18]

Üblicherweise wird versucht, solche Fühlungs- und Größenvorteile zu nutzen und auch miteinander zu kombinieren. Das ist betriebswirtschaftlich sinnvoll und geboten, führt allerdings zu der für Medienmärkte beobachtbaren starken Tendenz zur horizontalen, vertikalen und

---

16 Okuns (1975) *Big Trade Off.*
17 Bei einer genauen Betrachtung muss man zwischen Größenvorteilen der Produktion und Größenvorteilen der Nutzung (Konsumption) unterscheiden (siehe GROSSEKETTLER 1985). Beide sind bei den Medien überdurchschnittlich hoch.
18 So kann z. B. ein Zeitungsbericht ohne größere Kosten auch in einem Internet-Portal verwertet werden und ein linear ausgestrahlter Fernsehfilm lässt sich ohne größere Kosten innerhalb einer nicht linear genutzten Mediathek verwerten.

diagonalen Konzentration: Es kommt zu monopolistischen und oligopolistischen Angebotsstrukturen, zu einer Verminderung der Meinungsvielfalt und – je nachdem, welche anderen Marktmängel von Gewicht sind – auch zu einer Verringerung der Produktqualität.[19] Die Märkte können dies auch nicht selbst korrigieren (›Selbstregulierung‹).[20] Allenfalls eine hoheitliche Regulierung, z. B. durch proaktive Maßnahmen zur Begrenzung von Marktmacht und von (auch crossmedialen) Unternehmenszusammenschlüssen, kann der Konzentration entgegenwirken.

Abbildung 1 verdeutlicht diese vielfaltsverkürzenden Wirkungen von Märkten mit stark subadditiven Kosten. Die Abszisse weist dort die Ausbringungsmenge des Mediums aus; je nach Art des Mediums kann es sich dabei um die verkauften Druckexemplare eines Buches oder einer Zeitungsausgabe handeln, um die Zahl abgesetzter CDs oder DVDs, um die Zahl verkaufter Audio- oder Video-Downloads, um die Zahl der Visits einer Website oder um die Zahl der Zuschauer, die einen Spielfilm im Kino oder im entgelt- oder werbefinanzierten Fernsehen angeschaut haben.

Auf der Ordinate sind dort im negativen Bereich die Stückkosten der Medien abgetragen (die gestrichelten Linien); bezogen auf die gerade genannten Medien also die Kosten pro Druckexemplar einer Buches oder einer Zeitung, die Kosten pro Exemplar einer abgesetzten CD oder DVD, die Kosten pro Visit einer Website oder pro heruntergeladenem Audio- oder Videofile und die Kosten eines Spielfilms pro Kinobesucher bzw. pro Fernsehzuschauer. Für die (ganz links auf der Abszisse angesiedelten) ›Individualmedien‹ mit einer Ausbringungsmenge von x=1 (wie z. B. persönliche Briefe) entsprechen die Stückkosten den Gesamtkosten, da diese Medien nur einmal bzw. nur von einem Rezipienten genutzt werden. Mit steigender Ausbringungsmenge (d. h. bei Angeboten, die weiter rechts auf der Abszisse angesiedelt sind) fallen die Stückkosten dann kontinuierlich, weil sich die Gesamtkosten auf eine größere Zahl von Nutzern bzw. Nutzungen aufteilen. Bei den (ganz rechts auf der Abszisse angesiedelten) Massenmedien mit großen Publika (›Mainstream-Angebote‹) sind die Stückkosten für jeden einzelnen Nutzer bzw. jede Nutzung verschwindend gering.[21]

---

19 HEINRICH 2005: 329ff. Eine wichtige Einflussgröße bildet dabei das Ausmaß der Informations-Asymmetrie zwischen Anbietern und Nachfragern der Medien (als einem weiteren Marktmangel). Siehe dazu HEINRICH 1999: 39ff., 606ff.; KIEFER 2005: 342ff.; KOPS 2005: 353ff.

20 Zum Begriff und den Möglichkeiten einer (regulierten) Selbstregulierung siehe etwa HOFFMANN-RIEM 2000; VESTING 2001; SCHULZ/HELD 2004.

21 Z. B. belaufen sich die Stückkosten einer Audiodatei, deren First Copy (im Jahr 2008) 10.000 EUR

Der positive Bereich der Ordinate weist den Nutzen des Mediums für den einzelnen Nutzer bzw. die einzelne Nutzung aus. In Abbildung 1 sind das diejenigen Angebote, bei denen der Nettonutzen (die durchgezogenen Linien) positiv ist, d.h. oberhalb der Abszisse liegt. Das sind zugleich aber diejenigen Angebote, die die Präferenzen von Mehrheiten bedienen. Nur diese werden vom Markt angeboten, Minderheitenangebote werden vom Markt nicht angeboten, obwohl sie von einem (wenngleich kleineren) Teil aller Nachfrager gewünscht werden.

ABBILDUNG 1
Subadditive Kosten der Medien

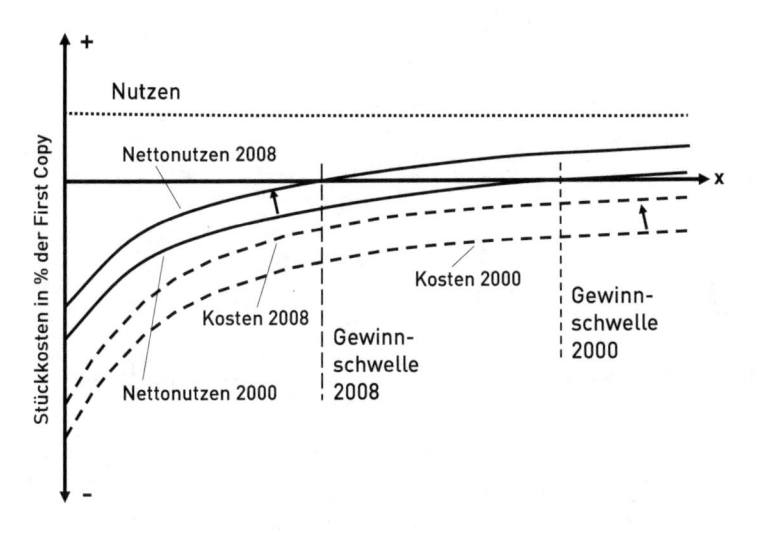

Abbildung 2 beschreibt die als Folge subadditiver Kosten eintretende geringere Vielfalt des marktlichen Angebotes anhand von Häufigkeitsverteilungen. Auf der Abszisse kann dort jedes beliebige Merkmal publizistischer Vielfalt abgetragen werden, sei es ein inhaltlich-meinungsbezogenes, ein

kostet, auf 1.000 EUR, wenn sie 10 mal genutzt wird, aber nur auf 1 EUR, wenn sie 10.000 mal genutzt wird, und nur auf 0,01 EUR, wenn sie 1 Million mal genutzt wird. – Dieser charakteristische asymptotische Verlauf ergibt sich unabhängig von der absoluten Höhe der Kosten der First Copy; in Abbildung 1 also sowohl für die für das Jahr 2008 angenommenen Kosten in Höhe von z.B. 10.000 EUR als auch für die für das Jahr 2000 angenommenen Kosten in Höhe von z.B. 12.000 EUR. – Zusätzlich sind aber auch die Kosten der sich anschließenden Wertschöpfungsstufen und deren Vertrieb/Verbreitung mehr oder weniger subadditiv, z.B. für die Produktion der Inhalteträger als Buch, Magnetband, CD/DVD oder Speicherplatz für Internet-Server.

personen-gruppenbezogenes, ein gegenständlich-räumliches oder ein formal-gestalterisches Merkmal.[22] Die hellgrau gefärbte Häufigkeitsverteilung des Angebotes 1 und noch stärker die nicht gefärbte Häufigkeitsverteilung des Angebotes 2 sind im Vergleich zur von den Konsumenten/Rezipienten gewünschten Vielfalt (die flachere, dunkelgrau gefärbte Häufigkeitsverteilung der Nachfrage) weniger vielfältig. Kostengünstiger Mainstream wird im Übermaß bereitgestellt, dagegen mangelt es an Angeboten, die von Minderheiten nachgefragt werden, und das umso stärker, je mehr deren Präferenzen von demjenigen des Mediannutzers nach oben oder unten abweichen.[23]

ABBILDUNG 2
Subadditive Kosten der Medien als Ursache mangelnder Vielfalt

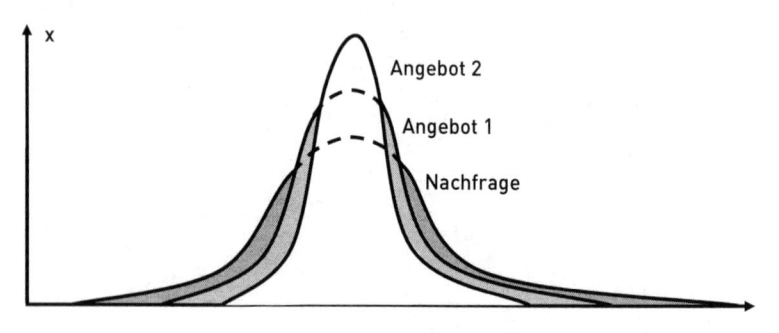

2.4 Subadditive Kosten der Telemedien als Ursache mangelnder publizistischer Vielfalt

Für die Printmedien und auch für den linearen Rundfunk sind diese vielfaltsmindernden Wirkungen einer marktlichen Bereitstellung ausführlich

---

22 Zu möglichen Merkmalen der publizistischen Vielfalt von Medien vgl. aus rundfunkrechtlicher Sicht HOFFMANN-RIEM 2001: 14, aus Sicht der Publizistikwissenschaft SCHATZ/SCHULZ 1992; siehe auch KOPS 1997: 152ff.

23 Das hat unlängst Rossen-Stadtfeld (2009: 26) angesprochen, der aus verfassungsrechtlicher Sicht vom Rundfunk ein »Möglichkeitsdenken im Musil'schen Sinn« fordert. Dieses könne »im kommerziellen Sektor eines dualen Rundfunksystems typischerweise nicht programmgestaltend wirksam bzw. angebotsprägend werden, [...] (weil) Herstellungs-, Finanzierungs- und Vermarktungsstrukturen gründende Vervielfachungserfordernisse, Vereinfachungszwänge und Vielfaltshemmnisse dem strukturbedingt-systemisch und in diesem Sinn unaufhebbar entgegen« stünden.

beschrieben worden.[24] Für die Telemedien werden sie demgegenüber weniger intensiv thematisiert, vermutlich, weil in den letzten Jahren infolge der Digitalisierung viele neue Anbieter und Angebote von Telemedien entstanden sind (MEYER-LUCHT/ROTT 2008: 8). In Abbildung 1 kommt dies durch die Verlagerung der Kostenkurve von 2000 auf 2008 zum Ausdruck, durch die neue Angebote, die früher nicht profitabel waren (= negativer Nettonutzen), die Gewinnzone erreicht haben (= positiver Nettonutzen). Das gilt vor allem, wenn man einen weiten Kostenbegriff zugrunde legt, der neben den Kosten für die Anbieter auch die (im Zeitablauf stark gesunkenen) Transaktionskosten für die Nutzer einbezieht (GUNDLACH 2009: 86ff.).

Diese Verlängerung des *Long Tail* (ANDERSON 2006) sollte aber nicht den Blick dafür verstellen, dass alle erlösmaximierenden privaten Anbieter einem hohen ökonomischen Druck unterliegen, ihre Angebote am Mehrheitsgeschmack auszurichten und auf Angebote für Minderheiten zu verzichten: Je kleiner das Publikum ist, an das sich ihr Angebot richtet, umso kleiner ist *ceteris paribus* die erreichbare Ausbringungsmenge; umso kleiner sind auch der Nettonutzen und die Zahlungsbereitschaft der Rezipienten – und damit der Gewinn je abgesetzter Einheit (vgl. nochmals Abb. 1).

Dieser ökonomische Druck zum Mainstream ist umso höher, je stärker die Stückkosten mit zunehmender Ausbringungsmenge fallen. Weil bei audiovisuellen Angeboten die Subadditivität der Kosten sehr hoch ist, sowohl aufgrund der entfallenden Materialisierung der Inhalte auf Trägermedien (bei den Printmedien auf Papier, bei den elektronischen Medien auf elektronische Trägermedien) als auch bei der Verbreitung (Stichwort: das Internet als kostengünstiges universales Verteilmedium), wächst dieser Mainstream-Druck im Zeitablauf; und für die neuen elektronischen Medien ist er höher als für den über eigene Netze verbreiteten (und damit insgesamt weniger subadditiven) linearen Rundfunk oder gar für die materialisiert verbreiteten Printmedien (siehe Abb. 3).[25]

---

24 Diese Eigenschaft des Marktes, ›more of the same‹ bereitzustellen, ist durch die Modelle der sogenannten ›TV-Economics‹-Schule auch formal nachgewiesen worden. Sie wird als eine Hauptursache für die mangelnde Vielfalt kommerzieller Medienangebote betrachtet (siehe HEINRICH 1999: 120ff.; LUDWIG 2004; SJURTS 2004). Zu den damit verbundenen sozialen, kulturellen und politischen Konsequenzen siehe z. B. GRANT/WOOD 2004; HELM et al. 2005 oder CROTEAU/HOYNES 2006.
25 In der Terminologie von GROSSEKETTLER 1985: Zu der extrem geringen Nutzungselastizität (›Nichttrivialität im Konsum‹) tritt im Zuge der Digitalisierung und digitalen Verbreitung der Medien eine immer geringer werdende Herstellungsmengenelastizität.

ABBILDUNG 3
Zunehmend subadditive Kosten der Medien im Zuge ihrer Digitalisierung und Entmaterialisierung

Medium	Kosten für die Produktion der Inhalte	Kosten für die Produktion der Inhalteträger (›Materialisierung‹)	Kosten für die Verbreitung der Inhalte/ Inhalteträger	Kosten insgesamt
handschriftlicher Brief	additiv	additiv	additiv	additiv
handschriftliche Wandzeitung	fix	additiv	additiv	subadditiv
maschinell erstellte Zeitung	fix	subadditiv	additiv	stark subadditiv
terrestrisch verbreitetes Fernsehprogramm	fix	keine = fix	subadditiv	sehr stark subadditiv
per Internet verbreitete Telemedien	fix	keine = fix	fast fix	fast fix

Diese vielfaltsmindernden Wirkungen einer marktlichen Bereitstellung ergeben sich sowohl für entgeltfinanzierte Medien, bei denen sich die unterschiedlichen Stückkosten unmittelbar in Preisunterschieden niederschlagen und Angebote für Minderheiten dann wesentlich teurer sind als Angebote für Mehrheiten, als auch für werbefinanzierte Medien, bei denen Mainstream-Angebote aufgrund der größeren erreichten Publika höhere Werbeeinnahmen erzielen als Minderheitenangebote. Die Erlösunterschiede der werbefinanzierten Angebote sind dabei (wiederum letztlich aufgrund der stark subadditiven Kosten) so hoch, dass Mainstream-Angebote selbst dann profitabler sind als Minderheitenangebote, wenn für letztere wesentlich höhere Herstellungskosten aufgewandt werden.[26]

[26] Das führt dann dazu, dass die aufwendiger produzierten Mehrheitsangebote gegenüber Minderheitenangeboten zusätzlich attraktiv sind, dadurch nochmals an Reichweite gewinnen, wiederum höhere Erlöse erwirtschaften etc. Bei den Printmedien wird dieser Verstärkungsprozess zugunsten des Mainstreams als Auflagen-Werbe-Spirale bezeichnet (vgl. HASS 2007).

ABBILDUNG 4
Mit der Individualisierung der Medien steigender Nutzen versus mit der Individualisierung der Medien (stärker) steigende Kosten

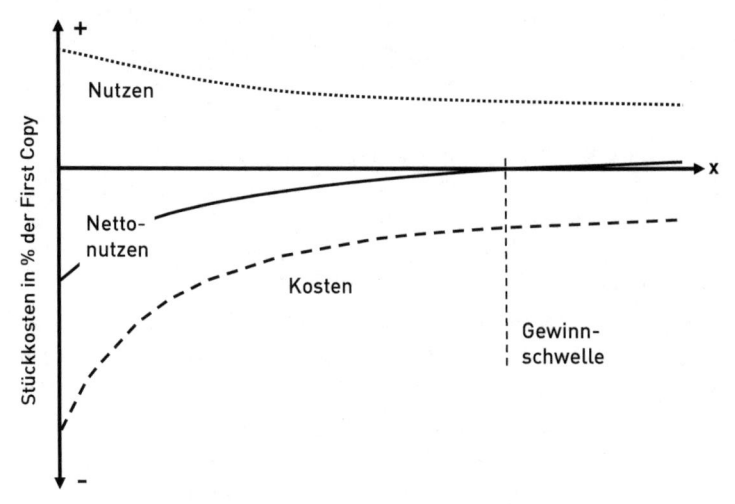

[Diagramm: Stückkosten in % der First Copy; Kurven für Nutzen, Nettonutzen, Kosten; Gewinnschwelle]

Andererseits reduziert sich der Druck zum Mainstream, wenn thematisch engere Angebote die Präferenzen kleiner Publika besser bedienen (›customization‹) und sie diesen dadurch einen höheren Nutzen stiften und auch höhere Stückpreise ermöglichen (ANDERSON 2006). In Abbildung 4 zeigt sich dies in einem mit der Ausbringungsmenge fallenden Nutzen (bzw. umgekehrt formuliert: einem mit abnehmender Ausbringungsmenge *steigenden* Nutzen). In der Regel dürfte der mit einer Reduzierung der Größe des Publikums (›customization‹) verbundene Anstieg der Stückkosten aber wesentlich größer sein als der damit zugleich verbundene Anstieg des Nutzens und der damit wiederum durchsetzbare Anstieg des Verkaufspreises.[27] Nur wenige Premium-Angebote, die sich an (dann in der Regel zahlungsfähige) kleine Publika richten, dürften sich am Markt gegen die hohen Größenvorteile von Mainstream-Angeboten durchsetzen können.[28]

---

27 In Abbildung 4 zeigt sich das darin, dass der Nettonutzen trotz eines mit der Ausbringungsmenge fallenden Bruttonutzens mit der Ausbringungsmenge weiterhin durchgängig ansteigt.
28 Massive Größenvorteile der Medienproduktion verstärken im Übrigen nicht nur deren Mainstream-Ausrichtung, sondern führen möglicherweise auch dazu, dass die Meinungen

2.5 Marktregulierung und nicht marktliche Bereitstellung als Maßnahmen zur Erhöhung der publizistischen Vielfalt der Medien

In der dualen Rundfunkordnung können sich vielfaltserhöhende Maßnahmen zum einen auf die kommerziellen Medien beziehen. Für die linearen Rundfunkprogramme verlangt der deutsche Gesetzgeber z.B. von den beiden bundesweit verbreiteten reichweitenstärksten privaten Fernsehvollprogrammen die Ausstrahlung von Fensterprogrammen redaktionell unabhängiger Produzenten (§ 25 Absatz 4 RfStV); solche Fensterprogramme sowie die Einrichtung unabhängiger Programmbeiräte sind auch zur Verhinderung vorherrschender Meinungsmacht (§ 26 RfStV) vorgeschrieben. Bei der Übertragung von Großereignissen (§ 4 RfStV), bei der Kurzberichterstattung (§ 5 RfStV) und beim Anteil europäischer Produktionen, Eigen-, Auftrags- und Gemeinschaftsproduktionen (§ 6 RfStV) haben alle privaten Veranstalter Vielfalt sichernde oder erhöhende Vorgaben zu beachten. Damit werden die Gesetze des Marktes außer Kraft gesetzt oder zumindest abgeschwächt.

Publizistische Vielfalt wird vor allem aber von den nicht marktlichen Bereitstellern von Medien erwartet. In Deutschland sind das, sieht man von dem über keine größeren Einkünfte verfügenden Bürgerfunk und den intrinsisch motivierten privaten Bloggern und nicht kommerziellen Einrichtungen ab, in erster Linie die öffentlich-rechtlichen Rundfunkanstalten, für deren Programmauftrag ein nicht am Mainstream ausgerichtetes, auch die Präferenzen von Minderheiten bedienendes Angebot konstitutiv ist. Das wird dem öffentlich-rechtlichen Rundfunk auch per Gesetz vorgegeben, sowohl im Rundfunkstaatsvertrag (§ 11 Absatz 2)

---

der Medienrezipienten als Folge der mangelnden Vielfalt des Medienangebotes im Zeitablauf tatsächlich an Vielfalt verlieren (die ›Faktorfunktion‹ der Medien). Noelle-Neumann (1980) hat diesen Effekt als ›Schweigespirale‹ beschrieben: In den Medien häufig geäußerte Mehrheitsmeinungen werden noch bekannter, populärer und vorbehaltloser übernommen; selten anzutreffende Meinungen werden immer unbekannter und als Minderheitenmeinungen immer weniger ernstgenommen – und dann auch immer weniger nachgefragt. Betriebswirtschaftlich ist eine solche ›Homogenisierung‹ der Nutzerpräferenzen vorteilhaft. Das kann unter anderem aus der ökonomischen Klubgütertheorie abgeleitet werden, die verdeutlicht, dass ein Anstieg der Klubgröße (des Publikums) nicht nur die Kosten je Klubmitglied reduziert, sondern auch zeigt, dass bei einem Klub, dessen Mitglieder homogene Präferenzen aufweisen, der (Grenz-)Nutzen des Klubgutes mit steigender Klubgröße weniger stark zurück geht als bei einem heterogenen Klub. Siehe HANSMEYER/KOPS 1998; vgl. auch RITZER 2006, der diesen Effekt als ›McDonaldisierung‹ bezeichnet.

als auch in den Landesrundfunk- bzw. Landesmediengesetzen; die dort geforderten Vielfaltstandards sind im Vergleich zu denjenigen für kommerzielle Anbieter auch wesentlich höher.

Inhaltsanalysen zeigen, dass die öffentlich-rechtlichen Programmangebote tatsächlich auch vielfältiger sind als diejenigen kommerzieller Veranstalter.[29] Strittig ist, ob dieses Mehr an Vielfalt ausreicht. Verschiedentlich wird der Vorwurf erhoben, dass sich auch die öffentlich-rechtlichen Anstalten zu stark an der Quote ausrichteten. Es ist vom Diktat der Quote die Rede[30] und von der Konvergenz nach unten (FACIUS 2005). Diese Vorwürfe versucht der öffentlich-rechtliche Rundfunk üblicherweise mit dem Hinweis zu entkräften, dass der publizistische Nutzen der Angebote nicht nur davon abhängt, welchen Beitrag sie zur öffentlichen Meinungsbildung der einzelnen Rezipienten leisten (man könnte dies als ›Wertkomponente‹ bezeichnen), sondern auch davon, wie viele Rezipienten durch das Angebot erreicht werden (die ›Mengenkomponente‹).[31]

Dieses Argument ist grundsätzlich berechtigt, beinhaltet aber die Gefahr, dass andere Faktoren, die die Meinungsbildung der Rezipienten/Nutzer beeinflussen (Qualität, Vielfalt, Gemeinwohlorientierung),

---

29 Siehe KRÜGER 2001; REITZE/RIDDER 2006; ALM 2009, 2010; KRÜGER/ZAPF-SCHRAMM 2008, 2009.

30 Siehe z. B. JESSEN 2000; JACOBS 2008: 46ff.; BECKER/PERLOT 2009; KISSLER 2009: 68ff.
Rossen-Stadtfeld (2009: 26) hat diesen an den öffentlich-rechtlichen Rundfunk gerichteten Vorwurf unlängst angesprochen: »Der Einwand, es habe auch der öffentlich-rechtliche Rundfunk oft genug, viel zu lang und massiv die ihm aufgegebene Public-Service-Funktion verfehlt, ist unzweifelhaft berechtigt. In der Tat ist diese Funktion immer wieder managerialem Effizienzkalkül, einem platten Quotendiktat und der autoritär-kurzsichtigen Arroganz von Anstaltsgranden preisgegeben worden. Das alles stimmt, und doch ist die einschlägige Kritik im hiesigen Zusammenhang unbehelflich. Mit behebbaren Mängeln in dem einen Teil des dualen Rundfunksystems können keine irreversiblen Defizite in dessen anderem Teil gerechtfertigt werden; entsprechendes gilt für den Hinweis, dass Defizite des Typs, der den kommerziellen Rundfunk kennzeichnet, ›auch in anderen Wirtschaftsbereichen‹ zu beobachten seien. Freilich wird eine diesbezüglich ausgleichende und so verfassungsrechtlich aufgegebene Verantwortung des öffentlich-rechtlichen Rundfunks dann um so wichtiger erscheinen. Er muss ihr als Institution, aber auch durch alles Handeln seiner Organe und Bediensteten hindurch gerecht werden. Diese Verantwortung ist auch gemeint, wenn die übergreifende Aufgabenfestlegung des § 11 Abs. 1 RdFÄndStV in ihrem ersten Satz davon spricht, dass der öffentlich-rechtliche Rundfunk als Medium und Faktor des Prozesses freier individueller und öffentlicher Meinungsbildung zu wirken und ›dadurch‹ die erwähnten Bedürfnisse der Gesellschaft zu erfüllen habe. Der Begriff dieser Bedürfnisse ist kommunikationsverfassungsrechtlich vorgeprägt, es ist ein normativer Begriff.«

31 Siehe etwa die von Programmverantwortlichen des öffentlich-rechtlichen Rundfunks abgegebenen Statements zur Bedeutsamkeit von ›Qualität und Quote‹ in RIDDER u. a. 2005: 439ff. Zur Unterscheidung von Wert- und Mengenkomponente siehe KOPS/SOKOLL/BENSINGER 2009: 98ff.

aus dem Blick geraten und damit auch die Möglichkeiten unterschätzt werden, mit publizistisch überzeugenderen Angeboten, die ein kleineres Publikum erreichen, letztendlich, d. h. nach Abschluss der dadurch verursachten Rückkopplungsprozesse (z. B. auch der dadurch in Gang gesetzten Anschlusskommunikation) die individuelle und öffentliche Meinung stärker zu befördern als mit Angeboten, die ein größeres Publikum erreichen, möglicherweise sogar die kommerziellen Anbieter zu veranlassen, ihre Angebote aus erwerbswirtschaftlichen Gründen an diese veränderten Präferenzen anzupassen, also eine Konvergenz der Angebote »nach oben« anzustoßen (STOCK 2005: 13).

Wie sich der öffentlich-rechtliche Rundfunk gegenüber seinen kommerziellen Konkurrenten positioniert, hängt deshalb auch davon ab, welche Bedeutsamkeit und Überzeugungskraft er selbst seinen publizistischen Angeboten beimisst, wie er den Stellenwert des publizistischen Wettbewerbs im Vergleich zum Wettbewerb um Quoten, zum ökonomischen Wettbewerb, einschätzt. Dabei hat er sich zu schützen vor dem ihm häufig prophezeiten Tod, der durch die Abdrängung in publizistisch wertvolle, aber nur noch von Minderheiten rezipierte Angebote eintreten könnte;[32] er muss aber auch aufpassen, dass er aus Angst vor diesem Tod nicht Selbstmord begeht, indem er sich zu stark an den Präferenzen des Massenpublikums ausrichtet, sich dadurch auch immer weniger von den privaten Angeboten unterscheidet – und dadurch seine Legitimation verliert.[33]

---

[32] So unlängst etwa von LADEUR 2009: 911: »Längerfristiger Niedergang der Einschaltquoten der Öffentlich-Rechtlichen führt aber zu einem politischen Legitimationsproblem: Ein erheblicher Rückgang der Einschaltquoten der öffentlich-rechtlichen Anbieter von zur Zeit etwa insgesamt 44 Prozent (z. B. auf 25 %) würde einen erheblichen öffentlichen Druck erzeugen, die Gebühren zu senken.« Allerdings ist dies kein zwangsläufiger Prozess, sondern er kann zum einen durch ein Gebührenbewilligungssystem verzögert oder sogar außer Kraft gesetzt werden, bei dem Einschaltquoten kein Kriterium des Finanzbedarfs sind, und zum anderen dadurch, dass auch in der Bevölkerung das Verständnis dafür gestärkt wird, dass Einschaltquoten im dualen System für die öffentlich-rechtliche Säule eben kein Maßstab ihrer Leistungen und damit auch kein Maßstab für ihre Finanzausstattung sein sollten.

[33] Siehe ROWLAND/TRACEY 1989: *Selbstmord aus Angst vor dem Tod*. Rundfunkpolitiker, die höhere Quoten für die öffentlich-rechtlichen Angebote fordern oder – wie Roland Koch – zu geringe Quoten im *heute-Journal* als Begründung für die Nichtverlängerung des Arbeitsverhältnisses mit einem um Qualität bemühten Journalisten anführen, müssen sich fragen lassen, ob sie dadurch nicht genau zu diesem Selbstmord aus Angst vor dem Tod beitragen. Stadelmaier (2010: 3) hat unlängst noch einmal daran erinnert, dass »die objektiv-rechtliche Dimension der Rundfunkfreiheit mit der Ordnungsidee der so genannten ›dienenden Freiheit‹ es dem Gesetzgeber ermöglicht und ihn verpflichtet, dem besonderen Kriterium der Vielfalt im Rahmen seiner Ausgestaltungsmöglichkeiten Geltung zu verschaffen. Zugleich wird der Rundfunk dann aber wegen seiner privilegierten Stellung auch inhaltlich verpflichtet und zwar unabhängig von seiner Organisationsform.«

Andererseits hilft das Vertrauen auf die publizistische Wirkkraft der eigenen Angebote wenig, wenn die durch das Mediensystem gesetzten Rahmenbedingungen dazu führen, dass der marktliche Wettbewerb gegenüber dem publizistischen Wettbewerb immer stärker dominiert. Das ist im Zuge der Kommerzialisierung der Gesellschaft, die auch die Medien erfasst hat, zu befürchten. Dadurch erhöht sich für den Gesetzgeber die Pflicht, die freie Meinungsbildung im dualen System zu gewährleisten, hier speziell die Pflicht, eine Dominanz des ökonomischen Wettbewerbs gegenüber dem publizistischen Wettbewerb zu verhindern.[34]

3. Mangelnde publizistische Vielfalt der Medien als Folge meritorischer Ansprüche

3.1 Formen meritorischer Ansprüche an die Vielfalt der Medien

Die mangelnde publizistische Vielfalt kommerzieller Medien kann, wie dargelegt, Folge von Marktmängeln sein; das begründet vielfaltserhöhende Regulierungen des Marktes oder eine nicht marktliche Bereitstellung. Sie kann aber auch darauf zurückgehen, dass die gesellschaftlich gewünschte Vielfalt größer ist als die vom Markt, auch vom perfekten Markt, erbringbare Vielfalt. Mangelnde publizistische Vielfalt ist dann eine Folge meritorischer Ansprüche.[35]

Wenn das Bundesverfassungsgericht davon spricht, dass die ›Vielfalt der bestehenden Meinungen‹ im Rundfunk Ausdruck finden soll, lässt es die Frage nach dem genauen Verlauf der als wünschenswert anzusehenden Vielfalt offen.[36]

1. Zum Ersten wäre mit dieser Formulierung eine nicht meritorische Vielfalt vereinbar, d. h. eine Vielfalt, die der von den Marktteilnehmern gewünschten (und vom perfekten Markt bedienten) Vielfalt

---

34 Vgl. zu dieser Gewährleistungspflicht des Staates für viele HOFFMANN-RIEM 2001: 14f., 21; GRIMM 2001: 25ff.
35 Wir verwenden den Begriff der meritorischen Nachfrage hier in Anlehnung an den Begriff der meritorischen Güter, worunter, aufbauend auf Musgrave (1959, 1969), Güter verstanden werden, deren Nutzen die Marktteilnehmer systematisch unterschätzen (woraus sich eine regulierte marktliche oder eine nicht marktliche Bereitstellung begründet). Vgl. KOPS 2005: 341ff.
36 Siehe grundlegend FESTINGER 1957; ARONSON/WILSON/AKERT 2008.

entspricht. In Abbildung 5 wird diese Auslegung durch die nicht meritorische Nachfrage beschrieben, die dort mit der Verteilung des (perfekten) marktlichen Angebotes übereinstimmt. McQuail und van Cuilenburg (MCQUAIL 1992: 72; MCQUAIL/VAN CUILENBURG 1982; VAN CUILENBURG 2000) bezeichnen diese Spiegelung der ›bestehenden‹ Meinungen (›reflective diversity‹) als *ein* denkbares Grundmodell; es entspricht ihrer Meinung nach dem Prinzip der proportionalen Repräsentation, dem sie in der Politik eine wichtige Rolle beimessen.[37]

2. Mit der Formulierung des Bundesverfassungsgerichtes wäre aber auch eine über die Vielfalt perfekter Märkte hinausgehende Vielfalt vereinbar. In Abbildung 5 wird eine solche durch die ›meritorische Nachfrage 1‹ beschrieben. Dabei sind, ebenso wie bei der Erklärung mangelnder Vielfalt durch Marktmängel (vgl. Abb. 2), die in den Medien angebotenen Meinungen weniger vielfältig als die nachgefragten Meinungen: Der Mainstream ist in den Medien überrepräsentiert, die Randmeinungen bzw. Mindermeinungen sind unterrepräsentiert. Diese Diskrepanz ergibt sich hier aber nicht daraus, dass die Vielfalt des marktlichen Angebots kleiner ist als die von den Marktteilnehmern nachgefragte, sondern daraus, dass die gesellschaftlich gewünschte (›meritorische‹) Vielfalt diejenige des (perfekten) marktlichen Angebotes übersteigt.

3. Noch deutlicher werden die Diskrepanzen zur marktlichen Vielfalt, wenn man eine gleiche mediale Repräsentation aller Meinungen verlangt (in Abb. 5 die ›meritorische Nachfrage 2‹). Das von McQuail und van Cuilenburg (MCQUAIL 1992: 72; MCQUAIL/ VAN CUILENBURG 1982; VAN CUILENBURG 2000) skizzierte Modell der ›open diversity‹, das nach Meinung von Schulz/Ihle (2005: 281) der politischen Forderung nach Chancengleichheit im Zugang zur (medialen) Öffentlichkeit entspricht, könnte mit dieser Form meritorischer Vielfalt korrespondieren.[38]

---

37 Schulz/Ihle (2005: 281) schlagen deshalb vor, den Begriff der »reflective diversity« als »proportionale Vielfalt« zu übersetzen.
38 Schulz/Ihle (2005: 81) schlagen vor, den Begriff als »gleichmäßige Vielfalt« zu übersetzen. Nach ihrer dort vertretenen Auffassung interpretiert Kübler (1995: 293) die vom Gericht geprägte Formel vom Rundfunk als »Medium und Faktor« der Meinungsbildung dahingehend, dass sich die mediale Funktion auf die Berücksichtigung der (bestehenden) gruppenspezifischen Bedürfnisse bezieht. Demgegenüber weise die Rolle des Faktors über die mediale Vermittlung hinaus und trage dem Rundfunk auf, »auch dort an der öffentlichen Meinungs-

4. Am größten sind die Diskrepanzen bei dem in der Publizistikwissenschaft diskutierten Modell des ›Umkehrproporzes‹ (LANGENBUCHER/MAHLE 1972), bei dem zwecks Förderung der freien Meinungsbildung die in den Medien vertretenen Meinungen im umgekehrten Verhältnis zu den in der Bevölkerung vertretenen Meinungen stehen sollten, im Extrem also diejenigen Meinungen, die von fast allen Bürgern geteilt werden, in den Medien überhaupt nicht vertreten sein und dort umgekehrt diejenigen Meinungen dominieren sollten, die fast kein Bürger vertritt (in Abbildung 5 die ›meritorische Nachfrage 3‹).[39]

ABBILDUNG 5
Meritorische Ansprüche an die Medien als Ursache mangelnder Vielfalt

[Figure: x-axis diagram showing curves labeled "Angebot (=nicht meritorische Nachfrage)", "meritorische Nachfrage 1", "meritorische Nachfrage 2", "meritorische Nachfrage 3"]

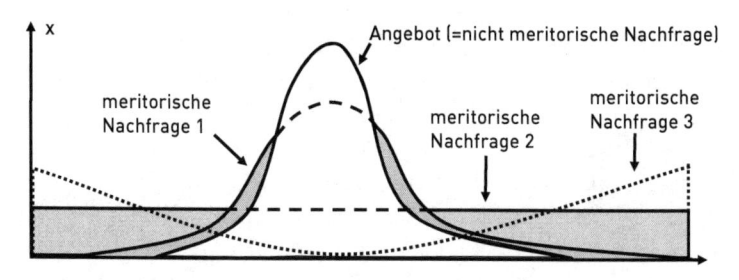

bildung mitzuwirken, wo dies keinen spezifischen Gruppenbedürfnissen bzw. artikulierten Rezipientenwünschen entspricht« (KÜBLER 1995: 293). Nach Schulz/Ihle (2005: 282) sind diese Ausführungen Küblers so zu verstehen, dass der Rundfunk in seiner medialen Funktion proportionale Vielfalt aufweisen sollte und in seiner Rolle als Faktor der Meinungsbildung möglichst gleichmäßige Vielfalt. Übertragen auf unsere in Abschnitt 1 entwickelte Terminologie entspräche dies der Forderung, die Bereitstellung des Konsumentennutzens der Medien durch die individuelle Nachfrage, d. h. über den Markt, zu steuern, den Bürgernutzen der Medien demgegenüber durch eine gesellschaftlich determinierte (meritorische) Nachfrage.

39 An dieser Stelle kann nicht erörtert werden, durch welche dieser Formen meritorischer Nachfrage die vom Bundesverfassungsgericht – oder auch von anderen Akteuren – präferierte Vielfalt der Medien am besten beschrieben wird, geschweige denn, welche Vor- und Nachteile mit einer unterschiedlich starken Abweichung zwischen marktlich angebotener und gesellschaftlich gewünschter Vielfalt verbunden sind. Diese Frage ist im Zusammenhang mit der grundsätzlicheren Frage, inwieweit der ökonomische Wettbewerb Garant auch eines publizistischen Wettbewerbs ist, zwar immer wieder angerissen worden (siehe z. B. HOPPMANN 1998; HALL/HAUBRICH 1993; APPEL 2008 sowie verschiedene rechtswissenschaftliche Arbeiten, z. B. von STOCK 1988; ROSSEN 1988; HOFFMANN-RIEM 1991; KÜBLER 2008: 27ff.; TOWFIGH u. a. 2009), bedarf aber wohl einer vertieften Erörterung, auch und gerade mit Blick auf die in dieser Frage bestehenden Unterschiede zwischen der deutschen Rechtsauffassung und der Rechtsauffassung der europäischen Kommission.

3.2 Meritorische Ansprüche oder Marktmängel?

Solche Forderungen nach einer über das marktliche Angebot hinausgehenden publizistischen Vielfalt könnten z. B. mit den bereits angesprochenen Erkenntnissen der Kommunikationswissenschaft begründet werden, nach denen Medieninhalte, die den eigenen Meinungen widersprechen, zwecks Vermeidung kognitiver Dissonanzen nicht nachgefragt werden, oder auch mit der erwähnten ›Schweigespirale‹, nach der das Vertrauen und die Wertschätzung für Minderheitsmeinungen geringer sind als für Mehrheitsmeinungen (und im Zeitablauf dann auch weniger häufig angeboten werden). Allerdings stellt sich dann die Frage, ob tatsächlich eine über die marktliche Bereitstellung hinausgehende, meritorische Vielfalt der Medien gewünscht wird oder sich die zwischen der Vielfalt der marktlichen Bereitstellung und der gewünschten Vielfalt bestehenden Diskrepanzen nicht wieder aus den im letzten Abschnitt erörterten Marktmängeln ergeben. Ersterem würde man zuneigen, falls man nur die *Angebotsseite* des Marktes betrachtete. Marktmängel ließen sich dann nicht als Begründung anführen; die Anpassung an die (vielfaltsverkürzende) Nachfrage der Dissonanzen vermeidenden Rezipienten wäre im Gegenteil die wünschenswerte Folge der Funktionsfähigkeit des Marktes, seiner Fähigkeit, ein den Präferenzen der Nachfrager entsprechendes Angebot bereitzustellen. Meyer-Lucht und Rott (2008: 7) haben diese Auffassung auf den Punkt gebracht, als sie formulierten, dass »[...] das Angebot auf einem funktionierenden Markt immer nur so ›gut‹, ›niveauvoll‹ und ›vielfältig‹ sein (kann), wie es die Konsumenten nachfragen.«

Vergegenwärtigt man sich allerdings, dass Nachfrager wie Anbieter konstitutive Bestandteile des Marktes sind, so können auf der *Nachfrageseite* bestehende systematische Mängel durchaus auch als Formen von Marktmängeln angesehen werden. So wird von Ökonomen als Marktmangel z. B. durchweg anerkannt, dass die Nachfrager über die Eigenschaften von Erfahrungs- und Vertrauensgütern schlechter informiert sind als die Anbieter (›asymmetrische Informationsverteilung‹). Als Form der Arbeitsteilung ist dies, wie etwa die Prinzipal-Agent-Theorie verdeutlicht, auch einzel- und gesamtwirtschaftlich sinnvoll.[40] Die für

---

40 Vgl. KOPS 1999: 16ff m. w. N. Diese Theorie verdeutlicht, dass es aus Sicht der über die Entscheidungsrechte verfügenden Prinzipale nur in dem Umfang sinnvoll ist, den Informationsvorsprung der weisungsgebundenen Agenten zu beseitigen, in dem die ihnen dadurch entstehenden Informations- und Transaktionskosten nicht den Nutzen aufzehren,

den perfekten Markt angenommene und in der Wirtschaftswissenschaft als Axiom verbreitete Annahme der ›Konsumentensouveränität‹, nach der die Nachfrager (Konsumenten) selbst am besten beurteilen können, welches Angebot ihnen den höchsten Nutzen stiftet, wird damit verneint. Das betrifft auch und in besonderem Maße die Medien, deren Eigenschaften sich dem Nachfrager erst durch die Nutzung (Erfahrungsgüter) erschließen oder selbst dadurch nicht erkennbar werden (Vertrauensgüter).[41]

Das zeigt die fließenden Übergänge zwischen Marktmängeln und meritorischen Ansprüchen, die für die Medien typisch sind, nicht nur bezogen auf die Vielfalt, sondern auch auf andere Merkmale, wie die Qualität, Gemeinwohlorientierung, Kommerzferne, Reflexivität und freie Zugänglichkeit kommerzieller Medien (KOPS 2005: 360ff.). Daraus erklären sich zum Teil auch die zwischen Ökonomen bestehenden großen Auffassungsunterschiede über Art und Ausmaß der tatsächlich bestehenden Marktmängel. Während einige Autoren sie für gravierend halten,[42] bestreiten andere Autoren sie weitestgehend.[43] Besonders stark unterscheiden sich diese Auffassungen 1. bei den aus ›nicht reflexiven‹ Präferenzen der Rezipienten begründeten Marktmängeln,[44] die nur schwer

der daraus entsteht, dass die Möglichkeiten der Agenten, eigene Interessen zu verfolgen, vermindert werden. Bei komplexen Entscheidungen (medizinische Behandlungen, Rechtsberatung) wird das stärkere Informationsvorsprünge der Agenten (Ärzte, Rechtsanwälte) gegenüber den Prinzipalen (Patienten bzw. Klienten) zur Folge haben als bei einfachen Entscheidungen, bei denen der Prinzipal sich ohne größeren Aufwand die gleichen Informationen aneignen kann, die der Agent besitzt. Bei der Bereitstellung von Medien dürften ebenfalls höhere Informationsvorsprünge der Agenten sinnvoll sein, zumindest was die der freien Meinungsbildung dienenden Angebote betrifft (›Bürgernutzen‹, siehe Abschnitt 1), weniger, was die den individuellen Bedürfnissen der Medienrezipienten dienenden Angebote anbelangt (›Konsumentennutzen‹). Für ersteres lassen sich aus der Perspektive dieser Theorie interessante Ansätze entwickeln, mit denen die Prinzipale (die Bürger bzw. die Rundfunkgebührenzahler) verhindern können, dass ihre Agenten (die Geschäftsleitungen der öffentlich-rechtlichen Rundfunkanstalten und die Rundfunkgremien) eigene Interessen verfolgen.
41 Diese Einschätzung wird gestützt durch eine Fülle von empirischen Ergebnissen der Medienforschung, nach denen Medien, insbesondere stark suggestive Medien, nicht reflexiv genutzt werden, ebenso wie durch allgemeine Befunde, nach denen nicht nur Kinder und Jugendliche, sondern auch Erwachsene keine ausreichende Medienkompetenz (als medienspezifische Ausprägung der Konsumentensouveränität) besitzen.
42 Siehe z. B. HEINRICH 1999; GRANT/WOOD 2004; HEINRICH 2005; HELM u. a. 2005; KIEFER 2005; LOBIGS 2005.
43 Siehe z. B. MEYER-LUCHT/ROTT 2008; SCHRÖDER 2008, HAUCAP/DEWENTER 2009.
44 Diese ergeben sich daraus, dass die dem Konsumakt zugrunde liegenden Präferenzen (›Marktpräferenzen‹) von den unter ›günstigeren‹ Bedingungen vorliegenden Präferenzen (›reflexiven‹) Präferenzen abweichen (KOPS 2005: 355ff.; LOBIGS 2005). Dies als Marktman-

von paternalistischen Eingriffen abgegrenzt werden können, 2. bei den aus mangelnder Ausschließbarkeit begründeten Marktmängeln (zumal wenn diese mit einer mangelnden ›gesellschaftspolitischen Ausschließbarkeit‹ begründet wird) und 3. bei einer mangelnden ›freien Zugänglichkeit‹ kommerzieller Medien, die für den Markt irrelevante *verteilungspolitische* Wirkungen kritisiert (die aufgrund ihrer Bedeutsamkeit für die freie Meinungsbildung aber auch allokative Auswirkungen haben).[45]

3.3 Markt oder Nicht-Markt – das ist hier die Frage

In dem Umfang, in dem Marktmängel bestritten werden, gleichwohl die publizistische Vielfalt kommerzieller Medien aus gesellschaftspolitischer Sicht als unzureichend beurteilt wird, stellt sich allerdings die andere, übergreifende Frage, »ob generell das gesamte Spektrum der journalistischen Produktion von Informationen, Ideen, Meinungen und Nachrichten, von Unterhaltung, Bildung und Gebrauchswertinformation, mit dem Ansatz von Markt und Marktversagen analysiert und bewertet werden kann« (HEINRICH 1999: 45f.). Es ist dann zu erörtern, inwieweit an die Stelle des Marktes oder ergänzend dazu andere Bereitstellungsverfahren genutzt und gestärkt werden sollten. Prinzipiell kommen hierfür eine staatliche Bereitstellung in Betracht, die in Deutschland für die Medien aber aus guten Gründen abgelehnt wird, oder eine nicht staatliche, nicht kommerzielle Bereitstellung durch die Zivilgesellschaft

gel zu kritisieren, ist allerdings umstritten. Wenn jemand in einer bestimmten Situation bestimmte Programme sehen möchte, sollte ihnen der Markt, so könnte man argumentieren, diese auch anbieten – und keine anderen, ›unter günstigeren Bedingungen‹ gewünschten. Dass der Markt auf schnell wechselnde Präferenzen der Nachfrager reagiert, wird gemeinhin ja auch nicht als Mangel, sondern im Gegenteil als eine seiner Stärken angesehen. Auf dem Axiom der Konsumentensouveränität bestehende Ökonomen werden deshalb mit den oben gegen eine (De-)Meritorisierung bereits vorgebrachten Argumenten auch eine Korrektur ›intransitiver‹ Präferenzen ablehnen: Wer den ganzen Tag Trash-Talk-Shows sehen oder interaktiv spielen wolle, der sollte ihrer Meinung nach solche Angebote auch bekommen, selbst wenn er es nachher bereue.

45 Siehe oben, Abschnitt 2.5. Zu bedenken ist auch, dass die einzelnen Marktmängel bei den Medien möglicherweise nicht über das Ausmaß der bei anderen Gütern üblichen Marktmängel hinausgehen, in ihrer Summe aber dennoch gravierend sind, weil sie bei den Medien gleichzeitig auftreten und sich auch verstärken. Dass unter Ökonomen die Fähigkeit einer marktlichen Bereitstellung von Medien und die Notwendigkeit einer nicht marktlichen Bereitstellung so unterschiedlich eingeschätzt wird, mag sich auch aus den Schwierigkeiten erklären, die allokativen Mängel einer solchen Kombination mehrerer Marktmängel theoretisch und empirisch nachzuweisen.

(den »Dritten Sektor«). Markt, Staat, und Zivilgesellschaft besitzen als Bereitstellungsverfahren dabei jeweils spezifische Stärken und Schwächen (KOPS 2007: 7), und tatsächlich sind in allen Gesellschaften alle drei Verfahren, wenngleich mit unterschiedlich hohen Anteilen, an der Bereitstellung von Gütern, auch von Medien, beteiligt (ebenda: 47ff.). Ökonomisch lässt sich eine Vorrangigkeit oder Exklusivität des Marktes, auch eines perfekten Marktes, als Bereitstellungsverfahren für die Medien jedenfalls nicht herleiten.

Auch die Rechtswissenschaft vertritt unter Hinweis auf die systemimmanenten Grenzen des Marktes für die freie Meinungsbildung eine solche Sichtweise. So hat Grimm (2001: 33) die erforderliche »Verteidigung von Sphären des Nicht-Kommerziellen« betont, »von denen aus eine unabhängige Beobachtung und Kritik der technisch-ökonomischen Rationalität noch möglich« sei. Dem Rundfunk komme dabei eine wichtige Funktion zu. Die Verfassung habe die Aufgabe, ihm diese Möglichkeit offen zu halten.[46] Ähnlich hat Hoffmann-Riem vor kurzem noch einmal hervorgehoben, dass die Medienordnung nicht mit den Maßstäben des Marktes zu beurteilen sei, sondern nach den Leistungen, »die man aus verfassungsrechtlicher und medienpolitischer Sicht erwarten darf«.[47] Eifert (2002: 149) hat die Bindung der Rundfunkfreiheit an die Elemente eines professionellen Journalismus und eine eigenständige Rückkopplung an die Gesellschaft als eine »normative Satzung« des Bundesverfassungsgerichts bezeichnet und daraus gefolgert, die Diskussion um einzelne Aspekte oder die Reichweite von (empirisch belegbarem oder theoretisch antizipiertem) Marktversagen gehe insofern am Kern vorbei.

Man kann darüber streiten, ob es sich tatsächlich um eine nicht weiter begründbare normative Setzung handelt oder ob es vielleicht doch möglich ist, die Notwendigkeit einer Ersetzung oder Ergänzung des Marktes durch nicht marktliche Bereitstellungsverfahren auch ökonomisch abzuleiten.

---

46 Grimm knüpft dabei, wenn auch nicht explizit, an Überlegungen von Walzer (1983) an, der verschiedene »Sphären« des gesellschaftlichen Lebens unterscheidet, in denen die Güter nach unterschiedlichen Prinzipien verteilt werden (u. a. Geld und Ware, Sicherheit und Wohlfahrt, Erziehung und Bildung, Anerkennung und politische Macht und Mitgliedschaft und Zugehörigkeit). Die diesen Sphären zugeordneten Güter können nach Walzer anhand unterschiedlicher Prinzipien (»freier Austausch«, »Verdienst« und »Bedürfnis«) verteilt werden (z. B. Güter der Sphäre von »Geld und Ware« durch freien Austausch, Güter der Sphäre der »Anerkennung« durch das »Verdienst« und Güter der Sphäre »Sicherheit und Wohlfahrt« durch das »Bedürfnis«).

47 Siehe »Medienfreiheit ist dienende Freiheit«, Günter Herkel im Gespräch mit Wolfgang Hoffmann-Riem, in: http://www.kulturrat.de/dossiers/oe-r-r-dossier.pdf

Bei einer angemessenen und ausreichend weiten Anwendung der ökonomischen Theorie der Marktmängel ist letzteres grundsätzlich wohl möglich; zumindest dem Grunde nach, wenn auch nicht in einer ausreichend präzisen und konsensualen Weise, die die Anteile von Markt, Staat und Drittem Sektor an der Bereitstellung von Medien genau bestimmt. In der Richtung muss man aber weiterkommen. Dabei sollte eine marktzentrierte Sichtweise vermieden werden, auch wenn es Ökonomen schwer fallen dürfte, die von ihrer Disziplin postulierte Überlegenheit des Marktes (und die sich daraus ergebende Subsidiarität einer nicht marktlichen Bereitstellung) für die Medien zu hinterfragen und gegebenenfalls auch zu verneinen.

Literatur

ALM (ARBEITSGEMEINSCHAFT DER LANDESMEDIENANSTALTEN): *Fernsehen in Deutschland 2008*. Berlin 2009

ALM (ARBEITSGEMEINSCHAFT DER LANDESMEDIENANSTALTEN): *Fernsehen in Deutschland 2009*. Berlin 2010

ANDERSON, C.: *The Long Tail. Why the Future of Business Is Selling Less of More*. New York [Hyperion] 2006

APPEL, E. (Hrsg.): *Ware oder Wert? Fernsehen zwischen Cash Cow und Public Value*. Mainz 2008

ARONSON, E.; T. D. WILSON; R. M. AKERT: *Sozialpsychologie*. 6. Auflage, 2008

BECKER, J.; F. PERLOT: Vom Ende des öffentlich-rechtlichen Rundfunks? In: BISKY, L. u. a. (Hrsg.): *Medien – Macht – Demokratie. Neue Perspektiven*. Berlin 2009, S. 134-150

BLM (BAYERISCHE LANDESZENTRALE FÜR NEUE MEDIEN) u. a. (Auftraggeber): *Studie zur wirtschaftlichen Lage des Rundfunks in Deutschland*. Berlin 2009

CROTEAU, D.; W. HOYNES: *The Business of Media. Corporate Media and the Public Interest*. 2. Aufl., London/New Delhi [Sage] 2006

DEGENHARD, C.: Der Funktionsauftrag des öffentlich- rechtlichen Rundfunks in der »Digitalen Welt«. Rechtsgutachten zu Internet-Angeboten des öffentlich-rechtlichen Rundfunks, insbesondere zu einer »Dritten Programmsäule« des WDR. Heidelberg/Leipzig 2001. In: *www.spiegel.de*. http://www.spiegel.de/static/download/degenhart.pdf [20.4.2010]

EIFERT, M.: *Konkretisierung des Programmauftrages des öffentlich-rechtlichen Rundfunks*. Baden-Baden 2002

EUROPÄISCHE AUDIOVISUELLE INFORMATIONSSTELLE: *Jahrbuch 2008. Film, Fernsehen und Video in Europa*. Band 2, Straßburg 2008

FACIUS, G.: Kultur im Abwärtstrend. Der öffentlich-rechtliche Rundfunk beugt sich dem Quotendruck. In: *Das Parlament*, Nr. 34-35, 22.08.2005

FESTINGER, L.: *A Theory of Cognitive Dissonance*. Stanford 1957

GERSDORF, H.: *Legitimation und Limitierung von Online-Angeboten des öffentlich-rechtlichen Rundfunks*. Berlin 2009

GRANT, P. S.; C. WOOD: *Blockbusters and Trade Wars. Popular Culture in a Globalized World*. Vancouver 2004

GRIMM, D.: Steuerung medienvermittelter Kommunikation – Verfassungsrechtliche Grundlagen. In: ROSSEN-STADTFELD, H.; J. WIELAND (Hrsg.): *Steuerung medienvermittelter Kommunikation*. Baden-Baden 2001, S. 25-34

GROSSEKETTLER, H.: Options- und Grenzkostenpreise für Kollektivgüter unterschiedlicher Art und Ordnung. Ein Beitrag zu den Bereitstellungs- und Finanzierungsregeln für öffentliche Leistungen. In: *Finanzarchiv*, N.F. Bd. 43/1985, S. 211-252

GUNDLACH, H.: Öffentliche Aufgaben und Public Value im Cyber Space. In: LUDWIG, J.: *Sind ARD und ZDF noch zu retten? Tabuzonen im öffentlich-rechtlichen Rundfunk*. Baden-Baden 2009, S. 86-107

HALL, P. C.; J. HAUBRICH: *Kritik am Markt. Was kosten Qualität und Quote?* Mainz 1993

HANSMEYER, K.-H.; M. KOPS: Rundfunkprogramme als Klubgüter. In: MATSCHKE, M.; T. SCHILDBACH (Hrsg.): *Unternehmensberatung und Wirtschaftsprüfung*. Stuttgart 1998, S. 201-222; auch erschienen in der Reihe Arbeitspapiere des Instituts für Rundfunkökonomie, Heft 91, Köln 1998. In: http://www.rundfunk-institut.uni-koeln.de/institut/pdfs/9198.pdf

HASS, B. H.: Größenvorteile von Medienunternehmen: Eine kritische Würdigung der Anzeigen-Auflagen-Spirale. In: *MedienWirtschaft: Zeitschrift für Medienmanagement und Kommunikationsökonomie*, Sonderheft 2007, S. 70-78

HEINRICH, J.: *Medienökonomie, Band 2: Hörfunk und Fernsehen*. 1. Aufl., Opladen, Wiesbaden 1999

HEINRICH, J.: Zur Funktionalität des Wettbewerbs im dualen System. In: RIDDER, C.-M. u. a. (Hrsg.): *Bausteine einer Theorie des öffentlich-rechtlichen Rundfunks*. Wiesbaden 2005, S. 325-340

HELM, D. et al.: *Can the Market Deliver? Funding Public Service Television in the Digital Age*. Eastleigh 2005

HOFFMANN-RIEM, W.: *Rundfunkrecht neben Wirtschaftsrecht*. Baden-Baden 1991
HOFFMANN-RIEM, W.: Steuerung medienvermittelter Kommunikation. In: ROSSEN-STADTFELD, H.; J. WIELAND (Hrsg.): *Steuerung medienvermittelter Kommunikation*. Baden-Baden 2001, S. 11-23
HOPPMANN, E.: Meinungswettbewerb als Entdeckungsverfahren. In: E.-J. MESTMÄCKER (Hrsg.): *Offene Rundfunkordnung*. Gütersloh 1998
JAKOBS, H.-J.: *Geist oder Geld. Der große Ausverkauf der freien Meinung*. München 2008
JESSEN, J.: Die Quoten-Idioten. In: *Die Zeit*, Nr. 36, 2000, www.zeit.de/2000/36/Die_Quoten_Idioten
KETTERING, E.; L. KÖHLER: Die duale Rundfunkordnung als passende Regulierungsoption? In: *MedienWirtschaft*, Heft 1, 2010, S. 38-41
KETTERING, E.; L. KÖHLER; V. BERGER: *Keine Wettbewerbsverzerrung durch das öffentlich-rechtliche Fernsehen. Fakten zu den Behauptungen des VRPT*. Stellungnahme der ZDF Hauptabteilung Unternehmensplanung & Medienpolitik vom 26.03.2008
KIEFER, M. L.: *Medienökonomik. Einführung in eine ökonomische Theorie der Medien*. München/Wien, 2. Aufl., 2005
KISSLER, A.: *Dummgeglotzt. Wie das Fernsehen uns verblödet*. Gütersloh 2009
KOPS, M.: Rechtfertigen Nachfragemängel eine Regulierung der Ausrichtung und Vielfalt von Rundfunkprogrammen? In: KOHL, H. (Hrsg.): *Vielfalt im Rundfunk. Interdisziplinäre und internationale Annäherungen*. Konstanz 1997, S. 151-182; in leicht veränderter Form auch erschienen in der Reihe Arbeitspapiere des Instituts für Rundfunkökonomie, Heft 72, Köln 1996. In: http://www.rundfunk-institut.uni-koeln.de/institut/pdfs/7296.pdf
KOPS, M.: Prinzipien der Gestaltung von Rundfunkordnungen. Ökonomische Grundlagen und rundfunkpolitische Konsequenzen. In: BERG, H. J. (Hrsg.): *Rundfunkgremien in Deutschland*, Berlin 1999, S. 12-114; auch erschienen in der Reihe Arbeitspapiere des Instituts für Rundfunkökonomie, Heft 100, Köln 1998. In: http://www.rundfunk-institut.uni-koeln.de/institut/pdfs/10098.pdf
KOPS, M.: Stichwort »Ausschließbarkeit«. In: SJURTS, I. (Hrsg.): *Gabler Lexikon Medienwirtschaft*. Wiesbaden 2004, S. 37-40
KOPS, M.: Soll der öffentlich-rechtliche Rundfunk die Nachfrage seiner Zuhörer und Zuschauer korrigieren? In: RIDDER, C.-M. u. a. (Hrsg.): *Bausteine einer Theorie des öffentlich-rechtlichen Rundfunks*. Wiesbaden 2005, S. 341-366; auch erschienen in der Reihe Arbeitspapiere des Instituts für

Rundfunkökonomie, Heft 196, Köln 2005. In: http://www.rundfunk-institut.uni-koeln.de/institut/pdfs/19605.pdf

KOPS, M.: *A Revenue-Based Methodology for the Comparison and Classification of Broadcasting Systems*. Berlin 2007

KOPS, M.: Die Globalisierung als Herausforderung für den deutschen Auslandsrundfunk. In: KOPS, M. (Hrsg.): *Die Aufgaben des öffentlich-rechtlichen Auslandsrundfunks in einer globalisierten Medienwelt*. Berlin 2008, S. 45-87; auch erschienen in der Reihe Arbeitspapiere des Instituts für Rundfunkökonomie, Heft 240, Köln 2008. In: *rundfunk-institut.uni-koeln.de*. http://www.rundfunk-institut.uni-koeln.de/institut/pdfs/24008.pdf

KOPS, M.: Stichwort ›Publizistischer Mehrwert‹. In: SJURTS, I.: *Lexikon der Medienwirtschaft*. 2. Auflage. Wiesbaden 2011

KOPS, M.; W. SCHULZ; T. HELD (Hrsg.): *Von der dualen Rundfunkordnung zur dienstespezifisch diversifizierten Informationsordnung?* Baden-Baden/Hamburg 2002

KOPS, M.; K. SOKOLL; V. BENSINGER: *Rahmenbedingungen für die Durchführung des Drei-Stufen-Tests*. Gutachten erstellt für den Rundfunkrat des Westdeutschen Rundfunks. Reihe Arbeitspapiere des Instituts für Rundfunkökonomie an der Universität zu Köln, Heft 252, Köln, Berlin, 2009. In: http://www.rundfunk-institut.uni-koeln.de/institut/pdfs/25209.pdf

KRÜGER, U. M.: *Programmprofile im dualen Fernsehsystem 1991-2000. Eine Studie der* ARD/ZDF-*Medienkommission*. Baden-Baden 2001

KRÜGER, U. M.; T. ZAPF-SCHRAMM: Sparten, Sendungsformen und Inhalte im deutschen Fernsehangebot 2007. Programmanalyse von ARD/DAS ERSTE, ZDF, RTL, SAT.1 und PROSIEBEN. In: *Media Perspektiven*, Nr. 4, 2008, S. 166-189

KRÜGER, U. M.; T. ZAPF-SCHRAMM: Politikthematisierung und Alltagskultivierung im Infoangebot. Programmanalyse 2008 von ARD/DAS ERSTE, ZDF, RTL, SAT.1 und PROSIEBEN. In: *Media Perspektiven*, Nr. 4, 2009, S. 201-222

KÜBLER, F.: Konzentrationskontrolle des bundesweiten Rundfunks. In: DIE LANDESMEDIENANSTALTEN (Hrsg.): *Die Sicherung der Meinungsvielfalt. Berichte, Gutachten und Vorschläge zur Fortentwicklung des Rechts der Medienkonzentrationskontrolle vom Herbst 1994*. Berlin 1995, S. 287-330

KÜBLER, F.: *Medien, Menschenrechte und Demokratie. Das Recht der Massenkommunikation*. Heidelberg 2008

LADEUR, K.-H.: Zur Verfassungswidrigkeit der Regelung des Drei-Stufen-Tests für Onlineangebote des öffentlich-rechtlichen Rundfunks nach § 11f RStV. In: *Zeitschrift für Urheber- und Medienrecht*, 2009, S. 906ff.

LANGENBUCHER, W.; W. MAHLE: »Umkehrproporz« und kommunikative Relevanz. Zur Zusammensetzung und Funktion der Rundfunkräte. In: *Publizistik*, 18/4, 1972, S. 322-330

LOBIGS, F.: *Medienmarkt und Medienmeritorik – Beiträge zur ökonomischen Theorie der Medien*. Diss. Zürich 2005, http://www.dissertationen.unizh.ch/2006/lobigs/diss.pdf

LUDWIG, J.: Mediale Vielfalt: Ein (Nicht)-Ergebnis von Anbieter- und/oder Nachfrageinteressen, Marktdefiziten und/oder Regulierungsdefiziten. In: FRIEDRICHSEN, M.; W. SEUFERT (Hrsg.): *Effiziente Medienregulierung. Marktdefizite oder Regulierungsdefizite?* Baden-Baden 2004, S. 11-28

LUDWIG, J.: Kosten sind nicht gleich Kosten! Über den Zusammenhang zwischen Gebührenautomatismus, Kostenexplosion und Akzeptanz. In: LUDWIG, J. (Hrsg.): *Sind ARD und ZDF noch zu retten?* Baden-Baden 2009, S. 109-134

MCQUAIL, D.: *Media Performance. Mass communication and the public interest.* London 1992

MCQUAIL, D.; J. VAN CUILENBURG: Vielfalt als medienpolitisches Ziel. Beschreibung eines evaluativen Forschungsansatzes am Beispiel der Niederlande. In: *Media Perspektiven*, 11, 1982, S. 681-692

MEYER-LUCHT, R.; A. ROTT: Die Mär vom Marktversagen. In: *epd medien*, Nr. 13, 2008, S. 6-9

MUSGRAVE, R. A.: *The Theory of Public Finance*. New York u. a. 1959

MUSGRAVE, R. A.: *Fiscal Systems*. New Haven/London 1969

NOELLE-NEUMANN, E.: *Die Schweigespirale. Öffentliche Meinung – unsere soziale Haut*. München u. a. 1980

OKUN, A. M.: *Equality and Efficiency: The Big Tradeoff*. Washington 1975

REITZE, H.; C.-M. RIDDER: *Massenkommunikation VII. Eine Langzeitstudie zur Mediennutzung und Medienbewertung 1964-2005*. Baden-Baden 2006

RIDDER, C.-M. u. a. (Hrsg.): *Bausteine einer Theorie des öffentlich-rechtlichen Rundfunks*. Wiesbaden 2005

RITZER, G.: *Die McDonaldisierung der Gesellschaft*. 4. Aufl., Konstanz 2006

ROSSEN, H.: *Freie Meinungsbildung durch den Rundfunk. Die Rundfunkfreiheit im Gewährleistungsgefüge des Art. 5 Abs. 1 GG*. Baden-Baden 1988

ROSSEN-STADTFELD, H.: Die Anforderungen des Dreistufentests an die Gremien. Eine rundfunkverfassungsrechtliche Einordnung. In: KOPS, M.

(Hrsg.): *Der Dreistufentest als Chance für den öffentlich-rechtlichen Rundfunk.* Berlin 2009, S. 25-62, auch erschienen in der Reihe Arbeitspapiere des Instituts für Rundfunkökonomie, Heft 253, Köln 2009. In: http://www.rundfunk-institut.uni-koeln.de/institut/pdfs/25309.pdf

ROWLAND, W. D.; M. TRACEY: Selbstmord aus Angst vor dem Tod. Aktuelle Herausforderungen für den öffentlichen Rundfunk überall auf der Welt. In: *Media Perspektiven*, Heft 8, 1989, S. 469-480

SCHATZ, H.; W. SCHULZ: Qualität von Fernsehprogrammen. Kriterien und Methoden zur Beurteilung von Programmqualität im dualen Fernsehsystem. In: *Media Perspektiven*, Heft 11, 1992, S. 690-712

SCHMID, T.; P. GERLACH: Die duale Rundfunkordnung als passende Regulierungsoption des Marktversagens – oder: die Kunst, das Richtige richtig zu tun. In: *MedienWirtschaft*, Heft 4, 2009, S. 22-28

SCHOLZ, R.: Zukunft von Rundfunk und Fernsehen: Freiheit der Nachfrage oder reglementiertes Angebot? In: *Archiv für Presserecht*, Heft 1, 1995, S. 357-362

SCHRÖDER, G.: *Positive Medienökonomik. Institutionenökonomischer Ansatz für eine rationale Medienpolitik.* Baden-Baden 2008

SCHULZ, W.: *Gewährleistung kommunikativer Chancengleichheit als Freiheitsverwirklichung.* Baden-Baden 1998

SCHULZ, W.; T. HELD; M. KOPS: *Perspektiven der Gewährleistung freier öffentlicher Kommunikation.* Baden-Baden 2002

SCHULZ, W.; C. IHLE: Wettbewerb und Vielfalt im deutschen Fernsehmarkt. Eine Analyse der Entwicklungen von 1992 bis 2001. In: RIDDER, CH.-M. u. a. (Hrsg.): *Bausteine einer Theorie des öffentlich-rechtlichen Rundfunks.* Wiesbaden 2005, S. 272-291

SEUFERT, W.: *Wirtschaftliche Lage des Rundfunks in Deutschland 2006/2007.* Studie im Auftrag der Landesmedienanstalten. Berlin 2008

SJURTS, I.: Einfalt trotz Vielfalt in den Medienmärkten: Eine ökonomische Erklärung. In: FRIEDRICHSEN, M.; W. SEUFERT (Hrsg.): *Effiziente Medienregulierung. Marktdefizite oder Regulierungsdefizite?* Baden-Baden 2004, S. 71-88

STADELMAIER, M.: *Future or Funeral – the Dual System at a Crossroad.* Rede auf der Medienfachtagung im Sejm am 23. Januar 2010, Staatskanzlei Rheinland-Pfalz. In: http://www.rlp.de/fileadmin/staatskanzlei/rlp.de/downloads/pdf/Rede_Future_or_Funeral.pdf; Abruf 20.4.2010

STOCK, M.: *Zur Theorie des Koordinationsrundfunks.* Baden-Baden 1981

STOCK, M.: *Medienfreiheit als Funktionsgrundrecht.* München 1985

STOCK, M.: Rundfunkrecht und Wettbewerbsrecht im dualen Rundfunksystem. In: HOFFMANN-RIEM, W. (Hrsg.): *Rundfunk im Wettbewerbsrecht.* Baden-Baden 1988, S. 35-77

STOCK, M.: *Noch einmal zum Reformbedarf im »dualen Rundfunksystem«: Public-Service-Rundfunk und kommerzieller Rundfunk – können sie koexistieren?* Reihe Arbeitspapiere des Instituts für Rundfunkökonomie, Heft 244, Apr. 2008. In: http://www.rundfunk-institut.uni-koeln.de/institut/pdfs/24408.pdf

TOWFIGH, E. V. u. a. (Hrsg.): *Recht und Markt. Wechselbeziehungen zweier Ordnungen.* Baden-Baden 2009

VAN CUILENBURG, J.: Media for an open and receptive society. On the economic and cultural foundation of open and receptive media diversity. In: VAN CUILENBURG, J.; R. VAN DER WURFF (Hrsg.): *Media and open societies. Cultural, economic and policy foundations for media openness and diversity in East and West.* Amsterdam 2000, S. 13-23

VPRT (VERBAND PRIVATER RUNDFUNK UND TELEKOMMUNIKATION): Rahmenordnung für eine Medienordnung 2000 plus. Abgedruckt in: *Medienspiegel*, 1/2/1998 vom 5. 1. 1998 und 3/1998 vom 12. 1. 1998

WALZER, M.: *Spheres of Justice: a defense of pluralism and equality.* New York 1983

WISSENSCHAFTLICHER BEIRAT BEIM BMWI: *Gutachten über eine »offene Medienordnung«.* Bonn 1999

NATASCHA JUST / MICHAEL LATZER

Medienpolitik durch Europäische Wettbewerbspolitik: Druck auf öffentlichen Rundfunk durch Beihilfenpolitik – Public-Value-Konzepte als Lösungsansatz

1. Öffentlicher Rundfunk unter Druck: Medienpolitik durch die Hintertür

»Public service broadcasting, a vital element of democracy in Europe, is under threat« (EUROPARAT 2004). Das ist eine vielfach angewendete Phrase in der gegenwärtigen Debatte über die Zukunft des öffentlichen Rundfunks in Europa. Einige sprechen sogar von existenziellen Herausforderungen (HUMPHREYS 2008: 1), mit denen öffentliche Rundfunkveranstalter konfrontiert seien. Dieser Blickwinkel ist gleichermaßen anerkannt wie umstritten. Breiten Konsens gibt es bloß in der Einschätzung, dass der *Medienwandel* verschiedene Herausforderungen und Veränderungen für öffentliche Rundfunkanbieter in Europa bringt. Diese Herausforderungen sind durch eine Kombination aus technischen und ökonomischen Veränderungen bedingt, die auch in medienpolitischen Veränderungen resultieren. Konvergenz, Liberalisierung, Digitalisierung, Vielfalt an Plattformen und Zuseherfragmentierung sind nur einige der bekannten Termini, die diese Debatte strukturieren und für die Charakterisierung des Medienwandels verwendet werden. Mit dem Aufkommen des Internets seit Mitte der 1990er-Jahre haben öffentliche Anbieter auch Online-Angebote entwickelt, die ihr traditionelles Rundfunkangebot ergänzen. Dieses Online-Engagement der öffentlichen Anstalten, das in direkter Konkurrenz zu Internet-Angeboten privater Anbieter steht, war von Anfang an von kontroversen politischen und rechtlichen Diskussionen über die Zulässigkeit, den Umfang, die Finanzierung und die Kontrolle dieser Aktivitäten begleitet. Ein wesentlicher Diskussionspunkt ist hierbei die Frage, wie öffentliche Rundfunkanbieter ihrem öffentlichen, gebührenfinanzierten Auftrag nachkommen dürfen: ob Online-Aktivitäten einzig eine Vertiefung zum traditionellen Rundfunkprogramm sein sollen oder im Sinne einer ›dritten Säule‹, bzw. einer Entwicklung in Richtung ›Public Service Media‹ ein eigenständiges Angebot bilden dürfen. Diese Veränderungen und die Kontroversen um die Online-Aktivitäten öffentlicher Anbieter haben einerseits zu Diskussionen über die *grundlegende Idee* von öffentlichem Rundfunk geführt und andererseits zu Fragen seiner *institutionellen Ausgestaltung* in diesem neuem, von ›Kanalüberfluss‹ geprägten Medienumfeld.

Erheblichen *Reformdruck* erzeugt darüber hinaus die staatliche Beihilfepolitik der Europäischen Kommission, die in dem zuletzt gesehenen Umfang auf Druck nationaler privater Medienanbieter und des Europäischen Gerichts erster Instanz hin durchgeführt wurde. In Reaktion auf das Online-Engagement öffentlicher Anbieter setzte ein Strom an Beschwerden an die Europäische Kommission ein, die von verschiedenen kommerziellen Rundfunkanbietern aus zahlreichen europäischen Ländern wie Spanien, Frankreich, Griechenland, dem Vereinten Königreich, Österreich, Portugal, Deutschland, Irland oder Italien eingebracht wurden und zuletzt auch von anderen Medienunternehmen wie Verlegern oder Filmproduktionsfirmen (DEPYPERE/TIGCHELAAR 2004; DONDERS/ PAUWELS 2008; BARDOEL/VOCHTELOO 2009). Die vorgebrachten Argumente haben einen gemeinsamen Grundtenor: Es wird bemängelt, dass öffentliche Rundfunkanbieter staatliche Beihilfen auf eine Art einsetzen, die sie wettbewerbsverzerrend gegenüber ihren Konkurrenten in verschiedenen Märkten begünstigen würden, wobei im Besonderen potenzielle Vorteile in Märkten für Rundfunkrechte, Werbung sowie Online- und Bezahldienste als problematisch angesehen werden.

Die Regeln in Bezug auf staatliche Beihilfen sind Teil der europäischen Wettbewerbspolitik und richten sich nicht gegen Unternehmen, sondern per Definition an Nationalstaaten. Sie stellen damit eine sehr heikle Form von Eingriffen in die nationale Hoheitsgewalt dar, da sie das Ausmaß von finanzieller nationalstaatlicher Unterstützung für verschiedene Bereiche einer Wirtschaft beschränken können (MACLENNAN 1999: 159). Es ist daher wenig überraschend, dass die Diskussion staatlicher Beihilfen im Rundfunkbereich eine besonders sensible Angelegenheit ist, auch weil der Medienbereich seit jeher durch Kompetenzstreitigkeiten zwischen den Mitgliedstaaten und der Gemeinschaft geprägt ist. Gemäß EG-Vertrag hat die Gemeinschaft nämlich keine rechtlichen Kompetenzen in Fragen kultureller Angelegenheiten, so z. B. für Medienvielfaltsfragen. Die Kompetenzen gemäß Art. 151 des EG-Vertrags sind eingeschränkt, insbesondere durch die Bestimmung des Abs. 5, der explizit jede Harmonisierung der Rechts- und Verwaltungsvorschriften der Mitgliedstaaten ausschließt. Im Hinblick auf den öffentlichen Rundfunk gibt es prinzipiell eine klare Trennung der Verantwortung: Die Mitgliedstaaten sind für die Definition des Auftrags und die Art der Finanzierung zuständig, die Kommission für die Vereinbarkeit mit dem EG-Vertrag im Hinblick auf staatliche Beihilfen und die Dienstleistungsfreiheit. Die Kommission hat somit die exklusive Kompetenz, zu entscheiden, ob eine finanzielle Maßnahme eine staatliche Beihilfe darstellt und ob sie mit dem Ziel des Gemeinsamen Marktes vereinbar ist. Innerhalb der Kommission ist das Generaldirektorat Wettbewerb für staatliche Beihilfen im Rundfunksektor verantwortlich. Während in anderen Sektoren wie Transport, Landwirtschaft und Fischerei die jeweils dafür zuständigen Generaldirektorate involviert sind, gibt es im Fall des öffentlichen Rundfunks keine Kompetenzen für das Generaldirektorat Informationsgesellschaft & Medien in dieser Angelegenheit.

Die Europäische Kommission reagierte anfänglich zurückhaltend auf die Beschwerden privater Anbieter, woraufhin sich diese an das Europäische Gericht erster Instanz wandten, das diese Inaktivität in der Folge verurteilt hat. Die Kommission wurde daraufhin aktiver und hat in den letzten 10 Jahren rund 30 Entscheidungen (Stand: Januar 2010) über staatliche Beihilfen im Bereich des öffentlichen Rundfunks getroffen. Die ersten Entscheidungen waren positiv hinsichtlich der nationalstaatlichen Aktivitäten der Förderung des öffentlichen Rundfunks und die staatlichen Maßnahmen wurden entweder als keine staatliche Beihilfe oder als vereinbar mit dem gemeinsamen Markt klassifiziert. Zuletzt jedoch, beispielhaft vor allem durch die Entscheidungen oder Kompromisse mit Deutschland, Irland, Belgien (Flandern) und Österreich sowie durch die Novellierung der Rundfunkmitteilung[1] aus dem Jahr 2001, die den Rahmen für die Anwendung der staatlichen Beihilferegeln auf den öffentlichen Rundfunk festlegt, scheint die Kommission einen strengeren Ansatz zu verfol-

---

1 Mitteilung der Kommission über die Anwendung der Vorschriften über staatliche Beihilfen auf den öffentlich-rechtlichen Rundfunk. Amtsblatt Nr. C 257 vom 27/10/2009 S. 0001-0014.

gen. Durch diese wettbewerbspolitischen Aktivitäten hat die Europäische Kommission auch Veränderungen der nationalstaatlichen Medienpolitik und -regulierung evoziert, wie unter anderem durch Gesetzesänderungen unter Berücksichtigung europäischer Vorgaben in verschiedenen Ländern zu beobachten ist. Deutschland und Irland führten beispielsweise durch den 12. Rundfunkänderungsstaatsvertrag (in Kraft seit Juni 2009) bzw. den Broadcasting Act 2009 (in Kraft seit Juli 2009) einen Drei-Stufen-Test bzw. Public Value and Sectoral Impact Tests (mit Ministerialzustimmung) ein, mittels derer eine Vorabprüfung neuer audiovisueller Dienste durchgeführt werden soll (Ex-ante-Maßnahme), bevor öffentliche Anstalten mit ihrer Erbringung betraut werden.

Als Gegenpol in dieser Umbruchphase wirkt die weiterhin sehr positive, unterstützende Stimmung für die Idee und die Institution des öffentlichen Rundfunks innerhalb einzelner Nationalstaaten, die auch aus verschiedenen nationalen Konsultationsbeiträgen und dem gemeinsamen Positionspapier von 19 EU-Mitgliedstaaten zur Novelle der Rundfunkmitteilung 2001 ersichtlich ist. Das zeigt, dass öffentliche Rundfunkanbieter nicht existenziell gefährdet sind, sich jedoch im ›Umbau‹ befinden und die verschiedenen Baustellen erhöhte Aufmerksamkeit verlangen, um mögliche Konsequenzen dieser Änderungen abzuschätzen.

2. Anwendung von Beihilfenpolitik auf öffentlichen Rundfunk

Der Rundfunksektor zählt, zusammen mit dem Verkehrssektor und der Agrarindustrie, zu den größten Empfängern von öffentlichen Subventionen. Es gibt zwar keine präzisen Zahlen, aber Schätzungen zufolge liegen die Ausgaben bei über 20 Milliarden Euro für die 27 Staaten der EU im Jahr 2007 (EUROPÄISCHE KOMMISSION 2008: 4; UNGERER 2009: 3). Staatliche Beihilfen existieren in den verschiedensten Bereichen des Kommunikationssektors und betreffen nicht nur öffentliche Unternehmen.[2] Die Beispiele für staatliche Unterstützungen sind vielfältig und umfassen so unterschiedliche finanzielle Förderungen wie jene der Digitalisierung des Rundfunks (Förderung von Testbetrieben, Simulcast-Phasen und

---

2 Beihilfen, die nicht den öffentlichen Rundfunk betreffen, sind vom Rahmen für Dienstleistungen von allgemeinem wirtschaftlichen Interesse aus dem Jahr 2005 erfasst.

digitalen Dekodern), der Herstellung von Videospielen und Filmen, des Ausbaus der Breitband-Infrastruktur, des Starts neuer internationaler Nachrichtenkanäle oder von Sozialversicherungsabgaben, Frühpensionierungen und Entlassungen.

Staatliche Beihilfen sind im Sinne der Verwirklichung eines Binnenmarktes ohne Handelsschranken prinzipiell unvereinbar mit dem Gemeinsamen Markt. Die zentralen Bestimmungen sind Art. 87 und 88 des EG-Vertrags. Die Festlegung, ob die Bereitstellung von finanziellen Mitteln eine staatliche Beihilfe darstellt, erfolgt durch Art. 87 Abs. 1. Art. 87 bestimmt, was staatliche Beihilfe ist (ohne sie jedoch im Detail zu benennen) und welche Art von Beihilfe rechtmäßig ist. Der Begriff ›staatliche Beihilfe‹ ist nicht definiert und es gibt auch keine Erläuterungen, was alles inkludiert ist. Der Artikel spricht einfach von »gewährten Beihilfen gleich welcher Art«. Die Bedingungen sind, dass die Beihilfe durch den Staat oder staatliche Mittel gewährt wird, in der Lage ist, den Wettbewerb zu verfälschen oder den Handel zwischen Mitgliedstaaten zu beeinträchtigen und bestimmte Unternehmen oder Produktionszweige begünstigt. Sofern es sich um staatliche Beihilfen handelt, muss die Kommission davon ex ante – für eine Überprüfung nach Art. 88 Abs. 2 – in Kenntnis gesetzt werden. Der Mitgliedsstaat darf die Beihilfe nicht durchführen, bevor die Kommission zugestimmt hat (Ex-ante-Meldung und Stillhalteprinzip). Wenn es sich bei der Beihilfe um eine existierende Beihilfe handelt, d.h. um eine Beihilfe, die vor In-Kraft-Treten des EG-Vertrags oder vor dem Beitritt des Mitgliedstaates existierte – und das gilt eigentlich für die meisten Fälle von wiederkehrenden Beihilfen für öffentliche Rundfunkanbieter (z.B. jährliche Subventionen) –, so wird der Fall anders behandelt. Existierende Beihilfe wird nach Art. 88 Abs. 1 untersucht, der einen fortlaufenden Review der Kommission in Kooperation mit den Mitgliedstaaten vorsieht, um festzustellen, ob die Beihilfe weiterhin vereinbar mit dem Gemeinsamen Markt ist und dieser Maßnahmen vorsehen kann, das Beihilfesystem in Einklang mit den Regeln über den Binnenmarkt zu bringen. Dieses System beinhaltet in der Anfangsphase eine bilaterale Kooperation zwischen der EU-Kommission und dem Mitgliedstaat, auf die eine Überprüfung auf Basis von Art. 88 Abs. 2 mit formaler Entscheidung folgen kann, sofern kein zufriedenstellendes Übereinkommen hinsichtlich angebotener Maßnahmen gefunden wird.

Die EG-Wettbewerbsregeln sind vollständig auf den Medien- und Telekommunikationssektor anwendbar, wobei es durch Ausnahmebestimmungen und unter bestimmten Bedingungen möglich ist, dass die staatliche Finanzierung von beispielsweise öffentlichem Rundfunk mit dem Gemeinsamen Markt vereinbar ist. Dafür kommen die allgemeinen Artikel 16 und 86 Abs. 2 zum Tragen, ebenso wie die sektor-spezifischen Bestimmungen nach Art. 87 Abs. 3 Buchstabe d, das Amsterdamer Protokoll von 1997 und die Rundfunkmitteilung, jetzt in der Fassung von 2009. Art. 16, der mit dem Amsterdamer Vertrag eingeführt wurde, hält allgemein fest, dass die Gemeinschaft und die Mitgliedstaaten Sorge tragen sollen, dass Dienste von allgemeinem wirtschaftlichen Interesse gute Bedingungen vorfinden, die es ihnen erlauben, ihren Aufgaben nachzukommen. Art. 86 Abs. 2 sieht Ausnahmen von den Wettbewerbsregeln vor, sofern die Anwendung dieser Regeln die Erfüllung der ihnen übertragenen Aufgaben verhindert. Bedingungen für diese Ausnahme sind die *Definition* des Auftrags, die *Betrauung* eines Unternehmens und die *Verhältnismäßigkeit* der Beihilfe. So kann eine Wettbewerbsverzerrung damit gerechtfertigt werden, dass eine öffentliche Dienstleistung erbracht wird. Art. 87 Abs. 3 beschreibt Bereiche, die als vereinbar angesehen werden können, darunter Buchstabe d, der sich auf Beihilfen zur Förderung der Kultur und der Erhaltung des kulturellen Erbes bezieht, der aber nur anwendbar ist, wenn das Produkt genau identifiziert wird. Das Amsterdamer Protokoll legt die Verantwortung der Mitgliedstaaten im Hinblick auf die Definition des Auftrags und die Finanzierung des öffentlichen Rundfunks dar und die Rundfunkmitteilung, die auf dem Amsterdamer Protokoll basiert, legt den Rahmen für die Anwendung der staatlichen Beihilferegeln auf den öffentlichen Rundfunk fest. Diese Mitteilung ist in einem langen Review-Prozess novelliert worden und gilt seit dem 27. Oktober 2009 mit der Veröffentlichung im Amtsblatt.

3. Governance-Reaktionen auf europäischer und nationaler Ebene

Wie einleitend erwähnt, haben die Beschwerden nationaler privater Medienanbieter schließlich zu verstärkten beihilfestaatlichen Reaktionen der EU-Kommission geführt, die in Entscheidungen, Kompromissen und der Novellierung der Rundfunkmitteilung aus 2001 resultierten und auch auf nationalstaatlicher Ebene verschiedene Governance-Reaktionen auslösten.

3.1 Strategien der Europäischen Kommission

Die EU-Kommission hat neben ihrer beihilferechtlichen Aktivitäten die Novellierung der Rundfunkmitteilung 2001 vorangetrieben, die klarstellt, wie die staatlichen Beihilferegeln auf den öffentlichen Rundfunk angewendet werden. Diese Novellierung erfolgte in einem langen Review-Prozess, der im *State Aid Action Plan* angekündigt wurde, im Januar 2008 begann und insgesamt drei Konsultationsrunden umfasste. Während der ersten Konsultationsrunde (10. Januar bis 10. März 2008) wurde ein Fragebogen verteilt und eine öffentliche Konsultation dahingehend durchgeführt, ob die Rundfunkmitteilung 2001 überprüft werden solle und zwar aufgrund technologischer Weiterentwicklungen und wegen der Beschwerden von privaten Wettbewerbern, die eine übermäßige Verwendung öffentlicher Gelder für Online-Aktivitäten befürchteten. Im Anschluss an die erste Konsultationsrunde fasste die Kommission die Ergebnisse (120 Antworten) zusammen und präsentierte im November 2008 einen ersten Vorschlag für eine neue Mitteilung. Darauf folgte eine zweite Konsultationsrunde (90 Antworten), die von November 2008 bis Januar 2009 lief, die in einem überarbeiteten Vorschlag im April 2009 resultierte, der von einer dritten Konsultationsrunde gefolgt wurde, die Anfang Mai 2009 endete. Im Juni wurde schließlich die neue Rundfunkmitteilung veröffentlicht, die seit Ende Oktober 2009 wirksam ist. Die Konsultationsrunden verdeutlichten eine klare Trennung zwischen jenen Stakeholdern, die umfassende Änderungen ablehnten, darunter Mitgliedstaaten, öffentliche Rundfunkanbieter und Gewerkschaften und anderen, die Änderungen einforderten, wie private Rundfunkanbieter, Verleger und deren Vertretungen.

Die Novelle der Rundfunkmitteilung brachte eine Reihe von Änderungen: (1) eine *Annäherung* an den Gemeinschaftsrahmen für Dienstleistungen von allgemeinem wirtschaftlichen Interesse, (2) *Klarstellungen* bei der Definition des Auftrags, bei Betrauung und Kontrolle sowie bei Finanzierung und Verhältnismäßigkeit sowie (3) die *Einführung* eines Ex-ante-Tests (Amsterdam-Test) für neue oder wesentlich veränderte öffentlich-rechtliche Dienste.

1. Ein Ziel der Novellierung der Rundfunkmitteilung war eine Annäherung an den Gemeinschaftsrahmen für Dienstleistungen von allgemeinem wirtschaftlichen Interesse (2005), der den Rahmen für staatliche Beihilfen in anderen Bereichen festlegt. Obgleich umstritten,

waren aus Sicht der Kommission Teile davon, wie die Transparenzrichtlinie, schon vorher anwendbar. In Übereinstimmung mit dem Rahmen erlaubt die neue Rundfunkmitteilung, dass nun Rücklagen bis zu 10 Prozent der jährlichen Entschädigung behalten werden dürfen. Ursprünglich sah die Rundfunkmitteilung aus 2001 ein striktes Nettokostenprinzip vor und öffentliche Rundfunkanbieter durften keine Rücklagen bilden, sondern mussten erhaltene Mittel zurückzahlen, sofern diese die Kosten der Bereitstellung des öffentlichen Dienstes übertrafen. Die Kommission hat beispielsweise in zwei Fällen eine solche Rückzahlung verlangt (Dänemark 2004 und Niederlande 2006).

2. Für verschiedene andere Bereiche hat die Novelle zu Änderungen, bzw. Klärungen geführt, so bei der *Definition des Auftrags*. Während durch die Rundfunkmitteilung von 2001 noch eine ›breit gefasste‹ Definition erlaubt war, wird nun auf eine genaue Definition Wert gelegt und es muss unmissverständlich hervorgehen, ob bestimmte Tätigkeiten Teil des öffentlichen Auftrags sind oder nicht. Gleichzeitig ist aber ein großes Programmspektrum und ein ausgewogenes und abwechslungsreiches Programm zu bieten. Zusätzlich wird betont, dass die Kommission weder zu entscheiden habe, was darunter fällt, noch wie diese Dienste zu *finanzieren* sind. Die Zuständigkeit für die Definition und Finanzierung liegt somit weiterhin vollständig bei den Mitgliedstaaten und die Kommission prüft nur offensichtliche Fehler in dieser Definition. Im Vergleich zur Rundfunkmitteilung aus 2001, wo nur der elektronische Handel genannt war, werden nun Werbung, Telefonnummern für Gewinnspiele, Sponsoring oder Merchandising genannt, die nicht vom Auftrag erfasst sein können, sondern auf alle Fälle als kommerzielle Tätigkeiten zu beurteilen sind. Gleichzeitig wurde der Grundsatz der Technologieneutralität bekräftigt, d.h., dass alle Verbreitungsformen zur Erfüllung des Auftrages genutzt und staatliche Beihilfen für die Bereitstellung audiovisueller Dienste über alle Plattformen verwendet werden dürfen, sofern die maßgeblichen Anforderungen, u. a. des Amsterdam Protokolls erfüllt sind. Auch im Bereich der *Betrauung* und *Kontrolle* gibt es Klarstellungen bzw. genauere Vorgaben. War bereits vorher festgelegt, dass kontrolliert werden muss, ob das beauftragte Unternehmen dem förmlich vereinbarten Auftrag korrekt nachkommt, so wird nun gefordert, dass diese Kontrolle durch ein effektiv von der Geschäftsführung der

öffentlich-rechtlichen Anstalt unabhängiges Gremium erfolgen soll (in einem Entwurf war sogar noch von einer *externen Stelle* die Rede) und auch konkret Abhilfemaßnahmen *veranlasst* werden, sofern das nicht passiert. Hinsichtlich der *Finanzierung* liegt die Zuständigkeit weiterhin bei den Mitgliedstaaten, wobei prinzipiell sowohl Mischfinanzierung (Gebühren/Werbung) als auch neu Bezahldienste erlaubt sind, sofern das Entgelt-Element die Charakteristik des öffentlich-rechtlichen Dienstes nicht infrage stellt. Trotz allem ist immer auf Verhältnismäßigkeit und die Verhinderung von Wettbewerbsverzerrungen zu achten. Die Transparenzanforderungen werden insgesamt detaillierter ausgeführt und die Kommission schlägt den Mitgliedstaaten vor, eine funktionale oder strukturelle Trennung erheblicher und abtrennbarer kommerzieller Tätigkeiten als vorbildliches Verfahren *in Erwägung zu ziehen*. Eine Überkompensierung, die über die nun erlaubten 10 Prozent hinausgeht, muss ohne unangemessene Verzögerung zurückgefordert werden.

3. Der umstrittenste Vorschlag aber ist die Einführung eines sogenannten *Amsterdam-Tests* oder *Public-Value-Tests*, der eine Ex-ante-Überprüfung neuer öffentlicher Dienste durch eine Kombination aus *Analysen der Marktauswirkungen* und der *Abschätzung des Wertes* des Dienstes vorsieht. Die Kommission betonte zuletzt immer die Verantwortung der Mitgliedstaaten für den öffentlichen Rundfunk, verwies jedoch gleichzeitig darauf, dass das Amsterdamer Protokoll zwei Elemente habe und folglich auch die Marktauswirkungen zu beachten seien (KROES 2008). Die Kommission sieht daher im nun verlangten Amsterdam-Test nur eine Kodifizierung ihrer bisherigen Entscheidungspraxis. Alle neuen Dienste und bestehende Dienste, die wesentlich verändert werden, sollen nun einer solchen Ex-ante-Überprüfung unterliegen, die den (Mehr-)Wert des Dienstes evaluiert (Dient der neue Dienst den demokratischen, sozialen und kulturellen Bedürfnissen einer Gesellschaft?) und gleichzeitig die Auswirkungen auf den Markt prüft. Auch Wettbewerber sollen daher die Möglichkeit haben, ihre Meinung kundzutun und die Evaluation soll durch eine unabhängige Institution erfolgen. Was genau unter neuen Diensten zu verstehen ist, bleibt unklar und liegt im Ermessensspielraum der Mitgliedstaaten, die unter Berücksichtigung der Besonderheiten und der Entwicklung des Rundfunkmarkts sowie des Spektrums der bereits angebotenen Dienste festlegen müssen, was unter einem ›wesentlich neuen Dienst‹ zu verstehen

ist. Im Sinne der Technologieneutralität werden Dienste nicht automatisch zu einem neuen Dienst, wenn sie über eine andere Plattform gesendet werden. Als Beispiel nennt die Kommission, dass die gleichzeitige Übertragung von abendlichen Fernsehnachrichten über andere Plattformen (Internet, Mobilgeräte) nicht als neu einzustufen sei. Ob jedoch andere Formen der erneuten Übertragung von Programmen öffentlich-rechtlicher Anstalten über andere Plattformen als wesentliche neue Dienste anzusehen sind, sollen die Mitgliedstaaten unter Berücksichtigung der Besonderheiten und Merkmale der betreffenden Dienste entscheiden. Beurteilungskriterien können hierbei der finanzielle Bedarf für die Entwicklung des Dienstes und die erwarteten Auswirkungen auf die Nachfrager sein. Den Mechanismus für die Überprüfung dürfen die Mitgliedstaaten selbst wählen und zwar unter Berücksichtigung der Besonderheiten ihres Rundfunksystems und der Notwendigkeit zum Schutz der *redaktionellen Unabhängigkeit*. Vorab sollen betroffene Akteure in einer offenen Konsultation befragt werden. Das Ergebnis dieser Konsultation und die Bewertung sowie die Gründe für die Entscheidung müssen öffentlich gemacht werden. Auf Grundlage der Konsultation müssen die Gesamtauswirkungen neuer Dienste auf dem Markt untersucht werden (Abschätzung der Situation mit und ohne neuen Dienst). Die Analyse der Auswirkungen auf den Markt muss beispielsweise das Vorhandensein ähnlicher bzw. substituierbarer Angebote, den publizistischen Wettbewerb, die Marktstruktur, die Marktstellung der öffentlich-rechtlichen Rundfunkanstalt, den Grad des Wettbewerbs und die potenziellen Auswirkungen auf private Initiativen beinhalten. Die Auswirkungen müssen gegen den Wert abgewogen werden, den die betreffenden Dienste für die Gesellschaft haben. Auch hier muss eine effektiv von der Geschäftsführung der öffentlich-rechtlichen Rundfunkanstalt unabhängige Stelle prüfen (und zwar auch unabhängig bezüglich der Ernennung und Absetzung ihrer Mitglieder), die mit den für die Erfüllung ihrer Aufgaben erforderlichen Kapazitäten und Ressourcen ausgestattet ist. Die Mitgliedstaaten dürfen insgesamt ein Verfahren entwickeln, das mit Blick auf die Marktgröße und die Marktstellung der öffentlich-rechtlichen Rundfunkanstalt angemessen ist.

Diese beihilfestaatliche Entscheidungs-/Kompromisspraxis hat in bisher vier Fällen (Deutschland, Irland, Flandern, Österreich) die Einführung solcher Ex-ante-Tests vorgesehen, um die Beihilfe vereinbar zu machen, die im Grunde als individuelle Bekenntnisse von Mitgliedstaaten zu sehen sind. Gegen diese nun für alle geltende Verpflichtung einer vorgängigen Beurteilung, wie sie durch den Amsterdam-Test vorgeschrieben wird, wurde daher vorab von den Mitgliedstaaten im Zuge der Konsultationen sehr stark opponiert: mit den Argumenten, dass diese Bestimmung über die Anforderungen des EG-Vertrags hinausgehen würde, für solche Befugnisse der Kommission die rechtliche Grundlage fehlen und dadurch auch die individuellen nationalstaatlichen Besonderheiten nicht ausreichend berücksichtigt werden würden.

3.2 Lösungen auf nationalstaatlicher Ebene

Die nationalstaatlichen Governance-Reaktionen auf die beihilferechtlichen Aktivitäten der EU-Kommission umfassen einerseits auf wenig intrusive Art einfache Regeln von *Good Governance*, wie eine größere Klarheit hinsichtlich dessen, was öffentliche Rundfunkanbieter z.B. online machen dürfen, Regeln hinsichtlich Transparenz und Verhältnismäßigkeit bei der Finanzierung sowie Rechenschaftspflicht bezüglich des Auftrags und der Verwendung öffentlicher Mittel (z.B. getrennte Buchführung, keine Überkompensierung und Quersubventionierung, Akzeptieren der Marktprinzipien bei rein kommerziellen Aktivitäten). Andererseits haben einzelne Nationalstaaten Ex-ante-Review-Mechanismen eingeführt, um den Public Value eines neuen Dienstes vor Lancierung zu überprüfen. Dies geschieht sowohl präventiv (Dänemark) als auch unter Druck, als Reaktion auf Untersuchungen der EU-Kommission und damit zusammenhängende Entscheidungen/Kompromisse, wie im Fall von Deutschland, Irland, Belgien (Flandern) und Österreich. Durch die neue Rundfunkmitteilung wird die Implementierung und Ausarbeitung von Ex-ante-Tests in weiteren Mitgliedstaaten erwartet. Auch im *Vereinten Königreich* (UK) wurde im Zuge der Erneuerung der Royal Charter ein solcher *Public-Value-Test* eingeführt, der immer wieder als Vorbild für die anderen europäischen Staaten angeführt wird. Dieser Test trat mit 1. Januar 2007 in Kraft und muss jeweils vor wesentlichen Änderungen bei Public-Service-Diensten der BBC angewendet werden. Der Test umfasst drei Elemente: ein Public Value Assessment (PVA), das durch den BBC-Trust durchgeführt wird, ein Market Impact Assessment (MIA), das durch Ofcom erfolgt und den Public-Value-Test selbst, wo der BBC Trust die

Ergebnisse des PVA und MIA evaluiert und eine Entscheidung über den Antrag fällt. Unter den mittlerweile vier Entscheidungen findet sich eine Untersagung (BBC iPlayer) sowie drei Fälle (Local Video, Gaelic Digital Service, BBC HDTV CHANNEL), die mit Auflagen, bzw. nur teilweise genehmigt wurden (COYLE/WOOLARD 2010).

Der Public-Service-Vertrag zwischen dem dänischen Rundfunkanbieter DR und dem Dänischen Minister für Kultur für den Zeitraum vom 1. Januar 2007 bis 31. Dezember 2010 führt einen *Value-Test* für neue öffentliche Rundfunkdienste ein.[3] Ob ein Dienst diesem Test unterzogen wird, wird anhand von folgenden vier Kriterien bestimmt: (1) Die Auswirkung des Dienstes, d. h. wie viele Leute werden den Dienst nutzen und wie häufig? (2) der finanzielle Umfang des Dienstes, d. h. welche finanziellen Ressourcen werden benötigt? (3) der Neuigkeitswert des Dienstes, d. h. bis zu welchem Ausmaß handelt es sich um einen Dienst, der neu für den DR ist? und (4) die Laufzeit des Dienstes, d. h. ist er zeitlich begrenzt oder handelt es sich um ein Langzeit-Projekt? Der Test wird durch den Rundfunkveranstalter selbst durchgeführt, muss aber, sofern positiv, an das Radio- und Fernseh-Gremium gesendet werden, das unabhängig vom DR ist. Das Gremium bewertet den Dienst nach folgenden Maßstäben: Bringt der Dienst einen Wert für die Gesellschaft oder Individuen durch die Erfüllung von demokratischen, kulturellen und sozialen Bedürfnissen und ist der Dienst für alle dänischen Bürger allgemein zugänglich? Der Rundfunkveranstalter muss die Entscheidung des Gremiums abwarten, bevor er den Dienst lancieren darf. Im Jahr 2009 kam es auf Initiative des Kulturministeriums nach Beschwerden der *Association of Danish Newspaper Publishers* und der *Association of the Danish Specialized Press* gegen Internet-Aktivitäten des DR zu einer Ergänzung dieses Vertrags und es müssen nun alle neuen Dienste einem Value-Test unterzogen werden. Im August 2009 wurden einige Internet-Dienste des dänischen Rundfunkanbieters geprüft und genehmigt. Darüber hinaus werden Fragen zu diesen Tests auch Gegenstand der neuen Vereinbarung für den Zeitraum von 2011-2014 sein (FLISEN 2009).

Die Ermittlungen der Europäischen Kommission über die Finanzierung des öffentlichen Rundfunks in *Deutschland* endeten im April 2007 mit einem Kompromiss,[4] und es muss künftig ein *Drei-Stufen-Test* für alle

---

[3] http://www.dr.dk/NR/rdonlyres/44FFCA8C-B869-4EB9-AC70-E88D77EE8574/618898/Bilagomværditestafnyepublicservicetjenester1.pdf

[4] http://ec.europa.eu/competition/elojade/isef/case_details.cfm?proc_code=3_E3_2005

neuen oder veränderten Telemediendienste durchgeführt werden. Die Schritte sind im 12. Rundfunkänderungsstaatsvertrag dargelegt, der im Juni 2009 in Kraft getreten ist (siehe im Detail KOPS/SOKOL/BENSINGER 2009; DÖRR 2009). In einem ersten Schritt muss überprüft werden, ob das Angebot vom öffentlichen Auftrag gedeckt ist und den demokratischen, kulturellen und sozialen Bedürfnissen der Gesellschaft dient (Prüfung des Funktionsauftrags). Darüber hinaus ist im zweiten Schritt zu prüfen, ob das Angebot in qualitativer Hinsicht zum publizistischen Wettbewerb beiträgt. Dafür werden beispielsweise folgende Elemente berücksichtigt: Das Ausmaß und die Qualität bereits frei verfügbarer Angebote, die Auswirkungen auf den Markt und die Bedeutung für die öffentliche Meinungsbildung. In einem dritten Schritt ist der erforderliche finanzielle Aufwand zu untersuchen. Vom Rundfunkrat ist im Zuge der Überprüfung ein obligatorisches Gutachten zu den marktlichen Auswirkungen der neuen Telemedienangebote einzuholen und Dritte haben die Möglichkeit, ihre Meinung zum geplanten Vorhaben einzubringen. Der Test erfolgt – eigentlich in Eigenaufsicht – durch den Rundfunkrat und die endgültige Entscheidung liegt bei den Ländern. Der Rundfunkänderungsstaatsvertrags und die ersten durchgeführten Tests, die zum Teil bereits vor seinem Inkrafttreten durchgeführt wurden (z. B. NDR Mediathek), haben zu teils heftiger Kritik geführt. So hält beispielsweise Meyer-Lucht (2009) allgemein fest: »In dieser Woche wird ein beeindruckendes Schauspiel beginnen: Mit Methoden, welche kaum jemand versteht, sollen Rundfunkräte einen öffentlich-rechtlichen Online-Auftrag überwachen, über den kein Konsens herrscht.« Kops, Sokol und Bensinger (2009: 9) verweisen darauf, dass die Regelungen »oft widersprüchlich, mehrdeutig und wenig konkret« seien.

Auch *Irland* hat auf im Februar 2008 beigelegte beihilfestaatliche Aktivitäten der EU-Kommission mit der Einführung von *Sectoral Impact* und *Public-Value-Tests* in den Broadcasting Act 2009 reagiert.[5] Hierbei bedürfen neue Dienste und Änderungen an Kanälen einer generellen Zustimmung durch den *Minister for Communications, Energy and Natural Resources*. Sofern diese erfolgt, ist die *Broadcasting Authority of Ireland* für die Überprüfung des *Sectoral Impacts* und der Minister für die Beurteilung des *Public Value* zuständig. Die Rundfunkbehörde hat hierbei eine Beratungs-

---

5 http://ec.europa.eu/competition/elojade/isef/case_details.cfm?proc_code=3_E4_2005. Für den Broadcasting Act 2009 siehe http://www.dcenr.gov.ie/NR/rdonlyres/DE7C0393-76C1-42A5-A176-88C512F7AB9C/0/BroadcastingAct2009.pdf

funktion für den Minister und muss im Zuge des *Sectoral Impact Assessment* u. a. überprüfen, welche Auswirkungen auf Verfügbarkeit, Angebot, Qualität und Erreichbarkeit der Dienste für Zuseher sowie auf existierende Dienste, die Entwicklung des Sektors, benachbarte Märkte sowie Innovation und Investment erwartet werden. Der Minister überprüft hinsichtlich des *Public Value* u. a. die Wichtigkeit des Vorschlags für die Erfüllung des öffentlichen Auftrags, die Kompatibilität mit rechtlichen Vorgaben der EU, die mit dem Vorschlag verbundenen Kosten, den Beitrag zur Medienvielfalt oder die Verfügbarkeit des Dienstes für die Öffentlichkeit und für unterversorgte Zuseher.

Flandern hat im Februar 2008, ebenfalls als Reaktion auf beihilfestaatliches Vorgehen der EU-Kommission,[6] Zugeständnisse im Hinblick auf die Einführung eines Ex-ante-Verfahrens für neue Mediendienste gemacht, wobei neue Dienste nur nach Genehmigung durch die Flämische Regierung erlaubt sind. Die Grundzüge des Tests sind auf vage Art im novellierten flämischen *Media Decree* enthalten, das Verfahren für den Test selbst wurde jedoch noch nicht entwickelt und Diskussionen hierzu im Juni 2009 gestartet (DONDERS/PAUWELS 2010). Insgesamt wird kritisiert, dass dieser Mangel an Präzision und die Tatsache, dass das *Media Decree* eine beinahe allumfassende Liste an erlaubten Diensten beinhaltet – die im Übrigen vom öffentlichen Rundfunkveranstalter VRT selbst zusammengestellt wurde –, die Durchführung von Ex-ante-Tests unwahrscheinlich erscheinen lassen.

Zwischen *Österreich* und der EU-Kommission wurde im Rahmen eines Beihilfeverfahrens im Oktober 2009 eine Einigung getroffen,[7] die ebenfalls die Einführung eines Ex-ante-Tests vorsieht, der durch die Änderung des ORF-Gesetzes eingeführt werden soll.[8] Das als *Auftragsvorprüfung* bezeichnete Verfahren soll, ähnlich wie in Deutschland, für jene Dienste zur Anwendung kommen, die nicht als Online-Angebote zum öffentlich-rechtlichen Kernauftrag gehören, bzw. nicht unter die Negativliste fallen, die gewisse Angebote grundsätzlich von der Erbringung im öffentlich-rechtlichen Auftrag ausschließt. Für solche Angebote ist zumindest ein

---

6 http://ec.europa.eu/competition/elojade/isef/case_details.cfm?proc_code=3_E8_2006
7 http://ec.europa.eu/competition/elojade/isef/case_details.cfm?proc_code=3_E2_2008
8 Siehe Artikel 5 (Änderung des ORF-Gesetzes) der Regierungsvorlage und der Erläuterungen zum Bundesgesetz, mit dem das Bundes-Verfassungsgesetz, das KommAustria-Gesetz, das Telekommunikationsgesetz 2003, das Verwertungsgesellschaftengesetz 2006, das ORF-Gesetz, das Privatfernsehgesetz, das Privatradiogesetz und das Fernseh-Exklusivrechtegesetz geändert werden. Erhältlich über http://www.bka.gv.at/site/3477/Default.aspx

Angebotskonzept⁹ zu erstellen und – sofern die Voraussetzungen des § 6 erfüllt sind – eine Auftragsvorprüfung zwingend durchzuführen. Bei dieser Überprüfung geht es im Kern um die Frage, ob das neue Angebot einen *öffentlich-rechtlichen Mehrwert* bietet und um die Abschätzung der Auswirkungen auf den Wettbewerb. Das Verfahren soll vom Rundfunk-Regulator, der Kommunikationsbehörde Austria, auf Antrag des ORF durchgeführt werden. Ein bei der Regulierungsbehörde eingerichteter Beirat sowie die Bundeswettbewerbsbehörde haben zu den publizistischen bzw. wettbewerblichen Auswirkungen Stellung zu nehmen.

Die übergeordnete gemeinsame Bezeichnung als Amsterdam Test darf nicht darüber hinwegtäuschen, dass die nationalstaatlichen Lösungen in etlichen Punkten variieren, beispielsweise bei der Art und dem Umfang der anwendbaren Kriterien sowie bei den institutionellen Zuständigkeiten und involvierten Entscheidungsträgern. Gemeinsam ist jedoch das Aufgreifen und die Zentralität von Begriffen wie ›Public Value‹, ›Value‹ oder ›öffentlicher Mehrwert‹ als handlungsleitende Maxime, mit denen die Strategien öffentlicher Rundfunkanbieter legitimiert werden sollen.

4. Public-Value-Konzepte als Problemverlagerung und Akzentverschiebung

»We are free to abandon the concept (of the public interest), but if we do so, we will simply have to wrestle with the problems under some other heading.«
(FLATHMAN 1966: 13 zit. in MARSHALL/CHOUDHURY 1997: 191).

Aus den Analysen der nationalen Governance-Reaktionen und jener der EU-Kommission wird deutlich, dass Public Value zum zentralen Schlüsselbegriff avanciert, zur regulatorischen Doktrin, zur »neuen Leitwährung« (ORF 2008), die quasi als *conditio sine qua non* für die Legitimation von öffentlichem Rundfunk bzw. von neuen Diensten dient. Diesem inflationären Gebrauch des Begriffs ›Public Value‹ stehen eine lückenhafte theoretische Diskussion des Begriffs sowie offene Fragen hinsichtlich seiner praktischen Implementation und der allgemeinen Über-

---

9 Der Zweck des Angebotskonzepts liegt darin, der Regulierungsbehörde einen Überblick über alle wesentlichen Aspekte des Angebots zu geben. Es dient u. a. als Basis für die Beurteilung, ob es sich um ein neues Angebot handelt, das einer Auftragsvorprüfung zu unterziehen ist.

tragbarkeit von nationalen Modellen auf andere Länder (Policy Transfer) gegenüber. Der Begriff ›Public Value‹, wie er in der momentanen Diskussion über den öffentlichen Rundfunk in Europa verwendet wird und beispielsweise prominent von der BBC (2004) im Zuge der Charta-Erneuerung adaptiert wurde, stammt aus der *Public-Management-Theorie* und wurde in dieser Form von Mark H. Moore (1995) eingeführt und propagiert. Public Value wird als mögliches »next ›Big Thing‹ in public management« (TALBOT 2009: 167) tituliert und gleichzeitig als Alternative, Kritik, Korrektiv oder Weiterentwicklung anderer Managementansätze wie *Public Administration* und *New Public Management* (z.B. STOKER 2006; COLLINS 2007). In der wissenschaftlichen Literatur ist das *Public-Value-Management* umstritten und wird sowohl als positiv (ALFORD 2008; STOKER 2006) als auch als negativ (vor allem RHODES/WANNA 2007, 2008, 2009) beurteilt. Die Kritik rankt sich dabei u.a. um die Fragen, ob es sich bei Public Value um eine empirische Theorie oder eine normative Vorschrift handle, wie die Beziehung zwischen Public Value und der Politik zu sehen sei, ob beispielsweise öffentliche Manager mit der ihnen zugeschriebenen bedeutenden Rolle die legitime Autorität gewählter Politiker untergraben, sowie was der Begriff überhaupt bedeute (ALFORD/O'FLYNN 2009). So argumentieren Rhodes und Wanna (2007: 408), dass Moore vage bleibe, hinsichtlich dessen was er offeriere: »[...] Moore is unclear whether he offers a new theoretical framework, a concept, a heuristic device, or an operational tool of management.« Kritisch bemerken dazu auch Beck Jørgensen und Bozeman (2007: 357), dass Moore zwar den Begriff ›Public Value‹ im Titel seines Buches habe, jedoch kein stabiles Konzept davon liefere. Eine Begriffsbestimmung von Public Value wird mit Aussagen wie »any attempt to list or categorize it is a hazardous enterprise« (ALFORD/HUGHES 2008: 131) als riskantes Unterfangen eingestuft und der Begriff von Moore (1995: 57) als etwas Unbekanntes definiert: »Public managers create public value. The problem is that they cannot know for sure what that is.« Gleichzeitig wird darauf verwiesen, dass Public Value konzeptionell in der Nähe anderer Begriffe zu verorten sei, wie Public Interest, öffentliche Güter oder Öffentlichkeit (BOZEMAN 2009) und sich damit unweigerlich die Frage stelle, warum er anstelle dieser Begriffe verwendet werde und ob sich Public Value davon unterscheide (ALFORD/O'FLYNN 2009: 175).

So wird Public Value einerseits als Ansatz zur Operationalisierung des Oberbegriffs ›Public Interest‹ interpretiert (KNOLL 2008: 37), wobei Public Values über deliberative Prozesse definiert, produziert und beurteilt werden. Auch Napoli (2001: 63ff.) sieht den Begriff des Value unterhalb der konzeptionellen Ebene des Public Interest angesiedelt, sprich auf operativer Ebene, wo eben jene Werte definiert werden, die der Verfolgung des Public Interest dienen. Andererseits wird Public Value auch als das umfassende *Umbrella-Konzept* gesehen (ALFORD/O'FLYNN 2009: 186). Public Value fokussiert demnach auf eine weitere Palette an Werten als öffentliche Güter, nicht nur auf *output*, sondern auch auf *outcome*[10] und auf das, was Bedeutung für Menschen habe, im Gegensatz zu dem, was öffentliche Entscheidungsträger – im Sinne einer passiven Sicherstellung des öffentlichen Interesses – als am besten erachten (ALFORD/O'FLYNN 2009: 176). Letzteres betont auch Moore (1995: 52) mit der Feststellung: »[...] value is rooted in the desires and perceptions of individuals – [...] and not in abstractions called societies.« Mit dem Public-Value-Konzept kommt es demnach zu einer theoretischen Betonung dessen, was der Einzelne wertschätzt, gegenüber dem, was für die Gesellschaft von Wert oder Interesse ist – eine ähnlich Debatte also, wie sie bereits zum Konzept des Public Interest umfassend geführt wurde: Ist das öffentliche Interesse das, was den einzelnen Mediennutzer interessiert, oder was im Sinne von Argumenten der Meritorik im öffentlichen Interesse (Gemeinwohl) ist, aber zu wenig nachgefragt wird? Ein Problem mit Public Value liegt auch darin, dass vielfach suggeriert wird, es handle sich um ein neues Konzept (»The concept of public value is a fairly young one in academic terms.« COOYLE/WOOLARD 2010: 5). Dementgegen ist jedoch die Regulierung im öffentlichen Interesse (Public Interest) bzw. im Sinne des Gemeinwohls, ein fundamentales Prinzip, das seit den Anfängen der Kommunikationsregulierung angewendet wird. Ebenso ist die Bedeutung von Werten (Values) und Interessen (Interests) ein beinahe intrinsischer Teil des (kommunikations)politischen Vokabulars. Diskutiert wird hierbei sowohl die wechselseitige, beispielsweise sequenzielle und hierarchische Beziehung und Anwendung dieser Begriffe (VAN DYKE 1962) als auch die Bedeutung von Werten als kommunikationspolitische Ziele und Mittel zur Erreichung dieser Ziele (JUST 2009).

Public Value kann auch als Antwort auf Kritik an den zu normativen und zu theoretischen Annahmen des kommunikationspolitischen Leitkonzepts des Public Interest interpretiert werden. Diese Annahmen ent-

---

10 *Outputs* beziehen sich nur auf die Produkte und Dienste, die vom öffentlichen Unternehmen hergestellt werden, im Gegensatz zu Outcomes, die auch die Auswirkungen auf jene beachten, die das Gut konsumieren.

ziehen sich weitgehend einer empirischen Überprüfbarkeit und werden durch meritorische Argumente legitimiert, die dem Einzelnen Nicht-Rationalität unterstellen. Moore hingegen betont die *Coproduction*, wo Entscheidungsfindung geteilt wird und es zu einer direkten Einbeziehung von Nutzern durch Kollaboration mit den Anbietern kommt, um Public Value zu generieren. Coproduction ist demnach eine Art Dialog zwischen den Bürgern und Anbietern, die als Alternative zum marktlichen Preismechanismus funktioniert (COLLINS 2007: 170). Die direkte Übertragung dieses Konzeptes auf den öffentlichen Rundfunk ist problematisch und dementsprechend, beispielsweise für die BBC, nur eingeschränkt erfolgt. Collins (2007: 171) hält für die BBC fest, dass aus der von Moore intendierten Bedeutung von *Coproduction*, nämlich der gemeinsamen Entscheidungsfindung durch direkte Einbeziehung von Nutzern, eine moderatere Verpflichtung für öffentliche Manager resultiert sei, die sich auf das Erklären, Konsultieren und Konversieren mit Nutzern beschränke. Die faktische Umsetzung zeigt, dass eine Übertragung des Konzeptes von Moore nicht eins zu eins erfolgt ist (was aber auch gar nicht zielführend wäre). Insgesamt wird gerade die Übertragbarkeit des Konzepts auf andere politische Systeme infrage gestellt. So könne der von Moore für das US-amerikanische System ausformulierte Managementansatz, gemäß Rhodes und Wanna (2007), nicht auf Westminster-Systeme umgelegt werden. Ähnlich wird auch die Brauchbarkeit des Public-Value-Tests der BBC, der als Vorbild für andere Ex-ante-Tests in EU-Mitgliedstaaten fungiert, hinterfragt. »In der deutschen medienpolitischen Diskussion besteht«, laut Hasebrink (2007: 41), »die Neigung, Konzepte und Aktivitäten der BBC zu idealisieren. Auch im Zusammenhang mit Public Value hat die BBC wieder eine Vorreiterrolle übernommen.« So haben auch Nationalstaaten wie Deutschland oder Irland, die sich im Zuge beihilferechtlicher Überprüfungen durch die EU-Kommission auf Ex-ante-Tests geeinigt haben, die Übertragbarkeit auf andere Mitgliedstaaten infrage gestellt, da die Tests im Zuge von individuellen Vereinbarungen, oft als Kompromisse, entstanden seien und an die spezifischen nationalen Besonderheiten angepasst wurden.

Zusammenfassend hat die Europäische Kommission durch die wettbewerbspolitische Hintertür mittels staatlicher Beihilfenpolitik medienpolitische Veränderungen auf nationalstaatlicher Ebene herbeigeführt. So haben verschiedene EU-Mitgliedstaaten in Bezug auf den öffentlichen Rundfunk mit Gesetzesnovellierungen und Strategien reagiert, die Public-Value-Konzepte als Kernstück haben. Insgesamt scheint es jedoch, dass der Begriff des Public Value oft als rhetorisches Instrument von verschiedensten Seiten bedient wird, u. a. für die Legitimation von öffentlich-rechtlichen Rundfunkstrategien. Die Diskussionen über die grundlegende Idee von öffentlichem Rundfunk und Fragen seiner institutionellen Ausgestaltung finden generell in einem Klima statt, das normativen Begründungen für die öffentlich-rechtliche Rundfunkregulierung die Bedeutung abspricht und ›quantifizierbare‹ Beurteilungskriterien an ihre Stelle setzen will. Damit zeigt sich hier eine ähnliche Tendenz wie sie auch für die Medienkonzentrationskontrolle in verschiedenen Ländern sichtbar ist (JUST 2009). In diesem Sinne plant die BBC eine *quantitative* Überprüfung des Public Value neuer Dienste auf den Ebenen des *Individual Value*, *Citizen Value* und *Net Economic Value*, u. a. durch Analysen zur Zahlungsbereitschaft, zu Nachfragesituation und Marktauswirkungen (BBC 2004: 84ff.). Diese angestrebte Messbarkeit von Public Value erweist sich aber in der Praxis als kostspielige Illusion. Mit dem Public-Value-Konzept wird gleichsam ›alter Wein in neuen Schläuchen‹ präsentiert. Die neue Ummantelung dieser Legitimation verlagert sich vom Public Interest hin zum Public Value, wobei mit dieser Begriffsverlagerung bestenfalls eine Akzentverschiebung einhergeht. Das Grundproblem bleibt jedoch bestehen, der Übergang zum Public-Value-Konzept bietet per se keine Problemlösung, sondern verlagert vorerst den Diskurs. Benington und Moore demonstrieren die Flexibilität des Public-Value-Ansatzes. In Weiterentwicklung der Ideen von Moore präsentieren sie einen ›alternativen‹ Ansatz, dessen zentrale Analyseeinheiten nun Öffentlichkeit und das Kollektiv sind – im Gegensatz zur ursprünglichen Betonung des Privaten und des Einzelnen. Damit kommt es zu einer Re-Definition des Begriffs ›Public Value‹, die mit der Rückkehr zur ursprünglichen kommunikationspolitischen Intention einhergeht, in der eben nicht gefragt wird, »what does the public value most?«, sondern »what adds value to the public sphere?« (BENINGTON 2009: 233). Insgesamt scheint die Kombination aus suggerierter Eindeutigkeit sowie der De-Facto-Uneindeutigkeit und Flexibilität von Public Value die Basis für dessen breite Anwendbarkeit und damit für die rasante internationale Verbreitung des Konzepts zu sein. Die Uneindeutigkeit erlaubt sowohl die flexible Anwendung in verschiedenen nationalen Kontexten als auch unterschiedliche Interpretationen des Konzepts in Richtung Operationalisierung, die jeweils interessenpolitisch instrumentalisierbar sind.

Literatur

ALFORD, J.; O. HUGHES: Public Value Pragmatism as the Next Phase of Public Management. In: *The American Review of Public Administration*, 2, 2008, S. 130-148

ALFORD, J.; J. O'FLYNN: Making Sense of Public Value: Concepts, Critiques and Emergent Meanings. In: *International Journal of Public Administration*, 3/4, 2009, S. 171-191

ALFORD, J.: The Limits to Traditional Public Administration, or Rescuing Public Value from Misrepresentation. In: *The Australian Journal of Public Administration*, 3, 2008, S. 357-366

BARDOEL, J.; M. VOCHTELOO: *Media policy between Europe and the Nation-state. The case of the EU Broadcast Communication 2009.* Paper presented at the ECREA Communications Law and Policy Workshop, Zurich, November 2009

BBC: Building public value. Renewing the BBC for a digital world. 2004. In: http://downloads.BBC.co.uk/info/policies/pdf/bpv.pdf

BECK JØRGENSEN, T.; BOZEMAN, B.: Public Values. An Inventory. In: *Administration & Society*, 3, 2007, S. 354-381

BENINGTON, J.: Creating the Public In Order To Create Public Value? In: *International Journal of Public Administration*, 3/4, 2009, S. 232-249

BOZEMAN, B.: Public Values Theory: Three Big Questions. In: *International Journal of Public Policy*, 5, 2009, S. 369-375

COLLINS, R.: The BBC and ›public value‹. In: *Medien und Kommunikationswissenschaft*, 2, 2007, S. 164-184

COYLE, D.; C. WOOLARD: *Public Value in Practice. Restoring the ethos of public service.* 2010. In: http://www.BBC.co.uk/bbctrust/assets/files/pdf/regulatory_framework/pvt/public_value_practice.pdf

DEPYPERE, S.; N. TIGCHELAAR: The commission's state aid policy on activities of public service broadcasters in neighbouring markets. In: *Competition Policy Newsletter*, 2, 2004, S. 19-22

DONDERS, K.; C. PAUWELS: Does EU Policy Challenge the Digital Future of Public Service Broadcasting? An Analysis of the Commission's State Aid Approach to Digitization and the Public Service Remit of Public Broadcasting Organizations. In: *Convergence*, 3, 2008, S. 295-311

DONDERS, K.; C. PAUWELS: The Introduction of an Ex ante Evaluation for New Media Services: ›Europe‹ asks it or Public Service Broadcasting needs it? In: *International Journal of Media and Culture Politics*, 2010, forthcoming

DÖRR, D.: Drei-Stufen-Test. In: *MedienWirtschaft*, 3, 2009, S. 28-32

EUROPÄISCHE KOMMISSION: *Review of the Broadcasting Communication. Summary of the Replies to the Public Consultation.* Commission Staff Working Paper. 2008. In: http://ec.europa.eu/competition/state_aid/reform/comments_broadcasting/summary.pdf

EUROPARAT: *Recommendation 1641 (2004). Public Service Broadacsting.* 2005. In: http://assembly.coe.int/Main.asp?link=/Documents/AdoptedText/ta04/EREC1641.htm

FLISEN, T.: The pressure is increasing: What should be the limits of Nordic public broadcasters' operations? In: *Nordic Media Policy. A Newsletter from* NORDICOM, 4, 2009, S. 1-6

HASEBRINK, U.: »Public Value«: Leitbegriff oder Nebelkerze in der Diskussion um den öffentlich-rechtlichen Rundfunk. In: *Rundfunk und Gesellschaft*, 1-2, 2007, S. 38-42

HUMPHREYS, P.: *Digital Convergence, European Competition Policy, and the Future of Public Service Broadcasting: The UK and German Cases.* Paper presented at the 58th Annual Conference of the International Communication Association, 22.-26. Mai, Montreal, Canada 2008

JUST, N.: Measuring media concentration and diversity: new approaches and instruments in Europe and the US. In: *Media, Culture & Society*, 1, 2009, S. 97-117

KNOLL, E. M.: Public Value. In: *MedienWirtschaft*, 3, 2008, S. 34-39

KOPS, M.; K. SOKOLL; V. BENSINGER: *Rahmenbedingungen für die Durchführung des Drei-Stufen-Tests.* Arbeitspapiere des Instituts für Rundfunkökonomie an der Universität zu Köln, Heft 252, 2009. In: http://www.rundfunk-institut.uni-koeln.de/institut/pdfs/25209.pdf

KROES, N.: *The way ahead for the Broadcasting Communication.* 2008. In: http://europa.eu/rapid/pressReleasesAction.do?reference=SPEECH/08/396&format=HTML&aged=0&language=EN&guiLanguage=en

MACLENNAN, J. F.: Facing the Digital Future: Public Service Broadcasters and State Aid Law in the European Union. In: DASHWOOD, A.; A. WARD (Hrsg.): *The Cambridge Yearbook of European Legal Studies.* Cambridge [The Center for European Legal Studies] 1999, S. 159-202

MARSHALL, G. S.; E. CHOUDHURY: Public Administration and the Public Interest: Re-Presenting a Lost Concept. In: *American Behavioral Scientist*, 1, 1997, S. 119-131

MEYER-LUCHT, R.: *Der 12. Rundfunkstaatsvertrag: Ein Gesetz ohne Kohärenz und Perspektive.* 2009. In: http://carta.info/9819/der-12-rundfunkstaatsvertrag-ein-gesetz-ohne-kohaerenz-und-perspektive/

MOORE, M. H.: *Creating Public Value. Strategic Management in Government.* Cambridge, MA [Harvard University Press] 1995

NAPOLI, P. M.: *Foundations of Communications Policy. Principles and Process in the Regulation of Electronic Media.* Creskill, NJ [Hampton Press] 2001

ORF: *Wert über Gebühr. Public Value Bericht.* Wien 2008

RHODES, R. A. W.; J. WANNA: Stairways to Heaven: A Reply to Alford. In: *The Australian Journal of Public Administration,* 3, 2008, S. 367-370

RHODES, R. A. W.; J. WANNA: The Limits to Public Value, or Rescuing Responsible Government from the Platonic Guardians. In: *The Australian Journal of Public Administration,* 4, 2007, 406-421

RHODES, R. A. W.; J. WANNA: Bringing the Politics Back in: Public Value in Westminster Parliamentary Government. In: *Public Administration,* 2, 2009, S. 161-183

STOKER, G.: Public Value Management. A New Narrative for Networked Governance? In: *American Review of Public Administration,* 1, 2006, S. 41-57

TALBOT, C.: Public Value – The Next ›Big Thing‹ in Public Management. In: *International Journal of Public Administration,* 3/4, 2009, S. 167-170

UNGERER, H.: *Die EU und der Amsterdam Test. Grundbedingungen und nationaler Spielraum. Der Drei-Stufen-Test im Kontext.* 2009. In: http://ec.europa.eu/competition/speeches/text/sp2009_06_de.pdf

VAN DYKE, V.: Values and Interests. In: *The American Political Science Review,* 3, 1962, S. 567-576

JULIA SERONG

Public Value im Internet und Drei-Stufen-Test

1. Einleitung

Ausgangspunkt der folgenden Überlegungen ist die Debatte um den spezifischen Funktionsauftrag des öffentlich-rechtlichen Rundfunks im Internet. Dieser ist vom allgemeinen Funktionsauftrag abzuleiten und an die besonderen Gegebenheiten des Internets anzupassen. Neben der juristischen und der ökonomischen Herangehensweise kommt es dabei auch auf die kommunikationswissenschaftliche Perspektive an. Die juristischen Vorgaben bieten alleine keine ausreichende Grundlage für die normative Begründung des Funktionsauftrags und die Umsetzung des Drei-Stufen-Tests. Im Folgenden wird daher der Versuch unternommen, ›Public Value‹ als Scharnierbegriff zwischen den interdisziplinären Diskurs über Gemeinwohl und die Debatte um dem Funktionsauftrag des öffentlich-rechtlichen Rundfunks einzusetzen. Der ›Public-Value‹-Begriff hat das Potenzial, zu einem Schlüsselbegriff dieser Debatte zu werden – vorausgesetzt, er wird theoretisch begründet (vgl. HASEBRINK 2007).

2. Medienqualität: eine Frage der Perspektive

Der ›Public-Value‹-Begriff verweist zunächst auf den grundlegenden Zusammenhang von Öffentlichkeit und Medienqualität und spannt damit den begrifflichen Bezugsrahmen für die normative Begründung des Funktionsauftrags.

Bei Medienqualität handelt es sich um einen relationalen Begriff. Qualität ist »keine Eigenschaft der Angebote selbst, sondern eine Eigenschaft der Beziehung zwischen Angebot und Rezipienten« (HASEBRINK 1997: 202). Aus dieser Relationalität des Qualitätsbegriffs folgt die Perspektivenabhängigkeit der Definition von Medienqualität. Schließlich kann die Qualität von Medienangeboten aus unterschiedlichen Perspektiven betrachtet werden (vgl. HASEBRINK 1997: 205; RUSS-MOHL 1992: 86ff.; SAXER/KULL 1981: 50; SCHATZ/SCHULZ 1992: 698). Im Folgenden werden zwei Perspektiven unterschieden:

Publikum: Die Rezipienten handeln im System ›Öffentlichkeit‹ in einer Doppelrolle. Zum einen sind sie Konsumenten, die sich in ihren Konsum-Entscheidungen durch relativ kurzfristige Marktpräferenzen leiten lassen. So beurteilen sie die Qualität von Medienangeboten zunächst im Hinblick auf ihre rein individuellen Bedürfnisse. In der Diskussion um Medienqualität wird oftmals die empirisch festzustellende Mediennutzung (›Quote‹) vorschnell als ›Nutzer-Qualität‹ identifiziert. Diese Gleichsetzung von Mediennutzung und Publikums-Qualität ist jedoch in zweifacher Hinsicht problematisch. Zum einen können aus dem bloßen Gebrauch von Medienangeboten keine unmittelbaren Schlüsse auf den Nutzen, den ihre Nutzung den Konsumenten gestiftet hat, gezogen werden. Vielmehr zeigen Studien der Publikumsforschung, dass die Rezipienten »sehr wohl einen Unterschied machen zwischen dem, was sie gern und oft sehen, und dem, was ihnen subjektiv besonders wichtig ist« (HASEBRINK 1997: 213; vgl. GEHRAU 2008: 130ff.).

Darüber hinaus bewerten die Rezipienten die verfügbaren Medienangebote auch aus der Bürger-Perspektive. Dabei erwägen sie neben ihren unmittelbaren persönlichen Gratifikationen auch und vor allem den Nutzen, den die Medienangebote für andere gesellschaftliche Gruppen bzw. für die Gesellschaft insgesamt (und damit indirekt auch ihnen selbst) stiften können (›Third-Person‹-Effekt; vgl. HARTMANN/DOHLE 2005). Entscheidend sind hierbei langfristige, reflexive (Meta-)Präferenzen, die vor allem über qualitative Methoden (nicht standardisierte Leitfaden-Gespräche, Gruppendiskussionen) erhoben werden können (vgl. KIEFER 2003: 37f.).

Neben den Rezipienten bilden die *Kommunikatoren* eine weitere Anspruchsgruppe innerhalb des Publikums. Sie betreiben Öffentlichkeitsarbeit und Werbung und verfolgen daher meist eigennützige bzw. partikulare Interessen ihrer Organisation bzw. ihrer Auftraggeber. Obgleich ihre wechselseitigen Beziehungen zu den professionellen

Akteuren oftmals problematisiert werden (z. B. im Falle von Schleichwerbung bzw. verdeckter PR in fiktionalen oder journalistischen Formaten), sind sie als Informationsquellen notwendig für den individuellen und öffentlichen Meinungsbildungsprozess.

Gesellschaft: Während Qualität auf der Mikroebene, d. h. aus der Perspektive der Mediennutzer, relativ gut definierbar und auch empirisch messbar ist, werfen gesellschaftliche Erwartungen, die sich an Massenmedien richten, einige Probleme auf: Da *die* Gesellschaft kein artikulationsfähiger Akteur ist, müssen Gemeinwohl-Erwartungen stellvertretend von Experten (Medienkritiker, Juristen, Politiker, Mitglieder in Jurys bzw. Gremien, Wissenschaftler) definiert werden. Diese Experten sollen gerade nicht als Kommunikatoren bestimmter partikularer Interessen auftreten, sondern in Anwaltschaft des öffentlichen Interesses handeln. Die dazu von rechtlicher Seite bestimmten Erwartungen (›Funktionsauftrag‹, ›öffentliche Aufgabe‹) bleiben relativ vage (vgl. NEUBERGER 1997). Sie müssten theoretisch angereichert und für empirische Prüfungen operationalisiert werden. Allerdings liegen seitens der Kommunikationswissenschaft dazu nur wenige überzeugende Beiträge vor (vgl. MCQUAIL 1992; ARNOLD 2009).

Nicht nur die Definition gesellschaftlicher Qualität, sondern auch deren Messung fällt schwer: Gesellschaftliche Erwartungen beziehen sich nämlich zumeist wiederum auf die Makroebene, d. h. auf gesellschaftliche Wirkungen, die nicht nur den einzelnen Rezipienten betreffen, sondern größere soziale Einheiten, deren Veränderung empirisch aber nur mit erheblichem Aufwand gemessen werden kann. Funktionierende öffentliche Meinungsbildung oder Integrationseffekte nachzuweisen ist weitaus anspruchsvoller, als das Publikum nach seinen Wünschen und seiner Zufriedenheit mit dem Fernsehprogramm zu befragen. Wegen dieser Schwierigkeiten ist die gesellschaftliche Perspektive in der kommunikationswissenschaftlichen Qualitätsforschung bislang vernachlässigt oder auf berufliche Normen verkürzt worden. Dieses Defizit geht u. a. zu Lasten des öffentlich-rechtlichen Rundfunks, der an zentraler Stelle eine Lücke hat, wenn er einen Erfolgsnachweis führen soll. Thomaß (2006: 71) kommt in einer Studie über ›Public Service Broadcasting‹ in Frankreich, Großbritannien und Kanada zum Ergebnis, dass der »Gebrauch des Qualitätsbegriffes und seine Anwendung zur Überprüfung des Programmangebotes weit auseinanderklaffen«. Dieser Befund gilt zweifellos auch für Deutschland.

Der *Drei-Stufen-Test* liefert den aktuellen Anlass, die Frage nach den gesellschaftlichen Erwartungen (›Public Value‹) und ihrer Erfüllung erneut aufzuwerfen (vgl. hierzu BAUER/BIENEFELD 2007; COLLINS 2007; HASEBRINK 2007; SCHULZ 2008). Die Rundfunkgremien sind laut Rundfunkstaatsvertrag verpflichtet, die Telemedienkonzepte der Anstalten im Rahmen des Drei-Stufen-Tests zu überprüfen, wenn die betreffenden Telemedienangebote länger als sieben Tage bzw. nicht sendungsbezogen und zeitlich unbefristet im Internet abrufbar sein sollen. In Anlehnung an das sogenannte *Amsterdamer Protokoll* der Europäischen Kommission von 1997 wird auf der ersten Stufe des Testverfahrens das Angebot in Beziehung zu den »demokratischen, sozialen und kulturellen Bedürfnissen der Gesellschaft« (§11f Abs. 4 Ziff. 1 RStV) gesetzt. Was sind dies für Bedürfnisse und in welcher Beziehung stehen diese zu den Bedürfnissen der einzelnen Konsumenten?

Es ist deutlich geworden, dass die Beurteilung von Medienqualität weder eine reine Privatangelegenheit der Konsumenten ist, noch ein Privileg bestimmter gesellschaftlicher Eliten darstellt. Ebenso wenig kann sie ausschließlich den professionellen Akteuren des Mediensystems überantwortet werden, denn diese befinden sich in einem Zwiespalt zwischen den individuellen Interessen des Publikums und dem öffentlichen Interesse der Gesellschaft. Darüber hinaus orientieren sie sich an den Bedürfnissen der Kommunikatoren des Publikums (PR, Werbung), die ihre Informationen über die Medien verbreiten wollen. Welcher dieser Perspektiven im Zielkonflikt zwischen ökonomischer Qualität und publizistischer Qualität Vorrang gewährt wird, hängt daher jeweils vom Rollenselbstverständnis der Akteure sowie von den organisationalen Rahmenbedingungen ab. Daher bedarf es eines integrativen Konzepts, das die verschiedenen Perspektiven der Normierungsinstanzen (so weit wie möglich) in Einklang zu bringen vermag. Ein wichtiger Schritt in diese Richtung ist die Klärung des ›Public-Value‹-Begriffs in Abgrenzung zu den Begriffen ›Consumer Value‹ und ›Citizen Value‹.

3. Begriffsklärung: ›Consumer Value‹, ›Citizen Value‹ und ›Public Value‹

Aus den verschiedenen Urteilerperspektiven von Publikum und Gesellschaft lassen sich verschiedene Qualitätsbegriffe ableiten. Den individuellen Konsumentenbedürfnissen entspricht der ›*Consumer Value*‹. Dieser bezieht sich auf die situativen Marktpräferenzen der Rezipienten, wie

z. B. Entspannung, Befriedigung von Neugier, aber auch Bewältigung von eigenen Problemen. Medieninhalte, die diese Bedürfnisse bedienen, sind vor allem im Unterhaltungs- und Ratgeberbereich zu finden. Zunehmende Bedeutung vor allem bei jüngeren Zielgruppen erlangen allerdings auch Angebote aus dem Infotainment-Bereich, die vorrangig auf unterhaltsame Weise der Wissensvermittlung dienen. Diese persönlichen Bedürfnisse stehen im Mittelpunkt der Uses-and-Gratifications-Forschung (vgl. SCHWEIGER 2007: 68f.).

Die Erwartungen an Medienangebote, die die Rezipienten aufgrund längerfristiger Präferenzen in ihrer Rolle als Bürger formulieren, werden hingegen über den ›Citizen Value‹ bedient. Der ›Citizen Value‹ bezeichnet also den Nutzen, den ein Medienangebot aus Sicht des Individuums auch und vor allem für andere gesellschaftliche Gruppen bzw. für die Gesellschaft insgesamt stiftet. Dies setzt die Annahme voraus, dass Individuen über ein erweitertes Nutzenkalkül verfügen, dass sie also auch (positive) Auswirkungen auf andere Individuen bzw. die Gesellschaft insgesamt wertschätzen – aus altruistischen Motiven, aber nicht zuletzt auch deshalb, weil sie indirekt auch selbst vom Nutzen anderer profitieren können (vgl. BOZEMAN 2007: 132f.). Nach Hasebrink (2007: 40) lässt sich feststellen, »dass die Nutzer durchaus bereit sind, über den individuellen Nutzen hinaus auch für den angenommenen gesellschaftlichen Nutzen von Programmangeboten zu zahlen.« Üblicherweise wird davon ausgegangen, dass diese überindividuellen Bedürfnisse vor allem von Informationsangeboten, z. B. Nachrichtensendungen, befriedigt werden (vgl. SCHWEIGER 2007: 93f.). ›Citizen Value‹ kann folglich als individualisierte Form des ›Public Value‹ verstanden werden.

Der ›Public-Value‹-Begriff wurde bekanntermaßen von Mark Moore im Rahmen seiner Studie *Creating Public Value* (1995) entwickelt, um die Grundsätze des ökonomischen Wettbewerbs vom Markt auf den öffentlichen Sektor zu übertragen. Neben der Wettbewerbsfähigkeit (›contestability‹) der öffentlichen Einrichtungen wird der Nutzerorientierung eine entscheidende Rolle in der Herstellung von ›Public Value‹ zugewiesen, wobei die Nutzer eher als Bürger denn als Konsumenten betrachtet und in den Produktionsprozess einbezogen werden sollen (›co-production‹), nicht zuletzt über öffentliche Deliberation (vgl. MOORE 1995: 180f.). Allerdings sollen die öffentlichen Institutionen weiterhin bzw. noch stärker als zuvor auf das Gemeinwohl ausgerichtet werden und sich auf die Produktion bestimmter ›Public Values‹ konzentrieren. Auf den Bereich des öffentlich-rechtlichen

Rundfunks sind die Prinzipien des Public-Value-Managements indes nur teilweise übertragbar und wurden entsprechend modifiziert. Anstelle von Wettbewerbsfähigkeit und Koproduktion wird mehr finanzielle Verantwortlichkeit sowie eine stärkere Bereitschaft zum Dialog mit den Nutzern gefordert (vgl. KELLY et al. 2002; COLLINS 2007). Was mit dem Begriff ›Public Value‹ gemeint ist, bleibt jedoch oft unklar. Moore führe zwar den Begriff ›Public Value‹ im Titel seines Buches, so Beck Jørgensen und Bozeman (2007: 357), »but the book is really more about quality public management and presents no stable concept of public value.« Beck Jørgensen und Bozeman (2007) haben im Rahmen einer Inhaltsanalyse von US-amerikanischen, britischen und skandinavischen Fachzeitschriften im Bereich ›Public Administration‹ (Zeitraum 1990-2003) insgesamt 230 Studien zu ›Public Values‹ ermittelt. In diesen Studien identifizierten sie 72 ›Public Values‹ und kategorisierten diese anhand der drei Dimensionen Nähe (›proximity‹), Hierarchie (›hierarchy‹) und Kausalität (›causality‹). Hinter dem ›Public-Value‹-Begriff verbirgt sich also ein ganzer Makrokosmos unterschiedlicher ›Public Values‹, die mehr oder weniger nah über kausale bzw. instrumentelle Beziehungen miteinander verbunden sind.

Der ›Public-Value‹-Begriff entspricht den »demokratischen, sozialen und kulturellen Bedürfnissen der Gesellschaft«, auf die im Drei-Stufen-Test gemäß §11f Abs. 4 Ziff. 1 RStV Bezug genommen wird. Der ›Citizen Value‹ spiegelt den ›Public Value‹ aus der individuellen Perspektive wider. Inwiefern der ›Citizen Value‹ mit dem ›Public Value‹ zur Deckung gebracht werden kann, hängt maßgeblich von der Urteilsfähigkeit des Publikums, aber auch von der gesellschaftlichen Rückbindung der Experten ab. Schließlich ist es den einzelnen Bürgern trotz ihres erweiterten Nutzenkalküls nicht möglich, die demokratischen, sozialen und kulturellen Bedürfnisse der Gesellschaft gänzlich zu überblicken. Hierzu bedarf es repräsentativer Strukturen, die gewährleisten, dass auch Minderheitenmeinungen und -interessen berücksichtigt werden.

In welchem Verhältnis stehen nun die Begriffe ›Public Value‹, ›Citizen Value‹ und ›Consumer Value‹? Während sich der ›Public Value‹ und der ›Citizen Value‹ auf die überindividuellen Interessen der Rezipienten beziehen, entspricht der ›Consumer Value‹ (lediglich) den individuellen Interessen der Rezipienten. Der enge begriffliche Zusammenhang von ›Citizen Value‹ und ›Public Value‹ lässt jedoch bereits erahnen, dass die demokratischen, sozialen und kulturellen Bedürfnisse, die ein Kernelement des Funktionsauftrags und des Drei-Stufen-Tests bilden, auf die Interessen der einzelnen Rezipienten zurückführbar sein müssen. Zugleich ist ein gewisses Spannungsverhältnis zwischen dem ›Public Value‹ und dem ›Consumer Value‹ schon allein im Hinblick auf den Zielkonflikt zwischen publizistischer und ökonomischer Qualität nicht zu übersehen. Gleichwohl folgt diese Analyse der Annahme, dass es in normativer Hinsicht keinen prinzipiellen Widerspruch zwischen ›Public Value‹ bzw. ›Citizen Value‹ und ›Consumer Value‹ geben muss. Begründen lässt sich diese Annahme, wenn man die Begriffe in ihren Kontext, den Diskurs über das Verhältnis von Gemeinwohl und Eigennutz, einordnet.[1] Vor allem das in seinen Konturen noch etwas diffuse Begriffselement des ›Öffentlichen‹, das den ›Public-Value‹-Begriff wesentlich kennzeichnet, tritt dann schärfer in Erscheinung. Darüber hinaus wird deutlich, dass der ›Public-Value‹-Begriff, auch wenn er vielen verschiedenen ›Public Values‹ Raum gibt, keinesfalls als bloße Leerformel gelten muss, sofern er von einem gehaltvollen Gemeinwohlbegriff abgeleitet wird.

4. Gemeinwohl und Öffentlichkeit

Die Begriffe ›Consumer Value‹, ›Citizen Value‹ und ›Public Value‹ befinden sich im Spannungsfeld von individuellem und öffentlichem Interesse, von Eigennutz und Gemeinwohl. Im Folgenden soll der Versuch unternommen werden, diese auf den ersten Blick widersprüchlichen Begriffe in ein offenes, aber dennoch gehaltvolles Gemeinwohl-Konzept zu integrieren. Das Gemeinwohl muss stets einen Bezug zum Individuum aufweisen. Ein öffentliches Interesse, welches nicht auf die Interessen der Individuen zurückführbar ist, ist nicht denkbar. »Öffentliche Interessen ›als solche‹, die also ihrem Inhalt nach notwendigerweise von vornherein im Gegensatz zu privaten Interessen stehen, gibt es gar nicht« (ARNIM 1977: 81). Das öffentliche Interesse muss vielmehr die individuellen Interessen abdecken. Der Gemeinwohl-Begriff sollte also individuelle und öffentliche Interessen grundsätzlich in Einklang bringen können.

---

[1] Vgl. die umfassende Diskussion in den Forschungsberichten der interdisziplinären Arbeitsgruppe ›Gemeinwohl und Gemeinsinn‹ der Berlin-Brandenburgischen Akademie der Wissenschaften, hrsg. von H. Münkler, H. Bluhm und K. Fischer, Berlin 2001 (Bd. 1) und 2002 (Bd. 2,3 und 4).

Nach Anderheiden umfasst der Gemeinwohl-Begriff daher drei materiale Bestandteile:
- interaktive Grundrechte und
- kollektive Güter sowie,
- mit Einschränkungen, eine kollektive Identität (vgl. ANDERHEIDEN 2006: 62).

Nach Anderheiden (2006) muss das Gemeinwohl auf die Interessen der Individuen zurückführbar sein, nicht nur aus ökonomischer Perspektive (Prinzip der Konsumentensouveränität), sondern auch aus verfassungsrechtlichen Gründen. Die Grundrechte ermöglichen den Individuen, ihre Interessen frei zu verfolgen. Dabei wird zwischen autarken und interaktiven Grundrechten unterschieden. Während autarke Grundrechte vom Individuum (auch) alleine ausgeübt werden können, können interaktive Grundrechte nur im Verbund mit anderen Individuen sinnvoll ausgeübt werden (vgl. ANDERHEIDEN 2006: 68f.). Die im Art. 5 GG fixierte Meinungs- und Informationsfreiheit ist ein solches interaktives Grundrecht. Die positive Ausübung dieses interaktiven Grundrechts dient dem Gemeinwohl, weil es der Produktion und Reproduktion kollektiver Güter dient, allen voran des kollektiven Gutes der informierten Öffentlichkeit (vgl. ANDERHEIDEN 2006: 335ff.).

Von nicht zu unterschätzender Bedeutung ist nach Anderheiden, dass auch eine kollektive Identität im Begriff des Gemeinwohls mitgedacht werden muss, auch wenn klar ist, dass es sich dabei um eine »fragile, *soziomoralische Ressource*« (MÜNKLER/FISCHER 2002: 10, H.i.O.) handelt (vgl. ANDERHEIDEN 2006: 568-578). Es bleibt lediglich ein moralischer Appell an das Individuum, individuelle egoistische Interessen gegebenenfalls zugunsten von überindividuellen, kollektiven Interessen zurückzustellen. Es muss allerdings betont werden, dass hiermit keineswegs die eigenen Bedürfnisse des Individuums missachtet werden. Eigennutz ist nicht zu verwechseln mit Egoismus. Vielmehr wird davon ausgegangen, dass das Individuum auch über rationale, auf Dritte gerichtete Interessen verfügt (vgl. ANDERHEIDEN 2006: 118-123). Gemeinsinn und eigener Nutzen verhalten sich wie Wünsche bzw. Bedürfnisse auf verschiedenen Hierarchie-Ebenen, wobei Gemeinsinn auf einer höheren Ebene liegt und somit ein ›higher order desire‹ darstellt (vgl. FRANKFURT 1971). Der hier skizzierte Gemeinwohl-Begriff ist daher »individualistisch im Ansatz, vorsichtig holistisch in der Ausrichtung« (ANDERHEIDEN 2006: 47), weil er »sowohl individuelle als auch übereinstimmende individuelle Interessen umfasst und zudem in Grenzen offen ist für gesellschaftliche und andere Identitätsvorstellungen« (ebd.: 64). Auf diese Weise wird das traditionelle Spannungsverhältnis zwischen Eigennutz und Gemeinwohl zumindest auf einer grundlegenden Ebene gelöst.

In Bezug auf den ›Public-Value‹-Begriff bedeutet dies, dass es keinen prinzipiellen Widerspruch zwischen ›Public Value‹ und ›Consumer Value‹ geben muss, sondern dass sich der ›Consumer Value‹ über den ›Citizen Value‹ in den ›Public Value‹ überführen und transformieren lässt. Möglich wird eine solche Transformation, wenn man zunächst interaktive Grundrechte von autarken Grundrechten unterscheidet und in einem weiteren Schritt die interaktiven Grundrechte in Verbindung mit dem Gemeinsinn (›kollektive Identität‹) bringt. Hieraus ergibt sich die notwendige Differenz zwischen dem gemeinwohlförderlichen Eigennutz, der mit den Interessen anderer Individuen an kollektiven Gütern in Übereinstimmung gebracht werden kann, und dem (durchaus legitimen) Egoismus, der sich in der Wahrnehmung autarker Grundrechte entfaltet und grundsätzlich sowohl positive als auch negative Folgen für das Gemeinwohl haben kann. Schließlich ist »die autarke Wahrnehmung von Grundrechten durch einen Einzelnen [...] gegenüber dem Gemeinwohl neutral. Individuelle Interessen sind eben nicht sämtlich und ohne weiteres in kollektive Interessen überführbar« (ANDERHEIDEN 2006: 71).

Wenn nun die Informations- und Meinungsfreiheit nach Art. 5 GG ein interaktives Grundrecht darstellt, dann lässt sich daraus schließen, dass die Nutzung von Massenmedien als interaktiver Grundrechtsgebrauch letztlich immer (auch) aus einem überindividuellen Interesse am Kollektivgut der informierten Öffentlichkeit resultiert und damit unabhängig von den tatsächlich genutzten Angeboten stets als gemeinwohlförderlich gelten muss. Dies bedeutet allerdings keinesfalls, dass nun alle Medienangebote ›Public Value‹ produzieren. An dieser Stelle wird deutlich, wie wichtig es ist, Medienqualität und damit auch ›Public Value‹ als relationale Begriffe zu verstehen. Man kann also sagen: ›Public Value‹ ist nicht eine Eigenschaft der Angebote selbst, sondern entsteht aus der Beziehung zwischen Angebot und Rezipienten. Dies bedeutet, dass die Produktion von ›Public Value‹ maßgeblich von der Rezeption und Bewertung des Angebots abhängt (vgl. HASEBRINK 2007: 41f.). Ein Medienangebot ›besitzt‹ nur dann ›Public Value‹ im vollen Sinne des Wortes, wenn der ›Citizen Value‹ aus Sicht des Publikums nachweislich ist (v. a. über Publikumsbefragungen) und wenn er durch Experten, die die Perspektive der Gesellschaft vertreten, wahrgenommen und bestätigt wird. Medienangebote besitzen für sich genommen aufgrund ihrer formalen und inhaltlichen Eigenschaften lediglich einen potenziellen ›Public Value‹, der vom Publikum und von der Gesellschaft sozusagen ›gegengezeichnet‹ werden muss. Die Bildung von ›Public Value‹ gründet darauf, dass das kollektive Gut der informierten Öffentlichkeit tatsächlich als solches wahrgenommen wird, also im Bewusstsein des Publikums und der Gesellschaft ist. Anderheiden konstatiert jedoch, dass »ein allgemeines Bewusstsein vom kollektiven Gut der informierten Öffentlichkeit [...] in Deutschland noch nicht gewachsen [ist]« (ANDERHEIDEN 2006: 372). Dies zeigt sich nicht zuletzt daran, dass auch die Debatte über den Funktionsauftrag des öffentlich-rechtlichen Rundfunks im Internet weitgehend unter Experten in mehr oder weniger exklusiven Fachöffentlichkeiten geführt wird, während das breite Publikum höchstens sporadisch in den Diskurs einbezogen wird.

Das kollektive Gut der informierten Öffentlichkeit lässt sich dennoch über einen *hypothetischen Konsens* der Gesellschaftsmitglieder begründen, denn das allgemeine Informiert-Sein ist eine notwendige Voraussetzung nicht nur für eine funktionsfähige Demokratie, sondern auch für eine freie Marktwirtschaft. Es wird über den Markt nicht den gesellschaftlichen Bedürfnissen entsprechend bereitgestellt, weil es im Konsum nicht rivalisiert und prinzipiell niemand vom Konsum ausgeschlossen werden kann (vgl. ANDERHEIDEN 2002: 402ff., 2006: 110ff.). Findet doch ein Ausschluss statt (wie im Pay-TV-Bereich), kann lediglich von einer Teilöffentlichkeit gesprochen werden. Das Kollektivgut der informierten Öffentlichkeit zeichnet sich jedoch gerade dadurch aus, dass niemand vom Konsum ausgeschlossen wird, dass also niemand an der Ausübung seines Grundrechtes auf Meinungs- und Informationsfreiheit gehindert wird, selbst wenn man z. B. nicht über die notwendigen finanziellen Ressourcen verfügt, um am Markt als Nachfrager von kostenpflichtigen Medienangeboten auftreten zu können. In diesem Zusammenhang muss auch die umstrittene Sieben-Tage-Klausel des §11d Abs. 2 RStV erwähnt werden. Die zeitliche Befristung der Publikation und das umfangreiche ›Depublizieren‹ von öffentlich-rechtlichen Internetangeboten erscheinen aus individueller und gesellschaftlicher Perspektive als zweifelhaft (vgl. NIGGEMEIER 2010).

Der Staat ist grundsätzlich für die Gewährleistung kollektiver Güter verantwortlich. Diese Gewährleistungspflicht ergibt sich hinsichtlich der Grundrechte aus einem verfassungsrechtlichen Untermaßverbot. Der Staat hat jedoch keine Optimierungspflicht, d. h., der Staat muss kollektive Güter nicht optimal fördern, sondern lediglich ihre angemessene und wirksame Herstellung und Bereitstellung durch die institutionelle Ausgestaltung interaktiver Grundrechte verrechtlichen (vgl. ANDERHEIDEN 2006: 286ff.). Im Falle des Kollektivguts der informierten Öffentlichkeit ist der Staat, sofern er nicht selbst als Informationsquelle agiert, sogar vom Herstellungs- und Bereitstellungsprozess weitestgehend ausgenommen. Aus dem Grundrecht der Meinungs- und Informationsfreiheit ergibt sich die Institutsgarantie der freien Presse, welche »insbesondere in der Form der Massenmedien eine unersetzbare Rolle bei der Hervorbringung einer informierten Öffentlichkeit spielen [mag]« (ANDERHEIDEN 2006: 408). Dem Gebot der Staatsferne entspricht die öffentliche Aufgabe der Medien, insbesondere der Funktionsauftrag des öffentlich-rechtlichen Rundfunks. »Die Ausgestaltung des öffentlich-rechtlichen Rundfunks steht deshalb vor der Herausforderung, Staatsaufgabe zu sein und Staatsferne zu wahren« (ANDERHEIDEN 2006: 353). Diesen Zusammenhang zwischen dem Kollektivgut der informierten Öffentlichkeit und den gesellschaftlichen Institutionen, die per Funktionsauftrag auf die Bereitstellung des Kollektivgutes verpflichtet werden, hat das Bundesverfassungsgericht bereits im Rahmen seiner ersten Rundfunkentscheidung in seiner Formulierung der Rolle des öffentlich-rechtlichen Rundfunks als »Medium und Faktor« der individuellen und gesellschaftlichen Meinungsbildung beschrieben (BVerfGE 12, 205 [259], BVerfGE 57, 295 [320]).[2]

Die vorangegangenen Überlegungen haben gezeigt, wie der ›Public-Value‹-Begriff eine Brücke zwischen dem Gemeinwohl-Diskurs und der Debatte um den öffentlich-rechtlichen Funktionsauftrag, die in den Diskurs über Medienqualität eingebettet ist, schlagen kann (vgl. SERONG 2007). Voraussetzung hierfür ist, dass man einen Gemeinwohl-Begriff verwendet, der nicht bloß eine beliebig verwendbare ›Leerformel‹ bzw. ›rhetorische Worthülse‹ im demokratischen Abstimmungsprozess ist, sondern über eine bestimmte Begriffsmaterie verfügt. Gleichwohl gilt, dass das Gemeinwohl

---

[2] Gleichwohl muss darauf hingewiesen werden, dass die Bereitstellung des kollektiven Guts der informierten Öffentlichkeit nicht ausschließlich über Massenmedien erfolgt: »Die Informierte Öffentlichkeit ist vielleicht auf freie Presse, Rundfunk und Fernsehen angewiesen, das kollektive Gut der informierten Öffentlichkeit geht aber weit über dasjenige hinaus, was diese oder ähnliche Institutionen leisten können. Beiträge zur informierten Öffentlichkeit können vielmehr ohne Einschaltung dieser Institutionen direkt zwischen den Informationssuchenden und den Informationsträgern geleistet werden. [...] Die angesprochenen Institutionen leisten einen bedeutenden, aber keinen erschöpfenden Beitrag zur Bereitstellung kollektiver Güter, und mehr als das können sie für kollektive Güter auch nicht leisten.« (ANDERHEIDEN 2006: 410).

in einer demokratischen, pluralistischen Gesellschaft nicht apriorisch-substanziell festgelegt werden kann, sondern »nur via Prozeduren und qua Deliberation« (MÜNKLER/BLUHM 2002: 10), ausgehend von den individuellen und überindividuellen Interessen und Präferenzen der Gesellschaftsmitglieder zu finden ist. Aus diesem Grund ist das kollektive Gut der informierten Öffentlichkeit gleich in doppelter Hinsicht gemeinwohlrelevant. Zum einen stellt die Öffentlichkeit selbst ein konkretes Gemeinwohlziel dar, zum anderen bildet sie den Raum, in dem andere Gemeinwohlziele realisiert werden sollen. Darum stellt die Rundfunkfreiheit eine »dienende Freiheit« (BVerfGE 87, 181 [197]) dar; sie verpflichtet den Rundfunk auf das allgemeine Interesse an einer informierten Öffentlichkeit.

Die Anbindung des Gemeinwohl-Begriffs an interaktive Grundrechte und kollektive Güter sowie an eine kollektive Identität der Individuen schafft einerseits eine ausreichende Grundlage, um andere begriffliche Konzepte wie ›Öffentlichkeit‹, ›Qualität‹ und ›Public Value‹ an den ›Gemeinwohl‹-Begriff anzuschließen und untereinander zu verbinden; andererseits bleibt eine solche Konzeption offen für gesellschaftliche Entwicklungen und Wandlungsprozesse sowie für institutionelle, ergebnisoffene Verfahren wie den Drei-Stufen-Test für öffentlich-rechtliche Telemedienangebote. Es ist deutlich geworden, dass es gerade im Rahmen der ersten Stufe des Testverfahrens, bei der es um die demokratischen, sozialen und kulturellen Bedürfnisse der Gesellschaft geht, von grundlegender Bedeutung ist, den zu ermittelnden ›Public Value‹ im normativen Kontext von Gemeinwohl, Gemeinsinn und Eigennutz – und damit im Spannungsfeld zwischen übereinstimmenden und gegensätzlichen Interessen – zu verstehen. Der ›Public-Value‹-Begriff stellt insofern einen Scharnierbegriff dar, als er im Rahmen eines Testverfahrens, welches der prozeduralen Lösung von Interessenkonflikten dient, über die Anbindung an den ›Gemeinwohl‹-Begriff die Sicherung der übereinstimmenden Interessen gewährleistet (vgl. ANDERHEIDEN 2002: 407f.).

5. Der Funktionsauftrag und ›Public Value‹ im Internet

Der Funktionsauftrag verpflichtet die öffentlich-rechtlichen Rundfunkanbieter zur Produktion von Medienangeboten mit ›Public Value‹, und dies sowohl im Rundfunk als auch im Internet. Dieser öffentlichen Aufgabe wird in der ersten Stufe des dreistufigen Testverfahrens für öffentlich-rechtliche Telemedien Rechnung getragen. Dadurch wird gewährleistet, dass das ergebnisoffene Verfahren des Drei-Stufen-Tests, welches dazu dient, die Interessengegensätze der Individuen bzw. Gruppen im ökonomischen Wettbewerb und im politischen Diskurs zu verhandeln, prinzipiell an die übereinstimmenden Interessen der Individuen gebunden bleibt. Insofern ist der Drei-Stufen-Test nicht nur in Bezug auf konkrete Telemedienangebote dienlich, sondern auch in grundsätzlicher Hinsicht bei der Legitimation des öffentlich-rechtlichen Rundfunks. Während das kollektive Gut der informierten Öffentlichkeit über einen hypothetischen Konsens begründet werden kann, ist dies beim öffentlich-rechtlichen Rundfunk in dieser Form nicht möglich. Zwar ist das Medium Fernsehen aufgrund der Nicht-Rivalität im Konsum »im Ansatz ein kollektives Gut« (ANDERHEIDEN 2002: 403) und gerade hinter der Ausgestaltung des öffentlich-rechtlichen Rundfunks durch den Gesetzgeber »lässt sich durchaus das kollektive Gut einer informierten Öffentlichkeit ausmachen« (ANDERHEIDEN 2006: 353). Dennoch ist eine stetige Aktualisierung dieser Legitimation, insbesondere mit Blick auf konkrete Angebotsvorhaben, erforderlich.

Die Legitimation des öffentlich-rechtlichen Rundfunks und seiner Telemedien kann am ehesten durch die stringente Ableitung von seinem Funktionsauftrag erreicht werden. Dieser verfassungsrechtliche Auftrag ist bisher von juristischer Seite aber kaum konkretisiert worden (vgl. HOLZNAGEL 1999: 21f.; LUCHT 2006: 173). Bullinger (1999: 90) verweist darauf, dass in Fällen, in denen der »Gesetzgeber allgemeine Formeln« verwendet, »oft Rechtsprechung und Lehre dazu bei[tragen], sie zu präzisieren und damit für die Rechtspraxis aufzubereiten«; dies aber sei im Falle des Funktionsauftrags »bisher kaum festzustellen« gewesen. Einer stärkeren Konkretisierung sind von juristischer Seite durch die Programmautonomie der Rundfunkanstalten Grenzen gesetzt, aber auch durch den notwendigen journalistischen und künstlerischen Spielraum sowie die beschleunigte Medienentwicklung (vgl. BULLINGER 1999: 24-26, 99-103). Dennoch wird auch hier die wachsende Notwendigkeit dafür gesehen (vgl. BULLINGER 1999: 19-23, 43-54). Als ein Grund dafür werden auch neue audiovisuelle Medien genannt (vgl. BULLINGER 1999: 48-52). Konkretisierungsvorschläge für den Funktionsauftrag liegen von Bullinger (1999: 15f., 78-93), Holznagel (1999: 36-44; für den Auftrag des ZDF) und Held (2008: 116-124) vor, deren Gliederung ein hohes Maß an Übereinstimmung aufweist (vgl. außerdem LADEUR 2000; LUCHT 2006: 239-271; REESE 2006;

DEISSNER 2008: 26-29), wobei die genauere Beschreibung und Zuordnung von Einzelnormen im Detail differiert; generell sind die Funktionen auch nicht trennscharf definiert (vgl. HOLZNAGEL 1999: 36).

Grundsätzlich gelten für öffentlich-rechtliche Telemedienangebote dieselben Grundsätze wie im Bereich des Rundfunks. Die Tatsache, dass der Funktionsauftrag alle Genres umfasst, macht zudem deutlich, dass der ›Public-Value‹-Begriff sich nicht nur auf Informationsangebote beziehen lässt. Dies entspricht der Spruchpraxis des Bundesverfassungsgerichts, welches klargestellt hat, dass sich die individuelle und öffentliche Meinungsbildung nicht nur in Informationsangeboten, sondern auch in Unterhaltungsangeboten – »in Hörspielen, musikalischen Darbietungen, Übertragungen kabarettistischer Programme bis hinein in die szenische Gestaltung einer Darbietung« (BVerfGE 12, 205 [260]) – vollzieht. Grimm (2006: 6) bezeichnet dies treffend als das »Politische im scheinbar Unpolitischen«. Ebenso wichtig für die demokratische Ordnung ist daher die kulturelle Bedeutung des Rundfunks, die sich in seiner Wirkung »auf das Orientierungs- und Qualifikationswissen, den Wertehaushalt, die Plausibilitätsstrukturen und den Bedürfniskatalog der Bürger« (HOFFMANN-RIEM 1992: 101) äußert. Aus seiner »für die Integration der Gemeinschaft in allen Lebensbereichen [...] maßgebende[n] Wirkung« (BVerfGE 35, 202 [222]) erwächst seine »kulturelle Verantwortung« (BVerfGE 73, 118 [158]). Der Funktionsauftrag des Rundfunks umfasst daher nicht nur Information und Bildung, sondern auch Unterhaltung und Kultur.

Der Rundfunkstaatsvertrag legt allerdings besonderen Wert darauf, dass »durch die Telemedienangebote [...] allen Bevölkerungsgruppen die Teilhabe an der Informationsgesellschaft ermöglicht, Orientierungshilfe geboten sowie die technische und inhaltliche Medienkompetenz aller Generationen und von Minderheiten gefördert werden« (§11d Abs. 3 RStV). In der amtlichen Begründung wird dazu angemerkt, dass diese drei Kriterien, die auf die Integrations- bzw. Forums-, Orientierungs- und Leitbildfunktion des öffentlich-rechtlichen Rundfunks anspielen, der Abgrenzung zu privat-kommerziellen Telemedien dienen sollen und somit auf die demokratischen, sozialen und kulturellen Bedürfnisse der Gesellschaft ausgerichtet sind. An dieser Stelle wird die grundlegende Unterscheidung von ›Consumer Value‹ und ›Public Value‹ bedeutsam. Im Unterschied zu privat-kommerziellen Anbietern, die sich aus ökonomischen Gründen vor allem auf die Produktion von ›Consumer Value‹ konzentrieren müssen, tragen die öffentlich-rechtlichen Rundfunkanbieter eine besondere Verantwortung für die Belange der Demokratie und der Kultur sowie für das gesellschaftliche Miteinander und sind darum zur Produktion von ›Public Value‹ verpflichtet. Die Aspekte der Teilhabe, der Orientierung sowie der Medienkompetenz konkretisieren die Bedeutung der Vielfaltsnorm im Bereich des Internets und knüpfen damit an die allgemeine Aufgabe des Rundfunks, als Medium und Faktor des öffentlichen Meinungsbildungsprozesses zu wirken, an. So charakterisieren sie den ›Public-Value‹-Begriff in Bezug auf öffentlich-rechtliche Telemedienangebote.

Die *Teilhabe* an der Informationsgesellschaft ist zum einen eine grundlegende Voraussetzung für den öffentlichen Meinungsbildungsprozess. Sie ist für die Herstellung des Kollektivguts der informierten Öffentlichkeit unverzichtbar, denn »nur adäquat informierte Menschen können letztlich die Freiheitsrechte des Grundgesetzes in verantwortungsvoller Weise nutzen« (ANDERHEIDEN 2006: 342; vgl. HABERMAS 1990: 331-342). Der Einbezug der Nutzer in den medial vermittelten öffentlichen Diskurs vermag also die Entstehung von ›Citizen Value‹ zu fördern. Öffentliche Foren, so Moore (1995: 180), »encourage people to face policy problems not as individuals or clients with particular interests and odd ideas of the public interest, but instead as citizens who can incorporate the views of other citizens in their own ›civic discovery‹ of what constitutes public value.« Indem der öffentlich-rechtliche Rundfunk seiner Forumsfunktion gerecht wird, ermöglicht er den Nutzern, über ihre eigenen Bedürfnisse und partiellen Interessen hinaus die Bedürfnisse und Interessen anderer Bürger wahrzunehmen und ihre Interessenkonflikte auf Basis ihrer übereinstimmenden Bedürfnisse zu verhandeln. Gerade im Bereich des Internets bedeutet ›Public Value‹ folglich auch die verstärkte Einbeziehung des Publikums in den öffentlichen Meinungsbildungsprozess sowie in den Prozess der Produktion von ›Public Value‹.

Über die bloße Ermöglichung der Teilhabe hinaus muss der öffentlich-rechtliche Rundfunk allerdings auch *Orientierungshilfe* leisten. Dies erklärt sich mit Blick auf die Bedeutung der kollektiven Identität für die Herstellung kollektiver Güter. Die kollektive Identität gründet im Selbstbewusstsein der Individuen, nicht im Bewusstsein eines ›Gesamtwesens‹ Gesellschaft. Diese Verankerung der kollektiven Identität im individuellen Bewusstsein »beschränkt die Möglichkeiten, von einer Gesamtheit her zu denken: Die Vorstellungen sind immer Vorstellungen von Individuen über die Gesamtheit, nicht etwa wird die Gesamtheit zum denkenden Subjekt« (ANDERHEIDEN 2006: 571). Die einzelnen Bürger brauchen daher Orientierungshilfen im Meinungsbildungsprozess, um die Informationen und Meinungen der anderen Bürger bzw. gesellschaftlichen Gruppen in Bezug zu ihrer eigenen individuellen ›kollektiven Identität‹ setzen zu können. Die Förderung der Teilhabe sowie die Orientierungshilfen zielen auf die Integration der Bürger und damit vor allem auf die kollektive Identität, die zur individuellen Wahrnehmung des Kollektivgutcharakters einer informierten Öffentlichkeit erforderlich ist. Je mehr dies gelingt, umso wahrscheinlicher ist eine hohe Übereinstimmung von ›Citizen Value‹ und ›Public Value‹ (und damit von Publikums- und Experten-Qualität, vgl. hierzu SCHWEIGER 2007: 264).

›Public Value‹ entsteht erst mit der Nutzung und Bewertung von Medienangeboten. Allerdings ist das Bild vom ›aktiven, kritisch-selektiven, souveränen und gemeinwohlorientierten Internetuser‹ noch immer mehr Wunsch als Wirklichkeit. Angesichts der fortlaufenden technologischen Innovationen im Internet, welche neue oder veränderte Angebots- und Nutzungsformen mit sich bringen, kommt der *Medienkompetenz* der Nutzer im Umgang mit den Internetangeboten eine entscheidende Bedeutung zu. Ähnlich wie bei den Aspekten der Teilhabe und der Orientierung muss auch der Aspekt der Medienkompetenzförderung im Zusammenhang mit der Vielfaltsnorm gesehen werden. Andernfalls droht eine ›digitale Wissenskluft‹ zwischen internetaffinen und internetfernen Gruppen der Gesellschaft.

Der Funktionsauftrag für öffentlich-rechtliche Telemedienangebote macht also deutlich, dass ›Public Value‹ weder am Publikum noch an der Gesellschaft ›vorbei‹ produziert werden kann. Auch wenn die Bewertung von Medienangeboten aus der gesellschaftlichen Perspektive nur auf repräsentativem Wege erfolgen kann, müssen sich die Repräsentanten der Öffentlichkeit doch stets an die Bedürfnisse der Bürger halten und durch sie gebunden wissen. ›Public Value‹ stützt sich auf ›Citizen Value‹. Gerade das Internet ermöglicht es den öffentlich-rechtlichen Rundfunkanstalten, ihr ›Public-Value‹-Potenzial im Hinblick auf die Herstellung einer informierten Öffentlichkeit auszuschöpfen.

6. Fazit

Die vorangegangenen Überlegungen hatten zum Ziel, den ›Public-Value‹-Begriff normativ zu begründen und in einem umfassenderen Theorierahmen zu ›verorten‹. Im Unterschied zu ›Citizen Value‹ und ›Consumer Value‹, die die Medienqualität aus der individuellen Perspektive der Nutzer in ihrer Doppelrolle als Bürger und Konsumenten bezeichnen, kann ›Public Value‹ als Medienqualität aus gesellschaftlicher Perspektive verstanden werden. Allerdings lässt sich auch der ›Public Value‹ auf individuelle Interessen zurückführen, und zwar auf die übereinstimmenden überindividuellen Interessen der Nutzer. Der begriffliche Zusammenhang von ›Public Value‹ bzw. ›Citizen Value‹ und ›Consumer Value‹ wird deutlich, wenn man auf den Diskurs über Gemeinwohl und Eigennutz rekurriert. Anderheiden (2006) bietet hierzu ein anschlussfähiges Gemeinwohl-Konzept, in welchem interaktive Grundrechte, kollektive Güter sowie die kollektive Identität der Individuen die Begriffsmaterie des Gemeinwohls bilden. Der ›Public-Value‹-Begriff ist im Rahmen des Drei-Stufen-Tests insbesondere auf der ersten Stufe von Nutzen, um das betreffende Telemedienangebot im Hinblick auf die dort angeführten demokratischen, sozialen und kulturellen Bedürfnisse der Gesellschaft evaluieren zu können. ›Public Value‹ lässt sich nicht einfach am jeweiligen Angebot festmachen, sondern entsteht aus der Nutzung und Bewertung des Angebots durch das Publikum bzw. durch Experten. Insofern können die Telemedienkonzepte nur über den potenziellen ›Public Value‹ eines Angebots Auskunft geben. Die Förderungen der Teilhabe, Orientierung und Medienkompetenz des Publikums stellen konkrete ›Public Values‹ dar, welche die öffentlich-rechtlichen Sender durch ihre Telemedienangebote zu produzieren verpflichtet sind.

Literatur

ANDERHEIDEN, M.: Gemeinwohlförderung durch die Bereitstellung kollektiver Güter. In: BRUGGER, W.; S. KIRSTE; M. ANDERHEIDEN (Hrsg.): *Gemeinwohl in Deutschland, Europa und der Welt*. Baden-Baden [Nomos Verlagsgesellschaft] 2002, S. 391-450

ANDERHEIDEN, M.: *Gemeinwohl in Republik und Union*. Tübingen [Mohr Siebeck] 2006

ARNIM, H. H. V.: *Gemeinwohl und Gruppeninteressen*. Frankfurt/M. [Alfred Metzner Verlag] 1977

ARNOLD, K.: *Qualitätsjournalismus. Die Zeitung und ihr Publikum*. Konstanz [UVK Verlagsgesellschaft] 2009

BAUER, H. G.; A. BIENEFELD: Der Public Value Test. Ein Vergleich zwischen dem BBC-Modell und dem geplanten Verfahren beim ZDF. In: *Funkkorrespondenz*, 49, 2007, S. 3-11

BOZEMAN, B.; T. BECK JØRGENSEN: *Public Values and Public Interest: Counterbalancing Economic Individualism*. Washington D.C. [Georgetown University Press] 2007

BOZEMAN, B.; T. BECK JØRGENSEN: Public Values. An Inventory. In: *Administration & Society*, 3, 2007, S. 354-381

BULLINGER, M.: *Die Aufgaben des öffentlich-rechtlichen Rundfunks*. Gütersloh [Bertelsmann], 1999

COLLINS, R.: The BBC and ›public value‹. In: M+K, 2, 2007, S. 164-184

DEISSNER, J.-C.: *Optionen für eine Neu-Positionierung des öffentlich-rechtlichen Rundfunks im Internet. Eine Exploration*. Unveröffentl. Magisterarbeit, Kommunikationswissenschaft, Westfälische Wilhelms-Universität Münster 2008

FRANKFURT, H. G.: Freedom of the Will and the Concept of a Person. In: *The Journal of Philosophy*, 1, 1971, S. 5-20

GEHRAU, V.: *Fernsehbewertung und Fernsehhandlung. Ansätze und Daten zu Erhebung, Modellierung und Folgen von Qualitätsurteilen des Publikums über Fernsehangebote*. München [Verlag Reinhard Fischer] 2008

GRIMM, D.: Rundfunkfreiheit als Rundum-Freiheit. Medienmacht, Medienfreiheit und Medienkontrolle. In: *epd medien*, 41, 2006, S. 5-11

HABERMAS, J.: *Strukturwandel der Öffentlichkeit*. Frankfurt/M. [Suhrkamp Verlag] 1990

HARTMANN, T.; M. DOHLE: Publikumsvorstellungen im Rezeptionsprozess. In: *Publizistik*, 3, 2005, S. 287-303

HASEBRINK, U.: Die Zuschauer als Fernsehkritiker? Anmerkungen zum vermeintlichen Mißverhältnis zwischen ›Qualität‹ und ›Quote‹. In: WESSLER, H.; C. MATZE; O. JARREN; U. HASEBRINK (Hrsg.): *Perspektiven der Medienkritik. Die gesellschaftliche Auseinandersetzung mit öffentlicher Kommunikation in der Mediengesellschaft*. Opladen [Westdeutscher Verlag] 1997, S. 202-215

HASEBRINK, U.: ›Public Value‹: Leitbegriff oder Nebelkerze in der Diskussion um den öffentlich-rechtlichen Rundfunk? In: *Rundfunk und Geschichte*, 1/2, 2007, S. 38-42

HELD, T.: *Online-Angebote öffentlich-rechtlicher Rundfunkanstalten – Eine Untersuchung des verfassungsrechtlich geprägten und einfachgesetzlich ausgestalteten*

Funktionsauftrags öffentlich-rechtlichen Rundfunks im Hinblick auf Internet-Dienste. Baden-Baden [Nomos Verlagsgesellschaft] 2008

HOFFMANN-RIEM, W.: Der Schutz der Meinungsbildungsfreiheit im privaten Rundfunk. In: BUNDESZENTRALE FÜR POLITISCHE BILDUNG (Hrsg.): *Privat-kommerzieller Rundfunk in Deutschland. Entwicklungen, Forderungen, Regelungen, Folgen.* Bonn [Bundeszentrale für politische Bildung] 1992, S. 89-102

HOLZNAGEL, B.: *Der spezifische Funktionsauftrag des Zweiten Deutschen Fernsehens (ZDF). Bedeutung, Anforderungen und Unverzichtbarkeit unter Berücksichtigung der Digitalisierung, der europäischen Einigung und der Globalisierung der Informationsgesellschaft.* Mainz [ZDF] 1999

KELLY, G.; G. MULGAN; S. MUERS: *Creating Public Value. An Analytical Framework for Public Service Reform.* London [Strategy Unit, Cabinet Office] 2002. In: http://www.cabinetoffice.gov.uk/media/cabinetoffice/strategy/assets/public_value2.pdf [29.03.2010]

KIEFER, M.-L.: Medienfunktionen als meritorische Güter. In: *Medien Journal*, 3, 2003, S. 31-46

LADEUR, K.-H.: Der ›Funktionsauftrag‹ des öffentlich-rechtlichen Rundfunks – auf ›Integration‹ festgelegt oder selbst definiert? Anmerkungen zu den drei Rechtsgutachten. In: M + K, 1, 2000, S. 93-106

LUCHT, J.: *Der öffentlich-rechtliche Rundfunk: ein Auslaufmodell? Grundlagen – Analysen – Perspektiven.* Wiesbaden [VS Verlag] 2006

MCQUAIL, D.: *Media Performance. Mass Communication and the Public Interest.* London/Newbury Park/New Delhli [Sage] 1992

MOORE, M. H.: *Creating Public Value. Strategic Management in Government.* Cambridge, London [Harvard University Press] 1995

MÜNKLER, H.; H. BLUHM: Einleitung: Gemeinwohl und Gemeinsinn zwischen Normativität und Faktizität. In: MÜNKLER, H.; H. BLUHM (Hrsg.): *Gemeinwohl und Gemeinsinn. Band 4: Zwischen Normativität und Faktizität.* Berlin [Akademie Verlag] 2002, S. 9-18

MÜNKLER, H.; K. FISCHER: Einleitung: Rhetoriken des Gemeinwohls und Probleme des Gemeinsinns. In: MÜNKLER, H.; K. FISCHER (Hrsg.): *Gemeinwohl und Gemeinsinn. Band 2: Rhetoriken und Perspektiven sozial-moralischer Orientierung.* Berlin [Akademie Verlag] 2002, S. 9-17

NEUBERGER, C.: Was das Publikum wollen könnte. Autonome und repräsentative Bewertung journalistischer Leistungen. In: WESSLER, H.; C. MATZEN ; O. JARREN; U. HASEBRINK (Hrsg.): *Perspektiven der Medienkritik. Die gesellschaftliche Auseinandersetzung mit öffentlicher Kommuni-*

kation in der Mediengesellschaft. Opladen [Westdeutscher Verlag] 1997, S. 171-184

NIGGEMEIER, S: *Das Elend der Debatte um ARD und ZDF*. [o. O.] 2010 URL: http://www.stefan-niggemeier.de/blog/das-elend-der-debatte-um-ard-und-zdf/ (23.Februar 2010)

REESE, S.: *Der Funktionsauftrag des öffentlich-rechtlichen Rundfunks vor dem Hintergrund der Digitalisierung. Zur Konkretisierung des Funktionsauftrages in §11 Rundfunkstaatsvertr*ag. Frankfurt/M./Berlin/Bern u. a. [Peter Lang] 2006

RUSS-MOHL, S.: Am eigenen Schopfe ... Qualitätssicherung im Journalismus – Grundfragen, Ansätze, Näherungsversuche. In: *Publizistik*, 1, 1997, S. 83-96

SAXER, U.; H. KULL: *Publizistische Qualität und journalistische Ausbildung*. Zürich [Publizistisches Seminar der Universität Zürich] 1981

SCHATZ, H.; W. SCHULZ: Qualität von Fernsehprogrammen. Kriterien und Methoden zur Beurteilung von Programmqualität im dualen Fernsehsystem. In: *Media Perspektiven*, 11, 1992, S. 690-712

SCHULZ, W.: *Der Programmauftrag als Prozess seiner Begründung. Vorschläge zu Verfahren und Organisation des ›Drei-Stufen-Tests‹ zur Selbstkonkretisierung des Funktionsauftrags öffentlich-rechtlicher Rundfunkanstalten. Kurzstudie im Auftrag der Friedrich-Ebert-Stiftung*. Berlin [Friedrich-Ebert-Stiftung] 2008

SCHWEIGER, W.: *Theorien der Mediennutzung. Eine Einführung*. Wiesbaden [VS Verlag für Sozialwissenschaften] 2007

SERONG, J.: *Gemeinwohl und Qualität: Normative Diskurse zum dualen Rundfunksystem*. Unveröffentl. Magisterarbeit, Kommunikationswissenschaft, Westfälische Wilhelms-Universität Münster 2007

THOMASS, B.: Der Qualitätsdiskurs des Public Service Broadcasting im internationalen Vergleich. In: WEISCHENBERG, S.; W. LOOSEN; M. BETHNER (Hrsg.): *Medien-Qualitäten. Öffentliche Kommunikation zwischen ökonomischem Kalkül und Sozialverantwortung*. Konstanz [UVK Verlagsgesellschaft] 2006, S. 53-73

III. ZUKUNFT DES ÖFFENTLICH-RECHTLICHEN
RUNDFUNKS

REGULA TROXLER / DANIELA SÜSSENBACHER /
MATTHIAS KARMASIN

Public-Value-Management als Antwort auf die Legitimationskrise und Chance für neue Strategien der Mehrwertgewinnung

1. Einleitung

Die öffentlich-rechtlichen Rundfunkanstalten in Europa sind in die Krise geraten. Sie haben nicht nur mit finanziellen Defiziten zu kämpfen, sondern auch mit einem zunehmenden Legitimationsproblem: Unzählige verschiedene Anspruchsgruppen stellen divergierende Anforderungen, die sich vorrangig an unterschiedlichen Auffassungen über Medienangebote als Wirtschafts- oder als Kulturgut entzünden. So sollen öffentlich-rechtliche Rundfunkunternehmen einerseits mit massenattraktivem Programm die Mehrheit der Bevölkerung ansprechen und den gesellschaftlichen Zusammenhalt sichern, andererseits soll sich das Programm deutlich von kommerziellen Angeboten unterscheiden und den Fokus auf anspruchsvolle Informations-, Bildungs- und Kultursendungen sowie Minderheitenprogramme legen. Auf der einen Seite werden die Öffentlich-Rechtlichen kritisiert, die neuen technologischen Möglichkeiten wettbewerbsverzerrend auszunutzen. Auf der anderen Seite wirft man ihnen vor, die neuen technischen Plattformen zu wenig zu nutzen, um junge Zielgruppen zu erreichen und dadurch zukunftsfähig zu bleiben. Die unpopulären Rundfunkgebühren sollen einerseits nicht erhöht oder gar ganz abgeschafft werden, andererseits wird vom öffentlich-rechtlichen Rundfunk Werbefreiheit gefordert, da nur so die Erfüllung des öffentlichen Auftrags gewährleistet werden könne.

Eine Antwort auf die Legitimationskrise scheint der Begriff ›Public Value‹ zu sein, der auch in der Öffentlichkeit zunehmend Beachtung findet. Dabei wird häufig nicht klar, wie der Begriff zu definieren ist. Auch hier spiegeln sich die unterschiedlichen Anforderungen der Anspruchsgruppen an den öffentlich-rechtlichen Rundfunk im Diskurs wider, was dazu führt, dass Public Value als Schlagwort für je spezifische Interessen instrumentalisiert wird. Schon bei der Übersetzung des englischen Begriffs ins Deutsche zeigt sich, welche Interpretationsspielräume offen bleiben: Ist mit ›Public‹ die Gesellschaft oder die Öffentlichkeit gemeint? Ist ›Value‹ ein Wert oder ein Mehrwert? Ist ›Public Value‹ also ein Wert *für* die Gesellschaft oder ein *gesellschaftlicher* Mehrwert, ein Wert *in* der Öffentlichkeit oder *für* die Öffentlichkeit – oder gar ein öffentlich-*rechtlicher* Mehrwert?

Betrachtet man Public Value abseits von der Übersetzungsproblematik als zentralen Begriff in der Diskussion um die Zukunft des öffentlich-rechtlichen Rundfunks, so bleibt im Kern die Frage, welche Rolle der öffentlich-rechtliche Rundfunk in einer sich rasch wandelnden Gesellschaft spielen soll. Worin bestehen seine Aufgaben und wie und unter welchen Bedingungen kann er Leistungen im Auftrag der Gesellschaft erbringen? Anders gefragt: Mit welchen Maßnahmen und Strategien kann der öffentlich-rechtliche Rundfunk die Legitimationskrise überwinden und gesellschaftlichen Mehrwert schaffen?

Dieser Frage wurde im Rahmen einer komparativen Untersuchung ausgewählter europäischer Länder nachgegangen.[1] Diese beinhaltete einerseits eine Bestandsaufnahme der Rundfunksysteme anhand einer umfassenden Literaturrecherche,[2] andererseits eine Expertenbefragung mittels qualitativer Leitfadeninterviews.

Als Experten wurden insgesamt 31 qualifizierte Vertreter des öffentlich-rechtlichen Rundfunks, der Regulierungsbehörden und der Kommunikations- und Politikwissenschaften sowie der privaten Medien in Österreich befragt. Dadurch sollten die Ergebnisse aus drei unterschiedlichen Perspektiven miteinander verglichen werden können: erstens die Sicht der direkt betroffenen oder verantwortlichen Medienunternehmen, zweitens jene der zuständigen Ämter oder Behörden, die besonderen Ein-

---

[1] Die Länderstudie ist Teil eines mehrjährigen Forschungsprojekts zu den Themenfeldern Qualitätsjournalismus und die Zukunft des öffentlich-rechtlichen Rundfunks in Österreich, welches das Institut für Journalismus & Medienmanagement der FH Wien durchführt. Das *Forschungsprojekt Public Value* wird vom Fachhochschul-Förderprogramm FHPlus der Österreichischen Forschungsförderungsgesellschaft und der MA27 für EU-Strategie und Wirtschaftsentwicklung der Stadt Wien finanziert und untersucht im Sinne einer Kooperation zwischen Wissenschaft und Praxis die zentralen Zukunftsfragen zu diesem Thema.
[2] Siehe dazu ausführlich Christl/Süssenbacher (2010).

fluss auf die rechtliche Ausgestaltung ausüben, drittens die unabhängige Sicht der Wissenschaft.

Die 22 Experten aus den ausgewählten acht europäischen Staaten außer Österreich wurden per Online-Fragebogen (E-Interview) befragt. Die Einladung erfolgte per Brief und E-Mail, der Fragebogen konnte im Zeitraum von Februar bis April 2009 online ausgefüllt werden. Die Methode des Online-Fragebogens wurde gewählt, da internationale Experten dabei ohne großen finanziellen und personellen Aufwand erreichbar sind. Den Befragten konnte außerdem ein relativ großer Zeitraum zur Beantwortung zur Verfügung gestellt werden, da der Fragebogen mehrere Wochen online aktiviert war. Probleme mit Terminvereinbarungen und sprachlichen Barrieren[3] werden im Gegensatz zu Face-to-Face- oder Telefon-Interviews minimiert. Die Befragten können sich zur Beantwortung der Fragen so viel Zeit nehmen wie nötig, gegebenenfalls Literatur recherchieren und fundierte, prägnante und gehaltvolle Antworten geben. Es steht ihnen außerdem offen, in Stichworten oder ausformulierten Sätzen zu antworten (vgl. FLICK 2007: 336f.).

Nachteil dieser Methode ist die geringe Möglichkeit der Gesprächsführung. Nachfragen müssen per E-Mail – meist mit zeitlicher Verzögerung – gestellt werden. Diese für die qualitative Forschung doch recht große Einschränkung wurde aber durch die oben genannten Vorteile überwogen. Die österreichischen Experten wurden hingegen persönlich interviewt, wobei derselbe Leitfaden wie bei den Online-Interviews verwendet wurde. Dennoch bot dies die Möglichkeit, auf die österreichische Situation und damit zusammenhängende spezifische Fragestellungen näher einzugehen. Befragt wurden hier neun Experten im Zeitraum Mai bis Juni 2009. Die Auswertung aller Interviews erfolgte qualitativ zusammenfassend und vergleichend.

Im Zentrum der Experteninterviews standen sieben offene Fragen nach der Definition und Tauglichkeit des Begriffs ›Public Value‹ für die Zukunftsdiskussion um öffentlich-rechtliche Medien. Besonderes Augenmerk wurde dabei auf das kulturbedingt unterschiedliche Begriffsverständnis gelegt. Ferner wurden die unterschiedlichen Positionen über geeignete Maßnahmen zur Herstellung und Sicherung von Public Value, über die Möglichkeit der strategischen Einbindung des Publikums in Prozesse der Optimierung, über Chancen und Risken einer EU-weiten Regelung des Rundfunksektors sowie über notwenige Rahmenbedin-

---

3   Der Fragebogen wurde in einer deutschen und einer englischen Version angeboten.

gungen zur nachhaltigen Begegnung der Herausforderungen im öffentlich-rechtlichen Rundfunk zum Thema gemacht.[4]

Zur theoretischen Einordnung der komparativen Untersuchung soll zunächst ein Typisierungsmodell der Medienkulturen vorgestellt werden, nach dem die europäischen Vergleichsländer ausgewählt wurden. Public Value als Legitimationsbegriff basiert auf drei verschiedenen Bedeutungsdimensionen, wie im dritten Abschnitt dargestellt. Im vierten Abschnitt werden die Grundlagen des Public-Value-Managements erläutert und ein Grundgerüst für das Management öffentlich-rechtlicher Rundfunkunternehmen dargestellt. Schließlich werden jene Maßnahmen, die von den befragten Experten als geeignete Strategien zur Sicherung von Public Value genannt wurden, sowie deren praktische Umsetzung in den einzelnen Staaten analysiert. Ein Fazit bildet den Abschluss des Beitrags.

2. Medienkulturen – Versuche der Einordnung

Wenngleich seit mehr als 60 Jahren immer wieder Versuche unternommen werden, über die Analyse existierender Medienmuster eine transnational gültige Typologie des Journalismus, respektive der Medien, zu erstellen, fehlt es nach wie vor an einer tragfähigen Metatheorie, die auch in der praktischen Anwendung ihren Ansprüchen gerecht wird. Im Blickpunkt der wissenschaftlichen Auseinandersetzung, die auf Fragen nach aktuellen und zukünftigen gesellschaftlichen Entwicklungen abzielt, steht dabei meist die Koppelung medialer Transformationsprozesse an soziale, kulturelle und politische Komponenten (vgl. THOMASS 2002; BLUM 2005: 5f.; HALLIN/MANCINI 2003: 11ff.).

Die Suche nach einer nachhaltigen Typisierung gestaltet sich dabei paradox. Die Paradoxie ist in der Notwendigkeit der Komplexitätsreduktion angelegt, die eine der grundlegenden Zielsetzungen einer solchen Typisierung darstellt. Dabei geraten die Typisierungsversuche durch ihre notwendige Reduktion auf einzelne Kategorien in die Kritik, eine adäquate Auseinandersetzung mit der Komplexität von Auftrag, Funktion und Anspruch des Mediensystems zu beschneiden. Auch erlauben die entwickelten Modelle kaum eine Einteilung aller existierenden

---

4 Der Leitfaden sowie die Namen aller befragten Experten können online unter www.publicvalue.at eingesehen werden.

Mediensysteme und Regionen (vgl. BLUM 2005: 5, 2006). Der Umstand, dass Medien bzw. journalistische Produkte durch ihre Doppelfunktion als Kultur- und Wirtschaftsgüter einer besonders detaillierten Darstellung und Diskussion bedürfen, kommt erschwerend hinzu. Die so zu leistende Transparenz ist notwendig, wenn eine komparative transnationale Journalismusforschung mit dem Ziel, Unterschiede und Ähnlichkeiten anschaulich darzulegen, angestrebt wird. Bei einer Beschäftigung mit öffentlich-rechtlichen Rundfunksystemen ist zusätzlich eine Erweiterung des Kategoriensystems notwendig, da das Augenmerk nicht alleine auf Journalismus gelegt werden darf. Vielmehr muss der Fokus um Unterhaltungsformate erweitert werden, da entsprechend der vorgeschriebenen Programmrichtlinien Journalismus alleine nicht alle Aufgaben und Ansprüche abdecken kann, wie öffentlich-rechtlicher Programmauftrag oder Public-Broadcasting-Auflagen verdeutlichen.

Im Rahmen der vorliegenden Untersuchung musste dennoch eine Länderauswahl getroffen werden. Der Problematik bewusst, dass eine kritische Analyse zu kurz greifen würde, die sich nur auf journalistische Komponenten versteht, wurde bei der Länderwahl auf eine Typisierung entsprechend der *Three Models of Media and Politics* (2007) gesetzt. Auch dieser Theorie der Mediensysteme nach Daniel C. Hallin und Paolo Mancini (2007) wurde bereits der Vorwurf gemacht, nicht entsprechend für alle Mediensysteme anwendbar zu sein. Sie kann daher nur mit Einschränkung eine brauchbare Einteilung für transnationale Vergleiche zur Verfügung stellen. Da sich das Forschungsprojekt in erster Linie mit Mediensystemen innerhalb der Europäischen Union beschäftigt, stellt der u. a. von Roger Blum geführte Vorwurf der regionalen Eingrenzung dieser Typologie auf Westeuropa und Nordamerika keinen Hindernisgrund dar. Vielmehr bestechen die angebotenen drei Modelle gerade durch ihren Mut zur Lücke sowie die im Rahmen der Kritik bereits entwickelte Ergänzungsmöglichkeit, so beispielsweise die Erweiterung auf sieben Medienmodelle im Rahmen des *pragmatischen Differenz-Ansatzes* (vgl. BLUM 2005: 8f.). Auch ist gerade im Rahmen der vorliegenden Untersuchung der Argumentation von Hallin und Mancini zuzustimmen, die bewusst auf einen »Ansatz der vergleichenden Analyse äußerst ähnlicher Systeme« (HALLIN/MANCINI 2005: 15) setzen, um Differenzen von Systemen zu analysieren, deren soziales, politisches, wirtschaftliches und kulturelles Umfeld Ähnlichkeiten aufweist. Es handelt sich somit um eine Suche nach Differenz im scheinbar Homogenen.

Berücksichtigung finden vier Analysedimensionen, die immer drei Ausprägungen aufweisen können. Diese Dimensionen setzen sich zusammen aus der allgemeinen Entwicklung des Medienmarkts, dem politischen Parallelismus, dem Professionalisierungsgrad des Journalismus und dem Ausmaß der Staatskontrolle. Die sich länderspezifisch ergebenden Ausprägungskombinationen erlauben eine Einteilung in drei Modelle, die auch in ihrer geografischen Verortung jeweils einen Schwerpunkt aufweisen. So ist das *polarisiert-pluralistische Modell* in erster Linie im Mittelmeerraum zu finden und trägt daher den Beinamen ›mediterranes Modell‹, das *liberale Modell* ist im anglo-amerikanischen Raum angesiedelt und wird auch als nordatlantisches Modell bezeichnet. Schließlich ist das *demokratisch-korporatistische Modell* in Mittel- bis Nordeuropa angesiedelt und wird auch als nordeuropäisches Modell gefasst (vgl. HALLIN/MANCINI 2003, 2007).

Hinsichtlich der Entwicklung des Mediensystems zeichnet sich das polarisiert-pluralistische Modell durch niedrige Auflagen und eine starke Eliten-Orientierung aus. Es gibt eine große Nähe zwischen Medien und Politik. Der allgemeine Professionalisierungsgrad im Journalismus ist eher niedrig. Meinungsjournalismus dominiert und es gibt starke Interventionen durch den Staat, der die Presse subventioniert und in den Markt eingreift. Hinsichtlich des öffentlich-rechtlichen Rundfunks ist eine relative Politisierung bemerkbar (vgl. HALLIN/MANCINI 2003: 17ff., 2007: 89ff.).

Das demokratisch-korporatistische Modell weist ein deutlich entwickeltes Mediensystem mit Massenorientierung und hohen Auflagen auf. Die Nähe zwischen Medien und Politik äußert sich in der nationalen Presse und der historischen Rolle der Parteipresse. Der Professionalisierungsgrad ist hoch und besitzt Tradition, wie die gut verankerte und institutionalisierte Selbstkontrolle der Medien zeigt. Der Staat wirkt u. a. über Subventionen ein, doch steht die Pressefreiheit ebenso im Vordergrund wie eine Public-Service-Orientierung (vgl. HALLIN/MANCINI 2003: 20ff., 2007: 143ff.).

Das liberale Modell zeichnet sich durch Marktdominanz aus. Es gibt eine gut entwickelte kommerzielle Massenpresse mit meist mittlerer Auflage. Die Presse ist neutral und kaum durch Politik beeinflusst. Der Journalismus ist entsprechend stark professionalisiert und geprägt durch Selbstregulierung, die aber nur schwach institutionalisiert ist. Die Rundfunk-Regulierung zielt auf autonome Systeme und einen sich selbst regelnden Markt ab, auf welchem ein politisch unabhängiger öffentlich-rechtlicher Rundfunk bestehen muss (vgl. HALLIN/MANCINI 2003: 23ff., 2007: 198ff.).

Betrachtet man die europäische Medienlandschaft mit diesem Fokus, sind Griechenland, Italien, Spanien, Portugal und Frankreich dem polarisiert-pluralistischen Modell zuzurechnen.

Das liberale Modell trifft ausschließlich auf Großbritannien und Irland zu. Das demokratisch-korporatistische Modell stellt das in Europa am stärksten verbreitete Modell dar. Ihm sind mit Deutschland, der Schweiz, Österreich, den Niederlanden, Belgien, Dänemark, Schweden, Norwegen und Finnland eine große Zahl europäischer Staaten zuzuordnen.

Bei der Länderwahl im Rahmen des Projekts standen zwei Aspekte im Vordergrund: erstens Länder zu behandeln, in welchen den Public-Broadcasting-Anbietern ein deutlicher Anspruch auf Public Service entgegengebracht wird und die dementsprechend Anteil an der geführten Public-Value-Debatte haben; zweitens Länder zu wählen, die durch Ähnlichkeit aber auch durch Unterschiede gegenüber dem Mediensystem Österreichs interessante Aspekte und Ideen liefern können. Es wurde daher der Schwerpunkt auf Länder gelegt, die dem demokratisch-korporatistischen Modell zuzuordnen sind. Dabei handelt es sich um Deutschland, die Schweiz, die Niederlande, Schweden, Dänemark, Norwegen und Österreich. Aufgrund der besonderen Bedeutung im EU-Diskurs zur Optimierung von Public-Service-Broadcasting wurde Großbritannien hinzugezogen. Die Länderanalysen ergänzend wurde schließlich exemplarisch für das polarisiert-pluralistische Modell Frankreich gewählt, da hier die Mediensozialisierung am ehesten jener in Österreich entspricht.

3. Drei Dimensionen von Public Value

Der Public-Value-Diskurs stellt sowohl in seinem argumentativen Kern, den inhaltlichen Dimensionen der Kritik, als auch in seinem bisherigen Verlauf ein Phänomen der Mediatisierung dar und macht einmal mehr deutlich, dass wir in einer neuen Dimension von ›Medienkultur‹ angekommen sind. Medien haben das soziale, kommunikative und kulturelle Netz unserer Gesellschaft verändert. Medien verfügen nicht nur über Öffentlichkeit: Öffentlichkeit ist ausschließlich über Medien realisierbar. Lässt man sich auf das Konzept der Mediengesellschaft und die damit verbundene Annahme ein, dass Mediatisierung den ›Vektor gesellschaftlicher Entwicklung‹ darstellt, so hat dies kulturelle und ökonomische Konsequenzen (vgl. VOWE/ DOHLE 2008: 18). Dabei sind Produktion und Rezeption in einem reziproken Wechselverhältnis zu fassen: Je mehr Akteure der Medien bedürfen, um gehört zu werden und Interessen durchzusetzen, umso mehr wird die Handlungslogik des jeweiligen gesellschaftlichen Subsystems sich an jene Strukturen und Inhalte anpassen. Dabei ist unbedeutend, ob es sich um die Subsysteme Bildung, Politik, Religion, Wirtschaft oder Kultur handelt. Die resultierende Unterwerfung unter Selektionskriterien und Darstellungsformen führt einerseits zu einer unumstößlichen Medienbezüglichkeit, andererseits kommt es zu gesellschaftlichen Veränderungen in Wahrnehmung und Rezeption (vgl. VOWE/DOHLE 2008: 13). Doch was passiert, wenn Medien selbst zum Thema erhoben werden und sich selbst zum Thema machen müssen, um den Legitimierungsprozess zu bestehen?

Der aktuelle Diskurs macht deutlich, dass mediale Selbstbezüglichkeit nicht automatisch kritische Selbstthematisierung bedeutet. Der Begriff ›Medialisierung‹ fängt den Umstand ein, dass sich Medien in ihren Produkten zunehmend auch auf den eigenen Content sowie auf Produkte anderer Medien beziehen. Auf der Suche nach Anschlusskommunikation werden Aufmerksamkeitssynergien eingegangen: von Berichterstattung über Medienevents, über als Information getarnte Eigenwerbung, hin zu inhaltlichen Medienkonvergenzen – ein Spiel, das sich im Zusammenhang mit der Mehrwertfrage zunehmend problematisch gestaltet. Die kritische Auseinandersetzung kommt daher um drei Bedeutungsdimensionen des Begriffs ›Public Value‹ nicht herum. So werden Medien als Kulturgut, als Teil demokratischer Öffentlichkeit sowie als öffentliches Gut im Sinne einer Kompensation von Marktversagen zum Thema (vgl. KARMASIN 2009: 95).

3.1 Medien als Kulturgut

Medien als meritorisches Gut leisten einen Beitrag zur kulturellen und nationalen Identität oder, wie Knut Hickethier formulierte: »Medien sind Instanzen der Thematisierung von Kultur, aber sie sind selbst auch Teil der Kultur, indem sie nicht nur Kultur zum Thema machen, sondern selbst Produzenten eben dieser Kultur darstellen« (HICKETHIER 2003: 227). Das sich hinter dem Begriff verbergende Konzept verleiht ›Kultur‹ als Suchbegriff und Metapher für die Ordnung der Gemeinschaft besondere Bedeutung, steht sie doch für eine Art Orientierung und sinnstiftendes Set an Vorstellungen, Normen und diese stützenden

Regeln. Eine klare definitorische Annäherung, ob nun Kultur als Summe der das Zusammenleben in einer Gemeinschaft regelnden Konzepte, als System der Beobachtung zweiter Ordnung (und deren blinder Fleck) oder als System von Differenz und Identität verstanden werden soll, ist hier weniger von Bedeutung (vgl. KARMASIN 2002: 15).

Wie der multidimensionale Begriff ›Kultur‹ ist auch die Medienkultur in unterschiedlicher Weise definitorisch festgehalten. Dabei soll es in diesem Beitrag nicht darum gehen, die treffendste Definitionen zu finden, vielmehr interessieren Aspekte, deren Reflexion wesentlich ist, wenn sich eine kritische Auseinandersetzung mit Medienkulturen fruchtbar gestalten soll. Im Sinne der Anschlussfähigkeit des Public-Value-Diskurses spielen dabei die soziale, die populäre und die zirkuläre Komponente des Kulturbegriffs eine zentrale Rolle.

Die Medienkultur zeichnet sich besonders dadurch aus, dass Medien und Kultur sich nicht nur wechselseitig bedingen, sie sind faktisch synonym geworden. Es gibt nun »[...] keine kulturelle Wirklichkeit jenseits medialer Kommunikation« (KARMASIN 2005: 10) mehr. Medien nehmen somit eine machtvolle Position ein, die mit besonderer Verantwortung und zahlreichen Herausforderungen verbunden ist. Wie der Public-Value-Diskurs zeigt, hängt eine nachhaltige Legitimation und damit Existenzsicherung doch letztlich an der möglichst optimalen Erfüllung der gesellschaftlich zugewiesenen Aufgaben. Diese bestehen im Wesentlichen in Thematisierung und Problematisierung relevanter Sachverhalte, in der Schaffung von Transparenz, der Generierung von Öffentlichkeit und Anschlusskommunikation sowie der Stiftung von Orientierung. Die Vermittlung von Information sowie die Herstellung eines förderlichen Kommunikationsambientes sind dabei Mittel zum Zweck der Förderung bürgerlicher Selbstbestimmung und Artikulation.

3.2 Medien als Teil demokratischer Öffentlichkeit

Die zweite Dimension des Public-Value-Diskurses ist eng mit der politischen Bedeutung von Medien als Vermittler der Gesellschaft verknüpft, wobei Public Value als Teil demokratischer bzw. partizipativer Öffentlichkeit zum Thema wird (vgl. KARMASIN 2009: 95). Bedenkt man den weit verzweigten Diskurs um den Begriff ›Öffentlichkeit‹, wird deutlich, dass sich die Begriffe ›Öffentlichkeit‹ und ›Kultur‹ nicht erst seit der ›Ausrufung‹ des ›cultural turn‹ aufeinander zu bewegen, sondern seit jeher in einem engen Zusammenhang stehen. So sagt Siegfried J. Schmidt zum Verhältnis von Kultur und Gesellschaft: »Ohne Individuen, die aufmerksamkeitsfähige Kulturleistungen vollbringen, würden Kulturen sich weder manifestieren noch reproduzieren. Aber ohne relevante Öffentlichkeit können solche Leistungen nicht gesellschaftlich relevant werden, was wiederum auf die bedeutende Rolle von (Massen-) Medien für die Kultur einer Gesellschaft hinweist« (SCHMIDT 1994: 254). Medien im Allgemeinen und öffentlich-rechtliche Medien im Besonderen nehmen somit eine Doppelfunktion ein, sie stellen Öffentlichkeit her und stellen gleichzeitig Akteure der Öffentlichkeit dar (vgl. STEININGER 2005: 223; KIEFER 2003: 31f.).

In diesem Zusammenhang verweist Elisabeth Klaus auf mediale Kulturalisierung als bedeutsame Tendenz innerhalb der Gesellschaft, deren Bedeutung für die Medienwirklichkeit und die ›Prozesse öffentlicher Kommunikation‹ noch wenig Transparenz bietet. Als zentrales Element eines Kreislaufes medialer Kommunikation sieht Klaus, auf Ansätze der Cultural Studies verweisend, den ›Prozess der Selbstverständigung der Gesellschaft‹ (vgl. KLAUS 2002: 52f.) und versucht eine Neusetzung des Habermas'schen Begriffs: »Öffentlichkeit umfasst somit nicht nur das Parlament oder den Gerichtshof, sondern schließt alle Formen und Foren ein, durch die Menschen sich an diesem gesellschaftlichen Verständigungs- und Aushandlungsprozess beteiligen« (KLAUS 2002: 54). Der Öffentlichkeitsbegriff bezieht sich somit bei Klaus nicht nur auf ein kritisches Bürgertum im traditionell aufklärerischen, an ›Vernunft‹ anschließenden Verständnis, sondern auch auf andere mediale Angebote. Öffentlichkeit ist Kommunikation – Kommunikation ist Öffentlichkeit. Öffentlichkeit steht im allgemeinen Sinn für Gesellschaft, gesellschaftliche Teilhabe, gleich ob Öffentlichkeit als Handlungssystem symbolisch vermittelter Interaktion beschrieben wird (vgl. RAUPP 1999), ein Arenenmodell hinzugezogen (vgl. BENTELE 1999) oder als Ergebnis jeder Kommunikation verstanden wird, da in ihr gemeinsamer Sinn aktualisiert wird (WESTERBARKEY 1999). Entscheidend ist für Öffentlichkeit, dass diese nur durch Partizipation aller Betroffenen denkbar sein kann. Partizipation bezeichnet hier kommunikative Beteiligung und orientiert sich an einem dynamischen Prinzip. Im Zusammenhang mit Public Value stehen somit im Sinne des ›Mehrwerts für alle‹ Transparenz, Vertrauen und Publikumspartizipation im Zentrum der Diskussion.

3.3 Medien als öffentliches Gut

Schließlich wird Public Value in der Diskussion noch als ›öffentliches Gut‹ und damit als jenes Segment der Öffentlichkeit gefasst, das unter den Bedingungen des freien Marktes hinsichtlich notwendiger Form und Qualität nur ungenügend hergestellt werden kann (vgl. KARMASIN 2009: 95). Ausgehend von der Vorstellung, dass die ökonomische Struktur der Mediengesellschaft auf dem einzelnen Unternehmen fußt, das eine Verbindung zwischen Individuum und Gesellschaft herstellt und auf dem daraus resultierenden Verhältnis von Medienunternehmen und Öffentlichkeit, wird dabei die Doppelrolle von Organisationen als Produzent von Sozialkapital und Realkapital deutlich (vgl. KARMASIN 2005: 75). Dabei gilt: »Je größer die Organisation und je immaterieller die Güter, deren Produktion und Allokation sie organisiert, desto größer der Verdacht« (KARMASIN 2005: 80). In der Logik der Ökonomie der Aufmerksamkeit stellen »alle Gruppen, die Ansprüche direkt artikulieren und an die Organisation herantragen, und all jene Gruppen, die durch das Handeln der Organisation betroffen werden (beziehungsweise betroffen werden können)« (KARMASIN 2005: 71), Stakeholder von Medien dar. Dies trifft umso mehr auf öffentlich-rechtliche Medienanstalten zu, welche – wie der aktuelle Diskurs zeigt – in besonderem Maße Transparenz und Partizipationsofferten bieten müssen, um Vertrauen und Legitimation herzustellen bzw. zu erhalten. Somit bedürfen öffentlich-rechtliche Medien einer besonderen Öffentlichkeitsarbeit, die einen aktiven und zirkulären Prozess der Herstellung organisatorischer Identität und Legitimation bedeutet. Wie weit dies den einzelnen Medienunternehmen tatsächlich gelingt, zeigt der europaweit geführte Fachdiskurs nur allzu deutlich.

4. Public Value als Legitimationsprozess für öffentlich-rechtliche Angebote

4.1 Public-Value-Management

Die theoretische Grundlage des Public-Value-Managements stellt einen vielversprechenden Lösungsansatz für den öffentlich-rechtlichen Rundfunk dar, um einen Weg aus der Legitimationskrise zu finden. Der US-Amerikanische Wirtschaftswissenschaftler Mark Moore prägte das Public-

Value-Konzept als einen strategischen Managementansatz für den öffentlichen Sektor (vgl. MOORE 1995). Er sieht die Manager von staatlichen Unternehmen als »explorers who, with others, seek to discover, define, and produce public value« (MOORE 1995: 20). Die Ziele von öffentlichem Management sind dabei nicht durch Aufträge oder Vereinbarungen festgelegt, sondern müssen immer wieder neu ausgehandelt und definiert werden. Der Wert (›value‹), der geschaffen werden soll, findet seinen Ursprung in den Bedürfnissen und Vorstellungen der Bürger – und diese ändern sich entsprechend dem gesellschaftlichen Wandel. Es ist jedoch nicht ausreichend, wenn öffentliche Einrichtungen Leistungen erbringen, die von der Bevölkerung wertgeschätzt werden. Gleichzeitig muss gezeigt werden, dass die Ergebnisse effektiv und kostengünstig erzielt worden sind und dass der staatliche Eingriff bzw. die öffentliche Steuerung gerechtfertigt ist. Diese Legitimation erreicht der öffentliche Sektor durch »coproduction« (MOORE 1995: 117) mit den Bürgern, die sowohl aus Formen direkter Beteiligung und Mitsprache als auch aus indirekter oder repräsentativer demokratischer Kontrolle bestehen kann (vgl. MOORE 1995: 117ff.).

Moores Ansatz steht im Gegensatz zum New Public Management, das die Übernahme von Prinzipien und Messgrößen für Erfolg aus dem privaten Sektor vorsah: »Die Kritik an New Public Management, dass durch die Übertragung ökonomischer Ansätze das öffentliche, das politische sowie das deliberative Element im öffentlichen Dienst verloren gehen, wird im Public-Value-Ansatz daher durch die zentrale Positionierung partizipativer Prozesse angesprochen. Sie sollen dazu beitragen, dass neben der Vertretung von Konsumenteninteressen sowie der Verfolgung von Effizienzzielen nun insbesondere kollektive Aspekte zentrale Beachtung im öffentlichen Wertschöpfungsprozess erhalten« (KNOLL 2008: 36).

Das Konzept des Public-Value-Managements nach Moore wurde in Großbritannien durch Arbeiten von Kelly et al. (2002) und Beiträge im Rahmen des Thinktanks *The Work Foundation*, etwa Blaug et al. (2006) und Hills/Sullivan (2006), weiterentwickelt. Die BBC griff die Grundideen im Jahr 2004 mit der Veröffentlichung des Manifests *Building Public Value: Renewing the BBC for a digital world* auf. Die Schaffung von Public Value wird dabei vor allem durch die Orientierung an gesellschaftlichen Zielsetzungen, die Evaluierung der Leistungen anhand der Kriterien Reichweite (›reach‹), Qualität (›quality‹), Wirksamkeit (›impact‹) und monetärer Wert (›value for money‹) sowie die umfassende Einbeziehung des Publikums und Transparenz gegenüber der Gesellschaft gewährleistet.

Die Koproduktion zwischen dem öffentlichen Sektor und den Bürgern, wie Moore sie vorsah, entwickelte die BBC also zu einer »›soft‹ version of public value theory« (COLLINS 2007: 54) mit einer Vielzahl an Publikums- und Stakeholder-Befragungen weiter.

4.2 Der Public-Value-Prozess

Aus den theoretischen und praktischen Überlegungen aus dem anglo-amerikanischen Raum, die hier nur kursorisch dargestellt werden konnten, lässt sich ein Grundgerüst für Public-Value-Management ableiten, welches als Modell für das Management öffentlich-rechtlicher Rundfunkunternehmen dienen kann. Public Value wird hierbei nicht als klar definiertes Maß für öffentlich-rechtlichen Erfolg gesehen, sondern als Prozess, der gesellschaftliche Verständigung zum Ziel hat und sich dementsprechend gesellschaftlichen Veränderungen immer wieder anpasst (vgl. HASEBRINK 2007: 42).

ABBILDUNG 1
Der Public-Value-Prozess

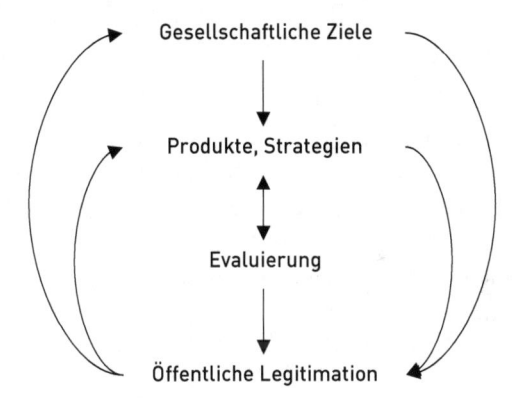

```
        ┌──► Gesellschaftliche Ziele ──┐
       │            │                   │
       │            ▼                   │
       ├──► Produkte, Strategien ──────┤
       │            ▲                   │
       │            ▼                   │
       │      Evaluierung               │
       │            │                   │
       │            ▼                   │
       └─── Öffentliche Legitimation ◄──┘
```

Der erste Schritt besteht in der Definition von *gesellschaftlichen Zielen* und Standards für die zu erbringenden Leistungen. Diese Ziele können je nach länderspezifischen Rahmenbedingungen für jedes Unternehmen unterschiedliche Schwerpunkte haben – je nachdem, welche der oben genannten Dimensionen von Public Value im Vordergrund steht. Der öffentlich-rechtliche Auftrag ist dabei eine sehr allgemeine Vereinbarung auf rechtlicher Ebene. Spezielle Aufträge für einzelne Sender folgen auf zweiter Stufe. Auf der dritten Stufe erweist es sich als sinnvoll, für einzelne Programme, Angebote oder Sendungen Zieldefinitionen vorzunehmen, denn alle Leistungen, die das öffentlich-rechtliche Medienunternehmen im Auftrag der Gesellschaft erbringt, müssen an diesen gesellschaftlichen Zielen ausgerichtet sein, ebenso die strategischen Entscheidungen, die Programmplanung etc. Die medialen *Produkte* sind das öffentlich sicht- bzw. hörbare Ergebnis der unternehmerischen Tätigkeit, das direkte Public-Value-Aushängeschild für die Nutzer. Der nächste Schritt ist die *Evaluierung* der Angebote, bei der beurteilt wird, ob die definierten Ziele und Standards erfüllt wurden. Diese Überprüfung kann sowohl intern als auch extern – etwa aus Sicht des Publikums – erfolgen. Außerdem muss die Öffentlichkeit fortlaufend über alle Schritte informiert werden: Die gesetzten Ziele müssen zur Diskussion gestellt und die Ergebnisse der Evaluierung veröffentlicht werden. Kommt dadurch Verbesserungs- oder Veränderungspotenzial zutage, müssen entsprechende Reformen bei den gesellschaftlichen Zieldefinitionen oder bei den Produkten bzw. Strategien durchgeführt werden. Durch diese Form der Interaktion mit den Anspruchsgruppen kann *öffentliche Legitimation* erreicht werden.

Zu betonen ist, dass dieser Prozess nicht als Erhebung und direkte Durchführung des Willens der Öffentlichkeit zu verstehen ist. Vielmehr können auch die Interessen der einzelnen Anspruchsgruppen durch Information und Diskussion geformt und verfeinert werden. Andererseits erlaubt es die Interaktion, auf gesellschaftliche Veränderungen flexibel zu reagieren und Zielsetzungen anzupassen (vgl. KNOLL 2008: 36). Public Value als ›Mehrwert für alle‹ entsteht somit nicht durch bestimmte Sender- oder Angebotsmerkmale, sondern deliberativ im Prozess der Legitimation durch die konsequente Einbindung der Stakeholder – und insbesondere der Öffentlichkeit – in der Konzeption, Produktion und Evaluation öffentlich-rechtlicher Medienangebote.

5. Maßnahmen für Public Value im öffentlich-rechtlichen Rundfunk

Der öffentlich-rechtliche Rundfunk agiert seit jeher in einem politisch geprägten Umfeld. Seine Aufgaben, Strukturen und Ressourcen sind zu großen Teilen geprägt durch Eingriffe und Regulierungsmaßnahmen der Medienpolitik. Public-Value-Management kann daher nicht losgelöst von den medienpolitischen Rahmenbedingungen betrachtet werden.

In den Experteninterviews ließ sich eine Vielzahl an Maßnahmen ausmachen, die für den Public-Value-Prozess zentrale Bedeutung haben. Tabelle 1 zeigt die am häufigsten genannten Elemente sowie eine Bewertung, in welchem Ausmaß die Maßnahmen in den einzelnen Ländern umgesetzt sind. Es handelt sich hierbei nicht um eine quantitative Einteilung, sondern um Einschätzungen, die durch den Vergleich der Rundfunksysteme der ausgewählten Staaten zustande kamen.

TABELLE 1
Maßnahmen für Public Value im öffentlich-rechtlichen Rundfunk

	A (b)*	A (n)*	D	CH	UK	F	NL	DK	S	N
Aktualisierung des Auftrags	•	•	••	••	•••	•	••	••	••	•
Selbstverpflichtungen	•	••	•	••	•••	•	••	••	••	••
Entwicklungsgarantie	•	••	•••	••	•••	•••	•••	•••	•••	•••
Evaluierung neuer Angebote	-	••	••	-	•••	-	-	••	-	-
Unabhängige Aufsicht	•	•	•	••	•••	•	•••	•••	•••	•••
Politische Unabhängigkeit	•	•	•	•	•••	-	••	••	••	•
Transparenz	•	••	••	••	•••	•	••	••	••	••
Publikumseinbindung	••	••	-	•••	•••	•	••	•••	•••	-

Legende: - := nicht bis weitgehend nicht vorhanden/k.A.; • := in geringem Ausmaß vorhanden; •• := in mäßigem Ausmaß vorhanden; ••• := ausreichend vorhanden; * (b) := bisher; laut ORF-G vom 28.12.2007, zum Zeitpunkt des Verfassens (Jan. 2010) gültig; (n) := neu; zu erwartende Änderungen laut Begutachtungsentwurf zum neuen ORF-Gesetz vom Nov. 2009

Gemäß dem oben dargestellten Public-Value-Prozess lassen sich die Maßnahmen einteilen in
1. Auftrags- und Zielvereinbarungen: Aktualisierung des Auftrags; Selbstverpflichtungen,
2. Produktbezogene und strategische Maßnahmen: Entwicklungsgarantie,

3. Evaluierungsprozesse: Evaluierung neuer Angebote; unabhängige Aufsicht,
4. Öffentliche Legitimierung: politische Unabhängigkeit; Transparenz; Publikumseinbindung.

ad 1) Auftrags- und Zielvereinbarungen

Der öffentlich-rechtliche Auftrag muss dem gesellschaftlichen Wandel Rechnung tragen: »the policies that guide an organization's acitivites must reflect the proper interests and concerns of the citizens and their representatives« (MOORE 1995: 55). Daher ist eine regelmäßige Aktualisierung der Rundfunkgesetze ein wichtiger Schritt im Public-Value-Prozess. Im Sinne von Moores Ansatz der Koproduktion müssen alle relevanten Stakeholder – insbesondere Vertreter der Politik, des öffentlich-rechtlichen Rundfunkunternehmens und des Publikums – in die Aufgabendefinition einbezogen sein.

Konsequent umgesetzt ist diese Maßnahme derzeit nur in Großbritannien: Hier findet die Aktualisierung des Auftrags alle zehn Jahre im Rahmen der ›Charter Review‹ statt. Dabei handelt es sich um einen umfassenden und öffentlichen Prozess inklusive Konsultationen der Wirtschaft und der Öffentlichkeit, der zuletzt 2007 wichtige Neuerungen brachte, wie zum Beispiel die Einrichtung des unabhängigen Aufsichtsgremiums BBC-Trust und die Einführung des ›Public-Value-Tests‹. In Dänemark, Schweden, der Schweiz und den Niederlanden sind die Lizenzen für den öffentlich-rechtlichen Rundfunk auf einen Zeitraum von fünf bis zehn Jahren beschränkt. Im Zuge der Erneuerung dieser Sendegenehmigungen kann eine Anpassung des Auftrags – teilweise mit Einholung öffentlicher Stellungnahmen – erfolgen. In Österreich ist der Programmauftrag des ORF im ORF-Gesetz verankert. Für eine Änderung des Auftrags ist daher eine Gesetzesänderung notwendig, deren Umsetzung in der Vergangenheit immer mit vielen politischen Kontroversen verbunden war. Eine Anpassung an veränderte Bedürfnisse und Rahmenbedingungen erfolgt daher, wenn überhaupt, nur in kleinen Schritten.

Selbstverpflichtungen sind alle Vereinbarungen, die sich das Rundfunkunternehmen oder seine Gremien selbst auferlegen. Sie dienen dazu, den abstrakten Auftrag in praktische Handlungsanweisungen zu übersetzen. Beispiele dafür sind Programmrichtlinien, Leitbilder oder Redaktionsstatuten. Das SCHWEIZER FERNSEHEN SF erstellt beispielsweise ›Sendungsmandate‹, verbindliche Qualitätsvereinbarungen mit den Redaktionen, die sich am Leitbild und den Erwartungen des Publikums orientieren und regelmäßig als Grundlage für ›Qualitäts-Checks‹ herangezogen werden. Ähnliche Qualitätssicherungsinstrumente werden auch von deutschen Rundfunkanstalten eingesetzt, allerdings sind die Abläufe aufgrund der föderalen Strukturen in jedem Bundesland unterschiedlich.

ad 2) Produktbezogene und strategische Maßnahmen

Die Entwicklungsgarantie, also der gesetzliche Auftrag oder das politische Bekenntnis zur Verbreitung des Rundfunks auf allen bestehenden und neuen Plattformen, erlaubt eine Diversifizierung der Produkte und multimediale Programmstrategien. Die Meinungen der Experten gehen hierbei auseinander, wobei sich Vertreter des öffentlich-rechtlichen Rundfunks naturgemäß für die Nutzung aller neuen Verbreitungswege aussprechen. So meint etwa Ingrid Deltenre, damalige Direktorin des SCHWEIZER FERNSEHEN (SF): »Es braucht eine klare und akzeptierte Vorstellung davon, wie sich das Mediennutzungsverhalten weiter entwickeln wird und daraus abgeleitet eine fokussierte Multiplattform-Strategie für die publizistische und produktionelle Weiterentwicklung des Angebots« (DELTENRE 2009). Thomas Gruber, Intendant des BAYERISCHEN RUNDFUNKS, fordert Möglichkeiten, »dass der öffentlich-rechtliche Rundfunk seine Angebote auf allen relevanten Plattformen ausspielen kann und nicht auf bestimmte Verbreitungswege begrenzt bleibt. Unser Programmauftrag ist technikneutral« (GRUBER 2009). Die Rundfunk-Regulierer, wie etwa Matthias Ramsauer von der schweizerischen Aufsichtsbehörde BAKOM, äußern sich skeptisch: »Der öffentlich-rechtliche Rundfunk muss sich dem geänderten Rezeptionsverhalten aus meiner Sicht nicht zwingend überall anpassen. Wichtig ist vor allem die bestmögliche Nutzung des Synergiepotenzials auf der Produktionsstufe (Konvergenz). Das Kerngeschäft soll aber die Veranstaltung von linearen Radio- und Fernsehprogrammen bleiben« (RAMSAUER 2009). Wolf-Dieter Ring, Präsident der Bayerischen Landeszentrale für Neue Medien (BLM), schließt sich dieser Sichtweise an: »[Der öffentlich-rechtliche Rundfunk muss] mit seinen Angeboten stärker als heute Jugendliche und junge Erwachsene erreichen, sonst droht ihm in absehbarer Zeit eine Marginalisierung. Dazu bedarf es aber nicht neuer Angebote, dies ist auch möglich durch die Veränderung vorhandener Angebote« (RING 2009). Insgesamt überwiegen bei den Experteninterviews allerdings jene Stimmen, die technologische Entwicklung und Diversifizierung als Zukunftsstrategie für den öffentlich-rechtlichen Rundfunk befürworten.

ad 3) Evaluierungsprozesse

Die Evaluierung neuer oder geänderter Angebote dient, allgemein formuliert, der Sicherstellung der Erfüllung gesellschaftlicher Aufgaben bei gleichzeitiger Berücksichtigung des Wettbewerbs. Großbritannien führte 2007 als erstes europäisches Land den ›Public-Value-Test‹ ein. Die EU-Kommission forderte im Rahmen verschiedener beihilferechtlicher Verfahren zur Finanzierung des öffentlich-rechtlichen Rundfunks und seit dem Inkrafttreten der neuen Rundfunkmitteilung im Juli 2009 auch von anderen Mitgliedstaaten eine Vorabprüfung neuer Angebote. Dänemark und Deutschland setzten dies bereits im nationalen Recht um, in Österreich wird 2010 im Zuge der Reform des ORF-Gesetzes eine ›Auftragsvorprüfung‹ eingeführt. Die Tests sind national aufgrund der Unterschiedlichkeit der Rundfunkmärkte und -systeme verschieden aufgebaut. Derzeit am umfassendsten und mit breiten Konsultationen der Öffentlichkeit wird der ›Public-Value-Test‹ in Großbritannien durchgeführt.

Die zentrale Frage im Bereich der Evaluierung ist, *wer* die Kontrolle über die Erfüllung des Auftrags beziehungsweise andere Aufsichtsfunktionen übernehmen soll: »The key challenge for the organisational structure is to ensure that the body charged with taking the ultimate decision about whether to permit the service has sufficient independence from the executive. Any such decision making body must be charged with promoting the public interest, but they must be sufficiently distant from the operational strategy of the broadcaster that their decision commands respect across all parts of the market as independent« (SUTER 2009).

Das britische Kontrollgremium BBC-Trust ist dabei als zentrales Organ im Public-Value-Prozess beispielhaft: Seine Mitglieder sind sowohl unabhängig von politischen Parteien als auch vom operativen Management der BBC. In Deutschland wird die Unabhängigkeit der Rundfunkgremien kontrovers diskutiert. So meint etwa Norbert Schneider, Direktor der Landesanstalt für Medien NRW, im Experteninterview: »Die Unabhängigkeit derer, die prüfen, erscheint mir nach den gegenwärtigen Modellen noch nicht genügend abgesichert« (SCHNEIDER 2009). Auch in Österreich sind der Stiftungsrat als Aufsichtsgremium und die Rundfunkregulierungsbehörde immer wieder dem Vorwurf der politischen Einflussnahme ausgesetzt. Mit der Gesetzesänderung soll eine neue Aufsichtsbehörde geschaffen werden, deren fünf hauptberufliche Mitglieder Juristen sein sollen, die vom Bundespräsidenten auf Vorschlag der Bundesregierung bestellt werden. Diese Form der Besetzung durch die Politik lässt die Zweifel der Öffentlichkeit an der Unabhängigkeit der Aufsicht nicht gänzlich verschwinden.

ad 4) Öffentliche Legitimierung

Die politische Unabhängigkeit der Führungsebene des öffentlich-rechtlichen Rundfunks ist schließlich auch eine der wichtigsten Voraussetzungen, um die Glaubwürdigkeit der Institution in der Öffentlichkeit sicherzustellen. Um seine Rolle als Bewahrer und Bewacher der Demokratie wahrnehmen zu können, muss der öffentlich-rechtliche Rundfunk vor jeglichen Versuchen der Einflussnahme oder Instrumentalisierung geschützt werden. Die Interessen des Publikums bzw. der Gesellschaft sollen die zentralen Richtlinien der Unternehmensführung sein: »PSB [Public Service Broadcasting, d. Verf.] must be independent from political power [...], but responsive to public demand. Governance must be both flexible and rigorous: allow for swift decisions and adjustments, but deliver effective scrutiny over use of resources, continuous engagement with the public and predictability for the commercial sector about PSB Plans« (MAGGIORE 2009).

Transparenz und Publikumseinbindung bzw. -vertretung sind schließlich die zentralen Elemente im Public-Value-Prozess, denn sie erhöhen die gesellschaftliche Akzeptanz und stellen sicher, dass der öffentlich-rechtliche Rundfunk von der Gesellschaft mitgetragen wird. Die BBC beispielsweise muss als öffentliche Institution laut ›Freedom of Information Act‹ einen Großteil der internen Dokumente und Berichte für alle zugänglich machen. Das Publikum ist dadurch theoretisch in viele Entscheidungsprozesse eingebunden – von der ›Charter Review‹ bis zum ›Public-Value-Test‹. Die Einbindung des Publikums beim Public-Value-Management muss schließlich auch mehr sein als eine quantitative Beurteilung der Programme anhand von Kennzahlen wie Reichweite oder Quote. Qualitative Studien über die Zufriedenheit mit den Angeboten bringen mehr Aufschluss über die Bedürfnisse der Gesellschaft. Das Publikum sollte außerdem über Gremien konsultativ an Entscheidungsprozessen im Unternehmen beteiligt werden. In Österreich ist dies vergleichsweise gut durch den Publikumsrat gegeben, allerdings werden Publikumsmeinungen längst nicht so ausführlich erhoben wie bei der BBC. In Deutschland wird die fehlende direkte Publikumsvertretung in den Gremien oft kritisiert.

6. Fazit

Die Experteninterviews im vorliegenden Ländervergleich zeigen je spezifische Begründungslinien für Public Value und deutliche Unterschiede bei der medienpolitischen Ausgestaltung und Umsetzung der Public-Value-Maßnahmen auf. Jene Staaten, in denen das Public-Value-Konzept bzw. theoretische Ansätze mit vergleichbaren Paradigmen wie Media Governance und Stakeholder-Management in der Praxis bereits als Leitideen für das Management des öffentlich-rechtlichen Rundfunks dienen (z. B. Großbritannien, Dänemark, Schweden und zum Teil Deutschland und die Schweiz), erfüllen die genannten Kriterien eher als andere (z. B. Frankreich). Österreich steht in der Public-Value-Debatte noch am Anfang, sind doch dort nur wenige der von den Experten geforderten Maßnahmen umgesetzt. Allerdings befindet sich zum Zeitpunkt des Verfassens dieses Artikels ein neues ORF-Gesetz in Vorbereitung, mit dem zumindest auf Ebene der Angebotsevaluierung und Qualitätssicherung an die Entwicklungen in den europäischen Vergleichsländern angeschlossen wird. Ob die medienpolitischen Änderungen auch Auswirkungen auf den öffentlichen Diskurs zu Public Value haben werden, ist noch nicht absehbar. Doch ist für die Legitimation ein beständiger Dialog unter Einbindung der Stakeholder essenziell. Die Entwicklungen in Großbritannien sind zwar im Sinne des Public-Value-Managements vorbildlich, aber die anhaltende öffentliche Kritik an der BBC zeigt, dass öffentliche Legitimierung keine messbare Zielerreichung darstellt, sondern einen kontinuierlichen Prozess mit und in der Öffentlichkeit erfordert. Public Value kann daher nur bedingt als Medienkulturen übergreifendes Konzept angesehen und bewertet werden. Vielmehr müssen die je spezifischen Begründungslinien für Public Value in das Management öffentlich-rechtlicher Medien einbezogen werden. Die Suche nach Patentrezepten widerspricht somit einer nachhaltigen Einbindung aller Stakeholder für das Management von Public Value. Kulturspezifische Adaptionen sind daher notwendig, da kein bruchloser Übertrag von anderen Modellen (etwa jenem der BBC) möglich ist.

Literatur

BBC: *Building Public Value. Renewing the BBC for a digital world*. London 2004
BENTELE, G.: Sozialistische Öffentlichkeitsstrukturen und Öffentlichkeitsarbeit in der DDR. Anmerkungen zum Öffentlichkeitsdiskurs. In: SZYSZKA, P. (Hrsg.): *Öffentlichkeit: Zu einem Schlüsselbegriff der Organisationskommunikation*. Wiesbaden [Westdt. Verlag] 1999, S. 157-164
BLAUG, R.; L. HORNER; R. LEKHI: *Public value, politics and public management. A literature review*. London [The Work Foundation] 2006
BLUM, R.: Bausteine einer Theorie der Mediensysteme. In: *Medienwissenschaft Schweiz*, 2, 2005, S. 5-11
BLUM, R.: Mediensysteme gehorchen der Politik. Ein Weltatlas nach medienpolitischen Kriterien. In: *Neue Zürcher Zeitung*, 27.10.2006. http://www.nzz.ch/2006/10/27/em/articleDOOQB.html [02.11.2009]
CHRISTL, R.; D. SÜSSENBACHER: *Der öffentlich-rechtliche Rundfunk in Europa. ORF, BBC, ARD & Co auf der Suche nach dem Public Value*. Wien [Falter] 2010
COLLINS, R.: *Public Value and the BBC. A report prepared for The Work Foundation's public value consortium*. London [The Work Foundation] 2007
FLICK, U.: *Qualitative Sozialforschung. Eine Einführung*. Reinbek [rowohlt] 2007
HALLIN, D. C.; P. MANCINI: Drei Modelle von Medien, Journalismus und politischer Kultur in Europa: Grundlegend Überlegungen zu einer komparativen europäischen Journalismusforschung. In: KOPPER, G. G.; P. MANCINI (Hrsg.): *Kulturen des Journalismus und politische Systeme*. Berlin [Vistas] 2003, S. 11-28
HALLIN, D. C.; MANCINI, P.: *Comparing Media Systems. Three Models of Media and Politics*. [Cambridge University Press] 2007
HASEBRINK, U.: ›Public Value‹: Leitbegriff oder Nebelkerze in der Diskussion um den öffentlich-rechtlichen Rundfunk. In: *Rundfunk und Geschichte. Mitteilungen des Studienkreises Rundfunk und Geschichte*, 1-2, 2007, S. 38-42
HICKETHIER, K.: Medienkultur. In: BENTELE, G.; H.-B. BROSIUS; O. JARREN (Hrsg.): *Öffentliche Kommunikation*. Wiesbaden [Westdt. Verlag] 2003, S. 435-457
HILLS, D.; F. SULLIVAN: *Measuring public value 2: Practical approaches*. London [The Work Foundation] 2006

KARMASIN, M.: *Paradoxien der Medien. Über die Widersprüche technisch erzeugter Wirklichkeiten*. Wien [Facultas] 2005

KARMASIN, M: Die Cultural Theory als Beschreibungsperspektive interkultureller Kommunikation. In: HEPP, A.; M. LÖFFELHOLZ (Hrsg.): *Grundlagentexte zur transkulturellen Kommunikation*. Konstanz [UVK] 2002, S. 835-861

KARMASIN, M.: ›Public Value‹: Konturen und Konsequenzen eines Legitimationsbegriffes. In: BRANDNER-RADINGER, I. (Hrsg.): *Was kommt, was bleibt. 150 Jahre Presseclub Concordia*. Wien [Facultas] 2009, S. 91-99

KELLY, G.; G. MULGAN; S. MUERS: *Creating Public Value. An analytical framework for public service reform*. London 2002

KIEFER, M. L.: Medienfunktionen als meritorische Güter. In: *Medien Journal*, 3, 2003, S. 31-46

KLAUS, E.: Plädoyer für eine nachhaltige Wissenschaft. In: *Medien Journal*, 2, 2002, S. 50-57

KNOLL, E.: Public Value. In: *MedienWirtschaft*, 3, 2008, S. 34-39

MOORE, M.: *Creating Public Value. Strategic management in government*. Cambridge, MA [Harvard Univ. Press] 1995

RAUPP, J.: Zwischen Akteur und System. Akteure, Rollen und Strukturen von Öffentlichkeit. In: SZYSZKA, P. (Hrsg.): *Öffentlichkeit: Zu einem Schlüsselbegriff der Organisationskommunikation*. Wiesbaden [Westdeutscher Verlag] 1999, S. 113-130

SCHMIDT, S. J.: *Kognitive Autonomie und soziale Orientierung. Konstruktivistische Bemerkungen zum Zusammenhang von Kognition, Kommunikation, Medien und Kultur*. Frankfurt/M. [Suhrkamp] 1994

STEININGER, C.: Zur Öffentlichkeit des öffentlich-rechtlichen Rundfunks. In: RIDDER, C.-M. et al. (Hrsg.): *Bausteine einer Theorie des öffentlich-rechtlichen Rundfunks*. Wiesbaden [vs Verlag] 2005, S. 223-239

THOMASS, B.: Berufliche Sozialisation und die Ethik der Medienmacher im internationalen Vergleich. In: KARMASIN, M. (Hrsg.): *Medien und Ethik*. Stuttgart [Reclam] 2002, S. 132-155

VOWE, G.; M. DOHLE: Welche Macht wird den Medien zugeschrieben? Das Verhältnis von Medien und Politik im Spiegel der Mediatisierungsdebatte. In: JÄCKEL, M.; M. MAI (Hrsg.): *Medienmacht und Gesellschaft. Zum Wandel öffentlicher Kommunikation*. Frankfurt/M. [Campus Verlag] 2008, S. 11-36

WESTERBARKEY, J.: Öffentlichkeit und Nichtöffentlichkeit. Thesen, Paradoxien und Folgerungen. In: SZYSZKA, P. (Hrsg.): *Öffentlichkeit: Zu einem*

Schlüsselbegriff der Organisationskommunikation. Wiesbaden [Westdt. Verlag] 1999, S. 147-156

Experteninterviews (Auswahl)

DELTENRE, I.: *Experteninterview ›Public Value‹ mit Ingrid Deltenre, Direktorin vom* SCHWEIZER FERNSEHEN (SF). Online durchgeführt im März 2009

GRUBER, T.: *Experteninterview ›Public Value‹ mit Thomas Gruber, Intendant des* BAYERISCHEN RUNDFUNKS. Online durchgeführt im April 2009

MAGGIORE, M.: *Experteninterview ›Public Value‹ mit Matteo Maggiore,* BBC, *Head of* EU *and International Policy.* Online durchgeführt im April 2009

RAMSAUER, M.: *Experteninterview ›Public Value‹ mit Matthias Ramsauer, Leiter Abteilung Radio und Fernsehen, Bundesamt für Kommunikation* (BAKOM). Online durchgeführt im Februar 2009

RING, W.-D.: *Experteninterview ›Public Value‹ mit Wolf-Dieter Ring, Präsident der Bayerischen Landeszentrale für Neue Medien* (BLM) *und Vorsitzender der Kommission für Jugendmedienschutz* (KJM). Online durchgeführt im Februar 2009

SCHNEIDER, N.: *Experteninterview ›Public Value‹ mit Norbert Schneider, Direktor der Landesanstalt für Medien Nordrhein-Westfalen (LfM) und Beauftragter für Programm und Werbung der Kommission für Zulassung und Aufsicht der Landesmedienanstalten* (ZAK). Online durchgeführt im Februar 2009

SUTER, T.: *Experteninterview ›Public Value‹ mit Tim Suter, Managing Director Perspective.* Online durchgeführt im April 2009

ARMIN ROTT / NILS GRANNEMANN

Die Ermittlung des finanziellen Aufwands von Telemedien im öffentlich-rechtlichen Rundfunk: Probleme und Perspektiven

1. Einleitung und Thesen

Sowohl in der Wissenschaft als auch in der Praxis verursachte der 2009 eingeführte Drei-Stufen-Test großes Aufsehen. Vor allem die beiden ersten Stufen des Verfahrens, in denen die Vereinbarkeit mit dem Rundfunkauftrag und der Beitrag zum publizistischen Wettbewerb geprüft werden, sind Gegenstand zahlreicher Gutachten und Forschungsarbeiten. Zur dritten Stufe, der vorgesehenen Berechnung des finanziellen Aufwands also, findet überraschenderweise kaum eine Diskussion statt. Wolfgang Schulz, der wohl als »Erfinder« des Drei-Stufen-Tests in Deutschland gelten kann, widmet dem Problemkreis gerade einmal einen knappen Satz: »die für die Frage des Aufwandes erforderlichen Angaben kann die betreffende Anstalt unproblematisch darstellen« (SCHULZ 2008: 42). Die Telemedienkonzepte selbst weisen die Kosten nur hoch aggregiert aus. Die 21 Seiten umfassende Angebotsbeschreibung zu *kikaninchen.de* widmet den Kosten insgesamt drei Zeilen: »Der Aufwand für kikaninchen. de beträgt jährlich 320.000 Euro inklusive Mehrwertsteuer und umfasst alle direkt für die Erstellung anfallenden Personal- und Sachkosten« (o.V. 2008a: 22ff.). Ähnlich liest sich die Rechnung für die Mediathek des KIKA. Hier werden jährlich insgesamt 200.000 Euro veranschlagt. Aus medienökonomischer Sicht erweist sich die Berechnung keineswegs als unproblematisch. Anders als von der EU-Kommission gefordert, werden die Kosten nicht transparent und nachvollziehbar dargestellt. An der absoluten Höhe dürften erhebliche Zweifel angebracht sein, weist die Mediengruppe RTL für vergleichbare Projekte doch wesentlich höhere Kosten aus. Diese umfassen alleine Technikkosten von 200.000 bis 250.000 Euro, Content-Produktionskosten von bis zu 10.000 Euro pro Spiel sowie Kosten für Lizenzrechte, Kosten für das Set-Up der Plattform oder die Programmierung der Community-Features (vgl. MEDIENGRUPPE RTL 2009: 11). Neben Problemen der Zuordnung von Kosten zu einem Kostenträger ist aus anderen Branchen bereits bekannt, dass Projektkosten häufig stark verzerrt berechnet werden (vgl. FLYVBJERG 2003: 55; FÄRBER 2001: 58). Psychologische, politisch-institutionelle und methodische Ursachen können dafür verantwortlich sein, dass die Kostenkalkulationen problematisch sind. In Bezug auf Telemedien bedeutet dies, dass die Gesamtkosten eines Angebots den Zielen der Akteure gemäß ausgewiesen werden können. Der gegenwärtige Kostenermittlungsprozess läuft Gefahr, den Transparenzanforderungen der EU zu widersprechen, sodass ein Schutz des Gebührenzahlers nicht mehr gewährleistet werden kann. Für eine medienökonomische Diskussion stellen wir drei Thesen zur dritten Stufe auf:

1. Die Relevanz und die Schwierigkeiten der dritten Stufe werden deutlich unterschätzt.
2. Die Kenntnis der Ursachen für systematische Planungsfehler hilft bereits, Aufwandsschätzungen zu verbessern.
3. Die Anforderungen an die dritte Stufe müssen präzisiert werden.

Der vorliegende Beitrag erweitert die aktuelle Regulierungsdiskussion über Telemedien und skizziert einen Ansatz, die Kosten von Telemedienkonzepten systematisch zu ermitteln.

2. Vorgaben an die Ermittlung des finanziellen Aufwands

Der Zwölfte Rundfunkänderungsstaatsvertrag gibt in § 11 f Abs. 4 vor, wie neue oder veränderte Online-Angebote im Rahmen des Drei-Stufen-Tests zu prüfen sind. Dabei werden auch die Kosten eines Angebots berücksichtigt, da auf der dritten Stufe des Tests eine Aussage darüber zu treffen ist, »welcher finanzielle Aufwand für das Angebot erforderlich ist« (§ 11f Abs. 4 Satz 1 12. RÄndStV). Dieser Aussage werden verschiedene Funktionen zugeordnet. So dient sie zuerst einmal nachrichtlich. Die berechneten finanziellen Aufwendungen lassen Rückschlüsse auf den inhaltlichen Umfang und die Qualität zu (vgl. DEWENTER/HAUCAP 2009: 82). Sie informieren die Rundfunkanstalt, aber auch andere Interessenten, über die zu erwartenden Kosten des Telemedienkonzepts und erfüllen die Anforderungen der Europäischen Kommission an die Transparenz gegenüber dem Gebührenzahler.

Doch die dritte Stufe auf ihre Informationsfunktion zu reduzieren, greift zu kurz. Vielmehr wird die Berechnung des finanziellen Aufwands mit dem Schutz des Gebührenzahlers vor überhöhten Ausgaben der Rundfunkanstalten begründet. Die Kompensierung für Telemedienvorhaben hat effektiv und auftragskonform zu erfolgen, damit ungerechtfertigte Wettbewerbsverzerrungen und eine Über- oder Unterkompensation für das Produkt ausgeschlossen werden können.

Ob eine Fehlkompensation vorliegt, wird durch die Rechtsaufsicht festgestellt, der hierfür zunächst einmal ein klarer Beauftragungsakt sowie eine konkret umrissene Aufgabenstruktur vorgelegt werden muss (vgl. o.V. 2008b: 22). Der dritten Stufe des Tests kommt somit die Funktion zu, Telemedienkonzepte auf eine korrekte Kompensierung zu prüfen. Sie leistet einen Beitrag zur Bestimmung des Public Value eines Telemediums. Diese Kosten-Nutzen-Abschätzung kann abschließend nur durchgeführt werden, wenn der tatsächliche Aufwand des Vorhabens bekannt ist.

Eine Möglichkeit, die Kosten eines Telemedienkonzepts zu überprüfen, ist ein Vergleich mit weiteren Angeboten ähnlichen Inhalts (vgl. DEWENTER/HAUCAP 2009: 85). Hierfür wäre eine gesamtperspektivische und vergleichende Analyse der Kosten notwendig. Allerdings ist dies in der Praxis schwer umzusetzen, da die Kostenstrukturen anderer, öffentlicher und privater Anbieter häufig nicht vollständig bekannt und Unterschiede zwischen den Projekten aufgrund des Unikatcharakters von Telemedien sehr wahrscheinlich sind. Die KEF verlangt zur Bestimmung des finanziellen Aufwands daher den Ausweis bestimmter Kosten, die dem Telemedium zuzuordnen sind. Hierzu gehören mindestens die:

- »Personalkosten für Festangestellte bzw. freie Mitarbeiter in den Programmbereichen und im Bereich IT, die zu 100 Prozent für den Telemedienbereich arbeiten (einschließlich Sozialkosten und Altersversorgung),

- Personalkosten von Festangestellten bzw. freien Mitarbeitern in den Programmbereichen und im Bereich IT, die teilweise dezentral für das Telemedienangebot tätig sind (einschließlich Sozialkosten und Altersversorgung),
- Rechtekosten (insbesondere Onlinevergütungen einschließlich Sozialkosten sowie in Verträgen ausgewiesene Online-Rechtekosten),
- Sachkosten / Fremdleistungen für die zentralen Bereiche Telemedien,
- Technische Investitionen mit ihren Abschreibungen,
- Raumkosten für die zentralen Telemedienbereiche,
- Sachaufwendungen und Raumkosten für die dezentral bearbeiteten Telemedienangebote,
- IP-Verbreitungskosten gemäß einer entsprechenden Abstimmung mit der KEF-AG4« (KEF 2009: 2).

Die Auflistung der Kosten zeigt, welche Kostenarten zu berücksichtigen sind und dass eine Aussage über die Kosten der Projektfortführung zu treffen ist. Allerdings liegt mit der Aufstellung noch kein durchführbarer Test vor, auf dessen Grundlage entschieden werden kann, ob der Gebührenzahler geschützt wird, oder ob eine Fehlkompensation der Telemedien vorliegt.

Es gilt also, Testkriterien zu entwickeln, die für die Rundfunkanstalt und die KEF nachvollziehbar und durchführbar sind. Ein Test ist hier über die Rechtsvorschriften hinaus sinnvoll, da es bei der Finanzplanung leicht zu Verzerrungen kommen kann. Gemeint ist damit eine Abweichung der Ist- von den Sollkosten des Telemedienkonzepts aufgrund des Planungscharakters und des Zukunftsbezugs der Vorhaben. Dies ist nicht ungewöhnlich, bedeutet aber, dass eine abschließende Bestimmung der Kosten erst nach Abschluss des Projektes möglich ist. Der Ansatz des Rundfunkrates, zu Beginn des Projektes ein fixes Budget zu bestimmen, signalisiert zwar die Höhe der Zahlungsbereitschaft der Verantwortlichen, widerspricht aber dem Unikatcharakter der Vorhaben.

Den Ansätzen der Finanzplanung entsprechend, eignet sich für die Kontrolle der Kosten eine rollierende Planung, die eine Vorkalkulation, eine mitlaufende Kalkulation und eine Nachkalkulation des Konzeptes vorsieht. So können Kostenverzerrungen frühzeitig erkannt und deren Ursachen analysiert werden. Eine den Gebührenzahler schadende Überkompensation liegt dabei erst dann vor, wenn die Abweichung nicht rein zufällig, sondern systematisch bedingt ist.

3. Systematische Einflüsse auf die Kostenermittlung

Bezogen auf den finanziellen Aufwand eines Telemedienkonzepts ist es vorstellbar, dass Kosten systematisch verzerrt dargestellt werden (vgl. LINDER 2004: 47ff.). Grund für diese Abweichungen sind vor allem psychologische, politisch-institutionelle und methodische Schwierigkeiten, die den verantwortlichen Planer Konzepte zu optimistisch prognostizieren lassen (BEREKOVEN/ECKERT/ELLENRIEDER 2006: 64ff.). Bei einer optimistischen Kostenplanung werden aufgrund psychologischer, politisch-institutioneller und methodischer Einflussfaktoren die Kosten eines Projektes zu gering prognostiziert. Zusätzliche Finanzmittel müssen dann im Laufe der Umsetzung von den Rundfunkanstalten nachgereicht werden. Eine pessimistische Schätzung, wegen der das Budget eines Projektes als zu hoch geschätzt wird, ist ebenfalls vorstellbar. In beiden Fällen besteht das Risiko der Überkompensation. So sind bei einer optimistischen Schätzung weitere, eventuell zu hohe Beträge nachzureichen oder das Projekt wird abgebrochen und die Kosten versinken, ohne einen Nutzwert geschaffen zu haben. Bei einer pessimistischen Schätzung, kann ein zu hohes Budget Anreiz für ein nicht effizientes Ausgabeverhalten sein.

3.1 Psychologisch bedingte Verzerrungen

Wird eine Kostenplanung unbewusst systematisch verzerrt, so handelt es sich um psychologische Einflussfaktoren, bei denen vor allem das *Anchoring*, der *Availability Bias*, der *Confirmation Bias* und der *Overoptimism Bias* zu nennen sind. Der als Anchoring bekannte Effekt führt dazu, Kosten bei neuen Telemedienkonzepten zu sehr in Richtung bereits bestehender Kostengrößen auszurichten. Neue Informationen werden bei der Kostenberechnung ignoriert (vgl. TVERSKY/KAHNEMANN 1982: 14; KEREN/TEIGEN 2004: 98; BAZERMANN 2006: 29). Planer und Entscheider in Rundfunkanstalten, die Online-Vorhaben betreuen, richten dabei die Planung und Kontrolle der Budgets eher an ihrem Spezialwissen aus. Das notwendige Abstraktionsvermögen wird nicht in die Planung mit eingebracht.

Zusätzlich gilt, dass die Realisierung des geplanten und vorstellbaren Szenarios und der dazugehörigen Kosten von den Verantwortlichen als sehr wahrscheinlich eingeschätzt wird. Die verfügbaren und identifizierten Informationen im Telemedienkonzept gelten als sicher, nicht identifizierte Risiken werden hingegen unterschätzt. Grund für diesen Availability Bias ist, dass Ereignisse, die gedanklich leichter vorstellbar sind, auch als wahrscheinlicher eingeschätzt werden (vgl. LOVALLO/KAHNEMANN 2003: 59), die Qualität der Planung also von der Vollständigkeit der Informationen abhängt.

Die Vervollständigung der Informationen erfolgt dabei keineswegs objektiv. Psychologisch neigen Menschen offenbar dazu, Informationen zu suchen, die den Plan oder die eigene Vorstellung bestätigen. Zusätzliche, hilfreiche Informationen, die das Konzept einschränken könnten, werden ignoriert. Ein Confirmation Bias bedingt hiernach die vollständige Offenlegung der für ein Telemedienkonzept notwendigen Ressourcen (vgl. RUSSO/SCHOEMAKER 1992: 12; RABIN/SCHRAG 1999: 37; BAZERMANN 2006: 35).

Zuletzt können Planer von Telemedienkonzepten auch dem Overoptimism Bias unterliegen. Danach weicht die subjektive Erfolgseinschätzung des Planers von den objektiven Wahrscheinlichkeiten ab (vgl. WEINSTEIN 1980: 806ff.; DUVAL/SILVIA 2002: 49ff.).

3.2 Politisch-institutionell bedingte Verzerrungen

Im Gegensatz zu psychologischen Ursachen beruhen politisch-institutionelle Fallen auf der bewussten Verzerrung der Verantwortlichen, die viele unterschiedliche Interessen berücksichtigen wollen. So werden Zahlen den Abteilungs- oder Anstaltsvorgaben angepasst, Schätzungen mit Blick auf unternehmensinterne Konkurrenzkonzepte abgegeben oder das Projekt bewusst für einzelne bedeutende Entscheider konzipiert.

Nicht nur im Hinblick auf die im Rundfunkfinanzierungsstaatsvertrag geforderte Wirtschaftlichkeit und Sparsamkeit der Sender bestehen Anreize, die Projektkosten zwischen einzelnen Projekten und Abteilungen so zu verteilen, dass die tatsächlichen Projektkosten über Umrechnungsschlüssel nach unten korrigiert werden (vgl. AK FINANZIERUNG 1994: 899; KEILUS 2000: 49). Anstaltsinterne Vorgaben werden im Rahmen des Drei-Stufen-Tests nicht geprüft. Die in der Kostenrechnung bekannten Zurechnungsprinzipien, wie beispielsweise das Verursachungsprinzip, werden in Unternehmen eher als Empfehlung und Richtlinie verstanden. Hinzu kommt, dass Gemeinkosten und nicht direkt verursachte Kosten umgelegt werden müssen. Hier haben Planer stets einen Interpretationsrahmen.

Auch der Programmauftrag engt die inhaltliche Gestaltung von Telemedienkonzepten nur bedingt ein. Die tatsächliche Vielfalt an kreativen Konzepten, die auch die beiden ersten Hürden des Drei-Stufen-Tests überwinden können, bleibt groß. Das führt zu einem anstaltsinternen Wettbewerb um die knappen finanziellen Mittel. Um hier einen Vorsprung gegenüber anderen Ideen auszubauen, bestehen ökonomische Anreize, Projekte sehr kostengünstig zu gestalten, um den Zuschlag für die Realisierung zu erhalten (vgl. LOVALLO/KAHNEMANN 2003: 60).

Hinzu kommt, dass die Motivationswirkung hochgesteckter Ziele häufig betont wird. Entscheider sind besonders motiviert, ein Projekt zu fördern, das mit geringem Aufwand einen hohen Nutzen erzielen kann. Dies führt dazu, dass die Kosten des Telemedienkonzeptes bewusst niedrig angesetzt werden, um den Nettonutzen des Projektes zu verstärken. Die Entscheidung für ein Telemedium kann also positiv beeinflusst werden, wenn bei einem vermeintlich niedrigen Ressourceneinsatzes eine hohe Wirkung erzielt wird.

Zuletzt sei noch auf die persönliche Motivation von Planern hingewiesen. Theoretisch vorstellbar ist, dass Planer mikropolitisch tätig werden, um ihre Projekte umzusetzen. Dafür werden bewusst falsche Informationen zur Projektbewilligung weitergegeben (vgl. PRUITT/GITMAN 1987: 49). So sind Projekte häufig intrinsisch motiviert, beispielsweise weil sie einen wichtigen Schritt für die berufliche Karriere bedeuten. Die in den Telemedienkonzepten aufgeführten Kosten werden deshalb bewusst niedrig angesetzt, um die Zusage für ein Projekt zu erhalten.

3.3 Methodisch bedingte Verzerrungen

Zu den psychologischen und politisch-institutionellen Verzerrungsproblemen kommen noch methodische Schwierigkeiten hinzu, die sich in definitions- und messtheoretische Partialprobleme unterteilen lassen (vgl. KINDLER 1995: 86). So bleibt bisher unklar, wie bestehende und neue Telemedienkonzepte in der Kostenrechnung definiert werden. Sie können sowohl als Kostenstelle als auch als Kostenträger verstanden werden. Die Differenzierung schlägt jedoch durch auf die Zurechnungsprinzipien der Kostenrechnung und führt im Zweifel zu einem zu geringen Ausweis der Kosten eines Vorhabens.

Messtheoretisch basieren Verzerrungen häufig auf veralteten Vergleichsdaten. So kann sich die Planung auf verfügbare anstatt auf relevante Daten beziehen (vgl. VANSTON/VANSTON 2004: 33). Anders als beim Anchoring ist hier aber ein Konstruktionsfehler des Planungssystems für die Abweichung verantwortlich. Hinzu kommt, dass bei der Erhebung, der Auswertung und der Interpretation der Daten Fehler eintreten können, die die Erhebung systematisch verzerren können.

Des Weiteren impliziert das bestehende Verfahren zur Bestimmung des finanziellen Aufwands eine Punktschätzung der Kosten. Unberücksichtigt bleiben die Sensibilität der Kostenkomponenten und die möglichen Entwicklungspfade eines Projektes. Diese als Flaw of Averages (vgl. SAVAGE 2002: 20) bezeichnete Orientierung an einem antizipierten Durchschnittswert wird verstärkt durch Kostenrechnungssysteme, die nur eine Zielgröße berechnen wollen. Die Anforderungen der KEF lassen vermuten, dass die Sender auch in Zukunft nur ein Szenario entwickeln und die errechneten Kosten veranschlagen. Zwar können die Planer im Laufe der Zeit aus ihren Fehlern lernen, doch die Anzahl an unbekannten Variablen kann aufgrund des Projektcharakters von Telemedien nicht einfach reduziert werden.

Das Problembewusstsein für mögliche Kostenverzerrungen im öffentlich-rechtlichen Rundfunk existiert. Die Forderung der Europäischen Kommission nach einer transparenten und nachvollziehbaren Berechnung des finanziellen Aufwands im Rahmen des Drei-Stufen-Tests zeigt dies. Die Kontrolle einer möglichen Überkompensation kann allerdings erst durchgeführt werden, wenn die Budgetierungsziele klar festgelegt werden. Hierzu zählen ein eindeutiger Kalkulationsauftrag, die Verarbeitung der relevanten Daten sowie die Aufbereitung von Fehlern innerhalb der Kostenkontrolle.

Die Relevanz der einzelnen Verzerrungsursachen ist in der Literatur umstritten. Lovallo und Kahnemann behaupten, dass Manager Entscheidungen »eher aufgrund eines trügerischen Optimismus als aufgrund rationalen Abwägens von Gewinnen, Verlusten und Möglichkeiten« treffen (vgl. LOVALLO/KAHNEMANN 2003: 48). Bei der Entwicklung eines Erfolgsszenarios werden Irrtümer und Kalkulationsfehler übersehen. Flyvbjerg hält entgegen, dass die Anpassung von Schätzungen nicht unbewusst erfolgt, sondern ein bewusster Schwindel ist (vgl. FLYVBJERG 2003: 121). Psychologische und politisch-institutionelle Verzerrungen lassen sich durch Kontrollmechanismen und anreiz-kompatible Verträge besser steuern. Von großer Bedeutung bei Telemedien sind die methodischen Verzerrungen. Ein erster Schritt zur genaueren Berechnung des finanziellen Aufwands ist die Systematisierung und Präzisierung von Kalkulationsanforderungen.

4. Externe und interne Einflussfaktoren der Bedarfsermittlung

Indizien für methodisch bedingte Abweichungen der Kalkulation finden sich vor allem in den Faktorpreisen, dem Verbrauch und der Beschäftigung, die durch externe und interne Einflussgrößen bedingt sind. Analysiert man diese Faktoren, so kann eine Aussage über die gerechtfertigte Kompensierung getroffen werden. Durch die Integration dieser Faktoren in die Kalkulation können Verzerrungen besser kontrolliert werden.

4.1 Externe Einflussfaktoren

Unternehmensexterne Faktoren können nach ökonomischen, nachfragebedingten und technologischen Kriterien systematisiert werden. Ökonomisch betrachtet werden Faktorpreise durch die Marktkomplexität, die Marktdynamik und die Wettbewerbsintensität bestimmt. Im Laufe eines Projektes sind diese Preisschwankungen zu antizipieren und in die Kalkulation mit aufzunehmen. Ein Beispiel hierfür sind die Online-Rechte an fiktionalen oder nicht fiktionalen Inhalten, deren Preis und Verfügbarkeit durch den Wettbewerb bestimmt werden. Für die Bestimmung des finanziellen Aufwands gilt, dass die tatsächlichen Marktbedingungen in die Kalkulation integriert werden müssen. Risiken, die zu Schwankungen bei den Faktorpreisen führen, sind anzugeben. Die Angabe von Preisspannen, also Minimal- und Maximalkosten, sollte mit aufgenommen werden.

Die Nachfrage nach einem Telemedium hat Einfluss auf die Anpassungsgeschwindigkeit von Informationen. Zeigen Nachfrager einen hohen Bedarf an neuen oder ergänzenden Informationen, so ist mit einem schnellen Wertverlust bestehender Inhalte zu rechnen. Es besteht zudem die Gefahr, dass ein Produkt online gestellt wird, das zwar dem Sendeauftrag entspricht, aber nur kurzfristig nachgefragt wird. Ist das

Nutzerverhalten bekannt, können die benötigten Informations- und Beschäftigungsmengen antizipiert werden. Ein umfassendes Wissen über die Nutzer unterstützt die Erfüllung des Auftrags bei einem verhältnismäßigen Einsatz der Faktormengen. Durch die Entwicklung alternativer Szenarien ist es möglich, unterschiedliche Bedarfsausprägungen zu skizzieren. Die Entscheidung aufgrund eines Datums wird vermieden.

Der Online-Sektor wird stark vom technischen Fortschritt beeinflusst. Produkt- und Prozessinnovationen fordern eine hohe Investitionsbereitschaft. Prozessinnovationen wirken einerseits kostensenkend, allerdings kann die Einführung neuer Technologien auch zu zusätzlichen Kosten führen, um den Auftrag auszuführen. Um eine Überkompensation zu vermeiden, hilft die Etablierung von Industriestandards oder die Verteilung der Investition auf viele Projekte. Übernimmt man eine neue Technologie, so sollte dies in den Kalkulationen auch begründet werden. Beispielsweise wird die Erstellung von Online-Formaten im HD-Format mit viel höheren Kosten verbunden sein, als die Produktion mit den etablierten Formaten. Die Lebenserwartung dieser neuen Technologie ist dabei hoch und vorteilhaft für den Sender.

4.2 Interne Einflussfaktoren

Den externen Anforderungen an die Kalkulation stehen unternehmensinterne Anforderungen gegenüber. So stehen die Anstalten zunächst einmal vor der Frage der Bezugsquelle. Sie müssen sodann unterscheiden, ob es sich um ein neues, ein verändertes oder ein bestehendes Projekt handelt. Anschließend kann das Telemedium entlang organisatorischer Besonderheiten kalkuliert werden. In der Konzeptphase sind zusätzlich die endgültige kreative und technische Umsetzung sowie die personelle Ausstattung zu klären. Zuletzt müssen die Projekte kostenrechnerisch vergleichbar gemacht werden.

Bei der Entwicklung eines neuen Vorhabens stellt sich früh die Frage, ob es in Eigen- oder Fremdproduktion hergestellt wird. Vergleichbar dem TV-Sektor ändern sich die Kostenkomponenten der Kalkulation mit der Herstellungsweise. Die Nachvollziehbarkeit der Kalkulation ist schwieriger, wenn die Kalkulation anstaltsextern durchgeführt wurde. Eine Fehlkompensation kann nur entdeckt werden, indem man die Kosten von Lizenzen, Eigen- und Auftragsproduktionen miteinander vergleicht.

Dies ist aufgrund des Einzelstückcharakters von Telemedien nicht einfach durchführbar. Bei der Erstellung von Vergleichsrechnungen gilt es, ein Kalkulationsschema zu verwenden, das die Kostenstruktur interner und externer Projekte vergleichbar macht. Ergänzend kann auf ein Kennzahlensystem zurückgegriffen werden. Systematische Verzerrungen lassen sich hierdurch schneller identifizieren.

Kalkulationen von Telemedien lassen sich nach dem Projektstatus weiter differenzieren. So kann es sich um Telemedien aus dem Bestand, neue Vorhaben und fortgeführte Vorhaben handeln. Die Variabilität der Kostenschätzung wird mit fortschreitendem Projektverlauf abnehmen. Je mehr Kosten bereits realisiert sind, desto weniger Unbekannte können zu Abweichungen führen (vgl. MCCONNELL 2006: 76). Eine dynamische Planung, die den Innovationsgrad des Vorhabens berücksichtigt, scheint der Veränderung der Projektstadien am ehesten gerecht zu werden.

Auch organisatorische Besonderheiten beeinflussen die Berechnung des finanziellen Aufwands. So sind zunächst die Gemeinkosten und die Interpretation der Zurechnungsprinzipien zu nennen. Zwischen den einzelnen Kostenträgern und Kostenstellen bestehen Interdependenzen. Organisatorisch muss eindeutig nachvollziehbar sein, welche Abteilung für die Erstellung der Inhalte verantwortlich ist oder welche Anteile der allgemeinen Betriebskosten auf die Telemedien zu verrechnen sind. Wäre beispielsweise eine Erhöhung der Produktionskosten von Spielfilmen zurückzuführen auf die Anforderungen der Telemedien, so ist dies in der Kalkulation anzumerken. Planern muss hier bewusst sein, dass die Entwicklung eines Projekts Konsequenzen für andere Abteilungen mit sich bringt.

Die Konzeptinhalte können trotz der Einschränkungen im Programmauftrag weiter so vielfältig sein, dass eine grobe Inhaltsbeschreibung im Unternehmen unterschiedlich interpretiert werden und zu unterschiedlich hohen Kosten führen kann. Der finanzielle Aufwand sollte Aufschluss darüber geben, welche alternativen Umsetzungsmöglichkeiten existieren. Online-Portale und Webseiten haben einen wandelbaren Inhalt. Funktionen, Breite und Tiefe des Inhalts können leicht angepasst werden. Dieser Wandel kann in allen Lebensphasen des Telemediums vorkommen und verursacht stets eine Veränderung des finanziellen Aufwands. Einige Kosten werden stärker auf die Veränderung des Szenarios reagieren als andere. Diese Sensibilität der Kostenkomponenten sollte berücksichtigt werden.

Zuletzt sollten die einzelnen Konzepte und realisierten Projekte miteinander vergleichbar sein. Das heißt, die Kostenstruktur und die angelegten Testkriterien müssen zumindest anstaltsintern auf alle Telemedien angewandt werden können. Dies ist nur möglich, wenn die Kalkulationsergebnisse kontrolliert und protokolliert werden. Die Erfahrungen mit einem Projekt sollten weitergegeben werden. Die buchhalterische Protokollierung des Projekts muss hierzu umfassend sein.

5. Fazit: Anforderungen an die dritte Phase des Drei-Stufen-Tests

Die Untersuchung der eingangs gestellten Thesen zeigt, dass die Berechnung des finanziellen Aufwands im Rahmen des Drei-Stufen-Tests keineswegs unproblematisch ist. Im Rahmen des Drei-Stufen-Tests kann der gerechtfertigte finanzielle Aufwand eines Telemediums nur festgestellt werden, wenn die genannten systematischen Verzerrungen der Kostenkomponenten vermieden werden. Wie gezeigt, sind die Kostenkalkulationen jedoch regelmäßig psychologischen, politisch-institutionellen und methodischen Einflüssen ausgesetzt, die im Ergebnis zur finanziellen Unterkompensation oder zu einer Überkompensation des Telemediums führen können. Berücksichtigen die Senderanstalten die methodischen Anforderungen an die Kalkulation, so kann schon kurzfristig eine genauere Schätzung der Kosten vorgenommen werden. Unsere Empfehlungen wollen hierfür ein Ausgangspunkt sein.

Diese Maßnahmen alleine werden das Problem der Über- oder Unterkompensation jedoch kaum vollständig lösen können. Schließlich wird es bei politischen Entscheidungen, wie der um die Zulässigkeit geplanter Telemediengesetze, immer strategische Anreize zur Über- oder Untertreibung von Nutzen oder Kosten geben. Zur Vermeidung können hier sicher anreizkompatible Verträge und Kontrollen Dritter helfen, politisch-institutionelle und psychologische Verzerrungen zu reduzieren. Die wichtigste Forderung muss allerdings die nach Transparenz und Vollständigkeit der Kostenaufstellung bleiben. Solange die Kosten von Telemedienkonzepten weiter hoch aggregiert und nicht öffentlich diskutiert werden, bestehen für die Beteiligten kaum Anreize, kosteneffizient zu planen.

Literatur

AK FINANZIERUNG/ARBEITSKREIS ›FINANZIERUNG‹ DER SCHMALENBACH-GESELLSCHAFT: Investitions-Controlling – Zum Problem der Informationsverzerrung bei Investitionsentscheidungen in dezentralisierten Unternehmen. In: *ZfBF – Zeitschrift für betriebswirtschaftliche Forschung*, 46, 1994, S. 899-925

BAZERMANN, M. H.: *Judgment in Managerial Decision Making*. New Caledonia 2006

BEREKOVEN, L.; W. ECKERT; P. ELLENRIEDER: *Marktforschung. Methodische Grundlagen und praktische Anwendung*. Wiesbaden [Gabler Verlag] 2006

DEWENTER, R.; J. HAUCAP: *Ökonomische Auswirkungen von öffentlich-rechtlichen Online-Angeboten: Marktauswirkungen innerhalb von Drei-Stufen-Tests*. Baden-Baden [Nomos Verlag] 2009

DUVAL, T. S.; P. J. SILVIA: Self-Awareness, Probability of Improvement, and the Self-serving Bias. In: *Journal of Personality and Social Psychology*, 82, 2002, S. 49-61

FÄRBER, G.: Theorie und Praxis kommunaler Gebührenkalkulation. In: ANDEL, N. (Hrsg.): *Probleme der Kommunalfinanzen. Schriften des Vereins für Socialpolitik*. Berlin 2001, Bd. 283, S. 57-124

FLYVBJERG, B.: *Megaprojects and Risk. An Anatomy of Ambition*. Cambridge 2003

KEF: Pressemitteilung vom 25. Juni 2009

KEREN, G.; K.H. TEIGEN: Yet another look at the heuristics and biases approach. In: KOEHLER, D.J.; N. HARVEY (Hrsg.): *Blackwell Handbook of judgment and decision making*. Malden 2004, S. 89-109

KINDLER, A.: *Wirtschaftlichkeit von Software-Entwicklungsprojekten. Ansätze zur Verbesserung der Aufwandschätzung*. Wiesbaden [Gabler Verlag] 1995

LINDER, S.: Wie (un)zuverlässig sind Investitionsplanungen? Ein Überblick über den Stand der empirischen Forschung zur Verbreitung von Fehlern und Verzerrungen in Investitionsplanungen. In: WEBER, J. (Hrsg.): *Investitionscontrolling*. Wiesbaden [Gabler Verlag] 2004, S. 47-57

MEDIENGRUPPE RTL: *Stellungnahme zum Drei-Stufen-Test zur Angebotsbeschreibung für kikaninchen.de, ein Portal für Vorschüler*. Köln 2009

MCCONNELL, S.: *Aufwandschätzung bei Softwareprojekten. Softwareschätzung ist kein Buch mit sieben Siegeln*. Washington [Microsoft Press] 2006

O.V.: *Angebotsbeschreibung für www.kikaninchen.de ein Portal für Vorschüler des KI.KA*. Erfurt 2008a

O.V.: *Begründung zum Zwölften Staatsvertrag zur Änderung rundfunkrechtlicher Staatsverträge (Zwölfter Rundfunkänderungsstaatsvertrag)* 2008b

PRUITT, W.; L. J. GITMAN: Capital Budgeting Forecast Biases: Evidence from the Fortune 500. In: *Financial Management*, 16, 1987, S. 46-51

RABIN, M.; J. L. SCHRAG: First Impressions Matter: A Model of Confirmatory Bias. In: *Quarterly Journal of Economics*, 114, 1999, S. 37-82

RUSSO, J.E.; P.J.H. SCHOEMAKER: Managing Overconfidence. In: *Sloan Management Review*, 33, 1992, S. 7-17

SAVAGE, S.: The Flaw of Averages. In: *Harvard Business Review*, 80, 2002, S. 20-22

SCHULZ, W.: *Der Programmauftrag als Prozess seiner Begründung. Vorschläge zu Verfahren und Organisation des ›Drei-Stufen-Tests‹ zur Selbstkonkretisierung des Funktionsauftrags öffentlich-rechtlicher Rundfunkanstalten.* Berlin [Stabsabt. Der Friedrich-Ebert-Stiftung] 2008

TVERSKY, A; D. KAHNEMANN: Judgment under uncertainty: Heuristics and biases. In: KAHNEMANN, D.; P. SLOVIC; A. TVERSKY (Hrsg.): *Judgment under uncertainty: Heuristics and biases.* Cambridge 1982, S. 3-20

VANSTON, J. H.; L. K. VANSTON: Testing the Tea Leaves: Evaluating the Validity of Forecasts. In: *Research Technology Management*, 47, 2004, S. 33-39

WEINSTEIN, N. D.: Unrealistic Optimism about Future Life Events. In: *Journal of Behavioral Medicine*, 39, 1980, S. 806-820

ULRIKE MELLMANN

Tausenderkontaktkosten als Kennziffern zur Messung von Medienleistungen im öffentlich-rechtlichen Fernsehen

Der öffentlich-rechtliche Rundfunk und seine Leistungen stehen in den letzten Jahren aufgrund der kontinuierlichen Anhebungen der Gebühren in der Kritik. Die negative Bewertung erfolgt unter verstärkter Bezugnahme auf das Gegenmodell der privaten Rundfunkanbieter und konsolidiert den Vorwurf der Ineffizienz des öffentlich-rechtlichen Systems (u. a. KRONBERGER KREIS 1989; STOIBER/BIEDENKOPF 1996; GEMEINSAME INITIATIVE DER BUNDESLÄNDER BAYERN, NRW UND SACHSEN 2003; HEINRICH 2005). Wirtschaftlichkeitsvergleiche innerhalb der öffentlich-rechtlichen Rundfunkanstalten erfolgen in den KEF-Berichten auf Basis von Minutenkosten. Im Vergleich zu privaten Rundfunkanbietern erscheinen diese als enorm hoch (DLM 2002; SEUFERT 2006). Ein direkter Vergleich dieses Indikators zwischen privaten und öffentlich-rechtlichen Programmen ist jedoch problematisch, da sie unterschiedliche Sachziele verfolgen. Eine Lösung bietet das Konzept der genrespezifischen Tausenderkontaktkosten (TKK), welches einen Zusammenhang zwischen Programmaufwand, Qualität und Nachfrage postuliert (DIEM 1994; SEUFERT 2006). Dieser Beitrag erläutert das Konzept der TKK und geht der Frage nach, ob entsprechende Daten zu Kosten und Nachfrage für das öffentlich-rechtliche Fernsehen zugänglich sind. Anhand verfügbarer Daten könnte der empirische Zusammenhang der Indikatoren untersucht sowie die TKK berechnet werden. Dabei soll geklärt werden, ob sich die veröffentlichten Kosten- und Nachfragedaten auf Ebene von Genres oder Einzelsendungen für Vergleiche eignen und welche Implikationen sich daraus für die Debatte um die Wirtschaftlichkeit öffentlich-rechtlicher Rundfunkanstalten ergeben.

1. Zur Debatte über Qualität und Effizienz im öffentlich-rechtlichen Rundfunk

Die Bestands- und Entwicklungsgarantie wurde dem öffentlich-rechtlichen Rundfunk aufgrund der mangelnden Funktionsfähigkeit des privaten Rundfunks in der Erfüllung der Grundversorgung zugesprochen (HEINRICH 1999: 87). Nur die öffentlich-rechtlichen Rundfunkanstalten können die Erfüllung des Programmauftrags gewährleisten. Diese Aufgabe legitimiert die Finanzierung über Gebühren. Angesichts dieser Finanzierungsgarantie ist die Kontrolle der Wirtschaftlichkeit schwierig (ebd.). Da weder eine externe Preiskontrolle über den Markt besteht noch eine interne oder extern regulierende Kostenkontrolle[1] realisiert werden kann, bleibt der Vorwurf der Ineffizienz des öffentlich-rechtlichen Rundfunks bestehen.

Neben dem Vorwurf des unwirtschaftlichen Handelns dominiert die Unterstellung einer Selbstkommerzialisierung des öffentlich-rechtlichen Rundfunks. Während das private Rundfunksystem pauschal als kostengünstiger und effizienter beurteilt wird (u.a. EICKHOF/NEVER 2000; RADKE/THEN BERG 2004), wird angenommen, dass das öffentlich-rechtliche System ähnlich preiswerte und massenattraktive Programmelemente übernimmt. Der öffentlich-rechtliche Rundfunk steht zwar nicht in einem marktmäßigen Wettbewerb mit den privaten Anbietern, wird jedoch in einen »funktionsfremden ökonomisch-publizistischen Wettbewerb« (STOCK 2005: 58) und damit in einen Standhalte-Wettbewerb gezwungen – auch, um den öffentlichen Auftrag zu protegieren (SCHWARZKOPF 1999: 1152; LANGENBUCHER 1999: 270). In diesem Zusammenhang werden verstärkt Konvergenzdebatten geführt (SCHATZ 1992; KRÜGER 1991, 2001; HOLZNAGEL 2002; STOCK 2005), da eine Gefahr in der vermuteten Angleichung der öffentlich-rechtlichen Inhalte an die des privaten Rundfunks gesehen wird. Es kann jedoch nicht eindeutig geklärt werden, ob solche Veränderungen aufgrund des durch

---

[1] Die Empfehlungen der KEF zur Festsetzung der Rundfunkgebühr sind nicht bindend (HEINRICH 1999: 93).

private Anbieter bewirkten Medienwandels hervorgerufen werden oder ob der Einfluss aus gesellschaftlichen Veränderungen resultiert (LANGENBUCHER 1999: 269).

Die öffentliche Kritik stellt die Erfüllung des Programmauftrags und damit die Qualität der öffentlich-rechtlichen Inhalte infrage. Die Kontrolle und optimale Umsetzung des Programmauftrags ist als problematisch einzuschätzen, denn Qualität und Umfang öffentlich-rechtlicher Produktion unterliegen keiner festgeschrieben Leistungsbereitstellung (HEINRICH 1999: 88ff.). Zwar werden die Inhalte öffentlich-rechtlicher Medienangebote häufig per se als qualitativ hochwertig angesehen, weil deren positiver externer Nutzen betont wird, trotzdem muss dieser nicht zwangsläufig als Qualitätsindikator fungieren – denn nicht durch das Angebot, sondern erst durch den Konsum gesellschaftlich besonders wertvoller Programme entsteht der Nutzen. Hier deutet sich an, dass die Nachfrage als zusätzliche Zielgröße in das Konzept von Qualität und Wirtschaftlichkeit eingebaut werden muss (SEUFERT 2005: 378). Dies kann jedoch nicht über die pauschale und ausschließliche Auswertung der Einschaltquoten erfolgen. Anderseits liefern auch eindimensionale Einschätzungen aus Regulierer- oder Kommunikatorperspektive, bspw. anhand der Vorgabe inhaltlicher Kategorien oder dem Umfang der Sendeleistung (RIDDER 2005: 214ff.), kaum Aussagekraft zur optimalen Qualität und Wirtschaftlichkeit öffentlich-rechtlicher Angebote. Es braucht einen Ansatz, der die Konstrukte Qualität und Wirtschaftlichkeit integriert und objektiv nachprüfbare Argumente zur Debatte bietet.

2. Das Konzept der genrespezifischen Tausenderkontaktkosten (TKK)

In der Regel wird die Leistung öffentlich-rechtlicher Angebote über den Umfang des Outputs der Programme operationalisiert (u. a. RIDDER 2005). Ein hoher Output an Sendeminuten garantiert jedoch weder Qualität, noch lässt sich durch ihn die Kostenwirtschaftlichkeit beurteilen. Auch die KEF nimmt Wirtschaftlichkeitsvergleiche zwischen den einzelnen Rundfunkanstalten auf Grundlage von Sendeminuten vor und definiert Minutenkosten als Sendeleistung. Beim Vergleich der Minutenkosten wird den öffentlich-rechtlichen Programmen generell Ineffizienz unterstellt, weil ihre Minutenkosten teurer sind als die der privaten Programme (Tab. 1.).

TABELLE 1
Kosten je Erstsendeminute in EUR

	1995	1998	2002
Öffentlich-rechtliches Fernsehen	765,40	830,34	600,80
Privates Fernsehen	297,57	102,77	119,59
Öffentlich-rechtlicher Hörfunk	71,58	65,00	68,00
Privater Hörfunk	5,62	4,60	6,14

Quelle: DLM-Berichte 1995-2002

Es wird dabei jedoch ignoriert, dass bei der Produktion von Rundfunkprogrammen »wie in allen anderen Wirtschaftszweigen [...] ein Zusammenhang zwischen Produktqualität und Produktionsaufwand besteht, höhere Qualitätsansprüche sich in der Regel also in einem höheren Kostenniveau widerspiegeln« (SEUFERT 2006: 366). Die öffentlich-rechtlichen Rundfunkanstalten selbst versuchen, die Qualität von Fernsehsendungen mehrdimensional über den Zusammenhang zwischen Aufwand, Qualität und Nachfrage zu operationalisieren (DIEM 1994: 68ff.). Daraus folgt die Feststellung: »Gesamtkosten einer Sendung sind nicht nur mit der Dauer einer Sendung (Minutenpreis), sondern auch mit der Reichweite der Sendung (Minutenpreis pro tausend Seher) in eine Beziehung zu setzen« (ebd.: 69). Auch Seufert (2006) argumentiert, dass TKK generell besser für Wirtschaftlichkeitsvergleiche geeignet sind, da ein Zusammenhang zwischen Programmaufwand, Qualität und Zuschauer- bzw. Hörernachfrage besteht (ebd.: 372ff.). Die Integration der Nachfrage ist aus mikroökonomischer Perspektive sinnvoll, da neben dem Preis auch die Qualität über den Konsum eines Guts entscheidet (SEUFERT 2005: 373). Es kann davon ausgegangen werden, dass bei gleichem Preis das Angebot mit höherer Qualität favorisiert wird.[2] Qualität ist demzufolge ein entscheidender Wettbewerbsfaktor für sämtliche Rundfunkunternehmen, unabhängig von der Art der Finanzierung (ebd.). Preis-

---

2   Informationsmängel führen bei Mediengütern dazu, dass die Qualität vor dem Konsum nicht bewertet werden kann (u. a. HEINRICH 1999: 39). Die mikroökonomische Theorie geht jedoch davon aus, dass es bei allen Gütern objektiv messbare und subjektiv wahrgenommene Qualitätsunterschiede gibt. In Wirtschaftsprozessen ist einzig das Individuum der Maßstab für den Wert von Gütern, sodass ökonomische Qualität nur individuell determiniert werden kann (SJURTS 2004: 497).

senkungswettbewerb macht aus dieser Perspektive nicht zwangsläufig Sinn, da ein Anbieter mit kostenintensiv produzierten Inhalten rentabler wirtschaften kann, wenn diese häufiger nachgefragt werden als billigere Inhalte. Diese Argumentation steht im Gegensatz zu der weit verbreiteten Annahme, dass Massenattraktivität mit geringer Qualität einhergeht (ebd.). Anhand der Darstellung in TKK (Minutenkosten pro 1000 Seher/Hörer) wird der Zusammenhang von Produktionskosten, Qualität und Nachfrage deutlich (Tab. 2). Das Beispiel zeigt, dass bei ausreichend großer Nachfrage die teureren Inhalte (Inhalt 2) den billigeren (Inhalt 1) vorzuziehen sind.

TABELLE 2
Berechnungsbeispiel TKK

	Inhalt 1	Inhalt 2
Minutenkosten	600 €	1200 €
Reichweite (Zuschauer)	20.000	60.000
TKK	30 €	20 €

Eigene Darstellung

Da die Gesamtprogramme im Rundfunkmarkt aus sehr heterogenen Leistungsbündeln zusammengesetzt sind (SEUFERT 2006: 367; NAFZIGER/ SCHWERTZEL 1997: 14), liegen diesen auch verschiedene Produktionsprozesse und folglich unterschiedliche Kostenniveaus zugrunde (bspw. Wort- vs. Musikanteile im Radio). Darüber hinaus variiert die Größe entsprechender Marktsegmente und damit auch das Nachfragepotenzial (bspw. Dokumentar- vs. Spielfilm). Infolgedessen gelten TKK für einzelne Programmgenres in Wirtschaftlichkeitsvergleichen als aussagekräftiger, weil dabei homogene Produktionskostenbedingungen und Reichweitenpotenziale betrachtet werden (SEUFERT 2006; DIEM 1994). Bei der Berechnung von TKK für Gesamtprogramme ergibt sich ein sogenannter ›Programmstruktureffekt‹, welcher für öffentlich-rechtliche Programme vergleichsweise gravierend ist, da diese wesentlich mehr Informations- und Kulturanteile oder reichweitenschwache Minderheitenprogramme anbieten als private Veranstalter (SEUFERT 2006: 377f.). Unter Bezugnahme auf TKK ergeben sich für verschiedene Programmgenres je nach Produktionskosten- und Reichweitenpotenzial unterschiedliche Qualitätsoptima. Dabei wird auch Bezug auf das Gesetz abnehmender Grenzerträge und abnehmenden Grenznutzens genommen. Ersteres bezieht sich auf ein gegebenes, begrenztes Qualitätsoptimum, letzteres impliziert, dass für die Rezipienten ab einem gewissen Punkt die Erhöhung der Qualität nicht mehr zur Steigerung ihres Programmnutzens und damit zur Erhöhung des Marktanteils führt (LACY/SIMON 1993; SEUFERT 2006: 370, 2005: 373). Seufert (2006) geht davon aus, dass sich aufgrund divergierender Reichweitenpotenziale und unterschiedlichen Kostenniveaus für jedes Genre spezifische Qualitäts-Nachfrage-Funktionen berechnen lassen (Abb. 1). Die Kurve der genrespezifischen Qualitäts-Nachfragefunktionen kann bei höherem Qualitätswettbewerb entsprechend steiler verlaufen und wird aufgrund variierender Wettbewerbskonstellationen nicht konstant sein (SEUFERT 2006: 372).

ABBILDUNG 1
Genrespezifische Qualitäts-Nachfragefunktion

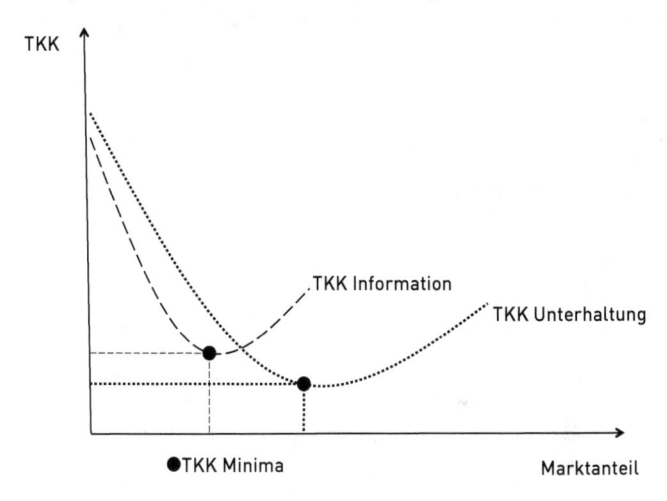

Quelle: Seufert 2006: 371

Wirtschaftlichkeitsvergleiche sollten also nicht, wie von der KEF praktiziert, auf Basis von Minutenkosten erfolgen, da der Programmauftrag den öffentlich-rechtlichen Anbietern eine bestimmte Zusammensetzung ihres Programms vorgibt. Private Anbieter wirtschaften hingegen entsprechend ihren Rentabilitätskalkülen und versuchen, ihre Angebote mit minimalen Minutenkosten zu produzieren: Langfristig werden so nur die Inhalte mit ausreichend großer Nachfrage angeboten, was aus mikroökonomischer Sicht impliziert, dass solche rentablen Angebote eine ausreichende Mindestqualität aufweisen (SEUFERT 2006: 367f.). Diesbezüglich sollte sich aus der genrespezifischen Qualitäts-Nachfragefunktion ein TKK-Minimum berechnen lassen. Beim Vergleich solcher TKK-Minima (Abb. 2) muss die Operationalisierung von Qualitätsniveaus für öffentlich-rechtliche Angebote über Programmstrukturvorgaben und Reichweitenziele erfolgen. Für den Fall, dass die TKK von Inhalten öffentlich-rechtlicher Anbieter über dem Minimum jener der Privaten liegen, könnte dies einerseits auf mangelnde Produktionseffizienz zurückgeführt werden, oder aber auf einen höheren Qualitätsstandard der Inhalte (SEUFERT 2006: 381). Wenn mit diesen Qualitätssteigerungen wiederum vorgegebene Reichweitenziele realisiert werden, ist der Produktionsaufwand (in Form von Qualitätsinvestitionen) als effizient einzuschätzen: Reichweitenziele für die Genres öffentlich-rechtlicher Angebote fungieren so als zusätzliche Qualitätsanforderungen (ebd.: 382).

ABBILDUNG 2
Qualitäts-Nachfragefunktion und Produktionseffizienz bei Marktanteilsvorgaben

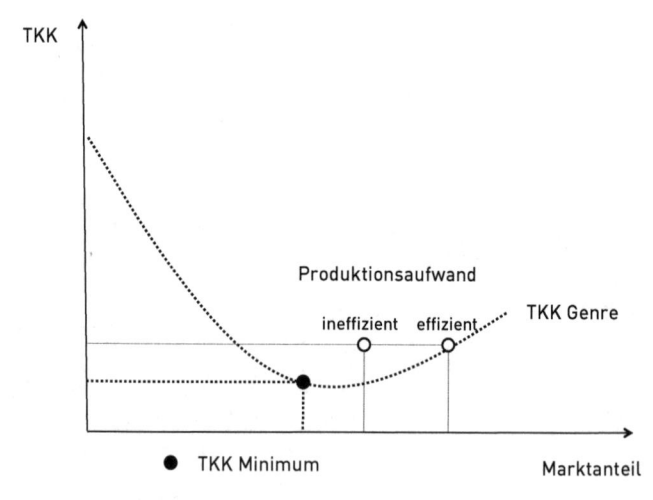

Quelle: Seufert 2006: 381

Seufert bestätigt den theoretischen Zusammenhang zwischen Programmaufwand und Rezipientennachfrage empirisch mittels linearer Regression. Für ausgewählte deutsche TV-Vollprogramme und landesweite Hörfunkprogramme ergibt sich ein signifikanter und enger Zusammenhang zwischen Produktionsaufwand (unabhängige Variable) und Nachfrage (abhängige Variable; SEUFERT 2006: 372ff.).

3. Datenlage und Befunde für einzelne Genres des öffentlich-rechtlichen Fernsehens

Im Folgenden wird die Datenlage zu den Indikatoren ›Kosten je Sendeminute‹ und ›Einschaltquoten bzw. Reichweiten für die öffentlich-rechtlichen Angebote‹ auf Genre-Ebene betrachtet. Es wird geprüft, ob valide Daten veröffentlicht werden bzw. welche Standardisierungen vorgenommen werden müssen, um TKK für öffentlich-rechtliche Programmgenres zu berechnen bzw. einen empirischen Zusammenhang der Indikatoren zu ermitteln.

Die KEF veröffentlicht Minutenkosten auf Genre-Ebene für alle Rundfunkanstalten der ARD und das ZDF. Die dabei zugrunde liegenden Selbstkosten[3] setzen sich aus Personalkosten und Gemeinkostenteilen zusammen. Nur unter Einbezug dieser Kostenanteile kann von einer Vollkostenerhebung ausgegangen werden, welche alle Aufwendungen des Produktionsprozesses einschließt. Die in den KEF-Berichten ausgewiesenen Kostendaten beziehen sich vorwiegend auf Erstsendeminuten, welche nicht den exakten Produktionsaufwand abbilden und damit das Kostenniveau einzelner Sender erheblich anheben – denn die Mehrfachverwertung von Sendungen und Programmen erfolgt über regelmäßige Wiederholungen und Übernahmen zwischen den verschiedenen Anstalten. Diese Programmelemente stellen einen äußerst geringen Eigenaufwand für die Sender dar. Besser bietet sich hier die Kennziffer ›Kosten pro Gesamtsendeminute‹ (Durchschnittskosten) an. Tabelle 3 zeigt den Unterschied im Kostenniveau für ausgewählte Genres der ARD im Jahr 2002. Für die Genres ›Familie‹, ›Fernsehspiel‹ und ›Spielfilme‹ ist das

---

[3] Der Terminus Selbstkosten setzt sich aus der Differenz von Gesamtkosten minus Ausstrahlungs- und Abspielkosten zusammen. Ausstrahlungs- und Abspielkosten sind so gering, dass sie im Kostenniveau unberücksichtigt bleiben.

Kostenniveau bei Erstsendeminuten mehr als doppelt so hoch wie bei Gesamtsendeminuten. Besonders gravierend ist die Differenz für das Genre ›Spielfilme‹, da diese häufig von verschiedenen Dritten Programmen übernommen werden. Für eine empirische Analyse ist es sinnvoll, die Kostendaten auf Gesamtsendeniveau zu standardisieren.

TABELLE 3
Durchschnittsselbstkosten der wichtigsten Ressorts der Ersten Fernsehprogramme der ARD 2002

Genres ARD 2002	Kosten je	
	Gesamtsendeminute	Erstsendeminute
Politik & Gesellschaft	1800 EUR	2500 EUR
Kultur	1800 EUR	2400 EUR
Tagesschau/Tagesthemen	2800 EUR	2800 EUR
Familie	1200 EUR	2500 EUR
Sportschau/Sport Extra	8800 EUR	8800 EUR
Unterhaltung	4700 EUR	6700 EUR
Fernsehspiel	9300 EUR	20.000 EUR
Spielfilme	3300 EUR	8900 EUR
Vorabend-Programm	6000 EUR	6400 EUR
Vormittagsprogramm	1100 EUR	1100 EUR
1. FS-Programm gesamt	3500 EUR	5700 EUR

Quelle: Eigene Darstellung nach KEF (2003: 256)

Problematisch sind auch die abweichenden Genre-Definitionen für die Inhalte von ARD, ZDF und Dritten Programmen. Beim Vergleich von Minutenkosten zwischen den Rundfunkanstalten müssen einheitliche Genrekategorien definiert werden und die Kostendaten entsprechend berechnet werden. Trotz des Aufwandes der Standardisierung[4] der Sen-

---

4   Für die Jahre 1992, 1997 und 2002 wurden von der Autorin anhand von Rohdaten der KEF Die Minutenkosten der Genres aller Rundfunkanstalten auf Gesamtsendeminuten standardisiert sowie die Genrekategorien anhand der ARD- und ZDF-Jahrbücher harmonisiert (siehe Tab. 4). Einige von der KEF ausgewiesene Genres wurden hier nicht berücksichtigt, wenn diese nicht für alle Sender angegeben waren.

deminutenkosten erscheint die Datenlage als ergiebig. Die Möglichkeit, eine längere Zeitreihe zu berechnen, könnte anhand von Rohdaten in Kooperation mit der KEF bestehen. Dadurch könnten auch die unterschiedlichen Genreabgrenzungen zwischen den Rundfunkanstalten harmonisiert werden.

Schwierig ist eine Zusammenführung der Kostendaten mit vorhandenen Indikatoren der Nachfrage für die einzelnen Genres. Die Nachfrage nach öffentlich-rechtlichen Programmen, erhoben von der AGF/GfK, wird in den *Media Perspektiven* nicht in der Dimension ›Anzahl der Seher‹ (Reichweite) bzw. ›Marktanteil‹, sondern als Prozentualer Anteil der Nut-

TABELLE 4
Struktur der Daten zum Produktionsaufwand und zur Nachfrage öffentlich-rechtlicher Programme

Kosten			Nachfrage
Kosten je Erstsendeminute/ Gesamtsendeminute in €			Anteile an der Nutzung in %
Quelle: KEF			Quelle: AGF/GfK (Media Perspektiven)
ARD	ZDF	Dritte einzeln	ARD/ ZDF/ Dritte aggregiert
Politik & Gesellschaft	Politik	Politik & Gesellschaft	Information
Kultur	Kultur	Kultur & Wissenschaft	
		Bildung & Beratung	
		Religion	
Tagesthemen/ Tagesschau	Aktuelles	Nachrichten	
Spielfilme & Krimiserien	Spielfilm	Spielfilm	Fiktion
Fernsehspiel	Fernsehspiel	Fernsehspiel	
Reihen & Serien (Vorabend)			
Unterhaltung	Unterhaltung (Wort & Show)		Unterhaltung
Familie	Familie	Familie	
Sportschau	Sport	Sport	Sport

Quelle: Eigene Darstellung

zung veröffentlicht. Für den Vergleich der Nachfrage ist generell zu überlegen, ob der Indikator ›Marktanteil‹ besser geeignet wäre als die absolute Reichweite, denn die Nachfrage wird auch durch die Programmplatzierung determiniert. Bspw. haben in der Prime Time platzierte Inhalte per se ein höheres Reichweitenpotenzial, da das Marktvolumen höher ist (mehr Zuschauer). Marktanteile setzen die Nachfrage zum aktuellen Marktvolumen ins Verhältnis. Eine Umrechnung in Marktanteile wäre anhand der Sehdaueranteile in Minuten möglich. Allerdings werden Sehdaueranteile auf Genre-Ebene nur in wenigen Fällen veröffentlicht.

Problematisch ist bei den Nachfrage-Indikatoren die Ausdifferenzierung der Genres. Diese werden nämlich nur für Information, Unterhaltung, Fiktion und Sport veröffentlicht. Die Kostendaten der KEF müssten demzufolge entsprechend der vier Genreausprägungen standardisiert werden. Eine Reduzierung der Genreausdifferenzierung hat aber zur Folge, dass relevante Informationen verloren gehen. So würden bspw. Spielfilme und Serien in das Genre ›Fiktion‹ eingehen (Tab. 4), obwohl deren Produktionsaufwand sowie Nachfragepotenziale unterschiedlich sind. Ein Vergleich zwischen Rundfunkanstalten scheitert außerdem daran, dass die Nachfrage der vier ausgewiesenen Genres für die Dritten Programme der ARD nicht einzeln aufgeschlüsselt, sondern nur im Aggregat dargestellt werden (u. a. DARSCHIN/FRANK 1993; GERHARDS et al. 1998; GERHARDS/ BLUMER 2003; DARSCHIN/GERHARD 2003), obwohl diese unabhängig voneinander wirtschaften. Tabelle 4 verdeutlicht die strukturellen Unterschiede zwischen den öffentlich zugänglichen Kosten- und Nachfragedaten.

Eine Berechnung von genrespezifischen TKK ist anhand der gegenwärtig ausgewiesenen Daten nicht möglich. Vor allem mangelt es an genrespezifischen Nachfragedaten auf disaggregierter Ebene. Die Überprüfung eines empirischen Zusammenhangs bzgl. der Abhängigkeit der Nachfrage vom Produktionsaufwand ist mit den vorliegenden Informationen kaum zu realisieren.

4. TKK und Daten auf Ebene von Einzelsendungen

Auf der Ebene von Einzelsendungen sind kaum Daten zur Darstellung der relevanten Indikatoren verfügbar. Im 15. KEF-Bericht sind Kosten pro Minute für verschiedene *Tatort*-Produktionen der Jahre 2003 und 2004 ausgewiesen (KEF 2005: 144f.). Da diese Sendungen zu den meistgesehenen Fernseh- und Spielfilmen im deutschen Fernsehen gehören, wird deren Reichweite und Marktanteil in den *Media Perspektiven* (ZUBAYR/GERHARD 2005: 104) publiziert. Für diese Sendungen werden TKK anhand der Indikatoren Aufwand (Stückkosten in Form von Kosten je Sendeminute) und Nachfrage (Zuschauer in Mio.) berechnet (Tab. 5).

TABELLE 5
Produktionskosten und Nachfrage ausgewählter *Tatort*-Sendungen der ARD (2003/2004)

Sendung *Tatort*	Zuschauer In Mio.	Kosten je Erstsendeminute in EUR	TKK in EUR	Marktanteil in Prozent
Bienzle und der Tod im Teig*	9,61	11,643	1,21	27,1
Mutterliebe*	8,96	15,778	1,76	25,3
Schattenlos*	9,32	16,376	1,76	26,8
Im Visier*	9,36	20,455	2,19	26,2
Hexentanz*	9,13	15,305	1,68	26,8
Odins Rache**	8,86	16,284	1,84	27,3
Eine Leiche zu viel**	8,89	16,758	1,89	24,6
Herzversagen**	9,43	14,071	1,49	26,5
Heimspiel**	8,79	14,694	1,67	23,4
Stirb und werde**	8,85	14,177	1,6	25,0
Märchenwald**	9,28	16,539	1,78	25,9
Verlorene Töchter**	9,11	14,890	1,63	24,7

*2003 ** 2004

Quelle: KEF (2005: 144f.), Zubayr/Gerhard (2005: 104), eigene Berechnungen

Die niedrigen TKK deuten daraufhin, dass die vergleichsweise teuren Produktionen aufgrund der hohen Nachfrage als rentabel bzw. wirtschaftlich effizient einzuschätzen sind. Ob dabei tatsächlich Qualitätssteigerungen zu der hohen Nachfrage führen, bleibt jedoch ungeklärt. In Abbildung 3 sind die TKK der *Tatort*-Sendungen zu deren Marktanteilen in Beziehung gesetzt. Die Spannweite der Marktanteile beläuft sich auf vier Prozentpunkte (zwischen 23 % und 27 %). Die Nachfrage nach diesem Inhalt scheint für die ausgewiesenen Fälle relativ stabil zu sein. Hier ist die Identifizierung des TKK-Minimums und ein Vergleich der TKK innerhalb einer Sendung eines Anbieters möglich. Um einen aussagekräftigen Vergleich zu erhalten, benötigt man jedoch eine hohe Anzahl von Messzeitpunkten und Fällen, damit auch *Tatort*-Folgen mit weniger Marktanteil berücksichtigt werden. Eine repräsentative Stichprobe wäre hier von Vorteil.

ABBILDUNG 3
TKK zu Marktanteilen für *Tatort*-Folgen 2003, 2004

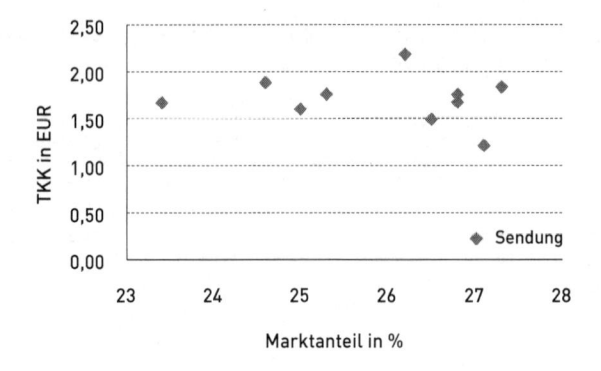

Quelle: Eigene Darstellung

Beim Vergleich von Einzelsendungen innerhalb eines Genres verschiedener Anbieter ist zu berücksichtigen, dass habitualisierte Nutzungsmotive die Nachfrage nach bestimmten Inhalten möglicherweise stärker beeinflussen, als dies das Qualitätsniveau vermag. Bei bestimmten quotenstarken Sendungen oder Serien ist davon auszugehen, dass die Nachfrage eher durch solche Nutzungsmotive determiniert wird. So darf für die *Tatort*-Folgen sicherlich von einem ›Stammpublikum‹ ausgegangen werden, welches auf Änderungen des Qualitätsniveaus relativ resistent oder träge reagiert. Beim Vergleich von Einzelsendungen verschiedener Anbieter ist auch zu beachten, dass diese zu unterschiedlichen Sendezeiten platziert werden, welche sich auf das Nachfragepotenzial auswirken können. Bspw. schalten in der Prime Time prinzipiell mehr Zuschauer ein Programm ein als am Vormittag. Darüber hinaus kann das Marktvolumen nicht als konstant angenommen werden, da saisonale Effekte dieses beeinflussen (z.B. populäre Sport-Übertragungen, ›Sommerloch‹ etc.). Es wurde bereits für den Vergleich von Genres angeregt, dass Marktanteile besser als absolute Reichweiten geeignet sind, um solche Dritteinflüsse teilweise zu kontrollieren.

Der Vergleich von Einzelsendungen verschiedener Anbieter gestaltet sich als schwierig, denn die Sendungen müssen einen ähnlichen Sendeplatz im Gesamtprogramm haben, demselben Genre angehören und möglichst ähnliche Nachfragepotenziale aufweisen. Beim Vergleich der TKK-Niveaus auf Genre-Ebene fließen verschiedene Sendungen ein, sodass mehr Varianz vorhanden ist. Dies entspricht eher dem realistischen Nutzungsverhalten und damit den Nachfrageentscheidungen, da Rezipienten in der Regel mehr als eine Sendung pro Woche konsumieren.

5. Fazit und Implikationen

Anhand von genrespezifischen TKK können Produktionsaufwand, Qualität und Nachfrage in Relation gesetzt werden. Diese Kennziffer kann Anreizstrukturen für öffentlich-rechtlichen Rundfunk definieren, welche die Besonderheiten in deren Produktion (z. B. Programmstrukturvorgaben) berücksichtigen. Bisher ist die Datenlage zur Berechnung des Indikators lückenhaft. Der von der KEF verwendete Indikator ›Minutenkosten‹ scheint wenig für Wirtschaftlichkeitsvergleiche geeignet. Besonders problematisch ist die Datenlage zur Nachfrage, da Informationen nur auf stark aggregiertem Niveau zugänglich sind.

Eine kontinuierliche Datenerhebung anhand der diskutierten Dimensionen wäre von Vorteil. Die Debatte zur Legitimation öffentlich-rechtlicher Programme sollte auf der Grundlage von objektiv nachvollziehbaren Argumenten erfolgen. Dazu bedarf es der Transparenz seitens der betroffenen Akteure. Die öffentlich-rechtlichen Rundfunkanstalten sollten im eigenen Interesse die bisherige Darstellungsweise ihrer Kennziffern überdenken. Für das Weiterbestehen des öffentlich rechtlichen Rundfunks und für den Umgang mit Kritik ist Transparenz unabdingbar. Der öffentlich-rechtliche Rundfunk sichert die Gewährleistung von meritorischen Gütern, die der gesamten Gesellschaft von Nutzen sein können. Besonders in Deutschland profitieren die Zuschauer von einem sehr vielfältigen Angebot, welches erst durch die öffentlich-rechtlichen Programme so mannigfaltig ist. Besonders die von Quotenmaximierung unabhängige Bereitstellung der Kultur-, Bildungs- und Minderheitenprogramme kann eine Vielfalt von Meinungen gewährleisten. Da die Gesellschaft selbst die Finanzierung trägt, sollten aber höhere Qualitätsstandards und Programminvestitionen auch vom Publikum honoriert werden. Falls dies nicht der Fall ist, muss die Bedienung von speziellen und kleinen Zielgruppen durch weitestgehend wirtschaftliche Produktionsprozesse ausgeglichen werden, die jedoch gleichzeitig einer ausreichenden Versorgung gerecht werden.

Literatur

DARSCHIN, W.; B. FRANK: Tendenzen im Zuschauerverhalten. Gewohnheiten und Reichweiten 1992. In: *Media Perspektiven* 3, 1993, S. 114-126

DARSCHIN, W.; H. GERHARD: Tendenzen im Zuschauerverhalten. Fernsehgewohnheiten und Fernsehreichweiten im Jahr 2002. In: *Media Perspektiven*, 4, 2003, S. 158-166

DIEM, P.: Leistungsindikatoren für den öffentlich-rechtlichen Rundfunk. Versuch einer mehrdimensionalen Operationalisierung der Qualität von Fernsehsendungen. In: *Media Perspektiven*, 2, 1994, S. 67-71

DLM (Hrsg.): *Beschäftigte und wirtschaftliche Lage des Rundfunks in Deutschland. 1995/1996.* (Schriftenreihe der Landesmedienanstalten Bd. 6). Berlin [Vistas] 1997

DLM (Hrsg.): *Beschäftigte und wirtschaftliche Lage des Rundfunks in Deutschland. 1998/1999.* (Schriftenreihe der Landesmedienanstalten Bd. 6). Berlin [Vistas] 2000

DLM (Hrsg.): *Beschäftigte und wirtschaftliche Lage des Rundfunks in Deutschland. 2000/2001.* (Schriftenreihe der Landesmedienanstalten Bd. 6). Berlin [Vistas] 2002

EICKHOF, N.; H. NEVER: *Öffentlich-rechtlicher Rundfunk zwischen Anstaltsschutz und Wettbewerb.* Universität Potsdam. Volkswirtschaftliche Diskussionsbeiträge, Nr. 35, 2000

GEMEINSAME INITIATIVE DER BUNDESLÄNDER BAYERN, NRW UND SACHSEN ZU EINER RUNDFUNKSTRUKTURREFORM. 2003. In: http://www.djv.de/fileadmin/DJV/schwerpunkte/Rundfunk/Medienpolitik/initiative_bundeslaender_rundfunkgebuehren.pdf [12.03.2010]

GERHARDS, M.; A. GRAJCZYK; W. KLINGLER: Programmangebote und Spartennutzung im Fernsehen 1997. Daten aus der GfK-Programmcodierung. In: *Media Perspektiven*, 12, 1998, S. 582-593

GERHARDS, M.; W. KLINGLER: Programmangebote und Spartennutzung im Fernsehen 2002. Analyse auf Basis der AGF/GfK-Programmcodierung. In: *Media Perspektiven*, 11, 2003, S. 500-509

HEINRICH, J.: *Medienökonomie Band 2: Hörfunk und Fernsehen.* Wiesbaden [Westdeutscher] 1999

HEINRICH, J.: Zur Funktionalität des Wettbewerbs im dualen System. In: RIDDER, C.-M.; W. L. LANGENBUCHER; U. SAXER; C. STEININGER (Hrsg.): *Bausteine einer Theorie des öffentlich-rechtlichen Rundfunks. Festschrift für Marie-Luise Kiefer.* Wiesbaden [vs] 2005, S. 325-340

HOLZNAGEL, B.: Konvergenz in den Medien. In: BÜLLESBACH, A.; T. DREIER (Hrsg.): *Konvergenz in Medien und Recht.* Köln [Dr. Otto Schmidt] 2002, S. 1-19

KOMMISSION ZUR ERMITTLUNG DES FINANZBEDARFS: *13. KEF-Bericht.* Mainz 2001

KOMMISSION ZUR ERMITTLUNG DES FINANZBEDARFS: *14. KEF-Bericht.* Mainz 2003

KOMMISSION ZUR ERMITTLUNG DES FINANZBEDARFS: *15. KEF-Bericht.* Mainz 2005

KRONBERGER KREIS: *Mehr Markt in Hörfunk und Fernsehen.* Bad Homburg: Frankfurter Institut für wirtschaftliche Forschung. 1989

KRÜGER, U. M.: Zur Konvergenz öffentlich-rechtlicher und privater Fernsehprogramme. Entstehung und empirischer Gehalt einer Hypothese. In: *Rundfunk und Fernsehen,* 39 (1), 1991, S. 82-96

KRÜGER, U. M.: Zur medienpolitischen Instrumentalisierung der Konvergenzhypothese von Heribert Schulz. In: ABROMEIT, H.; J.-U- NIELAND; T. SCHIERL (Hrsg.): *Politik, Medien, Technik. Eine Festschrift für Heribert Schatz.* Wiesbaden [Westdeutscher] 2001, S. 187-206

LACY, S.; T. F. SIMON: *The Economics and Regulation of United States Newspapers.* Norwood, NJ [Ablex] 1993

LANGENBUCHER, W. R.: Rundfunk und Gesellschaft. In: SCHWARZKOPF, D. (Hrsg.): *Rundfunkpolitik in Deutschland. Wettbewerb und Öffentlichkeit. Band 1 und 2.* München [dtv] 1999, S. 149-315

NAFZIGER, R.; U. SCHWERTZEL: *Möglichkeiten und Grenzen von Kennziffern zur Beurteilung von Wirtschaftlichkeit öffentlich-rechtlicher Rundfunkanstalten. Gutachten erstellt im Auftrag der Arbeitsgemeinschaft der öffentlich-rechtlichen Rundfunkanstalten* (ARD) *und des Zweiten Deutschen Fernsehens* (ZDF). Arbeitspapiere des Instituts für Rundfunkökonomie an der Universität zu Köln, Heft 68, 1997

RADKE, P.; F. THEN BERG: Neue Politische Ökonomie und Rundfunkregulierung – dargestellt am Beispiel öffentlich-rechtlicher Rundfunkanstalten. In: FRIEDRICHSEN, M.; W. SEUFERT (Hrsg.): *Effiziente Medienregulie-*

rung. Marktdefizite oder Regulierungsdefizite? Baden-Baden [Nomos] 2004, S. 139-156

RIDDER, C.-M.: Ist der öffentlich-rechtliche Rundfunk es wert, dass ihn sich die Gesellschaft leistet? In: RIDDER, C.-M.; W. L. LANGENBUCHER; U. SAXER; C. STEININGER (Hrsg.): *Bausteine einer Theorie des öffentlich-rechtlichen Rundfunks. Festschrift für Marie-Luise Kiefer.* Wiesbaden [vs] 2005, S. 203-219

SCHATZ, H.: Auf dem Prüfstand: Zur Weiterentwicklung der Konvergenz-Hypothese. In: *medium*, 22 (1) 1992, S. 49-52

SCHWARZKOPF, D.: Das duale System in der sich verändernden Medienordnung. In: SCHWARZKOPF, D. (Hrsg.): *Rundfunkpolitik in Deutschland. Wettbewerb und Öffentlichkeit. Band 1 und 2.* München [dtv] 1999, S. 1140-1189

SEUFERT, W.: Öffentlich-rechtliche Rundfunkanstalten als Non-Profit-Unternehmen. In: RIDDER, C.-M.; W. L. LANGENBUCHER; U. SAXER; C. STEININGER (Hrsg.): *Bausteine einer Theorie des öffentlich-rechtlichen Rundfunks. Festschrift für Marie-Luise Kiefer.* Wiesbaden [vs] 2005, S. 367-379

SEUFERT, W.: Programmaufwand, Qualität und Wirtschaftlichkeit öffentlich-rechtlicher Rundfunkangebote. In: *Medien & Kommunikationswissenschaft*, 54 (3), 2006, S. 365-385

SJURTS, I. (Hrsg.): *Gabler Lexikon. Medienwirtschaft.* Wiesbaden [Gabler] 2004

STOCK, M.: Duales System: funktionsgerecht ausgestaltet?. In: RIDDER, C.-M.; W. L. LANGENBUCHER; U. SAXER; C. STEININGER (Hrsg.): *Bausteine einer Theorie des öffentlich-rechtlichen Rundfunks. Festschrift für Marie-Luise Kiefer.* Wiesbaden [vs] 2005, S. 54-76

STOIBER, E.; K. BIEDENKOPF: Thesen zur Strukturreform des öffentlich-rechtlichen Rundfunks. In: SIEBEN, G. (Hrsg.): *Die Organisationsstruktur des öffentlich-rechtlichen Rundfunks in der aktuellen Diskussion.* Berlin [Vistas] 1996

ZUBAYR, C.; H. GERHARD: Tendenzen im Zuschauerverhalten. Fernsehgewohnheiten und Fernsehreichweiten im Jahr 2004. In: *Media Perspektiven*, 3, 2005, S. 94-104

JULIA WIPPERSBERG

Zur Unverzichtbarkeit von öffentlich-rechtlichem Rundfunk in der Digital- und Internetökonomie – Studienpräsentation: Zur Unverwechselbarkeit des ORF-Online-Angebots

Wird der öffentlich-rechtliche Rundfunk unter den gegebenen wirtschaftlichen Bedingungen möglicherweise auf Dauer jener Anbieter sein, der am besten in der Lage ist, Public Value durch genuine Berichterstattung im Internet zu generieren?

Diese Frage soll im Folgenden durch theoretische Überlegungen im Zusammenhang von Public Value, Internetökonomie und öffentlich-rechtlichem Rundfunk und durch die Ergebnisse von zwei Vergleichsstudien diskutiert werden.

Das Verhältnis von öffentlich-rechtlichem Rundfunk, Internet-Ökonomie und Public Value ist ein Spannungsfeld, das unter den folgenden Prämissen und Rahmenbedingungen der Internetökonomie betrachtet werden muss:[1]

Die globale *Wirtschaftskrise* hat die Medienunternehmen in vollem Umfang erfasst, die krisenhafte Entwicklung ist noch keineswegs abgeschlossen und weltweit werden die Konsequenzen der Krise hinsichtlich der Umsatz- und Ertragsentwicklung vieler Medienhäuser auch noch längerfristig spürbar bleiben. Parallel dazu findet ein tiefgreifender

---

[1] Die hier und in Folge getroffenen Aussagen zur Internetökonomie und den möglichen Entwicklungen beruhen zum überwiegenden Teil auf der Beobachtung, Analyse und Interpretation der aktuellen Vorgänge am Internet-Medienmarkt durch die Autorin.

Paradigmenwechsel im Mediensektor statt, der durch Erosion bestehender Geschäftsmodelle gekennzeichnet ist und der durch die Wirtschaftskrise noch weiter verstärkt wird. Diese Entwicklung kann am besten exemplarisch im Bereich der Printmedien dargestellt werden und lässt sich dort als ›*negative Anzeigen-Auflagen-Spirale*‹ beschreiben:

- Im Zentrum der Entwicklung steht ein tiefgreifender Strukturwandel in der Leserschaft der Zeitungen. Gedruckte Zeitungen verlieren für junge Leser zunehmend an Attraktivität. Deren Informations-Konsum verlagert sich signifikant auf die Nutzung von Online-Angeboten im Internet.
- Diese Entwicklung führt zu einer tendenziellen ›Veralterung‹ der Leserschaft der Zeitungen: Während die Leserschaft der über 40-Jährigen weitgehend stabil bleibt, kommt es zu einer Erosion vor allem in der Altersgruppe der 14- bis 29-Jährigen.
- Über einen längeren Zeitraum betrachtet, besteht die Gefahr, dass für die Printmedien eine ganze Generation verloren geht. Die am oberen Ende der Alterspyramide wegbrechenden Leser können jedenfalls durch Neuzugänge bei der jüngeren Leserschaft kaum oder nicht kompensiert werden.
- Dementsprechend kommt es in der Folge zu einer Stagnation bzw. zu einem Rückgang der verkauften Auflagen der Zeitungen und entsprechenden strukturbedingten Rückgängen bei den Vertriebserlösen.
- Weil junge Leser verlorengehen, verlieren traditionelle Printmedien tendenziell an Attraktivität für die Werbewirtschaft. Für diese ist gerade das junge Leserpublikum von besonderem Interesse. Diese Entwicklung führt – nicht zuletzt verstärkt durch die Wirtschaftskrise – zu ebenfalls strukturbedingten Rückgängen bei den Anzeigenerträgen der Zeitungen.
- Nach einer Studie von ZenithOptimedia vom Herbst 2009 wird der Anteil der Zeitungen am Gesamtwerbeaufkommen weltweit von 2008 bis 2011 von 25 Prozent auf 21 Prozent sinken, während der Internet-Anteil im gleichen Zeitraum von 10 Prozent auf 15 Prozent steigen wird (EANA *Newsletter* 10/2009: 6).
- Gleichzeitig können die Erlösrückgänge der Printausgaben nicht durch Erträge der Online-Ausgaben der Zeitungen wettgemacht werden. Dies ist zum einen bedingt durch die Größenrelation der Umsätze von Print zu Online, die derzeit bei etwa 90 Prozent

Print zu 10 Prozent Online liegt. So lag etwa selbst bei der *New York Times* die Summe der Online-Erlöse 2009 nur bei 12 Prozent des Gesamtumsatzes. Zum anderen ist die Mehrzahl der Online-Ausgaben der Zeitungshäuser nicht gewinnbringend und benötigt zu ihrer Existenz weiterhin die Quersubventionierung durch die Printausgaben.

Durch diese Entwicklung, beschleunigt durch teilweise dramatische Einbrüche der Werbeumsätze, kommt es zu einer verstärkten Erosion der substanziell auf Werbefinanzierung basierenden Geschäftsmodelle der Printmedien, dies trifft aber auch auf private Rundfunkanbieter zu. Dadurch wird es zunehmend schwierig, die genuinen Angebote der Medienunternehmen zu finanzieren. Gleichzeitig verschlechtert die Krise auch die ökonomische Basis von Internet-Angeboten. Funktionierende Geschäftsmodelle im Internet sind – mit Ausnahme von Google – schon bisher kaum vorzufinden. Auch Blogs, die substanziell vom Einsatz einzelner Betreiber leben und keine Redaktion aufrecht erhalten müssen, können nicht als taugliches Geschäftsmodell bezeichnet werden.

Paid-content-Modelle haben sich im B2C-Bereich weltweit bislang nicht durchsetzen lassen, obwohl einige Medienhäuser ihre Online-Angebote mittlerweile als Paid-Content zur Verfügung stellen (in Deutschland *Abendblatt.de* oder *Morgenpost.de*, in Österreich das *Wirtschaftsblatt*). Hier wird sich im Laufe der kommenden Monate und Jahre zeigen, ob die Nutzer das Bezahlangebot akzeptieren oder ob gravierende Einbrüche bei den Nutzer-Zahlen zu verzeichnen sein werden. Grundsätzlich ist es schwierig, Angebote, die bisher kostenlos zur Verfügung standen, nun kostenpflichtig zu machen.[2] Hinzu kommt, dass die Nutzer gerade im Internet an kostenlose Inhalte gewöhnt sind und nur für den technischen Zugang, also die Infrastruktur gezahlt werden muss. Einer Studie von Nielsen zufolge ist etwa ein Drittel der Internet-Nutzer bereit, für hochwertige, professionell gestaltete Online-Nachrichten zu bezahlen. Allerdings wünschen sich dennoch 85 Prozent der Befragten, dass bisher kostenloser Content auch weiterhin kostenlos bleibt.[3]

Dennoch bleibt klar festzuhalten, dass die Finanzierung von Internet-Angeboten durch Werbung schon bisher mit sehr wenigen Ausnahmen

---

2   Vgl. http://www.heise.de/newsticker/meldung/Weitere-Medienhaeuser-testen-Bezahlmodelle-fuers-iPhone-798181.html
3   Vgl. http://meedia.de/nc/details-topstory/article/nielsen--ein-drittel-bereit-fr-paid-content_100026241.html?tx_ttnews[backPid]=911&cHash=673ce12ee5

nicht ausreichend war, um die Kosten der Dienste abzudecken. Folglich sind vor allem News-Portale im Internet bereits bisher in vielen Fällen ohne Quersubventionierung vor allem aus den Erträgen der jeweiligen Primärmedien kaum oder nicht zu finanzieren gewesen.

Informationsangebote im Internet stellen oft eine ›Zweitverwertung‹ von Inhalten dar, eine gut funktionierende, vorwiegend publizistische Verlängerung, bei der die genuinen Medienangebote des Primärmediums, also die ›Erstverwertung‹, bei geringen zusätzlichen Kosten auf einer zweiten Plattform zur Verfügung gestellt werden. Diese ›Zweitverwertung‹ funktioniert allerdings häufig so effizient, dass die ›Erstverwertung‹ leidet und im schlimmsten Falle sogar kannibalisiert werden kann. Dabei konkurrieren die entgeltlichen Angebote des Primärmediums mit den entgeltfreien Angebote im Internet, wobei nur ein geringer Teil der Einbußen des Primärmediums durch die Internetaktivitäten refinanziert werden kann. Zudem tragen auch medienspezifische Leistungsmerkmale wie hohe Aktualität, Rund-um-die-Uhr-Betrieb, Bidirektionalität und partizipative Elemente zum Erfolg der Internetmedien bei gleichzeitiger Kannibalisierung der traditionellen Medien bei.

Ein weiterer Trend bei Informationsangeboten im Internet, der die Geschäftsmodelle der traditionellen Medien negativ beeinflusst, geht in Richtung von Meta- bzw. Aggregator-Angeboten. Die Top-Rankings der News-Angebote in den USA zeigen, dass die vier meist genutzten Angebote (YahooNews, GoogleNews, AOL News und MSNBC) im wesentlichen Aggregator-Angebote von Internetplattformen sind. Kennzeichnend für sie ist, dass sie die News-Angebote vor allem von den Internetportalen der traditionellen Medien ohne jegliches Entgelt für diese Primärmedien aufnehmen und neu zusammenstellen, selbst aber keine eigenständige Nachrichtenaufbringung betreiben. Im Gegenzug wird aber substanzieller Traffic von den Aggregatoren wie etwa Google oder Facebook auf die News-Portale der einzelnen Medien geleitet, was wiederum die Werbevermarktung dieser Internetangebote erleichtert. In Europa dominieren derzeit noch die Internetangebote der Medien die Rankings von News-Portalen, so wie dies auch in den USA bis vor einigen Jahren der Fall war, als noch *New York Times* und CNN vorne lagen. Beobachtet man aber die rasante Entwicklung, speziell etwa von Google, auf diesem Sektor, so ist anzunehmen, dass in absehbarer Zeit auch in Europa die Internetangebote von Aggregatoren die Top-Rankings von News-Portalen dominieren werden.

Ein weiteres Faktum ist schließlich, dass auch die Basislieferanten von Information, sowohl für die tagesaktuellen Medien als auch für die Online-Medien, nämlich die Nachrichtenagenturen, verstärkt unter dem Paradigmenwechsel der Medien in Verbindung mit der ökonomischen Krise zu leiden beginnen. Nicht zuletzt bedingt durch den steigenden Kostendruck haben Verlage in den USA oder in Deutschland den Bezug der Nachrichtendienste dieser Agenturen (AP, dpa) gekündigt. Ein Anhalten dieser Entwicklung würde aufgrund des Solidarmodells von Nachrichtenagenturen maßgebliche Auswirkungen auf die anderen von den Agenturen belieferten Medienunternehmen nach sich ziehen.

Es ist anzunehmen, dass es infolge dieser Marktentwicklungen zu Einsparungsmaßnahmen bei den betroffenen Nachrichtenagenturen kommt. Dadurch könnte die Qualität der angebotenen Dienste, auf die Medienunternehmen zurückgreifen können, sowohl hinsichtlich Breite als auch Tiefe negativ beeinflusst werden. Eine derartige Entwicklung könnte zu einer generellen Verschlechterung der Quellenlage der Medien führen.

So hat beispielsweise AP in den USA im Herbst 2009 angesichts der massiven Kündigungen beim Bezug ihrer Dienste durch 130 US-Zeitungen die Tarife signifikant gesenkt. In der Folge war AP gezwungen, ihre Personalkosten um 10 Prozent reduzieren, was unter anderem zu einem Abbau von etwa 100 angestellten redaktionellen Mitarbeitern geführt hat (EANA Newsletter 10/2009: 5).

All dies deutet auf folgende Entwicklungen hin, die sich parallel zueinander vollziehen könnten:

- Es gibt ein mehr an ›More of the Same‹ bei den Informationsangeboten im Internet, da sich immer mehr Angebote auf dieselben und tendenziell weniger Quellen beziehen (vgl. KLOPP 2010).
- Es gibt tendenziell weniger genuine redaktionelle Angebote bei den Primärmedien, weil weniger Werbung und damit weniger finanzielle Mittel zur Verfügung stehen. Dies bedeutet in der Folge auch weniger journalistisch hochwertige Angebote in der ›Zweitverwertung‹ der Angebote der Primärmedien auf ihren Internet-Plattformen, woraus sich der Großteil ihres Angebots zusammensetzt.
- Es kommt tendenziell zu einer Verschränkung der Web-Angebote, vor allem bei regionalen Angeboten, die sich aus Synergie-Gründen auch bei der Inhalte-Beschaffung zusammenschließen (müssen).

Insgesamt stellt dies eine kritische Entwicklung dar, weil durch die fortschreitende Erosion der Geschäftsmodelle in Verbindung mit der Wirtschaftskrise die Medienvielfalt leidet und in der Folge die Gefahr besteht, dass die Meinungsvielfalt zurückgeht, da sich (tendenziell weniger) Redaktionen auf qualitativ weniger hochwertige Quellen stützen können.

Die angeführten Fakten führen zu einer doppelten Verlagerung des ›Informationsgeschäfts‹ ins Internet: Die *Informationsbeschaffung durch die Rezipienten* wird vermehrt von den traditionellen Medien ins (kostengünstige und jederzeit verfügbare) Internet verlagert, das vor allem für Jüngere zunehmend das einzige Informations-Medium darstellt. Gleichzeitig findet auf dem Medienmarkt eine strukturelle Verschiebung der Anbieter von Printmedien und Fernsehen ins Internet statt. Innerhalb absehbarer Zeit könnte dies zu einer Marktverschiebung führen, da derzeit kaum neue Anbieter traditioneller Medien in den Markt eintreten, um etwaige Defizite aufzufüllen.

Des Weiteren ist an die *Informationsbeschaffung der Medien* im Internet zu denken, die durch die leichte Zugänglichkeit zu Content aus dem Web längst zum quasi-professionellen journalistischen Standard geworden ist. Dadurch kommt es allerdings zu wechselseitigen Zugriffen auf Informationen, die – einmal von einem Online-Medium ins Netz gestellt – für alle anderen scheinbar kostenlos zur Verfügung stehen. Einen Indikator, in welchem Ausmaß die Übernahme von Content aus dem Internet erfolgt, zeigt eine Studie, die im Auftrag der Newspaper Association of America (NAA) durch die US-Firma Attributor erstellt wurde. Dabei wurde herausgefunden, dass im Herbst 2009 innerhalb eines Monats etwa 275.000 Beiträge von Online-Ausgaben der US-Zeitungen von 75.000 Websites – allerdings ohne Zustimmung der Rechteinhaber – weiterverwendet worden sind. In 112.000 Fällen wurden die Originalartikel praktisch 1:1 übernommen, während in 163.000 Fällen Artikel als redigierte Ausschnitte der Originalbeiträge weiterverwendet wurden. Allerdings handelt es sich dabei in hohem Maße um eine nicht syndizierte und damit urheberrechtswidrige Übernahme von Content amerikanischer Zeitungen aus dem Internet, die in 53 Prozent der Fälle via Google und zu 19 Prozent via Yahoo erfolgt ist (EANA *Newsletter* 12/2009: 6).

Die nicht rechtskonforme Übernahme von Inhalten von Websites etwa via Google hat nicht nur entsprechende wirtschaftliche Auswirkungen auf die Zeitungen, sondern berührt auch die ökonomische Basis von Nachrichtenagenturen. Durch die Übernahme von Content von News-Sites von Zeitungen werden nämlich gleichzeitig auch substanzielle Inhalte von Nachrichtenagenturen, die dort verwendet wurden, via Google scheinbar zu ›free-content‹, der, wie sich am US-amerikanischen Beispiel zeigt, durchaus von tausenden anderen Websites ohne Berechtigung und Entgelt weiterverwendet wird. Damit kann es in letzter Konsequenz aber auch zu einer Verringerung des Bezugs von Informationen von Nachrichtenagenturen durch die Medienunternehmen kommen. Die weiterhin aufrechte Kündigung des AP-Dienstes von mehr als 100 US-Zeitungen ist ein Indikator dafür, dass eine solche Tendenz nicht ausgeschlossen werden kann. Sie würde längerfristig eine substanzielle Schwächung des Geschäftsmodells von Nachrichtenagenturen zur Folge haben.

Durch derartige Entwicklungen könnte es aber auch zu einer verstärkten Reduktion der Inhaltsvielfalt für die Rezipienten kommen, mit der Gefahr, dass sich Falschinformationen perpetuieren können, da nur jene Ausschnitte der Ereignisse in allen Medien vorkommen, die bereits ein Medium online gestellt hat etc. So warnt auch ein britischer Untersuchungsausschuss vor »Fließbandjournalismus mit recycelten Nachrichten«[4] und empfiehlt eine Steuer für Google und andere Aggregator-Websites, die Nachrichten von anderen Online-Angeboten übernehmen. Das so eingenommene Geld könnte Lokalzeitungen unterstützen, die unter der Verlagerung von Anzeigen ins Web besonders leiden und vom Massensterben bedroht seien.

Insgesamt besteht also die Tendenz zu einer Entwicklung, die dadurch gekennzeichnet ist, dass es zwar zahlreiche Informationsangebote im Internet geben wird, die insgesamt aber weniger Vielfalt an Inhalten bieten, die wiederum auf zunehmend weniger qualitativ hochwertige Quellen zurückzuführen sind.[5] Diese Entwicklung erscheint demokratiepolitisch als bedenklich; als Ziel von Journalismus wird häufig angeführt, dass er Informationen zur Verfügung stellen soll, damit mündige Bürger sich ihre eigene Meinung bilden können, und dass er Orientierung bieten soll, wodurch vielfältige Inhalte und unterschiedliche Meinungen notwendig sind (vgl. bspw. HALLER 2003: 181; MEIER 2007: 14f.). Dieses Ziel scheint angesichts der angeführten Entwicklungen gefährdet. So stellt sich die Frage, welche Medienunternehmen insbesondere im Internet (noch) qualitativ hochwertige Angebote anbieten bzw. Public Value generieren können?

---

4   http://www.heise.de/newsticker/meldung/Analyse-Google-Steuer-koennte-Lokalzeitungen-stuetzen-954311.html
5   Vgl. bspw. http://www.niemanlab.org/2010/03/the-newsonomics-of-new-news-syndication/

Vor diesem Hintergrund ist der öffentlich-rechtliche Rundfunk nun in besonderem Maße gefordert. Er könnte aufgrund seiner vergleichsweise stabilen Einnahmen-Situation in der sonst sehr unsicheren Internet-Ökonomie als einzige Gattung an Medienunternehmen auch angesichts der globalen Wirtschaftskrise kontinuierlich in der Lage sein, auf hohem Niveau genuine Medieninhalte zu produzieren und somit Public Value zu generieren. Private Medienunternehmen hingegen geraten aufgrund der Erosion ihrer Geschäftsmodelle und damit ihrer nachhaltigen Finanzierung unter verstärkten ökonomischen Druck, der es ihnen auf Dauer erschweren könnte, anspruchsvollen Qualitätsjournalismus zu finanzieren und damit genuine journalistische Inhalte auf hohem Niveau und nicht nur Aggregator-Angebote o. Ä. bereitzustellen

Der öffentlich-rechtliche Rundfunk hat angesichts dieser Entwicklung sowohl Chance als auch Auftrag und ist somit gefragter und geforderter denn je. Er ist geradezu aufgerufen, sich unter den oben genannten wirtschaftlichen und gesellschaftlichen Rahmenbedingungen mit seinem trimedialen Informationsangebot zu behaupten und zu positionieren.

In Österreich hat der ORF durch seinen Programmauftrag die gesetzliche Verpflichtung, ein unverwechselbares genuines Angebot und damit Public Value für die Rezipienten zu produzieren.

Der Begriff ›Public Value‹ wird in jüngster Zeit intensiv diskutiert und häufig verwendet. Immer geht es dabei darum, dass Rundfunkanstalten Aufgaben und Leistungen für die Gesellschaft übernehmen sollen. Diese Idee ist in keiner Weise neu: »Rundfunk ist eine öffentliche Aufgabe« (Art 1 Abs. 3 BVG-Rundfunk 1974). So steht es seit mehreren Jahrzehnten in der Verfassung. Zunehmend wurde aber diese früher als selbstverständlich verstandene ›öffentliche Aufgabe‹ hinterfragt, bis schließlich der Begriff ›Public Value‹ in den Vordergrund gestellt wurde. ›Public Value‹ beschäftigt sich mit jenen Leistungen, die Rundfunkanstalten für die Gesellschaft erbringen.

Eine extensive Diskussion des Begriffs ›Public Value‹ soll hier unterbleiben, er kann nur in der gebotenen Kürze hinterfragt werden. Schwierig am Begriff ›Public Value‹ ist nämlich vor allem seine immer noch eher vage Definition: »Das ist ein Begriff, von dem man bisher sagen kann, er entstammt der englischen Sprache, aber was sonst noch darunter zu verstehen ist, das weiß man [...] nun tatsächlich auch noch nicht« (KURP 2008).

Der Begriff des Public Value stammt aus dem Bereich der Ökonomie, wo er von Harvard-Professor und Wirtschaftswissenschaftler Mark Moore Mitte der 1990er-Jahre in der Studie *Creating Public Value* erstmals eingesetzt wurde, um die Effizienz öffentlicher Einrichtungen näher zu bestimmen. Dieser ist als Reaktion auf die Diskussion über die Reformen des öffentlichen Dienstes und als Gegenposition zu den Theorien des sogenannten ›new public management‹ zu verstehen, die sich für die Übernahme der Management-Methoden des privaten Sektors aussprechen und die Aspekte von Kostenkontrolle, Marktmechanismen und die Anwendung von Leistungsindikatoren hervorheben. Moore stellt somit den Public Value dem Shareholder Value unmittelbar gegenüber, wo im Gegensatz zu dem Ziel, möglichst hohe Gewinne und damit ›Werte‹ für die Anteilseigner zu erwirtschaften, das Ziel im Vordergrund steht, ›Werte für die Öffentlichkeit‹ zu schaffen (vgl. MOORE 1996; des Weiteren bspw. COLLINS 2007: 170; WEICHERT/HUBER/WOLDT 2006: 599).

> »Offensichtlich ist somit, dass Public Value mit ›Werten für die Öffentlichkeit‹ zu tun hat, es handelt sich dabei um das Anstreben von gesellschaftlich relevanten Werten durch nicht-kommerzielle öffentliche Einrichtungen. Das Generieren derartiger Werte bzw. das Erbringen von spezifischen Leistungen, die diese Ziele erreichen können, kann als das zentrale Ziel angesehen werden. Für den öffentlich-rechtlichen Rundfunk bedeutet dies, dass er durch sein Programm (spezifische Leistungen) gesellschaftlich relevante Werte (Zielkategorien) anstreben und idealerweise generieren sollte (Ziel Public Value)« (WIPPERSBERG 2010: 54).

Diese Systematik erscheint als recht einleuchtend und konzise. Dennoch ist trotz umfangreicher Diskussionen weder für ein Anstreben dieses grundsätzlichen Zieles noch für die spätere Überprüfung der Zielerreichung (Evaluation) hinreichend und abschließend geklärt, aus welchen gesellschaftlich relevanten Werten sich dieser Public Value konkret zusammensetzt sowie welche Programme (Leistungen) infrage kommen, um diese Zielsetzung zu erreichen: »Wer gehofft hatte, Public Value könne als ein Wert an sich definiert werden und jederzeit als Kriterium dafür dienen, ob ein TV-Kanal oder gar eine einzelne Sendung den öffentlich-rechtlichen Funktionsauftrag erfülle, sieht sich getäuscht. Vielmehr muss immer wieder neu abgewogen werden, woran der optimale ›Mehrwert für alle‹ zu messen ist« (KURP 2008).

Das grundsätzliche Ziel Public Value muss durch verschiedene Zielkategorien konkretisiert und ausdifferenziert werden – entlang der zentralen Frage: Worin besteht dieser ›Mehrwert für alle‹? Die Zieldimensionen, die gemeinsam das generelle Ziel Public Value darstellen, sollten in ihren grundsätzlichen Ausprägungen vergleichsweise stabil bleiben. Die konkreten Ausdifferenzierungen in ihre Kategorien und deren Operationalisierungen hingegen *müssen* flexibel und dynamisch bleiben. Schließlich handelt es sich um die Präzisierung von Werten, die eben selbst flexibel und dynamisch sind und einem Wandel unterliegen. So wäre es eher kontraproduktiv, Zielkategorien und ihre Operationalisierungen starr und über lange Zeiträume hinweg zu verwenden.»Letztlich geht es um die persönlich und gesellschaftlich stets neu zu bewertende und zu beantwortende Frage, was wichtig ist« (CONRAD 2005).

Wichtig bei der Betrachtung von Werten, die zur Generierung von Public Value beitragen, ist die Frage, *wo* bzw. *bei wem* denn Public Value ›generiert‹ wird. Da es sich um Werte handelt, die *bei jemandem* hervorgerufen werden sollen, sind dies wohl unterschiedliche Personengruppen. Nach den bisherigen Ausführungen und der Darstellung jener Werte, die als wünschens- und anstrebenswert gelten, werden dies vor allem folgende Gruppen sein: Individuen und (fragmentierte) Publika, Gesellschaft sowie Unternehmen, die mit den Rundfunkveranstaltern in Geschäftsbeziehungen stehen. Idealerweise kann nun Rundfunk-Programm diesen Gruppen Programme anbieten, die diese Werte und ggf. auch Wertschöpfung hervorrufen. Die Entscheidung, ob ein Programm Public Value hervorruft, liegt somit in der Frage, ob es geeignet ist, beim Publikum die erstrebenswerten Ziele zu erreichen. Public Value knüpft somit an Inhalten und vor allem seinen Auswirkungen bzw. Folgen an und nicht an den produzierenden Institutionen. Öffentlich-rechtliche Anbieter haben dabei aber (im Gegensatz zu privaten Rundfunkveranstaltern) durch ihren Programmauftrag die *Verpflichtung* und die *Aufgabe*, öffentliche Werte zu generieren (vgl. WIPPERSBERG 2010: 53ff.).

Zentrale Befunde des Vergleichs von *www.orf.at* mit printmedial-basierten Online-Diensten

In zwei Studien des Instituts für Publizistik- und Kommunikationswissenschaft der Universität Wien wurde 2008 und 2009 die Unverwechselbarkeit des Online-Angebotes des ORF im Vergleich zu anderen Online-Medienangeboten untersucht. Nach einer vergleichenden Themenstruktur- und Themeninhaltsanalyse im Jahr 2008 stand 2009 ein Jahresvergleich der Ergebnisse 2008 und 2009 im Mittelpunkt der Studie. Dazu wurde jeweils das ORF-Online-Nachrichtenangebot im Vergleich zu ausgewählten, wichtigen kommerziellen Anbietern dargestellt, untersucht wurden dabei Inhalt bzw.

Auftritt. Die Grundlage für diese Untersuchungen war der § 4 Abs. 3 ORF-G: »Im Wettbewerb mit den kommerziellen Sendern ist in Inhalt und Auftritt auf die Unverwechselbarkeit des österreichischen öffentlich-rechtlichen Rundfunks zu achten.« Dem ORF kommt somit eine Pflicht zur Unverwechselbarkeit in Inhalt und Auftritt auch bei Online-Angeboten im Vergleich zu kommerziellen Anbietern zu. Es sollte überprüft werden, ob der ORF dieser Verpflichtung auch in geeigneter Weise nachkommt.

Die Untersuchungsobjekte wurden in beiden Untersuchungsjahren gleich definiert: Es wurde ein Vergleich der Startseiten der Online-Newssite des ORF *news.orf.at*, die Online-Angebote von drei überregionalen Tageszeitungen (*diepresse.com, derstandard.at, kurier.at*) sowie einer Bundesländerzeitung (*kleinezeitung.at*) vorgenommen. 2009 wurde der Vergleich aufgrund von Angebotsspezifika sowie auf Basis der Nutzerzahlen um ein weiteres Angebot (*oe24.at*) ergänzt. Hinsichtlich des Auftrags zum Föderalismus wurde ein Paarvergleich von *steiermark.orf.at* mit den Steiermark-Seiten von kleinezeitung.at angestellt sowie im Hinblick auf den speziell hervorgehobenen Programmauftrag ›Sport‹ eine komparative Analyse von *sport.orf.at* und *LAOLA1.at* unternommen.[6]

Der Untersuchungszeitraum war jeweils eine natürliche Woche im Februar 2008 (6.-13.2.2008) und 2009 (17.-23.2.2009); im Jahr 2008 wurden insgesamt 4176 Artikel untersucht, im Jahr 2009 waren es 4012 Artikel. Bei der Auswahl der Artikel erfolgte eine Einschränkung auf die genuine Online-Berichterstattung, also jene Beiträge, die ausschließlich für das Online-Medium von einer eigenen Redaktion verfasst wurden. Jene Beiträge, die vom Primär-Medium in die Online-Ausgabe übernommen wurden, wurden somit nicht berücksichtigt.

In einer Angebotsstrukturanalyse wurden die strukturellen Merkmale des Auftrittes aller untersuchten Online-Angebote erhoben und bezüglich ihrer Analogien und Differenzen verglichen. Für die Themenstrukturanalyse wurden die Online-Angebote anhand von Vergleichsparametern bzw.

---

[6] Die Ergebnisse dieser beiden Spezialvergleiche werden im vorliegenden Artikel nicht weiter diskutiert; insgesamt lässt sich festhalten, dass sich bei den Spezialauswertungen in den Bereichen ›Regionales‹ und ›Sport‹ im Jahresvergleich ein kohärentes Bild zeigt: Bedingt durch die Konzentration auf den dominanten Nachrichtenfaktor ›regionale Nähe‹ unterscheiden sich *steiermark.orf.at* und die Steiermark-Seite von *kleinezeitung.at* nur graduell; bemerkenswert ist ein grundsätzliches Aufholen von beiden Angeboten im Bereich Kultur. Auch die Spezialanalyse von *sport.orf.at* und *LAOLA1.at* zeigt, dass sich die beiden Angebote im Wesentlichen gleichen. Bei beiden ist eine Konzentration auf Mainstream-Sportarten festzustellen, während im Vorjahr noch zahlreiche Berichte über Randsportarten das thematische Angebot bereicherten.

Kennzahlen für journalistische Thematisierungsleistungen untersucht. Für anschauliche Vergleiche wurden die Daten zu Kennzahlen und Indikatoren generiert und zu aussagekräftigen Kennzahlen aggregiert.

Um die medialen Besonderheiten von Online-Angeboten zu erfassen (Multimedialität und Hypertextualität), wurden diese spezifischen Kategorien bei den einzelnen Analyseschritten berücksichtigt.

Angebotsstruktur-Analyse

In einem ersten Schritt wurde eine Angebotsstruktur-Analyse durchgeführt. Die Heterogenität der Angebote (insbesondere unterschiedliche Multimedia-Angebote) erschwerte dabei die systematische und vergleichende Analyse. Die Untersuchung zielte nur auf das Vorhandensein oder Nicht-Vorhandensein der Features ab (wobei diese Angebote nicht ausschließlich auf der Startseite zu finden sein müssen) und hebt Übersichts- und Suchfunktionen hervor. Nicht erhoben wurde die Usability der gewählten Internetangebote bzw. Nutzung der Angebote. Die zur Untersuchung herangezogenen Kategorien orientieren sich an einschlägigen Untersuchungen aus der Literatur (vgl. etwa TRAPPEL/UHRMANN 2006) und wurden den Untersuchungsobjekten gemäß angepasst.

Die Kategorien für die Angebots-Struktur-Analyse umfassten: onlinespezifische Angebote (Newsticker, RSS-Feeds, Newsletter, Archivfunktionen, Redaktionsblogs etc.), Interaktivitätsangebote (Foren und Chats), User generated Content, Unterhaltung/Service (Spiele, Rätsel, Horoskop) sowie Serviceangebote (Kino- und Veranstaltungsprogramm, Lokaltipps, Rezepte etc.), Anzeigen (Immobilien, Auto, Partnerschaften, etc.), Vorhandensein von Werbung sowie die Verknüpfung des Online-Angebots mit der Tageszeitung.

Die Ergebnisse dieser Angebotsstruktur-Analyse zeigen, dass *news.orf.at* einen eigenständigen, kaum vergleichbaren Auftritt aufweist, der intensiv auf multimediale Verknüpfung setzt. Damit macht sich der ORF Ein Spezifikum von Online-Medien – aufgrund seines audiovisuellen Quellmediums – in besonderem Maße zu Nutze: die Ausrichtung auf ein multimediales Angebot durch den Medienverbund mit dem Hörfunk- und Fernsehangebot, dieses wird vermehrt sowohl als Live-Stream als auch *on demand* und seit November 2009 auch in Form der ORF TVThek zur Verfügung gestellt. Die starke Differenz im Auftritt des Nachrichten-

Online-Dienstes des ORF zu den anderen Angeboten ist nicht alleine auf die Einbindung des ›klassischen Angebots‹ des Quellmediums (Rundfunk versus Print) zurückzuführen, sondern auch auf den weitgehenden Verzicht des ORF auf Features, die üblicherweise kommerzielle Online-Dienste kennzeichnen (Newsletter-Dienste, Funktionen zum Versenden von Artikeln, Interaktivitätsangebote mit Ausnahme von Foren oder mobile Versionen, die bei allen anderen Online-Angeboten zu finden sind). Des Weiteren verzichtet *news.orf.at* durchgehend auf alle Unterhaltungs- bzw. Service-Features, die im Wesentlichen auch ein attraktives Werbeumfeld schaffen, sowie auf Kleinanzeigen.

Die printmedial-basierten Online-Dienste zeigen eine recht uniforme, untereinander sehr homogene Struktur der Angebote bei einer unterschiedlichen Akzentuierung einzelner Kategorien. Sie erscheinen vor allem als Zusatzangebote zu den jeweiligen Printmedien, bei denen der Bereich ›Unterhaltung und Service‹ betont wird. Nach wie vor versuchen die printmedial-basierten Angebote in Anlehnung an ihre Quellmedien auch bei ihrem Online-Auftritt zunehmend ›Supplements‹ zu gestalten, die einerseits spezifische Interessen des Publikums (z. B. an Unterhaltung und Service) befriedigen, andererseits ein nach Zielgruppen segmentiertes, attraktives Werbeumfeld darstellen. Hervorzuheben ist, dass die Audio- bzw. Video-Angebote im Vergleichszeitraum stark zugenommen haben.

Ingesamt zeigt sich bei den Online-Auftritten der untersuchten Medien eine eindeutige Orientierung an den Stärken des Quellmediums. Die Angebote von printmedial-basierten und rundfunk-basierten Online-Diensten bilden also den typischen Medienmarkt der Quellmedien ab, wobei hier Annäherungen feststellbar sind. So dringen die kommerziellen Anbieter 2009 vermehrt in die Domäne des ORF ein, indem sie Audio- und Video-Files als Zusatzangebote zur Verfügung stellen, *derstandard.at* weist beispielsweise eine Kooperation mit LOUNGEFM auf.

Während printmedial-basierte Online-Medien sowohl (etwas) auf formaler als auch auf inhaltlicher Ebene im Jahresvergleich konzeptuelle Veränderungen in unterschiedlichem Ausmaß unternommen haben, setzt *news.orf.at* auf Beständigkeit und Beibehaltung eines bewährten Konzeptes. Durch die erkennbare Ausweitung von printmedial-basierten Online-Angeboten in Richtung Bewegtbilder besteht jedoch die Gefahr, dass der ORF seinen ›natürlichen‹ Vorsprung als Online-Medium mit einem audiovisuellen Quellmedium verliert.

Angebots-Inhalts-Analyse

Die Angebots-Inhalts-Analyse umfasste den Vergleich von *news.orf.at* mit *derstandard.at, diepresse.com, kurier.at* sowie *kleinezeitung.at* und 2009 mit *oe24.at*. Die Codierung erstreckte sich jeweils über eine ganze natürliche Woche, wobei am Vortag der Analyse eine Bestandsaufnahme der Artikel gemacht wurde. Auf Basis dieser Artikel wurde täglich von mehreren Codierern das aktualisierte Angebot dreier Zeitpunkte (9.00, 12.00 und 17.00 Uhr) codiert; somit konnte untersucht werden, welche Artikel zu den jeweiligen Untersuchungszeitpunkten hinzugekommen sind. Artikel, die von der Printversion der Tageszeitungen übernommen wurden, wurden nicht vollständig codiert, sondern dienten der Ermittlung der Übernahmequote aus den Printangeboten. Aufgrund fehlender Angaben auf der Homepage war dies jedoch für die *kleinezeitung.at* und *oe24.at* nicht möglich. Analysiert wurden alle Nachrichtenbeiträge auf den jeweiligen Startseiten.

Das Codebuch enthält neben formalen Variablen solche, mit denen neben der äußeren Form der Artikel auch online-spezifische Besonderheiten untersucht werden können. Das zentrale Augenmerk liegt damit auf:

- formalen Eigenschaften, die für den Online-Journalismus ausgemacht wurden (Multimedia-Inhalte, Möglichkeiten der Nutzerinteraktion, Verlinkungsstrukturen) und
- den berichteten Inhalten (Themenspektrum, geografische Bezüge, ...).

Die Themen wurden als Textvariablen codiert und nach Ende des Untersuchungszeitraumes einer Kategorisierung ex post unterzogen, da eine Antizipation der medialen Themensetzung naheliegenderweise nicht möglich war. So konnte analysiert werden, welche Online-Nachrichtenangebote die höchste Themenvielfalt aufweisen und wie detailliert die einzelnen Thematiken behandelt werden. Des Weiteren ermöglicht dies die Untersuchung der Themenexklusivität.

Kontinuierliche Aktualität hat im Nachrichtengeschäft und vor allem bei Online-Newssites eine hohe Bedeutung. So wird für die sechs Nachrichten-Sites *news.orf.at, derstandard.at, kurier.at, diepresse.com, kleinezeitung.at* und *oe24.at* ein Aktualisierungsindex aus den Variablen ›Thema‹, ›Dauer‹ und ›Platzierung‹ erstellt. Des Weiteren interessiert die Intensität der Durchdringung eines Themas, wofür ein Diversifikationsindex erfasst wurde, der die Anzahl der Unterthemen pro Thema angibt.

Die Gesamtzahl der im Untersuchungszeitraum codierten Artikel beträgt 2467, welche sich folgendermaßen aufteilt: Die Startseite von *news.orf.at* enthielt im Untersuchungszeitraum 636 zu codierende Artikel (2008: 632), *derstandard.at* 243 (2008: 423), *kurier.at* 306 (2008: 250), *diepresse.com* 446 (2008: 541), *kleinezeitung.at* 411 (361) und *oe24.at* 425. Da aus Gründen der Vergleichbarkeit hier nur jene Artikel analysiert werden, die speziell für den jeweiligen Online-Dienst verfasst wurden und nicht bloß eine Übernahme von Beiträgen aus der Printredaktion darstellen, werden 2173 Artikel zur weiteren Analyse herangezogen.

Hier zeigt sich, dass news.orf.at auf gleichem Niveau bleibt; *derstandard.at* und *diepresse.com* bieten hingegen viel weniger Beiträge, während *kurier.at* und *kleinezeitung.at* leicht zugelegt haben. Zudem hat *kurier.at* auch bei der Übernahmerate ganz deutlich zugelegt: Betrug diese 2008 noch 28,4 Prozent, so lag sie 2009 bei 43,1 Prozent. *derstandard.at* und *diepresse.com* zeigen ähnliche Werte wie im Vorjahr: 22,6 Prozent (2008: 27,4 %) bzw. 24 Prozent (2008: 22,4 %). Somit ergeben sich für *derstandard.at* 188 Artikel (bei einem war die Übernahme nicht erkennbar), für *kurier.at* 174 Artikel und für *diepresse.com* 339 Artikel, die für die weitere Codierung herangezogen wurden. Für *kleinezeitung.at* und *oe24.at* konnte aufgrund nicht vorhandener Angaben auf der Homepage nicht zwischen genuinen Berichten und übernommenen unterschieden werden, somit ist eine Berechnung des Anteils und der Ausschluss der nicht genuin online veröffentlichten Artikel nicht möglich. Ungeachtet dieser Unschärfe wurden daher alle Artikel in die Berechnung mit einbezogen, was einen – im Ausmaß nicht bezifferbaren – positiven Bias bei den Ergebnissen der beiden Angebote bedeuten kann. Es gibt jedoch Hinweise, dass zumindest bei *oe24.at* nur sehr wenige Artikel aus der Printzeitung übernommen werden. So kommen Stark und Kraus (2008: 311) zum Ergebnis, dass die Übernahmequote bei *oe24.at* 20 Prozent beträgt und z. B. *Der Standard* in der Regel sein Printangebot fast komplett auf seine Homepage übernimmt.

Angebots-Inhalts-Analyse: Ressortverteilung

Für die Ergebnisdarstellung werden nun in erster Linie die Kategorien ›Ressort‹, sowie ›Thema‹ und ›Unterthema‹ herangezogen. Zum Zwecke besserer Vergleichbarkeit werden zudem eigens entwickelte Indexzahlen angeführt.

Der Gesamteindruck des ressortmäßig abgebildeten Themenspektrums verweist wie schon 2008 auf eine Dominanz *politischer Themen*. Ein knappes Viertel der Berichterstattung (24,4 %) in den Online-Medien findet in politischen Ressorts statt. Etwas unterdurchschnittlich ist das politische Themenangebot bei *kleinezeitung.at* mit 18,8 Prozent (2008: 26,6 %) und *oe24.at* mit 20,5 Prozent. Spitzenreiter in diesem Nachrichtensegment sind news.orf.at 30,6 Prozent (2008: 37,6 %) und *derstandard.at* 26,6 Prozent (2008: 38,1 %). *diepresse.com* (23,9 %) und *kurier.at* (23 %) liegen im Bereich der politischen Berichterstattung genau im Mittelfeld.

Aufgrund der krisenhaften Entwicklungen der Weltwirtschaft überrascht es wenig, dass der Anteil der Berichterstattung im Ressort *Wirtschaft* in der Summe deutlich gestiegen ist, am stärksten bei derstandard.at (27,7 % im Vergleich zu 12,1 % 2008) und *kleinezeitung.at* (von 6,1 % auf 11,4 %), leicht gestiegen ist der Anteil an Wirtschaftsthemen bei diepresse von 21,7 Prozent im Jahr 2008 auf 24,5 Prozent. Praktisch gleich blieb die Berichterstattung über Wirtschaftsthemen bei *kurier.at* (2009: 13,8 %, 2008: 13,4 %). Auch *news.orf.at* trägt der gestiegenen Bedeutung dieses Ressorts Rechnung und brachte deutlich mehr Wirtschaftsberichte, nämlich einen Anteil an der gesamten Berichterstattung von 14,9 Prozent (2008: 9,8 %). Angesichts der Marktpositionierung sind auch die 9,4 Prozent Wirtschaftsberichte von *oe24.at* ein respektabler Wert. Der Anstieg der Wirtschaftsberichterstattung in den Online-Medien ging ganz offensichtlich auf Kosten der Politik-Berichterstattung: War 2008 noch ein Drittel der Berichte (33,4 %) zu einem der vier analysierten Politik-Ressorts (International, EU, National, Regional) zugeordnet, ist es 2009 nur mehr ein Viertel (24,4 %).

Die sonstige Ressortaufteilung der Berichterstattung blieb strukturell gleich, die Abweichungen sind größtenteils marginal.

Die Unverwechselbarkeit von *news.orf.at* dokumentiert sich vor allem durch die deutlichen Abweichungen in den Bereichen ›internationale‹ und ›EU-Berichterstattung‹ sowie in den Bereichen ›Wissenschaft‹ und ›Kultur‹. Durch die redaktionellen Änderungen bei *derstandard.at* und *kurier.at* hat sich das Themenangebot dieser beiden Online-Zeitungen angenähert. Beide liegen im qualitätsorientierten Sektor und rangieren damit hinter *diepresse.com*. Das Angebot von *kleinezeitung.at* ist hinsichtlich der Ähnlichkeit zu *news.orf.at* stark gestiegen, nur *oe24.at* ist deutlich unterschiedlicher in der Themenstruktur.

Angebots-Inhalts-Analyse: Themenstruktur

Zum Erfassen der Themenstruktur wurden in einem eigenen Analyseschritt alle aufgefundenen Berichte im einwöchigen Untersuchungszeitraum einem Thema und gegebenenfalls dem jeweiligen Unterthema zugeordnet.

Im Jahr 2009 waren insgesamt 84 Einzelthemen zu verzeichnen, die sich aus insgesamt 270 Unterthemen zusammensetzten; 2008 waren es noch 103 Einzelthemen mit 344 Unterthemen.

Ein wichtiger Kennwert zur Bestimmung der Thematisierungsleistung der einzelnen Online-Medien ist das Verhältnis von Themen zu Unterthemen. Hier zeigt sich folgendes Bild: *news.orf.at* hat durchschnittlich 2,56 Unterthemen pro Thema (2008: 2,56!), gefolgt von *diepresse.com* mit 2,36 Unterthemen (2008: 2,50). Danach folgen *kleinezeitung.at* mit 2,15 (2008: 1,92) Unterthemen pro Thema, kurier.at mit 1,89 (2008: 1,92) und *derstandard.at* mit durchschnittlich 1,88 (2008: 2,17). Die Komplexität von Themen wird also auch 2009 von *news.orf.at* am ausführlichsten abgebildet, während im Vergleich zum Jahr 2008 außer *diepresse.com* auch die Mid-market-Angebote eine gute Differenzierung bieten und *derstandard.at* die Unterthemen deutlich reduziert hat.

Angebots-Inhalts-Analyse: Themenaktualität

Die Themenaktualitätsanalyse reflektiert im Vergleich zur Themenstrukturanalyse die dynamische Komponente von Online-Medien. Da diese nicht an festgelegte Sendezeiten gebunden sind und keinen Redaktionsschluss haben, liegt ihre Aktualität höher als bei Print- und Rundfunkmedien. Ohne Bindung an einen Publikationsrhythmus können die Inhalte ohne nennenswerte Verzögerung veröffentlicht oder ergänzt werden.

Zu diesem Zweck wurde der spezielle Aktualisierungsindex für jedes Thema berechnet. Der Aktualisierungsindex stellt eine Maßzahl dar, die für jedes Unterthema als Produkt aus (1) Platzierung (ohne Foto < mit Foto < Spitzenmeldung) und (2) Häufigkeit des Unterthemenwechsels (von 9: häufigster Themenwechsel bis 1: seltenster Themenwechsel) berechnet wurde. Der Aktualisierungsindex wird je Medium als Summenwert über alle Unterthemen eines Themas ausgewiesen und beinhaltet aufgrund dieser Summendarstellung die zusätzliche implizite Komponente ›Unterthemenanzahl je Thema‹. Je höher der jeweilige Indexwert eines Themas ist, desto höher ist die einem Thema zugewiesene Bedeutung und Aktualität.

Dabei zeigt sich, dass *news.orf.at* im Jahr 2009 bei neun der 20 Top-Themen den höchsten Aktualisierungsindex aufweist, teilweise mit deutlichem Abstand. Im Jahr 2008 war *news.orf.at* bei elf der Top-20-Themen das Medium mit dem höchsten Aktualisierungsindex. Das 2009 neu analysierte Medium *oe24.at* zeigt bei fünf der Top-20-Themen den höchsten Aktualisierungsindex, was den leichten Rückgang von *news.orf.at* erklärt. Allerdings legt *oe24.at* besonderen Wert auf die Aktualisierung chronikaler Themen, der Schwerpunkt auf *soft news* ist klar erkennbar. *diepresse.com* zeigt in vier Fällen den höchsten Aktualisierungsindex, erwartungsgemäß bei Wirtschaftsthemen, aber auch bei Kunst und Kultur. *kleinezeitung.at* weist zwei Mal den höchsten Aktualisierungsindex auf, und zwar bei einem Sport- und einem Lokalthema. *derstandard.at* und *kurier.at* können kein einziges Mal den höchsten Indexwert erreichen.

Zusammenfassend lässt sich hinsichtlich der journalistischen Thematisierungsleistung in beiden Untersuchungszeiträumen eine deutliche Differenzierung zwischen *news.orf.at* im Vergleich zu den anderen untersuchten Online-Angeboten feststellen.

Angebots-Inhalts-Analyse: Multimedialität und Hypertextualität

Ein weiteres Spezifikum von Online-Medien ist die Hyper- und Multimedialität: Über die auch in klassischen Medien erforderlichen journalistischen Fähigkeiten und Fertigkeiten hinaus sind bei Online-Medien spezifische Anforderungen hinsichtlich der Verlinkung und Illustration durch Grafiken, Bilder, Audio- bzw. Videofiles zu erfüllen.

Hypertextualität

Bei der Analyse der *internen Hyperlinks* der untersuchten Artikel der sechs Online-Medien zeigt sich folgendes Bild: *derstandard.at* hat seinen Spitzenwert vom Vorjahr (51,5 %) offensichtlich durch eine Änderung des Redaktionskonzepts deutlich verloren und liegt mit nunmehr

13,3 Prozent der Artikel mit mindestens einem internen Hyperlink auf dem letzten Platz. Spitzenreiter 2009 ist *oe24.at*, dessen Redaktion bei 52,7 Prozent ihrer Beiträge interne Hyperlinks setzt, knapp gefolgt von *news.orf.at*, bei 51,4 Prozent der Meldungen zumindest einen internen Link setzt (2008: 48,3 %). Ebenfalls bei rund der Hälfte der Fälle (50,7 %) ist diese Verlinkung bei *diepresse.com* (2008: 46,7 %) bzw. bei 48,3 Prozent auf *kurier.at* (2008: 39,3 %) zu finden. Bei *kleinezeitung.at* sind bei 36,3 Prozent der Berichte interne Hyperlinks vorhanden (2008: 42,4 %).

Externe Hyperlinks findet man bei *derstandard.at* in etwas mehr als der Hälfte aller Berichte (51,1 % im Vergleich zu 2008: 48,5 %). In vielen Fällen handelt es sich dabei aber bloß um einen Verweis auf die Homepages von in der Berichterstattung vorkommenden Akteuren (Personen oder Organisationen). *news.orf.at* bietet bei 27,0 Prozent der Beiträge einen externen Link an (2008: 22,5 %). Bei *kleinezeitung.at* ist der Anteil von 30,7 Prozent im Jahr 2008 auf nur 13,4 Prozent gesunken, auch *kurier.at* verlinkt nur bei 2,3 Prozent der Meldungen extern (2008: 7.3 %). Bei *diepresse.com* sind nun 15 Prozent extern verlinkt (2008: 1,2 %). *oe24.at* liegt mit 5,2 Prozent deutlich unter dem Schnitt.

Multimedialität

Nach wie vor unterscheidet sich *news.orf.at* durch eine deutlich geringere Bebilderung der Beiträge auf der Startseite von den anderen untersuchten Online-Diensten. Zwar ist der Anteil von 1,6 Prozent auf 19,7 Prozent deutlich gestiegen, die Spitzenreiter liegen aber eindeutig am anderen Ende des Skala: 98,4 Prozent der Meldungen auf *oe24.at* sind durch Bilder verstärkt. 97,9 Prozent der Beiträge bei *diepresse.com* (2008: 83,3 %) sind bebildert, auf *kurier.at* ist der Anteil der durch Bilder unterstützten Berichte auf 93,7 Prozent gestiegen (2008: 92,2 %). *kleinezeitung.at* liegt mit 61,6 Prozent (2008: 71,2 %) im Mittelfeld, genauso wie *derstandard.at* mit 50,5 Prozent (2008: 40,8 %).

Bei der Unterstützung der Berichterstattung durch Grafiken hat 2009 *diepresse.com* den höchsten Anteil: 8,8 Prozent der Artikel werden mit mindestens einer Grafik unterstützt (2008: 1,2 %). Dieses Angebot ist also stark gestiegen. *kleinezeitung.at* bietet zu 6,8 Prozent (2008: 10,2 %) der Artikel mindestens eine Grafik, *derstandard.at* und *news.orf.at* sind im Wesentlichen gleich geblieben (*derstandard.at*: 4,8 % im Vergleich zu 4,9 %

2008; *news.orf.at*: 0,9 % im Vergleich zu 0,2 %). Die Änderung des Konzeptes von *kurier.at* verdeutlicht sich auch beim Einsatz von Grafiken: Verzichtete man 2008 noch zur Gänze auf diese Möglichkeit der Illustration komplexer Zusammenhänge, sind 2009 3,4 Prozent der Berichte mit einer Grafik unterstützt. *oe24.at* verzichtet vollkommen auf diese Möglichkeit.

Einen deutlich höheren Anteil als 2008 an mit mindestens einem *Videofile* unterstützten Berichten haben *derstandard.at* (6,9 % im Vergleich zu 2008: 2,9 %) und *news.orf.at* (4,4 %, 2008: 2,1 %). *kurier.at* und *diepresse.com*, die 2008 jeweils kein Videofile angeboten haben, liegen 2009 bei 2,3 Prozent bzw. 1,2 Prozent. *kleinezeitung.at* hat das Angebot an Videofiles deutlich reduziert, waren es 2008 noch 20,8 Prozent der Artikel, bei denen mindestens ein Videofile angeboten wurde, sind es 2009 nur noch 12,4 Prozent. *oe24.at* liegt mit Ausnahme von *kleinezeitung.at* über den Angeboten der Konkurrenz: Das Angebot weist bei 9,2 Prozent der Beiträge das Angebot eines Videofiles auf.

Audiofiles sind auch 2009 nur eine Randerscheinung: 2,4 Prozent der Artikel auf *kleinezeitung.at* (2008: 1,9 %) und immerhin 4,4 Prozent auf *news.orf.at* bieten ein Audiofile (2008: 1,4 %) an; die anderen Medien nutzen diese multimediale Möglichkeit nie bzw. in 0,2 Prozent der Fälle (*oe24.at*).

Zusammenfassung und Ausblick

Sinn und Zweck von Längsschnittstudien ist es, mehr Sicherheit bei der Erforschung struktureller Merkmale zu gewinnen, aber auch, Wandlungsprozesse abzubilden, um dynamische Entwicklungen auf dem Medienmarkt nachvollziehen zu können. Marktdynamik lässt sich nur durch Wiederholung von Produkt- und Inhaltsanalysen dokumentieren. Empirische Daten haben dabei die Funktion, die bei der Marktbeobachtung empfundenen Veränderungen zu belegen bzw. zu erklären, aber gegebenenfalls auch als bloßes ›Gefühl‹ zu entlarven.

Die Ergebnisse der vorliegenden Studien zeigen hinsichtlich der Marktdynamik ein eindeutiges Bild: Während *news.orf.at* seinem Konzept treu geblieben ist, haben andere Anbieter zwischen den beiden Untersuchungszeiträumen die redaktionelle Ausrichtung offensichtlich verändert. Besonders deutlich wird das bei *kurier.at*, wobei das Bemühen erkennbar ist, von der Mid-market-Orientierung mehr in Richtung Qualitätsangebot zu gehen. *derstandard.at* hingegen verliert durch einige redaktionelle Neupositionierungen etwas an der Qualitätsanmutung und der noch im Vorjahr deutlich feststellbaren Unverwechselbarkeit.

Das Online-Angebot des ORF weist kontinuierlich nicht nur ein vergleichsweise größeres und breiteres Angebot an genuiner Online-Berichterstattung als die printmedial-basierten Online-Dienste auf, sondern liegt auch hinsichtlich der Thematisierungsleistung, gemessen an den Dimensionen ›Themenakzentuierung‹, ›Themenstruktur‹ und ›Aktualität‹ nachweisbar vor den Vergleichs-Anbietern.

Das ORF-Online-Angebot bietet in Auftritt und Inhalt unverändert verlässliche Qualität, die printmedial-basierten Online-Medien weisen hingegen im Vergleich von 2008 zu 2009 verschiedene Veränderungen auf: Das Angebot an online-medien-spezifischen Elementen wurde stark ausgebaut, hingegen ist teilweise der Anteil genuiner Berichterstattung (stark) gesunken, auch die interne Verlinkung wurde reduziert. Dies ist zwar noch kein Nachweis, aber ein klarer Hinweis auf die Reduktion der Redaktionen und eine Ausdünnung der Quellenlage.

Was bedeuten diese Entwicklungen nun für den öffentlich-rechtlichen Rundfunk vor dem Hintergrund der prekären Internetökonomie?

Öffentlich-rechtliche Online-Angebote haben eine Sonderstellung auf dem Medienmarkt: Aufgrund ihrer gesetzlichen Verpflichtung müssen sie die Bevölkerung mit journalistischen Inhalten versorgen, die in Inhalt und Auftritt im Vergleich zu anderen Angeboten unverwechselbar sein müssen. Aus dem öffentlich-rechtlichen Auftrag resultiert aber nicht nur eine Verpflichtung, sondern auch die Legitimation, Gebühren einzufordern. Daraus ergibt sich eine (vergleichsweise) stabile Einnahmen-Situation – was dem öffentlich-rechtlichen Rundfunk in der an funktionierenden Geschäftsmodellen armen Internetökonomie einen unschätzbaren Vorteil verschafft. (Wie sich die Konkurrenz durch Paid-content-Modelle auswirkt, lässt sich derzeit noch nicht beantworten.)

Daraus ergeben sich unmissverständlich festzuhaltende zentrale Herausforderungen bzw. Anforderungen an den öffentlich-rechtlichen Rundfunk für die nähere Zukunft:

- Bereitstellung von genuinem Nachrichtenangebot auch und (angesichts der stetig steigenden Bedeutung des Internets) gerade im Internet;
- Zuverlässigkeit der Auswahl des Angebots;

- Sicherstellung der Qualität des journalistischen Angebots, wobei der Qualitätsbegriff genau und präzise auszudifferenzieren ist, aber mit Sicherheit zumindest die Dimensionen Aktualität, Richtigkeit, Rechtmäßigkeit, Universalität und inhaltliche Vielfalt sowie sinnvolle Verlinkung umfassen muss;
- Ausbau der Barrierefreiheit.

Die vorgestellten Untersuchungen zeigen, dass der österreichische öffentlich-rechtliche Rundfunk schon jetzt eine stabile, genuine und aktuelle vielfältige Berichterstattung bereitstellt. Angesichts der prekären Internetökonomie scheint er im Vergleich zu rein kommerziell organisierten Online-Diensten in Erfüllung seines Auftrags derzeit und wohl auch in absehbarer Zeit besonders gut dazu in der Lage, Public Value beim Publikum kontinuierlich auch durch Online-Angebote zu generieren.

Aufgrund seiner umfangreichen, differenzierten und aktuellen Berichterstattung auf seiner Online-Plattform stellt der ORF ein unverwechselbares genuines Informationsangebot zur Verfügung, das in einer Medienlandschaft, die sich durch eine Abnahme von Medienangeboten und eine Reduktion der Quellenlage auszeichnet, die Unverzichtbarkeit von öffentlich-rechtlichen Rundfunkanstalten deutlich macht.

Literatur

COLLINS, R.: The BBC and ›public value‹. In: *Medien und Kommunikationswissenschaft*, 2, 2007, S. 164-184

CONRAD, A.: Zehn Jahre ›Kulturzeit‹ - zehn Jahre Public Value. 2005. In: *www.zdf-jahrbuch.de*. http://www.zdf-jahrbuch.de/2005/programmbouquet/conrad.html

EANA Newsletter 10/2009

EANA Newsletter 12/2009

HALLER, M.: Qualität und Benchmarking im Printjournalismus. In: BUCHER, H.; K.-D. ALTMEPPEN (Hrsg.): *Qualität im Journalismus*. Wiesbaden 2003, S. 181-202

KLOPP, T.: *Kopieren wird belohnt*. 17.3.2010. In: http://blog.zeit.de/kulturkampf/

KURP, M.: Auf der Suche nach der Mehrwertformel. 2008. In: http://www.medienforum.nrw.de/medientrends/specials/rundfunk-public-value-test.html

MEIER, K.: *Journalistik*. Konstanz 2007

MOORE, M. H.: *Creating Public Value. Strategic Management in Government.* Cambridge 1996

STARK, B.; D. KRAUS: Crossmediale Strategien überregionaler Tageszeitungen. In: *Media Perspektiven*, 6, 2008, S. 307-317

TRAPPEL, J.; C. UHRMANN: *Online-Medien zwischen Service public und Geschäft. Die demokratiepolitische Leistungsfähigkeit von Online-Medien als Resultat ordnungspolitischer Institutionalisierung.* Zürich 2006

WEICHERT, S.; C. K. HUBER: *Online-Dossier: Public Value Test. Grundlagentexte und wesentliche Vorschläge der Debatte.* In: http://www.institutmedienpolitik.de/cms/index.php?idcatside=206&sid=1b8926d93551271f15302063259d7e58

WIPPERSBERG, J.: Die Bedeutung des privaten Rundfunks in Österreich. In: RTR: *Public Value und privater Rundfunk in Österreich.* Schriftenreihe der Rundfunk- und Regulierungs-GmbH. Wien 2010, S. 51-192

WOLDT, R.: Der Wert des öffentlichen Rundfunks in der digitalen Ära. In: *Media Perspektiven*, 12, 2006, S. 598-606

IV. PUBLIC VALUE DER MEDIEN IM STRUKTURWANDEL

JAN KRONE / TASSILO PELLEGRINI

Ökonomisierung des Datentransports im Internet und seine Auswirkungen auf den öffentlich-rechtlichen AV-Sektor – Netzneutralität und breitbandiger Content am Beispiel des EU-Mitglieds Deutschland

1. Einleitung

1.1 Kontext

Vor dem Hintergrund eines technisch induzierten Medienwandels auf Basis von IP-basierten Telekommunikationsdiensten ist eine Vielzahl von zu lösenden Sachverhalten aufgetreten, die sich einerseits auf der Ebene der Diversifikation von Geschäftsmodellen und Medienstrukturen bewegen, andererseits Herausforderungen an eine korrespondierende Medien- und Telekommunikations-Regulierungspolitik stellen. Der sich daran anschließende Diskurs findet in Anlehnung an Yochai Benkler (2006: 383ff.) in einem Spannungsfeld zwischen Zugangskontrolle zu technischer Infrastruktur und Immaterialgüterschutz statt und kondensiert an der Annahme, dass: »[...] the shift to broadband internet has been accompanied by less competitive pressure and greater legal freedom for [network] providers to exclude competitors from, and shape the use of their networks, [while] that freedom from both legal and market constraints on exercising control has been complemented by increasing pressures from copyright industries to require that [network] providers exercise greater control over the information flows in their networks in order to enforce copyright« (ebd.: 384) und ebnet somit das Konfliktfeld öffentlicher Interessen im Sinne eines Public Values.

Zusammengefasst: Netzbetreiber sehen die Zeit dafür gekommen,[1] die durch ihre Netze geleiteten fremden Datenmengen nicht mehr nur dem User als Abrufer oder dem Anbieter als Netzeinspeiser über Preismodelle in Rechnung zu stellen, sondern ebenso die Dienstleistung ›Datentransport‹ den außerhalb des eigenen Netzes einspeisenden Akteuren nach Volumen und Qualität im weitesten Sinn zu berechnen. Insofern ist davon auszugehen, dass der Vertrieb als Kostenfaktor bei der Produktkalkulation für breitbandigen Content im Internet neu zu bestimmen ist.

Die hier aufgegriffene Debatte über Funktion und Wirkung von Netzneutralität spiegelt einen Kernbereich zeitgenössischer Medientransformation wider, der im Folgenden auf seine Auswirkungen auf den Medienmarkt im Allgemeinen und den öffentlich-rechtlichen Rundfunk im Speziellen hin untersucht wird. Finden sich in der Literatur und bei Fachinformationsdiensten bereits seit geraumer Zeit wissenschaftliche Auseinandersetzungen und Analysen zu dem Themenbereich (vgl. beispielsweise BECKER 2008), bleibt die Verbindung von öffentlich-rechtlichem Rundfunk als Teil eines dualen Rundfunksystems mit der Organisation kommunikationstechnischer Systeme wie dem Internet verschwommen. Zwar wird auf notwendige Fortentwicklungen von Must-Carry-Regelungen für Massenmedien (vgl. IRIS SPEZIAL 2005) im Kontext diversifizierter Erlösmodelle von Netzbetreibern hingewiesen; jedoch unterbleibt eine präzise Einordnung möglicher Konsequenzen für den öffentlich-rechtlichen Rundfunk innerhalb der Europäischen Union vor dem Hintergrund des massenhaft verbreiteten Kommunikationskanals Internet und der Verabschiedung des zweiten EU-Telekom-Paketes. Im Fokus der hier zur Quellenkritik exemplarisch herangezogenen Veröffentlichung (vgl. DÖRR/WIESNER 2009: 544-553) stehen mit publizistischen Inhalten versehene Walled-Garden-Angebote von Netzbetreibern wie VoD-Plattformen und IPTV-Paketen, die sich als Abruforte/Versorgungsquellen sukzessive in den Haushalten etablieren und damit in den Anspruchsbereich von verpflichtenden Einspeisungen öffentlich-rechtlicher Angebote gelangen. In der Zitation einer Europarat-Studie, so die Autoren, werde »[...] darauf verwiesen, dass für ›offene‹ Netzwerke Prinzipien der ›Netzneutralität‹ eine wichtige Rolle beim Zugang der Menschen zu linearen und nicht-linearen

---

1   Telekommunikationsmarkt schrumpft um fast 4 Prozent. Preisverfall drückt Umsatz trotz steigender Nutzung / Nur noch geringes Wachstum auf dem Breitbandmarkt. O.V. (2009). In: FAZ vom 10.11.2009, S. 19.

Inhalten spielen können« (ebd.: 551). Auf Seite 552 verliert die Netzneutralität als Begriff die Anführungszeichen und wird als Forderung der öffentlich-rechtlichen Rundfunkanstalten gegenüber den Netzbetreibern positioniert. In welchem Zusammenhang hier Nicht-Diskriminierung, Durchleitungsverzögerung und Dienstequalität zu verstehen sind und welche Problematiken ferner daraus abgeleitet werden müssen, ist Kern-Gegenstand dieses parallel entstandenen Beitrags.

Netzneutralität besagt grundsätzlich, dass ein Netzwerkbetreiber (Backbone) nicht nach Art, Eigentümer, Dienst, Endgerät, Volumen, Herkunft und Zielort eines Datenpaketes im Netz diskriminieren darf, sondern eine einheitliche ›Quality of Service‹ gewährleisten muss (vgl. MARCUS/ELIXMANN 2008). Der Geschäftsmodelldiversifikation durch variable Bepreisungsmodelle, technische Qualitätsabstufungen und Priorisierungen von Datenpaketen sind damit enge Grenzen gesetzt.

Die dem Telekommunikationsrecht zuzuweisende Verpflichtung zur Netzneutralität stellte in der bisherigen Entwicklungsphase des Internets eine notwendige Maßnahme zur Operationalisierung komplexer verrechnungstechnischer Interdependenzen zwischen Netzwerkbetreibern dar. Im Gegensatz zu konventionellen Interkonnektivitätsregelungen aus dem klassischen Festnetz- und Mobilfunkbereich beschleunigte das Paradigma der Netzneutralität die massenhafte Diffusion und Adaption des Internets und brachte jene Vielfalt hervor, die das Internet heute auszeichnet.

Mit dem Ausbau existierender Netzwerke im Zuge der nächsten Generation von Breitbandtechnologien ist seit 2005, ausgehend von den USA, eine Diskussion angestoßen worden, die die Netzneutralität als universelles Interkonnektivitätsparadigma für IP-basierte Netzwerke infrage stellt. Vonseiten der Netzwerkbetreiber wird argumentiert, dass die überbordende Datenlast, die sich aus der zunehmenden Multimedialisierung des Internets in Form von Video- und Musikdownloads, Streaming-Diensten und Rich-Content-Applikationen ergibt, den Ausbau bestehender Infrastrukturen notwendig mache und somit evolutionäre Abrechnungsmodelle eingeführt werden müssen. Als Beispiele bisheriger, sogenannter ›Netzneutralitätsgewinner‹ der freien Durchleitung gelten (als unsystematisch getroffene Auswahl) Diensteanbieter wie YouTube,[2]

---

2   Seit November auch mit der Unterstützung für Full-HD-Videos mit 1920 x 1080 Bildpunkten pro Zeile. Vgl. o.V (2009).: YouTube unterstützt künftig Full-HD-Videos. In: www.heise.de/newsticker/meldung/YouTube-unterstuetzt-kuenftig-Full-HD-Videos-859009.html, abgerufen am 13.11.2009. Sowie seit Dezember auch als Light-Version mit weniger Features und

Flickr, VoIP, Zattoo, Online-Spiele, Hochschulen und Peer-to-Peer-Netzwerke wie Skype oder PirateBay. Letztlich aber auch die Multimedia-Angebote (Mediatheken) öffentlich-rechtlicher Anbieter. Tabelle 1 veranschaulicht exemplarisch die Konfliktpositionen zur Netzneutralität.

TABELLE 1
Konfliktpositionen Pro und Contra Netzneutralität

Pro Netzneutralität	Contra Netzneutralität

- Innovationsfreundlich (Public Value)
- Diffusionsgeschwindigkeit neuer Dienste im Internet
- Offener Zugang
- Nutzersouveränität
- Netzneutralitäts-Profiteure:
  • VoD-Plattformen
  • P2P-Anwendungen
  • Mediatheken
  • Content-Anbieter ohne eigene Infrastruktur
	- Innovationsfreundlich (Ökonomie)
	- Überbordende Datenlast durch Multimedialisierung des Internet
	  • Downloads
	  • Streaming
	  • Rich-Content-Apps
	- Preismodell-Erweiterung
	  • Quality of Service
	  • IPTV (HD)
	  • Re-Bundling

Als Lösung des Problems schlagen die Netzwerkbetreiber ein Versionierungsmodell für ›Quality of Service‹ (QoS) vor, das je nach Tarifierung unterschiedliche Dienstqualitäten und (in weiterer Folge) Datendienste ermöglicht. Während aus Sicht der klassischen ökonomischen Theorie marktgetriebene Differenzierung von Leistungsangeboten grundsätzlich als wohlfahrtsfördernd angesehen wird, stellt sich im konkreten Fall der Netzneutralität die Frage, inwieweit vor dem Hintergrund einer bereits in ihren Grundzügen hoch konzentrierten Marktstruktur (Gebietsmonopole) der Netzwerkbetreiber das Abrücken vom Grundsatz der Netzneutralität diskriminierende Praktiken begünstigt und die Situation der Konsumenten (ob im B2B- oder B2C-Bereich) verschlechtert. Der Öffentlichkeit kann so eine spezifische Entfaltungsmöglichkeit – wie auch Diensteanbietern die Geschäftsgrundlage, deren Bereitstellungsstrategie auf Netzneutralität aufbaut – entzogen oder zumindest stark eingeschränkt werden.

geringerer Ladezeit als sogenannte Version ›Feather‹ als Testlauf für langsame Rechner und mobile Anwendungen. Vgl. o.V. (2009): YouTube testet Light-Version. In: futurezone.orf.at/stories/1633327/, abgerufen am 04.12.2009.

Demnach besteht ein herleitbares, auch ökonomisches Interesse der Öffentlichkeit an einem Recht auf Netzneutralität. Die jüngste Entwicklung in der Debatte um die Netzneutralität weist, ursächlich herbeigeführt durch einen Paradigmenwechsel der US-amerikanischen Regierung 2009 (Obama-Administration), einen Fokus auf die Innovationskraft eines ›offenen Internets‹ zugunsten der Sicherstellung des freien Datenverkehrs auf. Ein scheinbar historisch erworbenes ›Wegerecht‹ von Individual-Nutzern wie auch von netzbasierten Service-Providern findet in der Anwendung von Grundrechten der Informationsfreiheit und von Vielfaltaspekten zunehmend politische Unterstützung, auch in der Europäischen Union. Damit stehen sich die Akteure – für und gegen die Beibehaltung einer Netzneutralitäts-Verpflichtung – in ihrer zentralen Argumentation terminologisch ident gegenüber: Sowohl die hier genannten ›Nutznießer‹ als auch die Netzwerkbetreiber reklamieren die Innovationskraft ihrer Anliegen paritätisch.

1.2 Problemstellung

Präzisierend befasst sich der nachfolgende Beitrag mit vier ineinander greifenden, sich zuspitzenden Spannungsfeldern:
1. Spannungsfeld Telekommunikations- und Medienregulierung,
2. Spannungsfeld Ökonomisierung und Gemeinwohlorientierung (Public Value),
3. Spannungsfeld Zugangsfreiheit und Verfügungsgewalt über Eigentum (›Wegerecht‹ versus ›Versioning‹),
4. Spannungsfeld Netzneutralität und Diversifikationspotenziale im TK-Sektor.

Die Auswirkungen dieser Spannungsfelder für den öffentlich-rechtlichen Rundfunk zwischen existierender Netzneutralität für den Datentransport im Internet und den Konsequenzen seiner Einschränkung/Abschaffung finden in der Schnittmenge der Distributionskanäle IP-TV, Web-TV und Mediatheken (VoD-Dienste) zusammen. Deren Markterfolg/Erfüllung von Programmaufträgen steht im Verdacht, aktuell nur unter einer Beibehaltung der Netzneutralität finanziell leistbar zu sein. Im Rahmen von in Drei-Stufen-Tests offengelegten Kostenkalkulationen fanden sich bis heute nur unzureichende Angaben für die Vertriebskosten (vgl. ROTT/GRANNEMANN in diesem Band). Zusätzlich zu den sprunghaft steigenden Kosten bei erhöhter Nachfrage wären additiv variable Kosten für Netzdurchleitungen und spezifisches Routing zu entrichten³. Auf der anderen Seite stellt die Einschränkung/Abkehr der Netzneutralität für die Netzwerkbetreiber die Option auf Tarifversionierung für Quality of Service, eine bislang auf sanktionsfreien Terms of Trade basierende Erweiterung des Erlösspektrums, dar. Ähnlich wie Kabelnetzbetreiber im Fernsehen können sowohl Einspeisende (bislang nur am Serverstandort), Durchleitende (aufgrund der Netzneutralität bislang nicht weiter mit den Datenstrom verursachenden Servern außerhalb ihres Netzes in Verbindung gekommen – ›free rider‹) und Abrufer (im Festnetzbereich überwiegend Flat-Modelle) für ihr verursachtes Datenvolumen fakturiert werden. Somit können Mittel für einen weiteren Infrastruktur-Ausbau gewonnen oder, einfach gesagt, das Geschäftsfeld wesenstypisch bearbeitet werden.

Für die Aufbereitung der Thematik werden auf Basis eines sekundäranalytischen Ansatzes Markt- und Regulierungsstrukturen der USA mit denen der Europäischen Union verglichen und am Beispiel des öffentlich-rechtlichen Rundfunks in Deutschland mit seinem Public-Value-Auftrag präzisiert. Die Grundannahme ist ein gültiger Programmauftrag für den öffentlichen-rechtlichen Rundfunk in seiner ganzen Breite. Als Hypothese und Sub-Hypothese werden definiert:

> *Die Abkehr von der Netzneutralität im Internet führt aufgrund ihrer konzentrationsfördernden Wirkung, insbesondere für den öffentlich-rechtlichen Rundfunk mit Public-Value-Auftrag im Internet, zu einem disruptiv-rückwärtsgerichteten Effekt auf die Öffentlichkeit einerseits und andererseits auf den Medienwettbewerb insgesamt.*

> *Marktakteure werden durch die Netzbetreiber zunächst an ein neues Produkt gewöhnt, bis eine strukturelle Abhängigkeit hergestellt ist, um nach der Erreichung einer kritischen Masse das Geschäfts- respektive Regulierungsmodell an eigene oder veränderte Gemeinwohlinteressen anzupassen.*

Fokussiert wird an dieser Stelle auf eine europäische Lösung zum Umgang mit der Netzneutralität für den Mega- und Mesomedien-

---

3   Unterdessen planen Gruppen großer Netzbetreiber die auf Zertifikaten beruhende eindeutige Authentifizierung von IP-Adressblöcken zur Sicherstellung festgelegter Routen von Datenpaketen im Internet und damit den Verlust des bislang offenen Routing-Systems. Ein Verändern von Routen im Internet soll damit erschwert werden. Als Begründung wird die Erhöhung der Sicherheit im Netz angeführt. Vgl. o.V. (2009): *Netzbetreiber wollen Routen sichern*. In: www.heise.de/newsticker/meldung/Netzbetreiber-wollen-Routen-sichern-854376.html, abgerufen am 09.11.2009.

Bereich (ZERDICK et al. 1999) im Kontext des öffentlich-rechtlichen Rundfunks und ergänzt um die Offenen Kanäle. Diese EU-europäische Lösung beinhaltet Must-Carry-Regelungen als Bestandteil der Universaldienstrichtlinie: die verpflichtende, nicht diskriminierende Durchleitung von Rundfunkprogrammen mit besonderem Auftrag für die freie Meinungsbildung und politische Willensbildung durch fremde Verteilnetze/Plattformen gegen Entgelt. Der Umgang mit dem Sachverhalt ›Netzneutralität‹ ist vor dem Hintergrund des Vertrages von Amsterdam 1997, der in der Folge von Novellierungen zu unterziehenden EU-Richtlinie für audiovisuelle Mediendienste und Telekommunikations-Regelungen sowie der Umsetzung in nationalstaatliche Regulierung der EU-Mitgliedsstaaten einzuordnen. Die Bearbeitung erfolgt hier vornehmlich am Beispiel Deutschlands. Die Bestrebungen zur Einschränkung/Aufhebung der Netzneutralität durch die Netzwerkbetreiber können als Lehrstück zum Regulierungsgebaren in emergenten Märkten angesehen werden. Aus Gründen der Fokussierung des Forschungsgegenstandes auf Institutionen mit Gemeinwohl-Auftrag sind der individuelle Endnutzer sowie die privat-kommerziellen Rundfunkveranstalter und die Multimediawirtschaft neben weiteren Anspruchstellern an ein offenes Internet nicht Kernbestandteil, aber dennoch erweiterten Fokus dieser Betrachtung.

2. Begriffsbestimmung

2.1 *Netzneutralität*

Netzneutralität ist sowohl ein regulativer Tatbestand als auch eine Konvention zur Ermöglichung von marktgetriebener Innovation in dynamischen Märkten, in denen das Unregulierbare zu einer Grundkonstante des Wettbewerbs geworden ist. Unter Netzneutralität wird die Parität der physikalischen Einheiten (Bits) im Datentransport in IP-basierten Netzwerken verstanden. Diese Netzneutralität beschreibt das Hauptwesensmerkmal des heute zugänglichen World Wide Web (www). Netzneutralität per se stellt kein Novum dar, sondern ist als besondere Spielform einer Interkonnektivitätsregelung in der Telekommunikationsbranche zu verstehen. Sie unterscheidet sich von der regulierten Netzneutralität in Fest- und Mobilfunknetzen dahingehend, dass die Netzbetreiber vor dem Hintergrund fehlender Diversifikationsmöglichkeiten der Transportdienstleistung nur geringe Möglichkeiten der Tarifgestaltung haben.

2.2 Datentransport & Quality of Service

Die dem Datentransport zugrundeliegende Architektur kann als Schichtenmodell (Layer Model) dargestellt werden, der sich laut Fransmann (2003) aufsteigend nach fünf Aktivitätsbereichen unterteilen lässt: 1) Equipment & Software Layer, 2) Network Layer (Backbone-Provider), 3) End-to-End Connectivity Layer, 4) Navigation & Middleware Layer und 5) Application Layer. Als technischer Interkonnektivitätsstandard kommt das IP-Protokoll an den Schnittstellen zwischen den Network Layern (2) und den End-to-End Connectivity Layern (3) zum Einsatz. An diesen Schnittstellen wird der Daten-Traffic zwischen den Internet-Service-Providern (z. B. Internet Access & Web Hosts) und den sogenannten ›Backbone-Providern‹ (z. B. AT&T, NTT, Qwest, COLT, Deutsche Telekom AG etc.) ausgetauscht und definiert so die Trennlinie zwischen Wholesa-

TABELLE 2
Layer-Modell

Layer	Acivity	Example Companies
VI	Customers/Consuming	
V	Applications Layer, including contents packaging (e.g. Web design, on-line information services, broadcasting services, e-commerce etc.)	Reuters, AOLTime Warner, MSN, Newscorp, ZDF, ORF, etc.
IV	Navigation & Middleware Layer (e.g. browsers, portals, search engines, directory assistance, security, electronic payment, etc.)	Google, Yahoo, Mozilla, Internet Explorer, Paypal, Genie, etc.
III	Connectivity Layer (e.g. Internet access, Web hosting)	IAPs and ISPs
TCP/IP INTERFACE		
II	Network Layer (e.g. optical fiber network, mobile network, DSL local network, radio access network, Ethernet, frame relay, ISDN, ATM, etc.)	AT&T, BT, NTT, WorldCom, Qwest, Colt, Deutsche Telekom, Vodafone, NTT DoCoMo etc.
I	Equipment & Software Layer (e.g. switches, transmission equipment, base stations, routers, servers, CPE, billing software etc.)	Nortel, Lucent, Cisco, Ericsson, Nokia, etc.

Quelle: Fransmann (2003)

le und Retail Level in der Telekommunikations-Industrie. Tabelle 2 veranschaulicht das Layer-Modell nach Fransmann (2003).

An dieser Schnittstelle entfaltet sich auch die Debatte über Quality of Service. Als technische Qualitätsaspekte nach Trick und Weber (2007) gelten:
1) Zeitpunkt und Geschwindigkeit der Datenübertragung,
2) Varianz der Verzögerung der Datenübermittlung,
3) flexible Bandbreitenbereitstellung sowie
4) damit verbundene Sicherheitsleistungen wie Garantie vor Datenverlust und Cybercrime-Abwehr.

Mit dem letzten Aspekt hat die Quality-of-Service-Debatte auch den Equipment & Software Layer (1) der Telekommunikationsbranche erfasst, der exemplarisch durch Unternehmen wie Alcatel-Lucent und Cisco repräsentiert wird. Diese haben bereits begonnen, eine neue Hardware-Generation auf dem Markt zu positionieren, welche das Diversifikationspotenzial im Security-Bereich und ein spezifisches Verkehrsmanagement bedienen kann.

Quality of Service wird damit nicht aus der Perspektive des Formats oder der Güte des Inhalts diskutiert, sondern aus der Perspektive des Datenaufkommens und aus dem Blickwinkel der notwendigen infrastrukturellen Voraussetzung für die Gewährleistung einer vordefinierten Datenübertragungsqualität, deren Ausprägungen wiederum zu konstituierenden Definitionsmerkmalen für Gütercharakteristika im Datentransport werden.

2.3 Öffentlich-rechtlicher Rundfunk

Öffentlich-rechtlicher Rundfunk stellt in den Mitgliedsländern der Europäischen Union, anders als in den USA, einen aktiven, institutionalisierten Beitrag zur öffentlichen Meinungs- und politischen Willensbildung (öffentlich-rechtlicher Auftrag, Gemeinwohlorientierung) über national bzw. regional ausgestaltete Programmaufträge mit Versorgungspflichten dar und ist mindestens zum Teil jeweils über Rundfunkgebühren oder Etats der Mitgliedsstaaten der EU finanziert. Die Entgelte zur Finanzierung des öffentlich-rechtlichen Rundfunks gelten nicht als wirtschaftliche Gegenleistung für den Programmempfang. Die Finanzierung des öffentlich-rechtlichen Rundfunks darf einerseits nicht den Interessen eines gemeinsamen Marktes der EU in seinem Ausmaß zuwider laufen, muss aber andererseits den Erfordernissen zur Erfüllung des spezifischen Auftrags Rechnung tragen.

Der öffentlich-rechtliche Rundfunk in der Europäischen Union, mit kultureller und auch demokratiestützender Funktion, ist durch unmittelbare Rechtswirkung europäischer Verträge und einzelstaatlicher Grundrechte der Bürger gegenüber dem Staat geschützt (Meinungsfreiheit, Rundfunkfreiheit, plurale Mediensysteme in der EU). Zudem wird dem öffentlich-rechtlichen Rundfunk in Deutschland eine Bestands- und Entwicklungsgarantie zugebilligt. Sie beinhaltet die Nutzung neuer Technologien zur Erfüllung des allgemeinen Auftrages sowie die Gewährleistung eines freien Zugangs zu Informationen für ein breites Publikum. Die Erfüllung des Auftrages, Publicv Value zu erzeugen, erreicht der öffentlich-rechtliche Rundfunk ebenso über den Vertriebskanal ›Internet‹.

3. Netzneutralität in den USA

Um einen Zugang zu dem Regulierungsprinzip der Netzneutralität zu erlangen, wird ein Exkurs in die USA vor die eigentliche Auseinandersetzung der sich gegenüberstehenden Akteure gehoben. In den USA ist im Verhältnis zu Europa das Spannungsverhältnis zwischen Medienangeboten und Telekommunikationsdienstleistern durch gänzlich verschiedene Grundvoraussetzungen charakterisiert. Ein duales Rundfunksystem existiert nicht in vergleichbarem Maße, wodurch die Debatte in den USA anders geführt wird als in Europa. Regulierungsaspekte aus den USA sollten vor dem Hintergrund der strukturellen Unterschiede im Rundfunksystem grundsätzlich nicht bindend sein; sie können jedoch eine Orientierungshilfe bieten. Die Diskussion verlief bis 2008 schwerpunktmäßig aus einer marktwirtschaftlichen Perspektive (Bush-Administration), wird jedoch durch die relativ breite bürgerrechtliche Beteiligung um gesellschaftspolitische Dimensionen aufgeladen.

Die Debatte über die Einschränkung bzw. Aufhebung der Netzneutralität wurde vorrangig durch US-amerikanische Marktakteure initiiert. Der Netzneutralität in den USA liegt das Common-Carrier-Prinzip zugrunde, welches zwischen Sprachtelefoniediensten und Informationsdiensten differenziert. Während für erstere (Voice-over-ip) das Common-Carrier-Prinzip die Bedingungen eines nicht diskriminierenden Marktverhaltens beschreibt, sind letztere (Informationsdienste) von dem

Prinzip freigestellt. Entsprechend genießen TV-Kabelnetzbetreiber größere wirtschaftliche Freiheiten als klassische Telekommunikationsanbieter, die jedoch im Laufe der Zeit mittels DSL-Technologien ein stetig wachsendes Engagement im Bereich der Informationsdienste entwickelt haben und nun auf eine Befreiung vom Common-Carrier-Prinzip für ihre Internetdienste optieren.

Im Jahr 2005 wurde unter Druck der Öffentlichkeit das Thema von der Federal Communications Commission (FCC) aufgenommen und im Jahr 2006 als *Telecommunications and Opportunities Reform Act* dem Kongress zur Abstimmung vorgelegt. Dieser Gesetzesentwurf sollte die unterschiedlichen Interessenlagen zwischen Telekommunikations- und Kabelbetreibern austarieren und gleichzeitig die Konsumentenrechte im Bereich der Informationsdienste stärken. Der Entwurf scheiterte, woraufhin sich im Jahr 2007 die Federal Trade Commission (FTC) in die Debatte einschaltete, welche stärker für die Interessen der Telekommunikationsanbieter eintrat; mit dem Argument, dass der Breitbandmarkt in den USA noch jung sei und nicht übergebührlich reguliert werden sollte, wie es im *Telecommunications and Opportunities Reform Act* der Fall gewesen wäre. Seither wurde die Policy zur Netzneutralität in unterschiedlichen Anträgen zu Legislativentschließungen in mehreren Politikbereichen eingebracht. Parallel zum Politikprozess haben einzelne Telekommunikationsanbieter begonnen, gegen die Doktrin der Netzneutralität zu handeln, indem sie den Daten-Traffic von unterschiedlichen Diensten blockiert oder verzögert haben, wofür die betreffenden Telekommunikationsanbieter teilweise mit Abmahnungen und Strafen seitens der Federal Communications Commission sanktioniert wurden. Nach neuerlichem Anlauf ist es den US-amerikanischen Demokraten Markey und Eshoo geglückt – mit dem Entwurf eines *Internet Freedom Preservation Act 2009* –, das Prinzip der Netzneutralität von der politischen Agenda auf die Politikformulierungsebene zu überführen. Das Internet stelle eine ›unersetzliche Plattform‹ für kommunikative und wirtschaftliche Innovation in den USA dar. In Zukunft solle es Netzbetreibern und Providern untersagt werden, den Zugang zu legalen Inhalten im Internet zu blockieren oder zu beeinträchtigen (Drosselung von Bandbreite, Ausschluss von zugelassenen Endgeräten). Über die normalen Verbindungsgebühren hinaus dürften keine zusätzlichen Tarife für die Übertragung von Inhalten, Diensten oder Applikationen verlangt werden oder Funktionen eingesetzt werden, die diese Regelungen behinderten (MARKEY/ESHOO 2009).

Die für die Aufsicht vorgeschlagene FCC hat am 21. September 2009 ihr Vorhaben zur Stärkung der Netzneutralität entgegen der Kritik von Netzbetreibern grundsätzlich kommuniziert und damit eine Vorreiterrolle eingenommen. Der »Schlüssel des Erfolgs des Internets ist seine Offenheit und nicht die Dienste-Diskriminierung«, so die FCC (vgl. o.V., *heise.de* vom 24.10.2009). Dies solle allerdings nicht die Option für Netzbetreiber ausschließen, Ausnahmen im Sinne von Premium-Datendienstleistungen (solche, die für die Quality of Service feste Bandbreiten benötigen) vorzusehen. Eine Umsetzung der neuen Regeln ist im Laufe des ersten Halbjahres 2010 vorgesehen.

4. Netzneutralität in der EU: Das Telekommunikationspaket

Im Vergleich zu den USA wird die Debatte über die Netzneutralität in Europa bisher weitgehend abseits der breiten Öffentlichkeit geführt. Die Diskussion ist verwoben und juristisch komplex und erschließt sich nur spezialisierten Teilöffentlichkeiten. Im Vergleich zu den USA ist das relevante Regelwerk dichter und bewegt sich im Spannungsfeld zwischen staatlicher Beihilfe für Netzbetreiber zum Ausbau der Breitbandversorgung und dem Telekommunikations- und Rundfunkrecht, deren Struktur und Gegenstand deutlich unterscheidbar ist. Durch das Zusammenwachsen und Entstehen enger Abhängigkeitsverhältnisse zwischen Distributionskanal und publizistischem Inhalt im Internet, wird in der EU langfristig ein gemeinsamer Regulierungsrahmen für Informationsnetzwerke angestrebt.

Der Regulierungsgegenstand ›Netzneutralität‹ berührt fünf Richtlinien, die den geltenden EU-Rechtsrahmen für elektronische Kommunikationsnetze und -dienste bilden. Dazu gehören die Rahmenrichtlinie (2002/21/EG)[4], die Zugangsrichtlinie (2002/19/EG)[5], die Genehmigungsrichtlinie (2002/20/EG)[6], die Universaldienstrichtlinie (2002/22/EG)[7] und die Datenschutzrichtlinie für elektronische Kommunikation (2002/58/

---

4   ABl. L 108 vom 24.4.2002, S. 33.
5   ABl. L 108 vom 24.4.2002, S. 7.
6   ABl. L 108 vom 24.4.2002, S. 21.
7   ABl. L 108 vom 24.4.2002, S. 51.

EG)⁸. In der Zugangsrichtlinie (2002/19/EG) werden alle Telekommunikationsanbieter (inklusive der Kabelbetreiber) zu einer Dienste- und Technologieneutralität verpflichtet, jedoch wird keine Aussage über die Tarifierung getroffen.

Im Jahr 2007 brachte die EU-Kommission für Informationsgesellschaft und Medien mit dem Richtlinienvorschlag COM 2007/0247 einen Reformantrag ein, der im Mai 2009 in der zweiten Lesung des Mitentscheidungsverfahrens im EU-Parlament behandelt und aufgrund der vielfältigen Wirkungsdimensionen, die sich aus dem komplexen interdependenten Regelwerk zwischen Infrastrukturregulierung, Rundfunkregulierung und Konsumentenschutz ergeben, kontrovers diskutiert wurde. Die Etablierung konvergenter Regulierungsparadigmen als eine der überregionalen Verbreitung von digitalisierten Inhalten angepasste überregionale Regulierung verlangt nach einem angepassten Umgang mit technologischen Standards (Übertragungsweg, -standard und -technologie, Immaterialgüterschutz) unter der Berücksichtigung der wesensimmanenten kulturellen Hoheit der einzelnen EU-Mitgliedsstaaten.

Für den hier aufgeworfenen Problemhorizont spielt insbesondere die in der ersten Lesung des 2. EU-Telekommunikationspakets vorgesehene Richtlinienversion über den Zugang zu elektronischen Kommunikationsnetzen und -diensten eine entscheidende Rolle. Sie enthält Schutzklauseln für den Rundfunk sowie die Trennung von Netzwerkbetreiber und Inhalten ohne Eingriffsrechte der EU-Kommission. Die Aufgaben und Inhalte der Richtlinie werden durch die Schaffung eines neuen Gremiums nationaler Regulierungsbehörden BEREC (Body of European Regulators for Electronic Communications) als Kommunikationsplattform ergänzt.

Die zweite Lesung verwies den Entwurf zum 2. EU-Telekommunikationspaket aufgrund von Uneinigkeiten zwischen Kommission und Parlament an das im November 2009 beendete Vermittlungsverfahren. Die Neufassung der Regulierungsvorschriften für den Telekommunikationsmarkt in der EU, die vom EU-Rat angenommen wurde, enthält erweiterte, aber *insgesamt schwache Formulierungen zur Förderung der Netzneutralität* in der Europäischen Union (Wahrung des Prinzips offener Netze, Mindeststandards zur Dienste-Qualität, Transparenz von Verfahren zum Verkehrsmanagement der Netzbetreiber).

---

8 ABl. L 201 vom 31.7.2002, S. 37.

Direkte Querverbindungen zum Auftrag des öffentlich-rechtlichen Rundfunks liegen in der Zuweisung von Entscheidungskompetenzen über Mindeststandards von Service-Qualität an die Regulierungsbehörden für Telekommunikation der Mitgliedstaaten. Verkehrsmanagement-Kompetenzen liegen somit nicht mehr bei den Netzbetreibern alleine. Die in Deutschland zuständige Bundesnetzagentur berief sich bereits Ende September 2009 auf die neue Politik der FCC zur Sicherung der Netzneutralität im Datenverkehr. Auch hat es die Absicht zur Sicherstellung der Netzneutralität in den Koalitionsvertrag der schwarz-gelben Regierungskoalition geschafft: Die ›neutrale Datenübermittlung im Internet‹ stehe für Wettbewerb und vermindere gleichzeitig regulative Eingriffe in den Markt der Datenübermittlung (Vgl. MEYER-LUCHT 2009).

5. Akteure im Spannungsverhältnis – konkurrierende Regulierungsmodelle und konvergente Spielformen

Im Zuge der Konvergenz von Telekommunikation & Medien bzw. Information & Kommunikation kommt es zur Konkurrenz zweier Regulierungsmodelle. Diese unterscheiden sich im zugrundeliegenden Ökonomisierungsprinzip des Datentransports und für das Beispiel Deutschland zusätzlich in unterschiedlichen Kompetenzenstrukturen (Bundesebene: Telekommunikationsrecht; Länderebene: Rundfunkrecht).

Der gemeinsame Ressourcenkonflikt manifestiert sich in einem Interessenkonflikt zwischen Content- und Diensteanbietern sowie Infrastrukturbetreibern. Während erstere möglichst viele Nutzer zu möglichst geringen Kosten und möglichst umfassenden datenintensiven Angeboten erreichen wollen, wollen zweitere möglichst viele Nutzer mit möglichst datenreduzierten Angeboten zu möglichst hohen Preisen an ihre Infrastruktur binden. Dieser Konflikt bildet streng genommen ungehobenes Marktpotenzial in Form nicht exekutierter Angebots- und Nachfragebeziehungen ab. Das heißt, die Ausweitung des Wettbewerbsfeldes auf der Seite der Telekommunikationsunternehmen führt gezwungenermaßen zu einer Einschränkung auf der Seite des öffentlich-rechtlichen Rundfunks und der Multimediawirtschaft allgemein, mit der unmittelbaren Folge, dass sich die Multimediamärkte nur über eine politische

Intervention im Markt halten können, um ein positives Marktversagen durch politische Intervention zu verhindern.

In Europa geht die Initiative zur Einschränkung der Netzneutralität von den Backbone-Providern aus. Aufgrund der historischen Entwicklung großtechnischer Infrastrukturen verfügen diese über eine hohe Marktmacht (ehemalige natürliche Monopolisten wie beispielsweise die Deutsche Telekom AG), weshalb der Aufwand einer effizienten Interessenkoordination auf horizontaler Ebene gering ist.

Die flache Hierarchie in der multimedialen Wertschöpfung bürdet den Backbone-Providern eine gesellschaftspolitische Verantwortung auf, die sie bisher durch den diskriminierungsfreien Datentransport auch indirekt wahrgenommen haben. Sie stellen im Sinne der kartellrechtlichen Bestimmung der Trennung von Content und Infrastruktur lediglich die Kanäle für Information und Kommunikation zur Verfügung. Gleichzeitig ist ein Effekt beobachtbar, der sich im Sinne des Follow-The-Free-Modells über einen Zeitraum von rund 15 Jahren sukzessive als veränderte Rahmenbedingung bemerkbar macht.

Anders als in der Old Economy gewinnt in Netzwerkökonomien ein Gut erst dadurch an Wert, dass es massenhaft angewendet wird und dadurch – hier: kommunikative – Bindungen schafft. Nicht die Knappheit von Gütern ist entscheidend, sondern der Überfluss.

Ein Beispiel der Nicht-Beachtung dieser Bedingung ist das Scheitern des Netzwerk-Services ›Gopher‹ (vgl. NETPLANET 2009) zu Beginn der 1990er-Jahre als Konkurrenz-Angebot zum auf Gemeinfreiheit fußenden www des CERN bei Genf: Gopher setzte ab 1993, ohne über kritische Massen an Nachfragern zu verfügen, von Beginn an auf ein Bezahlmodell zur Nutzung seines Interkonnektivitäts-Services. Man befolgte zwar die für diese technische Oberfläche zweite ökonomische Bedingung, das Setzen von kooperativen/kollaborativen Standards auf technischer Ebene (zum Beispiel TCP/IP oder GSM im Mobilfunkbereich), konnte sich aber nicht gegen das Hypertext-Transfer-Protokoll (HTTP) durchsetzen (vgl. ZERDICK et al. 1999: 15-19). Die strategische Senkung von Markteintrittsbarrieren durch den freien Zugang zu breiteren Publika und zu neuen, größeren Marktspektren mit für den Nutzer überproportionalen Nutzensteigerungen durch Interoperabilität und Kompatibilität führte letztlich zu den heute von den Netzwerkbetreibern auszuschöpfenden Netzeffekten und damit verbundenen rationalen oder irrationalen Abhängigkeiten, die sich analog mit dem Beziehungsgeschäft der Suchtbewirtschaftung (ergo Drogenhandel) vergleichen lassen oder auch als sozio-technischer Lock-In zu verstehen sind. Die strukturellen Abhängigkeiten, in die sich die Netzwerke nutzenden Akteure in der Annahme eines meritorischen Gutes ›Internet‹ begeben haben, eröffnen – nicht nur aufgrund der zunehmenden Datenlast für Netzwerkbetreiber – Diversifikationspotenzial durch Pricing im Vertriebsmarkt: je höher die durchgeleitete Datenmenge, desto höher der Preis einerseits und je höher der Anspruch auf Übertragungsqualität (Quality of Service), desto höher der Preis andererseits.

Dem stehen die Akteure aus dem Mega- und Mesomedien-Bereich gegenüber, die ihre Versorgungspflichten (öffentlich-rechtlicher Rundfunk) oder privat-kommerziellen Angebote auf der Basis der Grundannahme eines gewachsenen Wegerechts im Internet den Nutzern ubiquitär zur Verfügung stellen. Die Kalkulationen in diesem Distributionskanal multimedialer Information beinhalten zwar einerseits die Einspeisungsentgelte an jeweilige Access-Provider, andererseits jedoch keine Durchleitungsentgelte für weitere Netzwerkbetreiber, deren Netze zur Erreichung der Endnutzer (User) durchquert werden müssen. Ein entscheidendes Wesensmerkmal der publizistisch zu bespielenden technischen Oberfläche Internet und verantwortlicher Faktor zur Begründung des Spannungsverhältnisses zwischen Netzwerkbetreiber und Multimedia-Diensteanbieter liegt in den bis heute labilen oder gänzlich unzureichenden Refinanzierungsmöglichkeiten für multimediale Angebote. Die ›Kostenlos-Kultur‹ als Nutzer-Selbstverständnis einerseits und schwache Werbegrundpreise in der Vermarktung von Internet-Werberaum lassen kaum Kompensationspotenzial für eine Einschränkung der Netzneutralität. Mit einem massiven Rückgang der Rezeption angebotenen Contents bzw. mit der Abwälzung der Interkonnektivitätskosten an die Endnutzer (paid content) wäre in der Folge zu rechnen. Dieses Szenario umschreibt einen disruptiv-rückwärtsgerichteten Effekt auf die Öffentlichkeit und ihren gesetzlich/vertraglich geschützten Anspruch auf Information sowie zusätzlich ein Innovationshemmnis. Eine wirtschaftliche Leistungserstellung wäre für den öffentlich-rechtlichen Rundfunk und seine breitbandigen Online-Angebote nicht mehr in gleichem Maße durchführbar. Darüber hinaus könnte einerseits die gezielte Verknappung von Gütern durch die Netzwerkbetreiber den gesamten, im Rahmen dualer Rundfunksysteme oder sonstiger publizistischer Betätigung multimedialen Medienwettbewerb nachhaltig negativ beeinflussen. Andererseits gilt die von den Empfängerhaushalten zu entrichtende Rundfunkgebühr nicht als Entgelt für den Programmempfang und bedürfte einer neuen Anpassung für multimediale Angebote.

Für die gesamte (öffentlich-rechtliche) Multimediawirtschaft wird das Spannungsverhältnis durch eine offensichtlich falsche Grundannahme eines frei zu bespielenden/bewirtschaftenden Gutes deutlich: Die das Internet bildenden Netzwerke waren größtenteils schon immer private Netze, in denen mittlerweile zusätzliche Geschäftsmodelle der Betreiber ausgerollt werden. Das Spektrum der Geschäftsmodell-Optionen wurde bislang nicht ausgenutzt, weil die Backbone-Betreiber in der Diffusionsphase des Internets von der Netzneutralität profitiert haben und es in der EU größtenteils ehemalige staatliche Monopolisten sind, die, heute in die Privatwirtschaft entlassen, sukzessive in dem durch nationale Regulierer überwachten, liberalisierten und sich verschärfenden Wettbewerb zusätzliches Erlöspotenzial nutzen wollen.

Netzneutralität kann somit in dieser, hier dialektisch zwischen Telekommunikations- und Rundfunksphäre geführten Analyse nicht als natürliche Grundvoraussetzung interpretiert werden. In der Debatte wird die strategische Überlegenheit der Netzwerkbetreiber offensichtlich im Spannungsfeld von Markt- und Staatsversagen hinsichtlich der Regulierung emergenter Märkte erkennbar.

Aus der Perspektive der Telekommunikations-Regulatoren ist die Einschränkung der Netzneutralität auf das zunehmende Datenaufkommen und die damit verbundene Kostenlast bei den Infrastrukturanbietern zurückzuführen und steht in permanenter Abwägung zwischen ehemals staatlich subventionierten Netzen und in Eigenleistung der Unternehmen erbrachten Aufrüstungen. In Netzwerkindustrien setzt die nachhaltige Bereitstellung von Multimediadienstleistungen eine hohe Kapitalausstattung voraus und impliziert damit eine dominante Marktstellung, woraus sich die geforderte Notwendigkeit für eine regulierte Aufhebung der Netzneutralität ableitet[9].

Aufseiten der Rundfunkregulierung liegen die in diesem Kontext berührten Prämissen in der Sicherstellung von diskriminierungsfreiem

---

9 Zur Entschärfung dieser Auseinandersetzung zwischen Netzbetreibern und Telekom-Regulierung um die Kostenlast erhöhten Datenaufkommens empfiehlt beispielsweise die Standardisierungsorganisation Internet Engineering Task Force (IETF) die Konzentration auf technische Innovationen im Übertragungsprotokoll-Bereich. Durch Identifikation von Netz-Engpässen und intelligente Umleitungen von Datenpakten sei es bereits heute möglich, überlastete Routen in einzelnen Subnetzen zu umgehen. Vgl. o.V. (2009): *IETF befasst sich mit Netzneutralität*. In: www.heise.de/newsticker/meldung/142855, abgerufen am 31.07.2009.

Zugang zu Inhalten und deren Definition in einem demokratierelevanten dualen Rundfunksystem begründet. Es sind kulturelle Parameter und der von den Massenmedien zu leistende Beitrag zur freien Meinungsbildung, die erst auf der zweiten Ebene einem Ökonomisierungsprinzip unterworfen sind.

Eine zusätzliche Problematik ergibt sich durch die unterschiedliche rechtstaatliche Kompetenzverteilung zwischen EU-Kommission für Informationsgesellschaft und Medien und nationalen Politiksystemen innerhalb der EU. Die in Brüssel zur Umsetzung in nationales Recht der EU-Mitglieder verabschiedeten Richtlinien zu Telekommunikation und Medien haben gleichermaßen Relevanz für zwei Institutionen der Kommunikationssystem-Regulierung und bergen Dopplungs- oder Auslassungsgefahren durch fehlende Schnittstellen und unterschiedliche Arbeitsbereiche. Fällt das Telekommunikationsrecht in Deutschland unter das Bundesrecht, ist das Rundfunkrecht föderal auf die Bundesländer übertragen: Die Bundesnetzagentur setzt die Begleitung der Telekommunikations-Liberalisierung um; die Bundesländer verabschieden Landesrundfunkgesetze oder Staatsverträge für den öffentlich-rechtlichen Rundfunk im dualen Rundfunksystem. Private Rundfunkveranstalter werden durch (gemeinsame) Landesmedienanstalten der Bundesländer auf Basis von Landesmediengesetzen/Staatsverträgen zugelassen und begleitet und genießen grundsätzlich vergleichbare Schutzrechte, abgeleitet aus dem Artikel 5, Grundgesetz mit Einschränkungen im Bereich der Bestandssicherung und im Programmauftrag.

6. Öffentlich-rechtlicher Rundfunk, Offene Kanäle und Netzneutralität

Insoweit sollte das Spannungsverhältnis zwischen öffentlich-rechtlichem Rundfunk und Netzwerkbetreiber in Europa durch eine angepasste Ausrichtung bestehender Regulierungsinfrastruktur auf der konvergenten Ebene von Telekommunikations- und Rundfunkrecht (Medienrecht) gelöst werden. Bezug nehmend auf die unter 1.2 aufgeworfene Kern-Hypothese ergeben sich daraus abgeleitete und in ein Verhältnis einerseits mit den Entwicklungen im Netzwerkbetreiber-Sektor und andererseits mit Regulierung zu bringende Schutzbereiche des öffentlich-rechtlichen Rundfunks:

Meinungsfreiheit: Als elementares Grundrecht der Gesellschaft und damit als allgemeiner Auftrag öffentlich-rechtlicher Rundfunkanstalten zum Gemeinwohl widerspricht eine Einschränkung/Aufhebung der Netzneutralität diesem Gedanken zumindest mittelbar. Andererseits lässt sich aus diesem Grundrecht auf Meinungsfreiheit nicht ohne Weiteres eine selbstverständliche, unentgeltliche Nutzung fremder Netzinfrastrukturen ableiten.

Sicherung der bzw. Beitrag zur Meinungsvielfalt: Insbesondere angesichts einer Verknappung des Zugangs zu elektronischen Kommunikationsnetzen durch Preismodelle der Backbone-Betreiber greift ein weiteres Grundrecht, das der Informationsfreiheit, in die Regulierungslinie ein. Adaptiv übertragen aus anderen Verbreitungsstrukturen von publizistischen Inhalten, wie beispielsweise dem TV-Kabelsektor, ist eine Regelung wie in den etablierten dualen Rundfunksystemen Europas aufgezeigt. Muss sich der private Sektor dem außenpluralen Wettbewerb und damit letztlich ausreichendem Kapital und Kapitalertrag unterordnen, steht der öffentlich-rechtliche Binnenpluralismus in Diensten der Gebührenzahler und ermöglicht die Umsetzung rundfunkrechtlicher Normen auf allen Ebenen der festgestellten Übertragungskanäle (Technologieneutralität). Das definierte Gemeinwohl kann in Europa, anders als in den USA, nicht ausschließlich privat-kommerziellen Anbietern überlassen werden – bis heute auch dann nicht, wenn es sich im Internet um ein inter- und nicht intramediales, publizistisches Wettbewerbsumfeld handelt.

Must-Carry-Regelung: Die Lösung des regulatorischen Problems, das Bestreben der Netzwerkbetreiber, die Netzneutralität zugunsten bislang nicht gehobener Geschäftsmodelle innerhalb der eigenen Infrastruktur im Spannungsverhältnis zur Erfüllung öffentlich-rechtlicher Aufgaben aufzuheben, liegt in der Übertragung der Must-Carry-Regelungen aus Rundfunk- und/oder Kartellrechtsbestimmungen der EU-Mitgliedsstaaten (Art. 31 der Universaldienstrichtlinie) auf das Internet. Must-Carry-Regelungen bedeuten gleichfalls keine Entbindung von Vertriebskosten in fremden Infrastrukturen, sondern lediglich ein Transportgebot, wie es vergleichbar in Kabelnetzen seit den 1980er-Jahren Praxis ist. Diese Regelungen sehen vor, dass bestimmte öffentlich-rechtliche Angebote nicht entgeltfrei, jedoch verpflichtend den Rundfunkgebührenzahlern zugänglich gemacht werden müssen. Für diese Regelung kommen demzufolge mehrheitlich die breitbandigen Dienste IP-TV, Web-TV als Stream sowie Mediatheken in Betracht. Auf diese Weise können disruptiv-rückwärtsgerichtete Effekte, sowohl gesellschaftlich-kommunikativ als auch ökonomisch-innovativ, vermieden werden und der Öffentlichkeit, ähnlich wie in TV- oder Hörfunk-Bereichen, binnenplural und konsensual Inhalte nach Definition der Programmaufträge zur Verfügung gestellt werden.

Bürgermedien: Die sogenannte ›Dritte Säule‹ der Versorgung einer Öffentlichkeit mit Informationen gemäß ihrer Grundrechte in einer Gesellschaft wirft ein bislang noch ungelöstes Problem auf. Unterscheiden sich einerseits die Finanzierungsmodelle innerhalb der EU (Deutschland = Rundfunkgebühren; Österreich = Mischfinanzierung aus staatlichen und privaten Mitteln), finden sich andererseits keine Vorschläge zur EU-weiten Regulierung von Bürgermedien (›Offene Kanäle‹). Die Einschränkung/Abkehr von der Netzneutralität könnte in diesem Bereich Folgen für die Nutzung neuer elektronischer Kommunikationsnetze haben, die die Auswirkungen auf die privat-kommerziellen Anbieter noch übersteigen dürften und in der Folge für eine ›kapitalabhängige Ghettoisierung‹ einzelner Mediengattungen auf der prinzipiell intermedialen Oberfläche Internet sorgen. Der Ausschluss von Multimedia-Angeboten durch ein an Datenvolumen und an Quality-of-Service-Kriterien orientierte Preismodell fordert die EU-Richtlinie für audiovisuelle Mediendienste vor dem Hintergrund der Verträge von Maastricht und Amsterdam neu heraus (so sind bislang beispielsweise auch Radio-Angebote aufgrund ihrer deutlichen Regionalität nicht berücksichtigt). Auch stark voneinander abweichende nationale Regulierungsparadigmen können die Harmonisierungs-Notwendigkeiten von Rundfunk (Inhalte) und Telekommunikation (Datenmenge und -qualität) nur bedingt in einen gesamteuropäischen Anspruch überführen.

7. Regelung der Netzneutralität in Deutschland

Der technisch induzierte Medienwandel hin zu IP-basierten Kommunikationsnetzen als Verbreitungsweg für breitbandige (Medien-)Inhalte erfordert bereits heute die Einrichtung gemeinsamer Stellen der Bundesländer als Ansprechpartner für die das Telekommunikationsrecht betreffenden Akteure im Medienbereich sowie äquivalente Regelungen für den Signaltransport, beispielsweise Must-Carry-Regelungen in TV-Verbreitungsnetzen.

Eine Gewichtung der Güter Eigentumsvorbehalt und Durchleitungsverpflichtungen breitbandiger Angebote impliziert die bislang gültige Rechtsprechung aus dem Fernseh- und Hörfunkbereich, die für das Internet heute nur sehr eingeschränkt erfolgt ist. Die Regelungspraxis kann somit als Vorbild für eine Umsetzung von EU-Richtlinien (2. EU-Telekommunikationspaket) herangezogen werden, um Spannungsverhältnissen zwischen Marktbearbeitung und Gemeinwohlorientierung, Bundes- und Landesrecht adäquat begegnen zu können.

Die in der Neufassung der Regulierungsvorschriften für den Telekommunikationsmarkt der Europäischen Union schwach ausgeprägte Definition von Netzneutralität (Transparenz des Verkehrsmanagements, Einhaltung von Mindeststandards und grundsätzlich offener Zugang zu Kommunikationsnetzen) verdeutlicht die Anforderungen an die in der Folge zuständigen nationalen Regulierungsstellen zur Etablierung der Sicherung von Netzneutralität für Angebote des öffentlich-rechtlichen Rundfunks in Deutschland.

Zur Umsetzung werden neue Schnittstellen zwischen der Bundesnetzagentur und dem föderal strukturierten Mediensystem nach Landesrecht notwendig. Eine wie in Großbritannien (OfCom) oder Österreich (RTR GmbH) etablierte konvergente, also sektorübergreifende Regulierungsstelle erleichtert die Prüfung und Ausgestaltung der rechtlichen Ansprüche des dualen Rundfunksystems im Feld des Telekommunikationsrechts und löst die Fixierung auf mediengattungs-typische Einzelbetrachtung. Die ersten Umsetzungen für Deutschland finden sich in der Einrichtung sogenannter ›gemeinsamer Stellen‹ der Arbeitsgemeinschaft der Landesmedienanstalten ALM, beispielsweise zur Vergabe von DVB-H-Lizenzen an Mobilfunk-Netzbetreiber.

Unabhängig von den Prämissen (Zugang, Vielfalt, öffentlich-rechtlicher Rundfunk) der Rundfunkpolitik in Europa entwickeln die Backbone-Provider, unterstützt durch die Telekommunikationsregulierung, eine katalytische Funktion für die digitalen Multimediamärkte. Diese Form der Selbstregulierung (LATZER et al. 2002) sieht für die zum Teil durch staatliche Ex-Monopolisten geschaffene Infrastruktur eine Überwachung durch nationale Behörden und eine Regulierung der Bit-Margen vor. Inwieweit das Selbstverständnis und die verfassungsrechtlich bestätigte Funktionsausübung des öffentlich-rechtlichen Rundfunks in den Netzwerk-Markt eingearbeitet werden kann, ist durch die Analyse herausgestellt.

Wesentlich bleibt jedoch festzuhalten, dass es sich bei einer Einschränkung/Abkehr von der Netzneutralität um ein prinzipiell selbstverständliches Ausüben einer Geschäftstätigkeit durch den Backbone-Betreiber handelt. Die rundfunkrechtlichen Ansprüche basieren in der Europäischen Union auf der Auslegung von Freiheitsrechten der kommunizierenden Gesellschaft. Will man die Netzneutralität unter den Prämissen des Rundfunkrechts beibehalten, muss man Sphären schaffen, die nach den Grundlagen öffentlich-rechtlichen Rundfunks zugänglich gemacht werden müssen.

Must-Carry-Regelungen umfassen jedoch keineswegs Entgeltbefreiungen für die Durchleitung von Signalen/Daten in fremden Netzwerken. Das führt zu der Annahme, dass es auch bei einer Beibehaltung der Netzneutralität zu Bepreisungen für die Durchleitung von breitbandigem Content kommen kann. Der öffentlich-rechtliche Rundfunk ist somit angehalten, im Rahmen der Überprüfung neuer und bestehender breitbandiger Angebote aktualisierte Vertriebskalkulationen vorzunehmen. Ein Extra-Entgelt für die Haushalte widerspräche der heute gültigen Rundfunkgebührenpraxis, wonach keine zusätzlichen Kosten für den Empfang/Abruf öffentlich-rechtlicher Angebote in den Haushalten entstehen dürfen. Die Rundfunkgebührenhöhe entspricht, neben allgemeinen Zugangstarifen (Kabelanschluss, Internetanschluss) an Netzbetreiber, dem Bereitstellungsentgelt an die Haushalte in einem Geltungsbereich. Der Geltungsbereich des Internet ist, anders als nationale Rundfunksysteme, global.

Must-Carry-Regelungen können im Rahmen einer zu regulierenden Netzneutralität, ähnlich den Regelungen in den Mobilfunknetzen, mit Durchleitungsentgelt-Obergrenzen für spezifische, dem Gemeinwohl dienende Informationsdatenströme ausgestaltet werden.

8. Ausblick

Mit einer Einschränkung oder Abschaffung der Netzneutralität geht ein adverser Effekt nicht notwendigerweise mit einem Anstieg der gesamtgesellschaftlichen Wohlfahrt einher. Als Gewinner dieses Szenarios können gemeinhin die Telekommunikationsindustrie und jene Mediendienstleister genannt werden, die über die nötige Marktmacht und Kapitalausstattung verfügen, um entstehende Kosten zu kompensieren bzw. auf andere Marktakteure (bis hin zum Endnutzer) abzuwälzen. Dieses Szenario ist für kommerzielle Medienunternehmen insofern attraktiv, als sich mit der Einschränkung/Abschaffung der Netzneutralität letztendlich der wirtschaftliche Rahmen für die Durchsetzung von Paid-Content-Modellen realisieren ließe, was bisher aufgrund der Wettbewerbsstruktur im Internet nur in wenigen Fällen möglich ist. Aus dieser Perspektive steht die Initiative der Telekommunikationsindustrie nicht grundsätzlich im Widerspruch zu den Interessen der kommerziell agierenden Medienindustrie, sofern diese die notwendigen Vorraussetzungen mitbringen, sich im neu geschaffenen und marktbereinigten Ökosystem bewähren zu können. Konzernumbau-Pläne der Deutschen Telekom AG im November 2009 sowie die stetige Etablierung von IPTV-Angeboten durch Backbone-Betreiber als vierte Säule in der Versorgung der Gesellschaft mit Rundfunkinhalten (vgl. KRONE 2009a) lassen die Konzentration auf die Wahrnehmung bislang ungenutzten Marktpotenzials sowie Absicherung eines exklusiven Quality of Service als deutlich erscheinen. Die unbekannte Variable dieser wirtschaftsliberalen Perspektive bliebe die Zahlungsbereitschaft der Nutzer.

Als Verlierer dieses Szenarios gelten hingegen all jene kommerziellen und nicht kommerziellen Mediendienstleister, deren Angebotsstruktur auf einer universellen Netzneutralität aufbaut und die nicht über die nötige Ressourcen- und Finanzausstattung verfügen, um die anfallenden Interkonnektivitätskosten zu kompensieren bzw. weiterzugeben. Entsprechend ist darüber nachzudenken, ob Must-Carry-Regelungen nur für öffentlich-rechtliche Angebote adäquat sind oder ob etwa im Zuge von Public-Value-Tests für private (nicht) kommerzielle Multimediaanbieter ein Rahmen für Partizipation und ›Rundfunkfreiheit‹ im Internet geschaffen wird, der mittels schmalbandiger Kommunikationsdienste nicht hinreichend abgedeckt werden kann.

Inwieweit die Kommunikationsfreiheit einer Gesellschaft von breitbandigen Multimedia-Angeboten abhängig wäre, sofern schmalbandige Kommunikationsdienstleistungen von einem Versioning der Netzwerkbetreiber unberührt blieben (Schrift- und Satzzeichen-Kommunikation via HTML und E-Mail, als auch aus der Telefonie abgeleitet Dienste wie Messaging, Kommunikationsforen ohne Pee-2-Peer-VoIP), stellt die Programmaufträge der öffentlich-rechtlichen Rundfunkanstalten als Adressaten dieser Ausarbeitung in einem gewissen Teil infrage – zumal ARD und ZDF nach seit 2009 gültigem 12. Rundfunkänderungsstaatsvertrag keine sogenannte ›elektronische Presse‹, also schmalbandige Textinformation, verbreiten dürfen.

Ausstehend sind weiterhin die diesem Kontext angepassten Definitionen von ›breitbandigen‹ und ›schmalbandigen‹ Inhalten (Bit-Margen, Verzögerung) sowie deren spezifische Identifikationen unter allen Netzdiensten als besonders zu schützende Angebote für die Meinungsbildung, politische Willensbildung und Informationsfreiheit der Gesellschaft. Ob bei einer eingeschränkten Netzneutralität für breitbandige Inhalte als Folge Kommunikationsversagen anzunehmen ist, kann heute nicht abschließend bewertet werden.

Sicher scheint jedoch die Reaktion der Politik auf die eingangs aufgeworfenen Hypothesen, dass die Innovationskraft des Internets, der diskriminierungsfreie Zugang zu Informationen und die Wahlfreiheit in der Auswahl von Diensten den Nutzer in die zu schützende Position (auch: Konsumentenschutz) in der Diskussion um die Netzneutralität hebt. Im Kielwasser dieser Argumentation bewegen sich der öffentlich-rechtliche Rundfunk wie auch die gesamte Medienwirtschaft als Profiteure der politischen und zu erwartenden regulativen Abkehr einer breiten Genehmigung zur Abschöpfung von Netzeffekten durch die Netzbetreiber. Inwiefern sich dabei zum Teil staatlich subventionierte Kabelnetze gegenüber mehrheitlich privat aufgebauten Mobilfunknetzen in der Regulierungspraxis unterscheiden, gibt die EU-Kommission für Informationsgesellschaft und Medien bereits über Roaming-, Daten- und Sprachkosten-Obergrenzen vor.

Ebenso bewertbar ist der medienökonomische Forschungsbedarf, der sich aus dieser Schlaglicht-Analyse ableitet und nicht nur für das Nebeneinander öffentlich-rechtlicher und privater Angebote als grundlegendes Merkmal dualer Rundfunksysteme gilt, sondern auch für die seit dem Beginn des Medienwandels hin zu IP-basierten, hybriden Kommunikationsnetzen mehr oder weniger schwach ausgeprägte Konzentrationsforschung. Ähnlich der Konsolidierung der Pressemärkte in Deutschland in den 1960er- und 1970er-Jahren impliziert ein zum Teil selbstregulierender Prozess um Datenströme ein Wiederkehren überlieferter (Medien-)Marktstrukturen. Adverse Effekte in selbstregulierten Marktstrukturen und -modellen durch eine eingeschränkte Netzneutralität lassen sich durch das Methoden- und Theoriereepertoire der Konzentrationsforschung erfassen (vgl. ausführlich KNOCHE/ZERDICK 1991/92; KNOCHE 1999, 2007; LANGE 2008).

Ein Durchsetzen finanzkräftiger Multimedia-Konzerne widerspräche auch heute den Vielfaltüberlegungen aus dem vergangenen Jahrhundert nachdrücklich. Einen Wandel von niedrigen zu hohen Markteintrittsbarrieren über Vertriebsstrukturen wurde in der Vergangenheit auf dem Medienmarkt mit vielfältigen Regelungen begegnet. Deren Entstehung im Internet vorzubeugen hat sich die Politik angenommen. Überließe man das Internet den Netzbetreibern alleine, würde die technische Entwicklung einen ähnlichen Verlauf nehmen wie die Kontrolle über die Verbreitungswege in den klassischen Medien: vom Nutzer hin zu den Netzbetreibern, die quasi eine ›Internet-Steuer‹ für breitbandige Inhalte erheben würden. Der regulativ optimale Ansatz liegt in einer der Spezifik des Internets und seiner Inhalte angepassten Anwendung eines (weltweit) einheitlichen Rechtsgefüges für oder gegen einen offenen Zugang zu einem soziotechnischen Kommunikationssystem. Die angeführte Innovationskraft befindet sich in einem politisch zu lösenden Spannungsverhältnis zwischen Kommunikationsfreiheit und Geschäftstätigkeit, zwischen Netz und Inhalt, in der Herausforderung eines konsensualen Vertriebsmanagements.

Literatur

BECKER, ANKE: Die Diskussion um die Netzneutralität. In: *MedienWirtschaft*, Jg. 5, Heft 2, 2008, S. 30-32

BENKLER, YOCHAI: *The Wealth of Networks. How Social Production Transforms Markets and Freedom.* London 2006

BRADSHAW, TIM: BT *seeks to end ›free ride‹ by video websites.* In: www.ft.com. http://www.ft.com/cms/s/0/1c979154-5621-11de-ab7e-00144feabdco,_i_email=y.html abgerufen am 14.06.2009

BRENNER, CHRISTIAN: *Zur Gewährleistung des Funktionsauftrages durch den öffentlich-rechtlichen Rundfunk. Eine Konkretisierung der Aufgaben des öffentlich-rechtlichen Rundfunks im Fernseh-, Hörfunk- und Online-Bereich.* Berlin 2002

BREUNIG, CHRISTIAN: Internet: Auf dem Weg zum einem kommerziellen Medium? Inhaltliche Entwicklungen und Finanzierungsformen von Online-Angeboten. In: *Media Perspektiven*, 8, 2003, S. 385-393

BREUNING, CHRISTIAN: Paid Content im Internet – ein erfolgreiches Geschäftsmodell? Marktchancen kostenpflichtiger Onlineinhalte. In: *Media Perspektiven*, 8, 2005, S. 407-418

BRONSEMA, FRAUKE: *Medienspezifischer Grundrechtsschutz der elektronischen Presse.* Berlin 2008

BÜSCHING, THILO (Hrsg.): *Mediengeschäftsmodelle der Zukunft*. Baden-Baden 2005

DÖRR, DIETER: *Programmvielfalt im öffentlich-rechtlichen Rundfunk durch funktionsgerechte Finanzausstattung*. Baden-Baden 1997

DÖRR, RENATE; JAN WIESNER: Zwischen Wirtschaft und Kultur: 20 Jahre EU-Fernsehrichtlinie. Grundlinien europäischer Medienpolitik. In: *Media Perspektiven*, 10, 2009, S. 544-553

EIMEREN, BIRGIT VAN; BEATE FREES: ARD/ZDF-Online-Studie 2007. Internetnutzung zwischen Pragmatismus und YouTube-Euphorie. In: *Media Perspektiven*, 8, 2007, S. 362-378

ELIXMANN, DIETER; RALF G. SCHÄFER; ANDREJ SCHÖBEL: Internationaler Vergleich der Sektorperformance in der Telekommunikation und ihrer Bestimmungsgründe. In: WIK (Hrsg.): *Diskussionsbeitrag Nr. 289*, Februar 2007

FISCH, MARTIN; CHRISTOPH GSCHEIDLE: Onliner 2006: Zwischen Breitband und Web 2.0 – Ausstattung und Nutzungsinnovationen. In: *Media Perspektiven*, 8, 2006, S. 431-440

FRANSMANN, MARTIN: Evolution of the Telecommunications Industry. In: MADDEN, GARY (Hrsg.): *World Telecommunications Markets*. London 2003, S. 15-38

GRUBER, THOMAS (Hrsg.): *Was bieten die Medien? Was braucht die Gesellschaft? Chancen und Risiken moderner Kommunikation*. München 2002

HARTE, LAWRENCE: *IPTV Dictionary*. Althos 2006

HASS, BERTHOLD H.: *Geschäftsmodelle von Medienunternehmen. Ökonomische Grundlagen und Veränderungen durch neue Informations- und Kommunikationstechnik*. Wiesbaden 2002

HELD, THORSTEN: *Online-Angebote öffentlich-rechtlicher Rundfunkanstalten. Eine Untersuchung des verfassungsrechtlich geprägten und einfachgesetzlich ausgestalteten Funktionsauftrags öffentlich-rechtlichen Rundfunks im Hinblick auf Internet-Dienste*. Baden-Baden 2008

HOFFMANN-RIEM, WOLFGANG: Multimedia-Politik vor neuen Herausforderungen. In: *Rundfunk und Fernsehen*, 2, 1995, S. 125-138

HOLTZ-BACHA, CHRISTINA: *Medienpolitik für Europa*. Wiesbaden 2006

HOLTZ-BACHA, CHRISTINA: Von der Fernseh- zur Mediendienstrichtlinie. In: *Media Perspektiven*, 2, 2007, S. 113-123

IMMENGA, ULRICH; CHRISTIAN KIRCHNER; GÜNTER KNIEPS; JÖRN KRUSE: *Telekommunikation im Wettbewerb. Eine ordnungspolitische Konzeption nach erfolgreicher Marktöffnung*. München 2001

IRIS SPEZIAL: Haben oder nicht haben – Must-Carry-Regeln. In: EUROPÄISCHE AUDIOVISUELLE INFORMATIONSSTELLE (Hrsg.): Straßburg 2005

JARREN, OTFRIED et al.: *Rundfunkregulierung. Leitbilder, Modelle und Erfahrungen im internationalen Vergleich*. Zürich 2002

KAUMANNS, RALF; VEIT SIEGENHEIM; EVA-MARIA KNOLL: BBC – *Value for Money & Creative Future. Strategische Neuausrichtung der* BBC. München 2007

KIEFER, MARIE LUISE: *Medienökonomik. Einführung in eine ökonomische Theorie der Medien*. 2. Aufl. München 2005

KNOCHE, MANFRED: Medienkonzentration. In: THOMASS, BARBARA (Hrsg.): *Mediensysteme im internationalen Vergleich*. Konstanz 2007, S. 122-144

KNOCHE, MANFRED; WOLFGANG HIRNER; ULRIKE WAGNER: Freie Radios in Österreich. Auf dem Weg zum trialen Rundfunksystem. In: FABRIS, HANS HEINZ; RUDI RENGER; FRANZ REST: *Bericht zur Lage des Journalismus in Österreich*. Salzburg 2001, S. 56-61

KNOCHE, MANFRED; GABRIELE SIEGERT (Hrsg.): *Strukturwandel der Medienwirtschaft im Zeitalter digitaler Kommunikation*. München 1999

KNOCHE, MANFRED; AXEL ZERDICK: *Bedeutung des Postzeitungsdienstes und Preiserhöhungsakzeptanz in der Bevölkerung*. WIK Diskussionsbeiträge Nr. 67, Juni 1991

KNOCHE, MANFRED; AXEL ZERDICK: *Postzeitungsdienst und alternative Zustellformen im Vertriebssystem der Presse*. WIK Diskussionsbeiträge Nr. 80, Februar 1992a

KNOCHE, MANFRED; AXEL ZERDICK: *Strukturanalysen zur medienpolitischen und ökonomischen Bedeutung des Postzeitungsdienstes*. WIK Diskussionsbeiträge Nr. 81, Februar 1992b

KOPS, MANFRED; WOLFGANG SCHULZ; THORSTEN HELD (Hrsg.): *Von der dualen Rundfunkordnung zur dienstspezifisch diversifizierten Informationsordnung?* Baden-Baden 2001

KRONE, JAN: IPTV und Mobile TV als vierte und fünfte Säule in der Übertragung von Fernsehinhalten in Deutschland und Österreich – Aufbau der Tagungspublikation. In: KRONE, JAN (Hrsg.): *Fernsehen im Wandel. Mobile TV & IPTV in Deutschland und Österreich*. Baden-Baden 2009a, S. 11-21

KRONE, JAN: Adieu Sandkasten Internet – wir werden erwachsen. In: *Carta*, hrsg. von Robin Meyer-Lucht. http://carta.info/8427/adieu-sandkasten-internet-wir-werden-erwachsen/ [23.04.2009] 2009b

KRONE, JAN: Verlage zwischen Web 2.0, Vermarktung und ›Krise‹. Beobachtungen zum ökonomischen Antizipationspotential im Medienwandel – Teil 1-3. In: *Carta*, hrsg. von Robin Meyer-Lucht. http://carta.info/jan_krone [17.12.2008]

KRUSE, JÖRN: *10 Jahre Telekommunikations-Liberalisierung in Österreich*. Schriftenreihe der RTR, Band 2, 2007. Wien 2007

LANGE, BERND-PETER: *Medienwettbewerb, Konzentration und Gesellschaft. Interdisziplinäre Analyse von Medienpluralität in regionaler und internationaler Perspektive*. Wiesbaden 2008

LANGENBUCHER, WOLFGANG R. (Hrsg.): *Die Kommunikationsfreiheit der Gesellschaft. Die demokratischen Funktionen eines Grundrechts*. Wiesbaden 2003

LANGENBUCHER, WOLFGANG R.: *Der Rundfunk der Gesellschaft. Beiträge zu einer kommunikationspolitischen Innovation*. Berlin 2008

LATZER, MICHAEL; NATASCHA JUST; FLORIAN SAUERWEIN; PETER SLOMINSKI: *Selbst- und Koregulierung im Mediamatiksektor. Alternative Regulierungsformen zwischen Staat und Markt*. Wiesbaden 2002

LATZER, MICHAEL: *Mediamatik – Die Konvergenz von Telekommunikation, Computer und Rundfunk*. Opladen 1997

LIBERTUS, MICHAEL: Die Revision des EU-Regulierungsrahmens für elektronische Kommunikation. Problematik aus der Sicht des öffentlich-rechtlichen Rundfunks. In: *Media Perspektiven*, 5, 2008, S. 226-235

MARCUS, SCOTT J.; DIETER ELIXMANN: *The Future of IP Interconnection. Technical, Economic and Public Policy Aspects*. Bad Honnef 2008 – WIK (Study for the European Commission), Januar 2008

MARKEY, EDWARD J.; ANNA G. ESHOO: Internet Freedom Preservation Act. In: http://markey.house.gov/images/PDFs/netneutralitybill.pdf [20.11.2009]

MEYER-LUCHT, ROBIN: Koalitionsvertrag und Internet: Weniger als erhofft, mehr als erwartet. In: http://carta.info/16863/koalitionsvertrag-internet-schwarz-gelb-medienpolitik/ [24.10.2009]

NETPLANET: Dienste im Internet – Gopher. In: http://www.netplanet.org/dienste/gopher.shtml [04.12.2009]

o.V.: *YouTube testet Light-Version*. In: http://futurezone.orf.at/stories/1633327 [04.12.2009]

o.V.: *YouTube unterstützt künftig Full-HD-Videos*. In: http://www.heise.de/newsticker/meldung/YouTube-unterstuetzt-kuenftig-Full-HD-Videos-859009.html [13.11.2009]

o.V.: Telekommunikationsmarkt schrumpft um fast 4 Prozent. In: FAZ, 10.11.2009, S. 19

o.V.: *Netzbetreiber wollen Routen sichern*. In: http://www.heise.de/newsticker/meldung/Netzbetreiber-wollen-Routen-sichern-854376.html [09.11.2009]

o.V.: EU-*Rat winkt Großteil des Telecom-Pakets durch.* In: www.heise.de/
newsticker/meldung/EU-Rat-winkt-Grossteil-des-Telecom-Pakets-
durch-846989.html [30.10.2009]

o.V.: US-*Regulierer will Netzneutralität durchsetzen.* In: www.heise.de/newstik-
ker/meldung/US-Regulierer-will-Netzneutralitaet-durchsetzen-838305.
html [24.10.2009]

o.V.: *Umkämpfte Netzneutralität: für und wider Regeln für ein offenes Internet.* In:
http://www.heise.de/newsticker/meldung/Umkaempfte-Netzneutra-
litaet-fuer-und-wider-Regeln-fuer-ein-offenes-Internet-832827.html
[20.10.2009]

o.V.: *Netzneutralität ein heißes Eisen für US-Regulierer.* In: http://www.heise.de/
newsticker/meldung/netzneutralität-ein-heisses-eisen-fuer-us-regulie-
rer-828435 [14.10.2009]

o.V.: *Eco-Kongress: Bundesnetzagentur bekennt sich zu Netzneutralität.* In: http://
www.heise.de/newsticker/meldung/146083 [29.09.2009]

o.V.: US-*Regulierer stellt Plan zur Stärkung der Netzneutralität vor.* In: http://www.
heise.de/newsticker/meldung/145641 [21.09.2009]

o.V.: US-*Abgeordnete starten bei Netzneutralität neu durch.* In: http://www.heise.
de/newsticker/meldung/143028 [04.08.2009]

o.V.: IETF *befasst sich mit Netzneutralität.* In: http://www.heise.de/newsticker/
meldung/142855 [31.07.2009]

o.V.: *Alcatel Lucent: Kurzzeitig mehr Bandbreite für ein paar Cent.* In: http://www.
golem.de/0904/66552.html [20.05.2009]

OEHMICHEN, EKKEHARDT; CHRISTIAN SCHRÖTER: Information: Stellenwert
des Internets im Kontext klassischer Medien – Schlussfolgerung aus der
ARD/ZDF-Online-Studie 2001. In: *Media Perspektiven*, 8, 2001, S. 359-368

OTTLER, SIMON; PETRA RADKE (Hrsg.): *Aktuelle Strategien von Medienunternehmen*. München 2004

PUPPIS, MANUEL: *Einführung in die Medienpolitik.* Konstanz 2007

PURKARTHOFER, JUDITH et al.: *Nichtkommerzieller Rundfunk in Österreich und
Europa*. Schriftenreihe der RTR, 3, 2008. Wien 2008

ROSSEN-STADTFELD, HELGE: *Audiovisuelle Bewegtbildangebote von Presseunter-
nehmen im Internet: Presse oder Rundfunk?* Schriftenreihe der BLM, Band 92.
München 2009

ROSSNAGEL, ALEXANDER; ALEXANDER SCHEUER; THOMAS KLEIST: *Die
Zukunft der Fernsehrichtlinie.* Baden-Baden 2005

RTR GMBH (Hrsg.): *Next Generation Access. Regulierungsbehörde und Marktteilnehmer im Dialog.* Schriftenreihe der RTR, Band 4, 2008, Wien 2008

RTR GMBH (Hrsg.): *Breitband: Infrastruktur im Spannungsfeld mit Applikationen, Content und Services*. Schriftenreihe der RTR, Band 4, 2003, Wien 2003

RUHLE, ERNST-O.; NATASCHA FREUND; DIETER KRONEGGER; MARIA SCHWARZ: *Das neue österreichische Telekommunikations- und Rundfunkrecht. Netze, TK-Dienste, Mobilfunk, Rundfunk, Internet, Datenschutz, Konsumentenschutz*. Wien 2004

SCHULZ, WOLFGANG: Der Programmauftrag als Prozess seiner Begründung. Zum Vorschlag eines dreistufigen Public-Value-Tests für neue öffentlich-rechtliche Angebote. In: *Media Perspektiven* 4, 2008, S. 158-165

SCHOLZ, STEFAN: *Internet-Politik in Deutschland. Vom Mythos der Unregulierbarkeit*. Münster 2004

SEWCZYK, JÜRGEN: Online aus der Sicht eines Kommerziellen Anbieters. Das Beispiel RTL NEWMEDIA. Überarbeitetes Manuskript des Vortrags auf dem 4. KEF-Symposion ›Rundfunk online‹ am 7. März 2002 beim ZDF in Mainz. In: *Media Perspektiven*, 3, 2002, S. 115-120

SPITZ, MALTE: Medienpolitik: Digital ist besser und Google ist nicht schuld. In: *Carta*, hrsg. von Robin Meyer-Lucht. http://carta.info/15152/medienpolitik-digital-ist-besser-und-google-ist-nicht-schuld/ [21.9.2009]

TRACEY, MICHAEL: Für das Überleben einer Idee von gesellschaftlicher Kommunikation. Eine parteiliche Rede zur weltweiten Krise des öffentlich-rechtlichen Rundfunks. In: *Media Perspektiven*, 3, 1994, S. 145-150

*TRICK, ULRICH; FRANK WEBER: *SIP, TCP/IP und Telekommunikationsnetze*. München 2007

VICH, DOUGLAS W.; GILLIAN DOYLE: Über die ›konvergierte Regulierung‹ zum deregulierten Medienmarkt? Communications Act 2003 in Großbritannien. In: *Media Perspektiven*, 1, 2004, S. 38-48

WERSIG, GERNOT: *Einführung in die Publizistik- und Kommunikationswissenschaft*. Aktualisiert und erweitert von Krone, Jan; Müller-Prothmann, Tobias. Baden-Baden 2009

ZERDICK, AXEL et al.: *E-Merging Media. Die Zukunft der Kommunikation*. Berlin u. a. 2004

ZERDICK, AXEL; KLAUS GOLDHAMMER: *Rundfunk Online. Entwicklung und Perspektiven des Internets für Hörfunk- und Fernsehanbieter*. Berlin 1999

ZERDICK, AXEL et al.: *Die Internet-Ökonomie. Strategien für die digitale Wirtschaft*. Berlin 1999

WOLFGANG SEUFERT

Regionale Werbenachfrage und Vielfalt des regionalen Informationsangebotes in Deutschland

1. Fragestellung und Methodik der Untersuchung

Massenmedien haben eine wesentliche Orientierungsfunktion bei allen Arten von individuellen Entscheidungen. Insbesondere für demokratische Wahlen und Abstimmungen liefern sie die wesentlichen Entscheidungsgrundlagen. Die publizistische Qualität des Medienangebotes ist deshalb umso höher zu bewerten, je umfangreicher und vielfältiger ihr Informationsinhalt ist. Dies gilt nicht nur für politikrelevante Informationen auf der nationalen Ebene, sondern auch auf der lokalen politischen Entscheidungsebene (vgl. HÖFLICH 2010).

Gegenwärtig sorgen in Deutschland vor allem regionale Abonnementstageszeitungen dafür, dass es in allen Städten und Landkreisen zumindest ein Lokalmedium mit tagesaktuellen Informationen aus dem Nahbereich gibt. Die ersten zeitungsfreien Großstädte in den USA und Großbritannien zeigen allerdings, dass dies nicht zwingend der Fall sein muss (LUSCOMBE 2009). Am Beispiel des privaten Lokalfernsehens in Deutschland wird ebenfalls deutlich, dass die wirtschaftlichen Voraussetzungen für ein regionales Medienangebot nicht immer ausreichend sind (SEUFERT et al. 2008).

Die regionalen Abonnementstageszeitungen haben in den letzten beiden Jahrzehnten erhebliche Auflagenverluste hinnehmen müssen (MÖHRING/STÜRZEBECHER 2008). Gleichzeitig ist ihr Werbefinanzierungsanteil zurückgegangen. Diese Entwicklung wird vor allem auf die zunehmende Konkurrenz des kostenlosen Informationsangebotes und alternativer Werbemöglichkeiten im Internet zurückgeführt.

Da die Nutzung des Internets weiter zunimmt, stellt sich damit die Frage, wie hoch die Gefahr ist, dass die Zahl der Regionen mit einem Lokalmedienmonopol ansteigt oder dass auch in Deutschland in einzelnen Regionen von den klassischen Massenmedien keine tagesaktuellen Regionalinformationen mehr angeboten werden. In diesem Fall würde sich auch bei Tageszeitungen die Frage stellen, ob der mit der lokalen Informationsvielfalt verbundene Public Value eine Förderung von Lokalmedien aus öffentlichen Mitteln rechtfertigt. Die Rundfunkpolitik hat diese Frage in Deutschland bei lokalen TV-Angeboten teilweise positiv beantwortet. Im Ausland gibt es auch entsprechende Förderungen für lokale Presseangebote.

Der folgende Beitrag hat einen empirischen Schwerpunkt und beschäftigt sich mit dem regionalen Webefinanzierungspotenzial für Tageszeitungen. Im Detail untersucht werden dabei drei Fragen, zu denen bislang kaum Informationen vorliegen:

- Wo liegt gegenwärtig die wirtschaftliche Grenze für das Angebot von Lokalzeitungen? Analysiert werden für 97 regionale Wirtschaftsräume[1] in Deutschland das jeweilige Lokalmedienangebot und die wirtschaftlichen Rahmendaten aus dem Jahr 2006.[2]
- Hat das Internet das Werbeverhalten der regionalen Werbungtreibenden – also überwiegend des Einzelhandels und der regionalen Dienstleister – nachhaltig verändert? Analysiert werden für die Jahre 2000 und 2008 Niveau und Struktur der gesamten Regionalwerbung in Deutschland.
- Inwieweit besteht die Chance, dass wegfallende Anzeigenerlöse durch Online-Werbeeinnahmen ersetzt werden können? Verglichen werden die Online-Nutzerdaten und die Verkaufsauflagen der Druckausgaben und von regionalen und überregionalen Zeitungen Anfang 2001 und Ende 2009.

---

[1] Diese regionalen Wirtschaftsräume entsprechen den Raumordnungsregionen, die jeweils aus einem oder mehreren Oberzentren mit ihrem Umland bestehen, und die auf Basis von Erhebungen zu Pendler- und Einkaufswegen abgegrenzt werden.
[2] Aggregierte Marktdaten zur Werbung liegen in der Regel mit einer Zeitverzögerung von einem halben Jahr vor; Wirtschaftsdaten auf der Ebene von Kreisen, Städten oder Raumordnungsregionen oft erst nach zwei Jahren.

2. Das Lokalmedienangebot in Deutschland und wirtschaftliche Einflussfaktoren

Bevor auf die einzelnen Untersuchungsergebnisse eingegangen wird, sollen zunächst die wichtigsten Einflussgrößen auf die Wirtschaftlichkeit privater, über Entgelte und Werbeeinnehmen finanzierter Lokalangebote herausgearbeitet werden.

2.1 Unterschiede im Grad der regionalen Informationsvielfalt zwischen den Bundesländern

Ein Vergleich des Lokalmedienangebotes zwischen den Bundesländern im Jahr 2006 zeigt deutliche Unterschiede im Grad der regionalen Informationsvielfalt (Tab. 1). Dies gilt sowohl für die Zahl regionaler Rundfunkangebote als auch für die Auswahlmöglichkeiten der Leser zwischen mehreren Zeitungen mit einem Lokalteil aus der eigenen Region.

Ein flächendeckendes privates Lokalradioangebot gibt es wegen der unterschiedlichen Rundfunkpolitik der Bundesländer nur in den drei Stadtstaaten und in fünf der 13 Flächenstaaten (Baden-Württemberg, Bayern, Nordrhein-Westfalen, Saarland und Sachsen). Ähnliches gilt für das Lokal-TV-Angebot: Flächendeckend und tagesaktuell ist Lokalfernsehen – auch dank erheblicher Subventionen – nur in Bayern empfangbar. In den anderen Ländern, die Lokal-TV-Lizenzen an gewinnorientierte Unternehmen vergeben, sind tagesaktuelle Angebote meist auf Ballungsräume und einige Großstädte beschränkt. Aus historischen Gründen ist die Zahl der Lokal-TV-Angebote in den neuen Bundesländern dabei größer als in den alten Bundesländern.

Dagegen liegt in Ostdeutschland der Anteil der Einzeitungskreise über dem in Westdeutschland. Bundesweit bestand 2006 in rund 60 Prozent aller Kreise und Städte ein lokales Zeitungsmonopol, während dies in Ostdeutschland in fast drei Vierteln dieser lokalen Gebietskörperschaften der Fall war (SEUFERT et al. 2008: 32). Auch die Zahl der Lokalausgaben je Million Einwohner, die als Maß für den relativen Umfang des redaktionellen Informationsangebots genommen werden kann, war dort niedriger als in den westdeutschen Ländern. Dagegen war in Ostdeutschland die Zahl der meist wöchentlich erscheinenden Anzeigenblätter etwas höher. Der darin enthaltene Anteil an Regionalinformationen ist allerdings im Vergleich zu dem von Tageszeitungen sehr gering.

TABELLE 1
Tagesaktuelle Lokalmedien in Deutschland 2006

	Bevölkerung	Gesamtauflage regionale Abo-Zeitungen 3. Quartal	Lokal-Ausgaben	Ausgaben je Mio. Einwohner	Anzeigenblätter	Privates Ballungsraum-TV	Private Lokal-TV-Programme	Private Lokal-Radios
	in Mio.	1000 Exemplare	Anzahl	Anzahl	Anzahl	Anzahl	Anzahl	Anzahl
Baden-Württemberg	10,7	2003,3	226	21,1	126	2	15	12
Bayern	12,5	2258,9	244	19,6	204	2	18	65
Bremen	0,7	119,0	12	18,1	14	1	0	1
Hamburg	1,7	237,7	5	2,9	26	1	0	4
Hessen	6,1	1088,2	95	15,6	92	1	0	0
Niedersachsen	8,0	1812,7	131	16,4	144	0	0	0
Nordrhein-Westfalen	18,1	2856,9	373	20,7	304	0	7	46
Rheinland-Pfalz	4,1	906,3	79	19,5	98	1	0	2
Saarland	1,1	150,8	11	10,4	29	1		1
Schleswig-Holstein	2,8	584,2	45	15,9	75	0	0	0
Westdeutschland gesamt	65,7	12.018,0	1221	18,6	1112	9	40	131
Berlin	3,4	506,2	6	1,8	8	2	0	11
Brandenburg	2,6	444,2	43	16,8	64	0	16	0
Mecklenburg-Vorpommern	1,7	343,5	34	19,8	31	0	7	0
Sachsen	4,3	968,3	56	13,1	88	3	22	16
Sachsen-Anhalt	2,5	521,9	42	16,9	38	0	7	0
Thüringen	2,3	478,3	49	20,9	52	0	11	0
Ostdeutschland gesamt	16,8	3262,4	230	13,7	281	5	63	27
Bundesgebiet	82,5	15.280,4	1451	17,6	1393	14	103	158

Quellen: ALM; BDZV; BVDA; Statistisches Bundesamt; eigene Berechnungen

2.2 *Ökonomische Determinanten der regionalen Informationsvielfalt*

Regionale Unterschiede in den Auswahlmöglichkeiten zwischen verschiedenen tages- oder wochenaktuellen Lokalmedien und im Grad der Ausdifferenzierung des Lokalangebotes von Zeitungen in Form von Lokalausgaben werden häufig auf unterschiedliche wirtschaftliche Rahmenbedingungen zurückgeführt. In der Tat beeinflussen Faktoren wie die Bevölkerungszahl oder das Kaufkraftniveau einer Region die dortigen Rentabilitätschancen für Lokalmedien (Abb. 1). Generell führen die Kostenstrukturen für Medieninhalte typischerweise dazu, dass in einer Region meist nur wenige wirtschaftlich voneinander unabhängige Lokalmedien existieren.

Die Produktionskosten des redaktionellen Inhalts sind weitgehend Fixkosten, sodass Anbieter mit höherer Output-Menge bei gleichem Gesamtaufwand niedrigere Stückkosten haben als solche mit geringeren Auflagen, Hörer- oder Zuschauerreichweiten. Wie hoch der Kostenaufwand für den redaktionellen Inhalt ist, hängt auch davon ab, wie umfangreich der Lokalteil ist und wie stark er in Form mehrerer Lokalausgaben ausdifferenziert wird. Es ist davon auszugehen, dass ein Verlag mehr für sein regionales Informationsangebot aufwenden wird, wenn er in Konkurrenz zu anderen Lokalmedien steht, als wenn er eine Monopolstellung hat.

Beim Rundfunk haben die Distributionskosten ebenfalls weitgehend Fixkostencharakter. Für die Druckkosten der Printmedien gilt dies nicht, sie variieren mit der Output-Menge. Doch spielen bei den Distributionskosten von Druckmedien sogenannte ›Dichtevorteile‹ eine Rolle. Da die Vertriebskosten stark von der durchschnittlichen Wegelänge zum Abonnenten (bzw. zur Verkaufsstelle) abhängen, steigen die durchschnittlichen

ABBILDUNG 1

Zusammenhang zwischen der Marktgröße und der Rentabilität von werbefinanzierten Medienangeboten

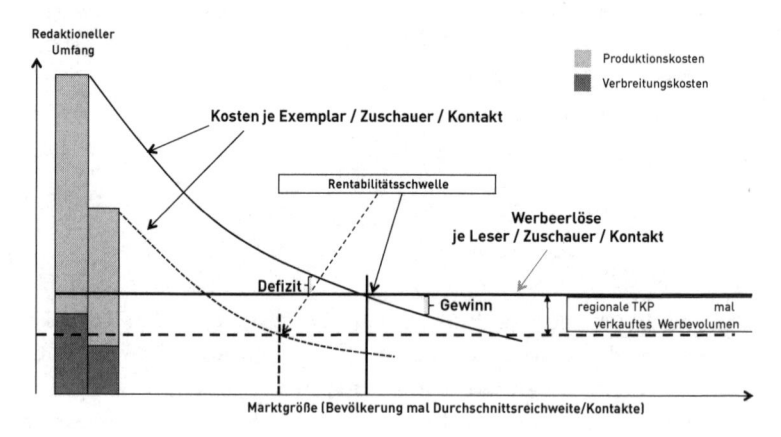

Quelle: Eigene Darstellung

Distributionskosten, je weiter ein Zeitungsverlag in die Fläche geht und je niedriger seine Leserquote bezogen auf die jeweilige Bevölkerungszahl ist.

Es gibt in der Regel eine Grenze, an der diese steigenden Distributionskosten die Kostendegressionseffekte aus der Inhaltsproduktion ausgleichen, ab der sich also eine weitere regionale Expansion (oder eine weitere Ausdifferenzierung in mehr Lokalausgaben) nicht mehr rentiert.

Während sich lokaler Hörfunk und Lokal-TV ebenso wie Anzeigenblätter fast ausschließlich über Werbung finanzieren, haben die regionalen Abonnementstageszeitungen eine Mischfinanzierung aus Vertriebs- und Anzeigenerlösen. Die Einnahmen je Exemplar hängen damit einerseits von der Zahlungsbereitschaft der Leser für ein Abonnement und zum anderen von der Zahlungsbereitschaft der überwiegend regionalen Werbungtreibenden für 1000 Werbekontakte bzw. vom regionalen Werbeaufkommen insgesamt ab. Dieses wird wiederum von verfügbaren Einkommen bzw. dem Kaufkraftniveau in einer bestimmten Region beeinflusst.

Insgesamt nehmen damit die Rentabilitätschancen für alle Lokalmedien mit der Bevölkerungszahl zu. Bei Printmedien steigen sie zudem mit einer höheren Bevölkerungsdichte aufgrund des dann niedrigeren Distributionskostenniveaus. Hinzu kommt, dass das Einkommensniveau in Städten und ihrem Umland in der Regel höher ist als in ländlichen Gebieten, die von den wirtschaftlichen Zentren weiter entfernt liegen.

Ungünstigere wirtschaftliche Rahmenbedingungen, insbesondere eine niedrigere Bevölkerungsdichte oder ein niedrigeres Pro-Kopf-Einkommen, können damit teilweise den unterschiedlichen Grad an lokaler Informationsvielfalt zwischen den Bundesländern erklären. Es ist davon auszugehen, dass diese Einflussfaktoren prinzipiell auch in regionalen Wirtschaftsräumen wirken.

3. Zusammenhang zwischen regionalem Zeitungsangebot und wirtschaftlichen Rahmenbedingungen

3.1 *Untersuchungsansatz*

Aus diesen Überlegungen zu den ökonomischen Einflussfaktoren auf die regionale Informationsvielfalt lassen sich im Hinblick auf das Angebot an Lokalzeitungen folgende Hypothesen ableiten:

- Je größer die Bevölkerungszahl in einer Region ist, desto größer ist die Chance, dass mehrere voneinander unabhängige Zeitungen die Rentabilitätsschwelle erreichen. Diese Chance steigt, wenn die Leserquote in der Region überdurchschnittlich hoch ist. Beide Faktoren zusammen entsprechen der Marktgröße bzw. der Gesamtauflage in der Region.
- Die Chance steigt zusätzlich, wenn die Bevölkerungsdichte in der Region überdurchschnittlich hoch ist, da dies zu niedrigeren Distributionskosten je Exemplar führt.
- Sie steigt schließlich ebenfalls, wenn die regionale Werbenachfrage überdurchschnittlich hoch ist.
- Mit der Existenz konkurrierender Zeitungstitel erhöht sich auch die Wahrscheinlichkeit, dass der Umfang des redaktionellen Informationsangebots in Form von mehr Lokalausgaben steigt.
- Dies gilt ebenfalls, wenn es Konkurrenz durch regionale Hörfunk- und Lokal-TV-Angebote gibt.
- Es gibt eine untere Grenze für die Rentabilität zusätzlicher Lokalausgaben. Diese liegt umso höher, je niedriger die Leserquote, je geringer die regionale Werbenachfrage und je niedriger die Bevölkerungsdichte in der Region ist.

Diese Annahmen lassen sich mithilfe einer multiplen Regressionsanalyse überprüfen. Die abhängige Variable im Regressionsmodell ist der Grad der regionalen Informationsvielfalt auf einem regionalen Zeitungsmarkt. Ein geeigneter Indikator ist in einer ersten Näherung die Zahl der Zeitungstitel. Noch besser eignet sich jedoch die Zahl der Lokalausgaben in der jeweiligen Region. Geeignete unabhängige Variablen zur Erklärung der Titelzahl wären den Hypothesen entsprechend die Marktgröße, d. h. die Bevölkerungszahl mal der Leserquote (Auflage je tausend Einwohner), die Bevölkerungsdichte (Einwohner je km^2) und das verfügbare Pro-Kopf-Einkommen (als indirektes Maß für das regionale Werbeaufkommen). Bei der Erklärung der Zahl der Lokalausgaben müssten zusätzlich die Zahl der Zeitungstitel und die Zahl der regionalen Rundfunkangebote als Regressoren in das Regressionsmodell aufgenommen werden.

Die Einflussstärke der einzelnen Regressoren wurde für die 97 Raumordnungsregionen in Deutschland geschätzt. Dabei ist 2006 das aktuellste Jahr, für das alle notwendigen Daten vorliegen. Die wirtschaftlichen Rahmendaten stammen aus der Regionalstatistik der statistischen Landesämter. Die Daten zum Lokalmedienangebot stammen aus der Stichtagserhebung von Schütz (2007), aus der Erhebung der Landesmedienanstalten zum privaten Rundfunk (BLM 2008) und aus dem Verbreitungsatlas der Zeitungs-Marketing-Gesellschaft (ZMG).

3.2 Untersuchungsergebnisse

Die Zahl der Zeitungstitel mit lokalem Informationsangebot aus der jeweiligen Region streuen in den 97 Raumordnungsregionen zwischen 1 und 10 bei einem Durchschnittswert von 2,7. Wie erwartet gibt es einen signifikanten Zusammenhang zwischen der Marktgröße (Gesamtauflage) und der Titelzahl. Außerdem wirkt sich Konkurrenz durch Lokal-TV-Anbieter leicht negativ aus. Insgesamt werden durch diese beiden Faktoren allerdings nur rund 24 Prozent der Streuung in der Titelzahl erklärt. Alle anderen untersuchten Einflussfaktoren sind nicht signifikant.

Wenn die Zahl der Lokalausgaben als abhängige Variable genommen wird, steigt die Erklärungskraft der Regressoren – gemessen als korrigiertes Bestimmtheitsmaß (R^2 korr) – deutlich an (Tab. 2). Diese Zahl der Lokalausgaben streut zwischen 6 und 60 und bei einem Durchschnittswert von 14,8 je Raumordnungsregion. Bezieht man alle 97 Regionen in die Regressionsschätzung ein, erklärt die Marktgröße 59 Prozent der Streuung, hinzu kommt ein geringer Erklärungsbeitrag von 3 Prozent durch das Pro-Kopf-Einkommen.

TABELLE 2

Einflussstärken verschiedener Einflussgrößen auf die Zahl der Lokalausgaben in Raumordnungsregionen

Regressand: Zahl der Lokalausgaben je Raumordnungsregion	alle ROR N = 97	Alte Bundesländer		Neue Bundesländer		
		> 500 Einw. N = 9	< 500 Einw. N = 65	> 500 Einw. N = 4	< 500 Einw. N = 19	
		korr R^2				Beta-Werte
Gesamtmodell mit allen Regressoren	0,613***	0,576***	0,847***	0,916***	0,505***	
Erklärungsbeitrag der einzelnen Regressoren						Vorzeichen
Gesamtauflage (Marktgröße)	0,586 ***	0,576***	0,812***	0,877***	0,399 ***	+
Pro-Kopf-Einkommen	0,027 ***	n.s	n.s	0,018***	n.s	+
Anzahl Lokal-TV-Angebote	n.s	n.s	n.s	0,021***	n.s	-
Anzahl Lokalradios	n.s	n.s	0,023***	n.s	n.s.	+
Anzahl Zeitungstitel	n.s.	n.s	0,022***	n.s	0,106***	+

Quelle: Eigene Berechnungen

Werden Ballungsräume (mehr als 500 Einwohner je km²) und Nicht-Ballungsräume sowie Regionen in den alten und den neuen Bundesländern getrennt betrachtet, so zeigt sich, dass das Einkommensniveau vor allem in den Ballungsräumen der neuen Länder einen signifikanten Einfluss auf die Zahl der Lokalausgaben hat. In den Nicht-Ballungsräumen der alten Bundesländer haben die Zahl der Regionalradios sowie die Zahl konkurrierender Zeitungstitel jeweils einen signifikanten, wenn auch geringen Einfluss auf die Zahl der Lokalausgaben.

ABBILDUNG 2
Zusammenhang zwischen Bevölkerungsdichte und Zahl der Lokalausgaben in Raumordnungsregionen 2006

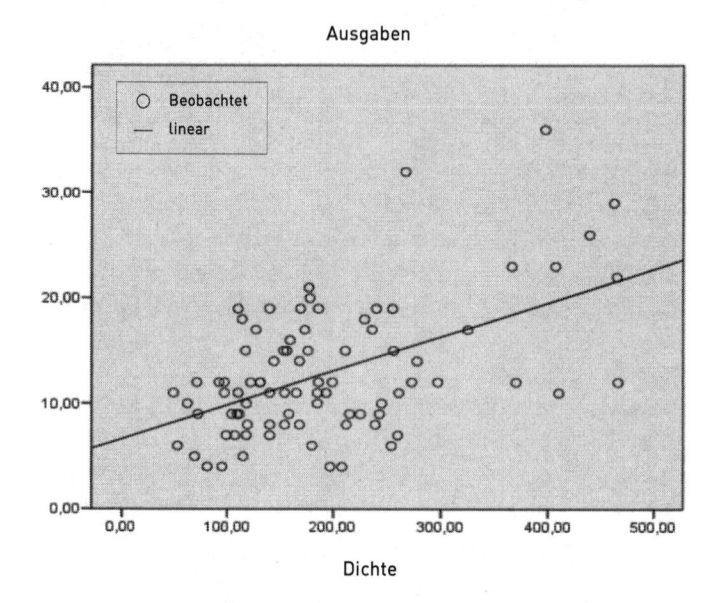

Insgesamt zeigen sich damit für die meisten untersuchten Einflussfaktoren die vermuteten Zusammenhänge. Dies gilt auch für die Bevölkerungsdichte, die in das Regressionsmodell nicht als Regressor aufgenommen wurde[3] (Abb. 2).

---

[3] Zwischen der Bevölkerungsdichte und fast allen anderen erklärenden Variablen besteht eine hohe Korrelation, die bei Aufnahme in das Modell zur Multikollinearität führen würde.

4. Entwicklung der regionalen Werbenachfrage

Die vom ZAW jährlich veröffentlichten Daten zu den Nettowerbeumsätzen der verschiedenen Werbeträger unterscheiden nicht zwischen Regionalwerbung und nationaler Werbung.[4] Die Entwicklung des Niveaus der regionalen Werbeaufkommen in Deutschland sowie seiner Aufteilung auf verschiedene Werbeträger (Media-Split) muss deshalb auf der Basis zusätzlicher Informationen errechnet werden:

- Der Umfang der regionalen Hörfunk- und TV-Werbung wird durch eine alle zwei Jahre durchgeführte Befragung der Landesmedienanstalten erfasst. Dort gibt es auch Informationen zu den Online-Werbeerlösen der regionalen Rundfunkanbieter (BLM 2010).
- Im Jahrburch des Dachverbandes der Werbewirtschaft wird der jährlich vom Branchenverband der Kinowerbung erhobene Umfang der regionalen Kinowerbung veröffentlicht (ZAW 2009).
- Der Umfang der regionalen Zeitungswerbung lässt sich auf der Basis der Angaben des BDZV zur Anzeigenstruktur in regionalen Abonnementstageszeitungen schätzen (BDZV 2007).
- Der Umfang der regionalen Zeitschriftenwerbung lässt sich auf der Basis von standardisierten Befragungen regionaler Werbungtreibender zur Aufteilung ihrer Werbebudgets schätzen (u. a. WEIDLICH/VLASIC 2006).
- Der Umfang der regionalen Online-Werbung lässt sich anhand des Anteils regionaler Web-Angebote an allen von *ivw-online* erfassten Online-Kontakten (Visits) schätzen.

Das Verhältnis von Umsätzen aus Regionalwerbung zu Umsätzen aus nationaler Werbung hat sich in Deutschland von 2000 bis 2008 kaum verändert und liegt bei rund 40:60 (Tab. 3). Der Einbruch der Werbenachfrage nach 2000 hat allerdings dazu geführt, dass sich auch das Niveau der regionalen Werbeaufwendungen um knapp ein Fünftel auf 5,6 Mrd. EUR vermindert hat.

Der Media-Split von Regionalwerbung und nationaler Werbung unterscheidet sich deutlich. Während 2008 für Werbung im Fernsehen, Radio und Kino (sog. FFF-Werbung) fast die Hälfte aller nationalen Wer-

---

4   Die Bruttowerbeumsätze, die von *Nielsen Media Research* veröffentlicht werden, berücksichtigen weder Rabatte, noch enthalten sie alle Anzeigenerlöse der Zeitungen. Anzeigenblätter und Kinowerbung werden überhaupt nicht erfasst.

TABELLE 3
Struktur der regionalen und nationalen Nettowerbeumsätze 2000- 2008

	2000		2008	
	regional	national	regional	national
	Media-Split in Prozent			
Werbung in den Medien*	100	100	100	100
Printmedien gesamt	93	52	91	46
Anzeigenblätter	26	0	36	0
Zeitungs-Anzeigen	66	21	55	16
Zeitungs-Supplements	0	0	1	1
Publikumszeitschriften	0	20	0	18
Fachzeitschriften	0	11	0	11
FFF-Werbung gesamt	7	46	8	46
Kino	1	1	0	1
Fernsehen	2	41	2	42
Hörfunk	4	4	6	4
Internet-Werbung	0	1	0	8
in Mio. EUR	6800	11.122	5629	9406

* Teilweise Abweichungen von 100 Prozent durch Rundung
Quellen: DLM; BDZV; ZAW; eigene Berechnungen

bebudgets ausgegeben wurde und weitere 8 Prozent auf Online-Werbung entfielen, dominieren bei der Regionalwerbung immer noch die Druckmedien ›Anzeigenblatt‹ und ›Tageszeitung‹. Auf sie entfielen 2008 über 90 Prozent der regionalen Werbebudgets in Deutschland.

Im Bereich der nationalen Werbung hat von 2000 bis 2008 insbesondere die Online-Werbung zugelegt, im Bereich der Regionalwerbung spielt sie jedoch bislang kaum eine Rolle. Hier konnte aber das Anzeigenblatt seinen Anteil um 10 Prozentpunkte auf 36 Prozent erhöhen, während der Anteil der Tageszeitung an der regionalen Werbung um 11 Prozentpunkte auf insgesamt 55 Prozent zurückgegangen ist.

Damit sind die Werbeerlöse der Tageszeitung von 2000 bis 2008 zwar insgesamt um mehr als ein Drittel zurückgegangen. Mit einer direkten Konkurrenz zwischen Anzeigenwerbung und Internetwerbung kann dies aber nicht begründet werden. Vielmehr gibt es einen Trend zur Verminderung der lokalen Werbebudgets insgesamt und zur Umschichtung in die kostengünstigere Werbung in Anzeigenblättern. Verstärkt wird dies durch die zurückgehenden Leserreichweiten in den jüngeren Altersgruppen. Die Entwicklung bei der nationalen Werbung lässt allerdings vermuten, dass es in Zukunft auch noch zu direkten Umschichtungen zugunsten von Internetwerbung kommen könnte.

5. Entwicklung der Nutzung von Zeitungs-Websites

Da Online-Werbung für die regionalen Werbungtreibenden bislang kaum eine Rolle spielt, haben die Verlage ihre Anzeigenrückgänge deshalb auch nicht durch Online-Werbeerlöse kompensieren können. Betrachtet man die bisherige Entwicklung bei der Nutzung von Websites regionaler Abonnementszeitungen, dann ist eine rasche Änderung auch eher unwahrscheinlich (Tab. 4).

TABELLE 4
Online-Nutzung von Tageszeitungen 2001-2009

	Verkaufte Auflage (1000)	Web-Sites Januar 2001		Verkaufte Auflage (1000)	Web-Sites Dezember 2009	
		Anzahl	Visits		Anzahl	Visits
Regionale Abo-Zeitungen	9071,6	61	10.383.251	10598,3	140	89.810.979
Überregionale Abo-Zeitungen	1350,8	5	9.022.841	1268,1	5	69.385.286
Wirtschaftszeitungen	228,1	2	4.235.516	239,7	2	15.963.689
Bild-Zeitung	4396,3	1	7.334.374	3030,5	1	113.294.023
Tageszeitungen ges.	15046,8	69	30.975.982	15136,6	148	288.453.977
Struktur in %						
Regionale Abo-Zeitungen	60,3	88,4	33,5	70,0	94,6	31,1
Überregionale Abo-Zeitungen	9,0	7,2	29,1	8,4	3,4	24,1
Wirtschaftszeitungen	1,5	2,9	13,7	1,6	1,4	5,5
Bild-Zeitung	29,2	1,4	23,7	20,0	0,7	39,3
Tageszeitungen ges.	100,0	100,0	100,0	100,0	100,0	100,0
Alle erfasste Webangebote		357	356.968.441		963	2.695.564.438
Anteil Zeitungen gesamt in %		19,3	8,7		15,4	10,7

Quellen: ivw; ivw-online; eigene Berechnungen

Der Anteil der Seitenaufrufe von Zeitungs-Websites an allen erfassten Visits lag im Dezember 2009 nur bei rund 10 Prozent. Der Anteil hat sich gegenüber Januar 2001 kaum verändert. Innerhalb der Zeitungs-Websites haben die regionalen Abonnementstageszeitungen dabei sogar einen leichten Rückgang hinnehmen müssen. Wenn Online-Angebote von Zeitungen im Internet genutzt werden, so sind dies vor allem die Seiten der überregionalen Abonnementszeitungen, der beiden nationalen Wirtschaftszeitungen und – mit Abstand führend – der *Bild*-Zeitung. Auf die Web-Angebote der regionalen Abonnementstageszeitungen entfielen Ende 2009 nur rund 30 Prozent aller Visits von Zeitungsseiten. Dieser Wert ist deutlich niedriger, als ihr Anteil an der verkauften Auflage der gedruckten Exemplare. Im letzten Quartal 2009 betrug er 70 Prozent der über 15 Mio. Zeitungsexemplare pro Tag.

6. Resümee

Die Gesamtauflage der Tageszeitungen ist in vielen regionalen Zeitungsmärkten seit 1990 stark zurückgegangen. Da die Leserquote insbesondere in den jüngeren Altersgruppen kontinuierlich zurückgeht, ist mit einer weiteren Schrumpfung zu rechnen. Die empirische Analyse auf der Basis des Lokalmedienangebotes und der wirtschaftlichen Rahmendaten in den 97 deutschen Raumordnungsregionen hat gezeigt, dass die Zahl der Lokalausgaben vor allem durch die Marktgröße bestimmt wird.

Das Werbeverhalten der regionalen Werbungtreibenden hat sich im letzten Jahrzehnt ebenfalls stark verändert. Zum einen ist die regionale Werbung in Massenmedien insgesamt zurückgegangen, zum anderen gab es starke Umschichtungen von der Tageszeitung zum Anzeigenblatt. Falls in Zukunft wie in der nationalen Werbung ein höherer Anteil der regionalen Werbebudgets für Online-Werbung ausgegeben werden sollte, würde dies die wirtschaftlichen Probleme von Zeitungen zusätzlich verstärken. Geht man von der bisherigen Entwicklung der Nutzung von Zeitungs-Webseites aus, so sind die Chancen der regionalen Abonnementstageszeitungen, von einem wachsenden Online-Werbemarkt zu profitieren, gering. Ihr Nutzungsanteil liegt weit unter ihrem Anteil an der täglichen Tageszeitungsauflage.

Zwar sind in den nächsten Jahren ›Null-Zeitungskreise‹ eher unwahrscheinlich, doch wächst insbesondere in den dünn besiedelten Regionen in Ost- und Norddeutschland die Gefahr, dass die Zeitungsverlage für immer größere Gebiete nur noch eine Regionalausgabe anbieten. Eine umfassende tagesaktuelle Information aus dem Nahbereich wäre dann in einzelnen lokalen Gebietskörperschaften nicht mehr gegeben, die öffentliche Kontrolle der Lokalpolitik entsprechend eingeschränkt.

Wenn gleichzeitig die wirtschaftlichen Voraussetzungen für regionale Hörfunk- oder TV-Angebote fehlen, wäre eine öffentliche Förderung regionaler tagesaktueller Informationsangebote in solchen Gebieten grundsätzlich sinnvoll. Die Verbreitung dieser Informationen müsste dabei nicht zwingend durch ein Druckmedium erfolgen. Ein elektronischer Vertrieb wäre wahrscheinlich kostengünstiger. Es wäre zudem einfacher, vorhandene rundfunkpolitische Förderinstrumente für den lokalen Rundfunk entsprechend anzupassen, als vergleichbare Instrumente für Zeitungen neu zu entwickeln.

Literatur

BDZV (Hrsg.): *Zeitungen 2007*. Berlin 2007

BLM (Hrsg.): *Wirtschaftliche Lage des Rundfunks in Deutschland 08/09*. Berlin 2010

HÖFLICH, JOACHIM R.: Lokale Kommunikation, lokale Medien und lokales Fernsehen – eine Einführung. In: TLM (Hrsg.): *Chancen lokaler Medien*. Berlin 2010, S. 183-307

LUSCOMBE, BELINDA: *What Happens When a Town Loses Its Newspaper?* Time Online: 22.3.2009. In: http://www.time.com/time/nation/article/0,8599,1886826,00.html

MÖHRING, WIEBKE; DIETER STÜRZEBECHER: Lokale Tagespresse: Publizistischer Wettbewerb stärkt Zeitungen. In: *Media Perspektiven 2, 2008*, S. 91-101

SCHÜTZ, WALTER J.: Redaktionelle und verlegerische Struktur der deutschen Tagespresse. In: *Media Perspektiven, 11, 2007*, S. 589-598

SEUFERT, WOLFGANG; WOLFGANG SCHULZ; INKA BRUNN: *Gegenwart und Zukunft des lokalen und regionalen Fernsehens in Ostdeutschland*. Berlin 2008

WEIDLICH, KAI-UWE; ANDREAS VLASIC: *Lokales Fernsehen auf dem Weg zum Werbemedium : eine empirische Studie zu Image, Akzeptanz und Vermarktung lokaler Fernsehsender in Rheinland-Pfalz*. Baden-Baden 2006

ZAW (Hrsg.): *Werbung 2009*. Berlin 2009

CASTULUS KOLO

Zeitungskrise und Zeitungszukunft – Modellierung von Entwicklungsszenarien vor dem Hintergrund verschiedener Subventionierungsvorschläge

Verlage stehen nicht erst seit der aktuellen Finanz- und Wirtschaftskrise unter Druck. Neue Angebote, neue Akteure, veränderte Mediennutzung und Mediasplit der Werbeausgaben in Richtung Online haben das über Jahrzehnte relativ stabile Wettbewerbsumfeld grundlegend verändert. In diesem Zusammenhang wurde zuletzt auch immer wieder die Frage aufgeworfen, ob das Geschäftsmodell der Zeitung in Zukunft noch funktioniert. Doch was ist unter dem Geschäftsmodell der Zeitung zu verstehen, wie stark ist heute, in Zeiten von Digitalisierung und Konvergenz, der Gattungsbegriff ›Zeitung‹ letztlich an den physischen Träger Papier gebunden und inwieweit hängt Qualitätsjournalismus an der Zeitung?

Diese Fragen und die damit zusammenhängenden Missverständnisse werden in einem einleitenden Abschnitt behandelt. Daran anschließend soll die wirtschaftliche Situation der Zeitungsverlage auf der Basis von Fakten im zeitlichen Verlauf auf eine diskussionsfähige Grundlage gestellt werden. Neben Schreckensvisionen werden verschiedene Vorschläge erläutert, wie Verlage in diesen schwierigen Zeiten – und darüber hinaus – unterstützt werden können, wenn Marktmechanismen alleine nicht ausreichen. Es soll aber auch um die Frage gehen, was überhaupt gefördert werden sollte. Im Rahmen eines Modells zur ökonomischen Situation der Zeitungsverlage wird in einem abschließenden Abschnitt diskutiert, unter welchen Umständen auf Markt- und Kostenseite es welche Szenarien für deren Zukunft gibt und welchen Einfluss hier jeweils verschiedene Subventionsmaßnahmen haben könnten. Das Modell berücksichtigt die jeweils letzten verfügbaren Angaben zur Entwicklung der Marktanteile der Zeitung als Gattung sowie zur Gesamtmarktentwicklung, um daraus Schätzungen für die Zukunft abzuleiten. Dadurch werden Markt- von Strukturentwicklungen trennbar. Strukturell, so die Annahme, stellen die durchschnittlichen Verluste nach dem ersten dramatischen Einbruch der Anzeigenumsätze im Jahr 2000 eher einen vorsichtigen Schätzwert für die noch kommende Entwicklung dar.

1. Das Geschäftsmodell Zeitung

›Zeitung‹ war schon immer mehr als ein Nachrichtenmedium. Die gedruckte Zeitung verbindet in ihrem Geschäftsmodell verschiedene relevante Märkte. Als Erlösquellen sind erstens der Verkauf von redaktionellen Inhalten an Leser, das Kerngeschäft aus Sicht der Redakteure, sowie zweitens der Verkauf von (reichweitenbasierter) Aufmerksamkeit an Werbungtreibende und drittens die Marktplatzfunktion durch Zusammenbringen von Angebot und Nachfrage bei Rubriken gleichermaßen elementar. Traditionell erfolgte die Bündelung der Erlösquellen und Leistungserstellungsprozesse durch das Medium Papier. Die gedruckte Tageszeitung als Bündel verschiedener Informations- und Unterhaltungsangebote, aber auch nicht redaktioneller Services, die ebenfalls höchst relevante Nutzungsanreize darstellen (vgl. SCHULZ 2002), trifft ins Internet transformiert mit all ihren Teilen auf einen jeweils anders bzw. neu strukturierten Wettbewerb.

Die Diskussion der Wettbewerbspositionen und -perspektiven der Zeitungen sollte einer Zusammenschau der Einzelbefunde auf den Teilmärkten folgen. Der ›relevante Markt‹ als analytisches Konzept löst dabei in Zeiten zunehmender Inderdependenzen und komplexer Konkurrenzbeziehungen die traditionelle Abgrenzung in feste Branchen ab (vgl. ABELL 1980). Je nach Nutzenaspekt konkurriert die Zeitung sowohl mit anderen traditionellen Medien, wie z. B. mit anderen Zeitungen, Fernsehen oder Radio, als auch mit neuen Anbietern im Internet wie z. B. mit Nachrichtenportalen oder Online-Anzeigenmärkten. Insofern löst sich das Geschäftsmodell ›Zeitung‹ online auf. Die papierene Klammer existiert dort nicht mehr, was eine zwar nicht notwendige (Online-Ableger der Zeitungen bieten in der Regel weiter das gewohnte Bündel), jedoch mögliche und auch stattfindende Desintegration zur Folge hat. Die Nutzer stellen selbst ihr Bouquet aus Nachrichten, Kommentaren und Services zusammen. Das journalistische Prinzip ›Zeitung‹ mit Hintergründen um einen Kern tagesaktueller Nachrichten hat in Zeiten der Digitalisierung freilich nicht ausgedient, denn es ist nicht wesentlich mit dem Träger Papier verbunden. Die Diskussion um die Zukunft des (zumindest ehemals) zeitungstypischen ›Qualitätsjournalismus‹, die ›Mediengattung Zeitung‹, das ›Geschäftsmodell Zeitung‹ bzw. um die Zukunft der ›Zeitungsverlage‹ vermengt also Kategorien, die alles andere als synonym sind:

Die Definition von ›Qualitätsjournalismus‹ ist sicherlich problematisch (vgl. dazu z. B. die Diskussion in ARNOLD 2008) und soll hier nicht weiter vertieft werden. Hochwertiger Journalismus ist jedenfalls nicht an Papier gebunden. Sozusagen als Kronzeuge sei hierfür exemplarisch Heribert Prantl (2009), ein leitender Redakteur der *Süddeutschen Zeitung*, zitiert: »Man sollte endlich damit aufhören, Gegensätze zu konstruieren, die es nicht gibt – hier Zeitung und klassischer Journalismus, da Blog mit einem angeblich ›unklassischen‹ Journalismus [...]. Der gute klassische ist kein anderer Journalismus als der gute digitale Journalismus [...].«

Problematisch ist ›Zeitung‹ heute vor allem als Gattungsbegriff. Das wird zum Beispiel immer dann deutlich, wenn in Befragungen die Nutzung von ›Zeitungen‹ der Nutzung des ›Internets‹ zum Nachrichtenkonsum gegenübergestellt wird. Was meinen Nutzer, wenn sie etwa sagen, sie läsen Nachrichten im Internet: die Meldungen reiner Online-Anbieter, die ins Online-Angebot übertragenen Meldungen einer Tageszeitung, die Artikel der Online-Redaktion von Printverlagen, Kombinationen davon oder Social-Web-Inhalte zu Nachrichtenthemen? Was heute als ›Zeitung‹ (insbesondere versus ›Internet‹) verstanden wird, ist höchst unterschiedlich, da die diesbezüglichen gedanklichen Konzepte bzw. Rahmungen bei Nutzern einem Wandel unterworfen sind. Wie absurd hierbei teilweise argumentiert wird, zeigt die Diskussion um den Begriff ›elektronische Presse‹. Im Folgenden sei mit ›Zeitung‹ als Gattungsbegriff immer die papierene Form mit den oben genannten inhaltlichen Charakteristika gemeint.

Das Geschäftsmodell der Zeitung als Mediengattung allerdings, also das, was die Zeitung nicht nur publizistisch wertvoll, sondern auch kaufmännisch attraktiv machte, nämlich die Finanzierung zielgruppenspezifisch produzierter und selektierter tagesaktueller Nachrichten mit Hintergründen und Services über Verkaufserlöse und eine zusätzliche Monetarisierung der so erzeugten Aufmerksamkeit über Erlöse auf verschiedenen Anzeigenmärkten, ist nicht grundsätzlich an den Träger Papier gebunden. Dieser ermöglicht jedoch auf natürliche Weise eine Klammer, die online obsolet wird. Das erklärt zum Teil schon die Probleme, die Zeitungsverlage mit der Profitabilität ihrer Online-Angebote haben.

›Zeitungsverlage‹ schließlich erbringen nicht nur papiergebundene redaktionelle Leistungen. Die Funktion der gedruckten Zeitung ging schon immer über die eines Nachrichtenmediums hinaus, und dies gilt für Online-Verlagsangebote noch viel mehr. Allerdings wird das über lange Zeit etablierte Geschäftsmodell auf der Basis des gedruckten Produkts alleine, wie später noch gezeigt werden wird, immer weniger ausreichen, um auf Verlagsebene profitabel zu sein. Um also Aussagen über die mögliche Zukunft von Verlagen zu treffen, muss das erweiterte, crossmediale Erlöspotenzial der Verlage in einer digitalisierten Medienwelt berücksichtigt werden. Natürlich führt dies auch zu anderen Leistungserstellungsprozessen und das traditionelle Geschäftsmodell der Zeitung verändert sich damit nicht nur auf Erlösseite, sondern auch auf der Kostenseite bzw. den damit zusammenhängenden Veränderungen in der Struktur der Wertschöpfung.

2. Verändertes Wettbewerbsumfeld und Auswirkungen auf den Lesermarkt

Wie sich die Wettbewerbsposition der Zeitung auf dem Leser- bzw. Nutzermarkt hinsichtlich Reichweite, Nutzungsdauer und Bindung im Vergleich zu anderen Mediengattungen und damit die Vertriebserlöse in den letzten Jahren verändert haben, ist gut dokumentiert (vgl. z.B. REITZE/RIDDER 2005; VAN EIMEREN/FREES 2009; MEDIA PERSPEKTIVEN BASISDATEN 2009) und soll hier nur zusammenfassend dargestellt werden: Aktuell werden 71,4 Prozent der Bevölkerung durch das tagesaktuelle Medium Zeitung erreicht (MA PRESSE 2009). Im Vergleich dazu waren es zehn Jahre zuvor noch etwa 80 Prozent (MEDIA PERSPEKTIVEN BASISDATEN 2009). Parallel dazu sinkt der Anteil der Tageszeitungen am Medienzeitbudget und liegt nun bei 4,7 Prozent, was einer täglichen Nutzungsdauer von 28 Minuten entspricht. Die Tageszeitung ist das einzige Medium, das an der generellen Ausweitung des Medienkonsums über die letzten Jahre nicht mehr partizipiert (vgl. dazu schon REITZE/RIDDER

2005). Der Konsum tagesaktueller Nachrichten blieb dabei über die letzten Jahre auf annähernd gleichbleibend hohem Niveau von 83,8 Prozent. 60,2 Prozent der Bundesbürger nutzen dazu mit fallender Tendenz die Zeitung (AWA 2009). Neben der absoluten und insbesondere anteiligen Nutzungsdauer gehen im Printbereich überdies sowohl Auflagen- als auch Leserzahlen zurück – letztere weniger stark, was bedeutet, dass sich zunehmend mehr Leser eine Zeitung teilen (AWA 2009; IVW 2010).

Betrachtet man das Verhältnis zwischen Print und Online nach unterschiedlichen Nutzungsintensitäten differenziert, so lässt sich mittlerweile auch in Deutschland zeigen, dass das Internet sowohl für regionale als auch für überregionale Abonnementtageszeitungen eine schleichende Erosion der Intensivleserschaft bewirkt (KOLO/MAYER-LUCHT 2007). Je größer jeweils der Zuwachs je Altersgruppe bei Nachrichten-Sites ist, desto größer sind auch die Einbußen im Print.

Die angesprochenen Veränderungen bei der Mediennutzung durch die zunehmende Verbreitung des Internets spiegeln sich auch im hinsichtlich Vielzahl und Vielfalt stetig wachsenden Angebot wider. Die traditionelle Wertschöpfung bei redaktionellen Inhalten wird dabei aufgebrochen. Neue Akteure profitieren von niedrigen Eintrittsbarrieren im Online-Bereich und übernehmen einzelne Aufgaben oder Aufgabenblöcke der traditionellen redaktionellen Wertschöpfung. Chancen für Verlage ergeben sich aus dem gekonnten Einsatz neuer Möglichkeiten der Auslieferung redaktionellen Contents. Außerdem können auch Verlage von neuen Formen der Content-Erstellung, insbesondere vom sogenannten ›User-generated-content‹ profitieren, z.B. bei der Abrundung bestehender Produkte. Andererseits erlauben es vor allem die Stufen nach der Content-Kreation – die Content-Selektion und -Paketierung – neuen Akteuren, sich zwischen Verlage und Leser zu schieben und damit neue ›Gatekeeper‹-Positionen einzunehmen (wie z.B. Google).

Das Wettbewerbsumfeld von allgemeinen Nachrichtensites ist damit gegenüber dem Printumfeld deutlich erweitert. Eine große Zahl neuer Akteure wie die Betreiber von Portalen, Katalogen, Suchmaschinen, Special-Interest-Nachrichten-Sites aber auch Blogs bieten zusätzliche Informations- und Unterhaltungsleistungen an und binden in Konkurrenz zu Online-Angeboten aus dem Zeitungsumfeld – teilweise sehr erfolgreich – die Aufmerksamkeit der Nutzer. Auch im Internet stehen die Zeitungen mit ihren Online-Ablegern daher vor Herausforderungen: Lediglich 5,5 Prozent aller Visits waren 2008 auf die Nutzung von Angeboten aus dem

Zeitungsumfeld zurückzuführen. Seit einigen Jahren ist hier ebenfalls ein leichter Abwärtstrend zu erkennen (siehe Abb. 1), der noch deutlicher ausfällt, wenn man die Seitenabrufe (›Page Impressions‹ bzw. PI) als Reichweitenmaß heranzieht (IVW 2010).

ABBILDUNG 1
Reichweitenkennzahlen der Online-Angebote aus dem Zeitungsumfeld

Reichweitenanteile für verschiedene Reichweitenmaße (in Prozent)

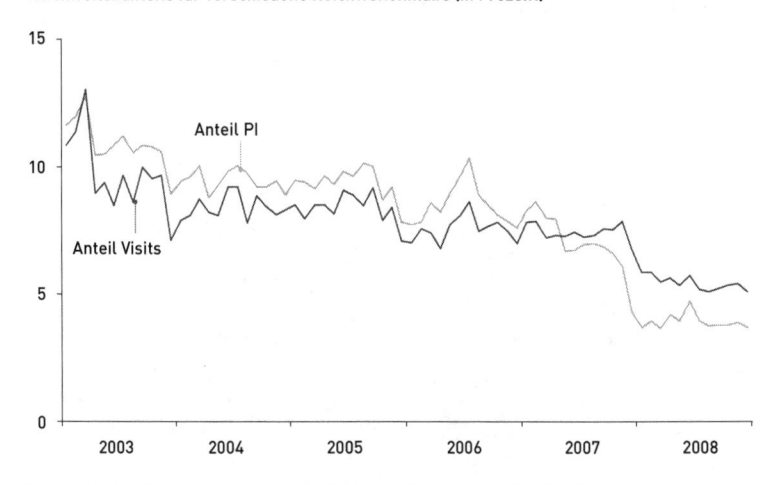

Quelle: Eigene Berechnungen auf der Basis von Angaben bei IVW (2010)

3. Die Entwicklung der Zeitung als Werbeträger

Die Anzeigenmärkte sind neben den Verkaufserlösen wesentlicher Bestandteil des Geschäftsmodells ›Zeitung‹. Zeitungen entwickelten sich sowohl in der Wachstumsphase der Werbeausgaben um 2000 als auch bei den Einbrüchen der letzten Jahre schlechter als der Durchschnitt aller Mediengattungen (ZAW 2009). Stellt man jeweils die gesamten Werbeeinnahmen aller Mediengattungen gegenüber, so zeigt sich dies auch an einem Rückgang des Zeitungsanteils von fast 50 Prozent vor etwa 25 Jahren und noch 29,5 Prozent 2000 auf 23,2 Prozent 2008 (ZAW 2009; Abb. 2, links).

Der übliche Vergleich jeweils aller Mediengattungen über alle Anzeigenmärkte bzw. -kategorien liefert allerdings insofern ein Zerrbild, als es sich jeweils um ganz andere Wettbewerbssituationen handelt. In jedem der einzelnen Anzeigenmärkte (siehe Abb. 2, rechts) trat die Zeitung schon immer jeweils anderen Wettbewerbern gegenüber, weshalb eine entsprechend differenzierte Bewertung notwendig ist.

ABBILDUNG 2
Anteil der Zeitungen am Anzeigenumsatz der Medien und dessen Zusammensetzung

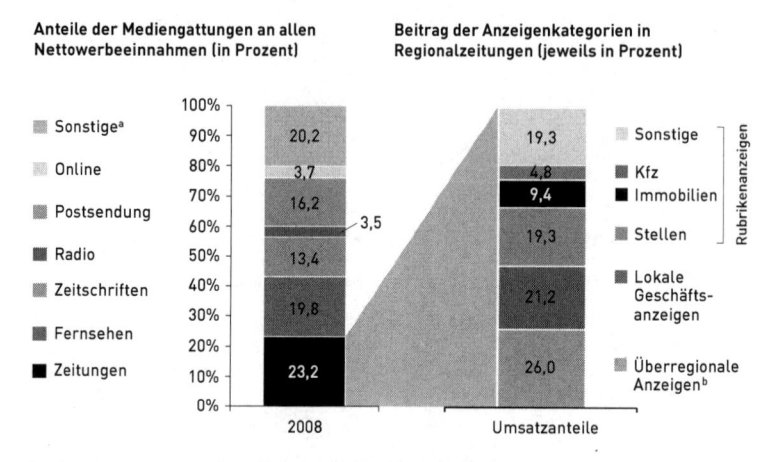

Anteile der Mediengattungen an allen Nettowerbeeinnahmen (in Prozent)

Sonstige[a]	20,2
Online	3,7
Postsendung	16,2
Radio	3,5
Zeitschriften	13,4
Fernsehen	19,8
Zeitungen	23,2

Beitrag der Anzeigenkategorien in Regionalzeitungen (jeweils in Prozent)

Sonstige	19,3
Kfz	4,8
Immobilien	9,4
Stellen	19,3
Lokale Geschäftsanzeigen	21,2
Überregionale Anzeigen[b]	26,0

(Kfz, Immobilien, Stellen = Rubrikenanzeigen)

Quelle: links: Jahrbuch ZAW (2008); rechts: ZMG (2008)
[a] Sonstige: Anzeigenblätter, Verzeichnismedien, Außenwerbung, Filmtheater; [b] Großformen des Handels, Kfz-Hersteller/Kfz-Markenwerbung sowie Markenartikel/Hersteller

Für die Zeitungen lassen sich drei grundsätzlich verschiedene Anzeigenkategorien abgrenzen:
1. die überregionalen Anzeigen, die überwiegend von Markenartiklern herrühren,
2. die lokalen Geschäftsanzeigen, z. B. der Einzelhändler vor Ort sowie
3. die Rubrikenanzeigen (insbesondere die Stellen-, Immobilien- und Kfz-Anzeigen).

Der Trend über die letzten zehn Jahre (siehe Abb. 3) zeigt für die Volumina aller drei hier unterschiedenen Kategorien nach unten (BDZV 2009; ZMG 2009). Die jeweiligen Beiträge zum gesamten Anzeigenumsatz der Zeitungsverlage liegen bei 52,3 Prozent für alle Rubrikenanzeigen, bei

ABBILDUNG 3
Zeitliche Entwicklung der einzelnen Anzeigenkategorien der Zeitungen

Entwicklung der Volumina[a] der Anzeigenkategorien der Zeitungen (Index: 1994 = 100)

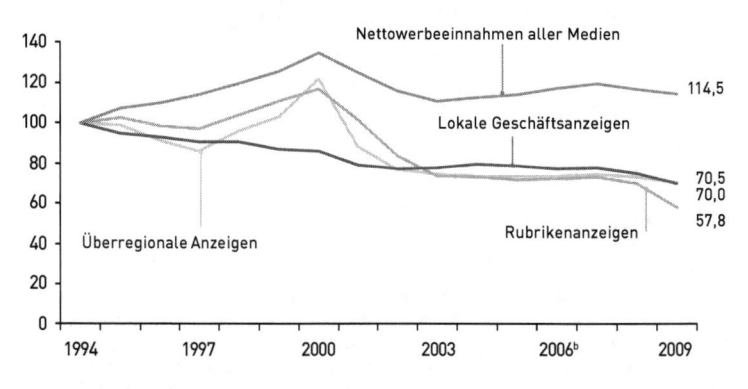

[Liniendiagramm: Nettowerbeeinnahmen aller Medien 114,5; Lokale Geschäftsanzeigen 70,5; Überregionale Anzeigen 70,0; Rubrikenanzeigen 57,8; Jahre 1994, 1997, 2000, 2003, 2006[b], 2009]

Quelle: BDZV (2009), ZMG (2009)
[a] Raten für die Entwicklung der jeweiligen Umsätze sind aus den veröffentlichten Angaben nicht ermittelbar; [b] Für 2006 nur Sammelangabe für überregionale Anzeigen und lokale Geschäftsanzeigen (›Geschäftsanzeigen‹) insgesamt von 1,1 Prozent Wachstum

21,2 Prozent für lokale Geschäftsanzeigen und bei 26,0 Prozent für überregionale Anzeigen. Die Umsatzanteile wurden dabei anhand der vom BDZV veröffentlichten Umsatz/Volumen-Verhältnisse und der aktuellen Volumen-Angaben durch die ZMG (2010) ermittelt.

Zeitungen vereinnahmen bei überregionalen Anzeigen etwas mehr als ein Viertel aller Bruttowerbeeinnahmen und das, zumindest seit 2000, auf annähernd gleichbleibendem Niveau (Tab. 1).

Der Anteil des Fernsehens und der Publikumszeitschriften ist gegenüber 2000 hingegen etwas zurückgegangen. Letztere haben mit dem Anwachsen der Online-Werbung auf 9,0 Prozent insgesamt 4,0 bzw. 6,7 Prozentpunkte eingebüßt. Radio und Anzeigenblätter spielen hier aufgrund ihres überwiegend lokalen Charakters keine Rolle. Derzeit lässt sich aus den Trendverläufen noch nicht sagen, woher Online sein weiteres Wachstum nimmt, das voraussichtlich auch bei Extrapolation der bislang sehr dynamischen Entwicklung nicht vor 2015 das Niveau der Zeitungen erreicht haben wird (siehe dazu z. B. PWC 2009): aus einem Wachstum des gesamten Werbebudgets, weiterhin von Fernsehen und Publikumszeitschriften oder schließlich von der Zeitung?

TABELLE 1
Anteil an Bruttoeinnahmen mit überregionalen Anzeigen nach Gattung[a] (in Prozent)

	Zeitungen	Publikumszeitschriften	Fernsehen	Plakat	Online[b]
2000	24,8	25,4	47,0	2,8	k.A.
2007	26,4	20,0	42,7	3,8	7,2
2008	25,6	18,7	43,0	3,7	9,0

Quelle: Nielsen (2010), OVK (2010)

[a] Ohne Fachzeitschriften, Kino, Werbesendungen und Radio, die Nielsen ebenfalls ausweist. Kino aufgrund des geringen Umfangs vernachlässigt; Werbesendungen per Post nicht eindeutig überregionalen oder lokalen Anzeigen zuordbar; Radio ist in der Kategorie lokale Geschäftsanzeigen dokumentiert; Fachzeitschriften im Zusammenhang mit überregionalen (Marken-)Anzeigen kein relevanter Wettbewerber. [b] Erst seit 2003 erfasst und zuvor auch vernachlässigbar; um Korrekturfaktor entsprechend OVK (2010) gegenüber Primärdaten von Nielsen erhöht (+33,0%); ohne Suchwort-Vermarktung und Affiliate-Netzwerke.

TABELLE 2
Anteil an Nettoeinnahmen mit lokalen Geschäftsanzeigen nach Gattung[a]

	Zeitungen[b]	Anzeigenblätter	Verzeichnismedien	Radio
2000	30,3	33,1	23,0	13,6
2006[c]	26,3	37,5	23,1	13,1
2007	25,9	37,2	22,9	14,0
2008	25,0	38,2	23,3	13,5

Quelle: Eigene Berechnungen auf der Basis von Angaben in ZAW (2009); Auswahl der Anzeigentypen mit überwiegend lokaler Relevanz; anteilige Berechnung der Zeitungsanteile auf Basis ZMG (2010)

[a] Derzeit ist der Anteil Online-Werbung mit lokalem Bezug nicht extra ausgewiesen. Es ist hier zukünftig ein erheblicher Beitrag zu erwarten, da schon heute ein substantieller Anteil der Suchwort-Vermarktung lokaler Natur ist. [b] Nur lokale Geschäftsanzeigen (nach der Umstellung auf die gesonderte Ausweisung der ›Großformen des Handels‹ ab 2007 wurden zur Berechnung der Veränderung der Marktanteile die gesamten Veränderungsraten der ›Großformen des Handels‹ und der neu zugeschnittenen ›Lokalen Geschäftsanzeigen‹ herangezogen.

Bei lokalen Geschäftsanzeigen (Tab. 2) schließlich ist die Zeitung mit fast 25 Prozent Anteil nach den Anzeigenblättern nur zweitstärkstes Medium, gefolgt von den Verzeichnismedien und zumindest einem großen Teil der Radiowerbung. Anteile, die die Zeitung über die letzten zehn Jahre abgegeben hat, gingen überwiegend an die Anzeigenblätter (ZAW 2009). Erst seit Kurzem treten im Bereich ›lokale Geschäftsanzeigen‹ auch Online-Angebote auf den Plan. Insbesondere die Suchwortvermarktung etabliert sich auch bei kleineren Gewerbetreibenden. Es ist zu erwarten, dass Google mit Karten- uns Suchfunktionen ein bedeutender Wettbewerber wird. Da der Einzelhandel schon bessere Zeiten gesehen hat, wird dadurch nicht einfach der Gesamtmarkt größer, sondern eher die Mittel über die Gattungen neu verteilt.

Die stärksten Veränderungen weisen Umfänge wie Erlöse in den Rubrikenmärkten auf. Seit 2000 haben in den drei größten Rubrikenmärkten ›Stellen‹, ›Immobilien‹ und ›Kfz‹ die Zeitungen 60, 41 bzw. 35 Prozent an Online verloren, wo nun verlagsfremde Akteure den Wettbewerb dominieren. Die Quantifizierung der Effekte in den Rubrikenmärkten resultiert aus einem Modell, das jeweils gleichzeitig Markt- und

ABBILDUNG 4
Substitution der Anzeigenvolumina in den Zeitungsrubrikenmärkten

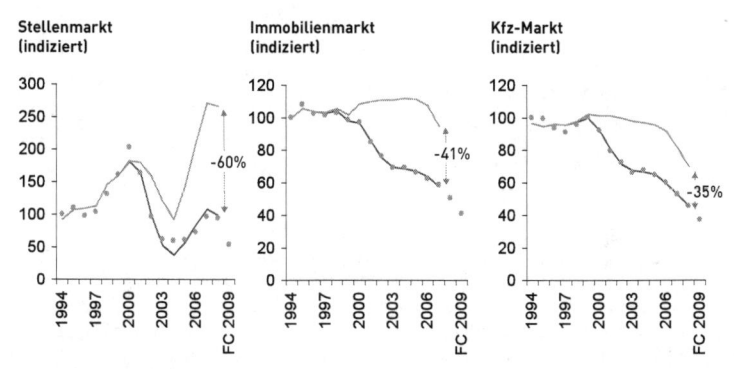

● Tatsächliches Anzeigenvolumen — Modell (inkl. Substitutionsterm) — Modell (nur Marktterm)
(Index: 1994=100)

Quelle: Modell der Anzeigenentwicklung aktualisiert nach Kolo (2007); für den Immobilienmarkt nur Marktindikatorwerte bis 2007 aus dem Grunderwerbssteueraufkommen) nach BMF (2009) und für den Kfz-Markt nur bis 2008 nach ZDK (2009); für den Stellenmarkt Forecasts für 2009 auf Basis der Angaben der BA (2009)

Substitutionseffekte abbildet (KOLO 2007). Die mit aktualisierten Werten erzielten Anpassungsergebnisse sind in Abbildung 4 dargestellt. Aus dem Vergleich des hypothetischen Verlaufs des Anzeigenvolumens ohne Substitution und des tatsächlichen kann ermittelt werden, welcher Anteil durch Substitution verloren wurde.

4. Ergebnisprobleme der Zeitungsverlage

In allen relevanten Märkten verlieren Zeitungen Umsatzanteile im Zuge des Strukturwandels der Medienwirtschaft, d.h. größtenteils im Zuge

TABELLE 3
Entwicklung der Wettbewerbssituation der Zeitungen

		Anteil in Prozent[h]	Trend in Prozentpunkten[i] (Rate[j])
Leser-markt	Zeitungsnutzung in der Bevölkerung generell [a]	71,4	-0,8
	Nutzung der Zeitung für aktuelle Informationen [b]	60,2	-1,0
	Nutzung der markennahen Angebote im Internet [c]	5,5	-0,9
Anzei-gen-markt	Überregionale Anzeigen [d]	25,6	-0,1 [g] (-0,4)
	Lokale Geschäftsanzeigen [e]	25,0	-0,7 (-2,4)
	Stellenanzeigenvolumen [f]	40,0	-7,5 (-10,8)
	Immobilienanzeigenvolumen [f]	59,0	-5,1 (-6,4)
	Kfz-Anzeigenvolumen [f]	65,0	-4,4 (-5,2)

[a] MA Presse (2009); [b] AWA (2009) (»Habe mich gestern in der Zeitung über das aktuelle Geschehen informiert« / »Habe mich gestern über das aktuelle Geschehen informiert«); [c] bezogen auf Visits, IVW (2010); [d] Nielsen (2010); [e] ZAW (2009); [f] Verbleibender Anteil nach Substitutionsverlusten entsprechend aktualisiertem Modell aus Kolo (2007), Angaben ohne Kommastellen entsprechend der Modellungenauigkeit; [g] Seit 2007 ist auch hier ein Rückgang in Prozentpunkten zu verzeichnen; nur mit den Zuwächsen von 2003 auf 2006 insgesamt noch positiv; [h] Jeweils Wert für 2008; [i] Jeweils über die Jahre von 2000 bis 2008 gemessen (außer für die Nutzung der markennahen Angebote im Internet, dessen Trend nur von 2003 bis 2008 bestimmt wurde, da für frühere Zeitpunkte keine vergleichbaren Daten vorliegen); [j] Die Rate bestimmt sich als durchschnittliche jährliche Veränderungsrate des Marktanteils als entsprechende Potenz der Gesamtveränderung und ist nur für die Messgrößen angegeben, die auch Eingang in die Modellrechnung fanden.

ABBILDUNG 5
Verlauf der Anzeigen-und Vertriebsumsätze

Anzeigen- und Vertriebsumsätze der Zeitungen[a] (in Mrd. Euro)

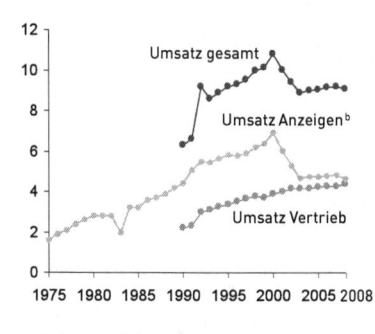

Anzeigenumsätze/Leser und Vertriebsumsätze/Auflage bei Tageszeitungen (Index: 1995=100)

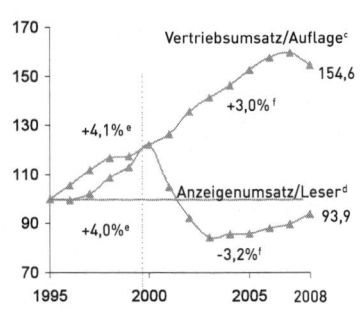

Vertriebsumsatz/Auflage[c]: 154,6; +4,1%[e]; +3,0%[f]
Anzeigenumsatz/Leser[d]: 93,9; +4,0%[e]; -3,2%[f]

Quelle: BDZV (2007, 2008)
[a] Tageszeitungen, Wochen- und Sonntagszeitungen sowie Supplements; [b] Bis 2001 sind die Anzeigenerlöse der Supplements in den Werbeeinnahmen enthalten, ab 2002 nur noch im Gesamtumsatz)

Quelle: eigene Berechnungen nach BDZV (2007, 2009),IVW (2009), MA Presse (2008), Media Perspektiven Basisdaten (2008)
[c] = ›verkaufte Auflage‹; [d] = ›Leser pro Ausgabe‹; [e] ø Wachstum 95-00 p.a.; [f] ø Wachstum 00-08 p.a.

ABBILDUNG 6
Kostenstruktur

Kostenstruktur[a] in den letzten Jahren nahezu unverändert (Angaben in Prozent)

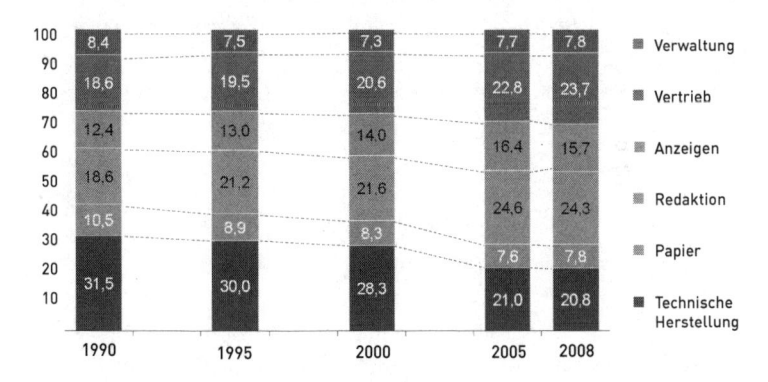

Jahr	Verwaltung	Vertrieb	Anzeigen	Redaktion	Papier	Technische Herstellung
1990	8,4	18,6	12,4	18,6	10,5	31,5
1995	7,5	19,5	13,0	21,2	8,9	30,0
2000	7,3	20,6	14,0	21,6	8,3	28,3
2005	7,7	22,8	16,4	24,6	7,6	21,0
2008	7,8	23,7	15,7	24,3	7,8	20,8

Quelle: BDZV (2007, 2008, 2009)
[a] nur westdeutsche Abonnementzeitungen

der Digitalisierung. Am deutlichsten sind die Einbußen in den Rubrikenmärkten, die insgesamt auch wesentliche Ursache für die Einbrüche bei den gesamten Anzeigeneinnahmen nach 2000 sind.

Auch im Lesermarkt geben alle Maßzahlen für Marktanteile nach. Die Entwicklung der Online-Angebote aus dem Zeitungsumfeld kann diesen Trend nicht kompensieren. Dort verlieren die Zeitungs-Sites – wenn auch bislang vergleichsweise geringfügig – gegenüber der zunehmenden Vielfalt neuer Online-Angebote an Boden und das auf ohnehin niedrigem Niveau. In Tabelle 3 ist die Wettbewerbsposition der Zeitung in allen von ihr bedienten relevanten Märkten zusammengefasst.

Der Umsatz aus dem Vertrieb der Zeitungen ist seit den 1990er-Jahren zwar mäßig, aber kontinuierlich auf 4,36 Mrd. Euro im Jahr 2008 angestiegen (BDZV 2009). Ab Mitte der 1990er-Jahre wurden dabei die Rückgänge in der verkauften Auflage, die 2008 bei durchschnittlich 26 Millionen verkauften Exemplaren pro Erscheinungstag lag (IVW 2010), mit erhöhten Verkaufspreisen kompensiert (siehe Abb. 5).

Die Umsätze aus dem Anzeigenverkauf liegen nach einem deutlichen Rückgang in den Jahren 2002 bis 2004 mit 4,73 Mrd. Euro (BDVZ 2009) nur noch geringfügig über den Vertriebserlösen. Trotz schon damals schrumpfender Leserzahl wuchs der Anzeigenumsatz pro Leser zwischen 1995 und 2000 noch stetig. Nach einem deutlichen Abfall von 2000 auf 2003 hat sich der Wert bis heute kaum erholt.

Im Zuge der Anpassungen an die veränderte Erlösstruktur sowie das veränderte Erlösniveau haben Zeitungsverlage auch ihre Kostenstrukturen verändert (siehe Abb. 6). Deutlich gestiegen sind die anteiligen Aufwendungen für Redaktion und in geringerem Maße die für Vertrieb und Anzeigenbereich, während vor allem die technische Herstellung von Einsparungen betroffen war (BDZV 2009). Eine weitere Kostensenkung müsste daher wohl die Redaktion tangieren.

5. Systemrelevanz der Zeitungen und ›Rettungsvorschläge‹

Die geschilderten Entwicklungen klingen bedrohlich, und es wurden rasch Vorschläge laut, wie diese Erlösausfälle zu kompensieren wären. Denn, so die (falsche) Argumentation, mit dem Ende des traditionellen Geschäftsmodells der Zeitungen wären die Zeitungsverlage und damit der Qualitätsjournalismus am Ende. Die Palette der vorgeschlagenen Maßnahmen ist bereits innerhalb Europas sehr vielfältig. Die nachfolgende Übersicht ist daher nicht vollständig, sondern eher beispielhaft für die vier strukturell unterschiedlichen Förderansätze (Zusammenfassung nach Angaben bei PICARD/GRÖNLUND 2003; WEICHERT/KRAMP 2008, 2009):

Es sind dies (1) die direkten Formen der staatlichen Presseförderung mit finanziellen Beihilfen für Verlage bzw. Nachrichtenagenturen oder die Einrichtung von Hilfsfonds. Sie haben den Nachteil, dass strukturelle Defizite dauerhaft auch nur durch kontinuierliche Beihilfen zu kompensieren sind und Einmalhilfen einzig aufschiebende Wirkung haben. Ein weiterer Ansatz ist (2) das direkte bürgerschaftliche Engagement durch Spenden mit dem Mäzenatentum in Form von Stiftungen (für ganze Zeitungen, wie das z. B. für den *Guardian* durch den Scott Trust, für die *St. Petersburg Times* durch die Poynter Stiftung oder für die FAZ der Fall ist oder nur für investigativen Journalismus wie z. B. durch die Stiftung der Familie Sandler für den Huff-Fund) oder aber mit dem Leser als Gesellschafter bzw. über ›Volksaktien‹. Dazu kommen (3) die indirekten Formen der staatlichen Presseförderung wie zum einen die Reduzierung der Mehrwertsteuer auf Presserzeugnisse, Agenturleistungen, Werbung oder Herstellung, zum anderen Förderprogramme zur Auflagensteigerung wie etwa Zeitunglesen an Schulen sowie Vergünstigungen für Verlage bei Telefontarifen, Bahntarifen oder die Förderung von Online-Projekten. Als Extremform bliebe hier auch noch das Zuerkennen des steuerbefreiten Status einer Bildungseinrichtung für Verlage. Als mehr oder weniger innovative Formen der Förderungen wurden auch (4) verschiedene neue institutionelle Formen vorgeschlagen, wie ein gebührenfinanzierter öffentlich-rechtlicher Pressefonds mit einer Ermittlung des Finanzbedarfs analog der KEF beim Rundfunk oder eine Art ›Kulturflatrate‹ von Zugangsprovidern oder Plattformbetreibern mit Erhebung und Verteilung über eine Verwertungsgesellschaft analog der GEMA oder der VG Wort sowie die korporative Vernetzung öffentlicher Einrichtungen und Thinktanks zu einem investigativen journalistischen Betrieb, z. B. mit der Bundeszentrale für politische Bildung als Clearing-Stelle zur Sicherung des Qualitätsjournalismus.

Ebenso vielfältig wie die einzelnen Maßnahmen sind auch die jeweiligen Argumente dafür oder dagegen (z. B. PICARD/GRÖNLUND 2003; VAN DEN WURFF 2005; O.V. 2009a). Besonders diffus wird es, wenn man betrachtet, was gefördert werden soll. Dann wird oft eine Auffassung von ›Zeitung‹ deutlich, die heute, in Zeiten von Medienkonvergenz und Crossmedialität nicht mehr tragfähig ist. Dass eine differenzierte Meinungsbildung Voraussetzung für ein demokratisches Gemeinwesen ist und Meinungsbildung wiederum nur durch den ungehinderten und unverzerrten Zugang zu Information stattfinden kann, soll hier als gesetzt gelten, zumal dies im Grundgesetz bedacht und juristisch verankert ist. Umgekehrt würde das Fehlen eines Qualitätsjournalismus, hier vereinfacht verstanden als seriöser, nach professionellen Standards – das heißt insbesondere unabhängig – recherchierter Journalismus (vgl. HABERMAS 2007), eine Bedrohung darstellen. Er ist mithin systemrelevant.»Keine Demokratie kann sich ein Marktversagen auf diesem Sektor leisten« (HABERMAS 2007). Die Gleichsetzung von Qualitätsjournalismus mit der Gattung ›Zeitung‹ bzw. der ökonomischen Einheit des Zeitungsverlags dahinter ist allerdings falsch und verstellt den Blick auf das Wesentliche.

Was einen Dienst am Gemeinwesen leistet, erbringt einen ›Public Value‹ (vgl. dazu die Diskussion in KNOLL 2008) und ist damit prinzipiell förderungswürdig – was nicht heißt, dass dies notwendig wäre, denn wie man heute vor allem in den USA beobachten kann, existieren neben dem vormals zeitungstypischen Qualitätsjournalismus sowohl in der Praxis als auch in der institutionellen Verankerung neue Formen des Qualitätsjournalismus (z. B. *Politico, Huffington Post*). Es ist also nicht unbedingt ein Zeitungsverlag notwendig, um seriösen Journalismus sicherzustellen und in Zeiten alternativer Distributionskanäle schon gar keine gedruckte Zeitung. Auch das Geschäftsmodell der traditionellen Zeitung ist dafür keine Voraussetzung, zumal eine andere Form des journalistischen Arbeitens auch günstigere Kostenstrukturen ermöglichen könnte.

6. Modellbildung und Ergebnisprognosen

Die verschiedenartigen Entwicklungen, die das künftige wirtschaftliche Wohlergehen der Verlage bestimmen, sind in ihrem Zusammenspiel zu komplex, um aus ihnen ohne Modell Aussagen über die Wirkung verschiedener Subventionsmaßnahmen abzuleiten. Ein solches Modell sollte jedoch trotzdem einfach gehalten sein und möglichst wenige, dazu noch jeweils plausible Annahmen über die Zukunft beinhalten.

Ausgangspunkt des Modells ist der publizierte Umsatz der Zeitungsverlage, der in die zwei Erlösquellen ›Vertrieb‹ und ›Anzeigen‹ zerlegt werden kann (siehe oben). Was die Kosten anbelangt, so sind hierzu keine Absolutwerte, sondern nur Anteile verfügbar (siehe oben). Es muss also zu einem Zeitpunkt eine Schätzung der Ergebnismarge vorgenommen werden, um die einzelnen Kostenbeiträge zu ermitteln und entsprechend für die Zukunft zu prognostizieren. Dieser Margenwert wurde für das Jahr 2008 mit 10 Prozent angenommen. Sicherlich gab es 2008 Verlage, die noch besser verdienten, aber auch solche, die schon im Negativen waren. Grundsätzlich geht das Modell von einem Durchschnittsverlag aus.

Die einzelnen Anzeigenumsätze wurden aus den publizierten Umsatzanteilen für 2008 ermittelt (siehe Abb. 2). Für die Jahre nach 2008 lagen zum Zeitpunkt der Modellbildung noch keine wettbewerbsübergreifenden Zahlen zu Marktanteilen vor; für 2009 gab es allerdings bereits die Werte für die einzelnen Anzeigenkategorien der Zeitungen (ZMG 2010), die darin konjunkturbedingte und strukturbedingte Veränderungen subsummieren. Die Gesamtraten für die einzelnen Anzeigenkategorien wurden zur Ableitung der Anzeigenumsätze 2009 aus den Werten für 2008 herangezogen. Für die nachfolgenden Jahre wurden Wachstumsfaktoren unterschieden: eine Rate für den gesamten Werbemarkt nach PWC (2009), die für die nächsten Jahre in Deutschland weitere Rückgänge von 1,8 Prozent pro Jahr bedeutet, sowie die Entwicklung der Marktanteile (also der Strukturwandel) als Extrapolation der durchschnittlichen Entwicklung von 2000 bis 2008 je Anzeigenmarkt. Dieser Zeitraum wurde gewählt, da er den relevanten Bereich eines etwaigen Strukturwandels abdeckt.

Für die Vertriebsumsätze wurde unterstellt, dass sich die Auflage wie seit 2000 mit einer Rate von -2,2 Prozent weiter nach unten entwickelt, aber gleichzeitig die Vertriebsumsätze pro Auflage ebenfalls wie seit 2000 mit durchschnittlich 3,0 Prozent gesteigert werden. Wahrscheinlich ist die letzte Annahme zu positiv, da Abbildung 5 hierfür mittlerweile kaum noch Spielraum nach oben, sondern vielmehr eine Sättigung andeutet.

Die Kostenbeiträge schließlich wurden im Basismodell für 2008 aus den publizierten Kostenanteilen (BDZV 2009) ermittelt, nachdem zunächst die Gesamtkosten aus dem Gesamtumsatz und der Marge berechnet worden waren. Kostensteigerungen wurden entsprechend der Steigerung der Verbraucherpreise um 1,7 Prozent seit 2000 (STATISTISCHES BUNDESAMT 2009) in die Zukunft pauschal weitergeschrieben. Es wäre allerdings möglich, dass die Papierpreise nach einer langen Stagnationsphase tendenziell stärker zunehmen. Das Modell unterstellt auch, dass redaktionell prinzipiell so weiter gearbeitet wird wie bisher.

Mit dem Modell lassen sich nun verschiedene Szenarien errechnen. Die wichtigste Schlussfolgerung aus dem Ergebnis des Basisszenarios (siehe Tab. 4) ist, dass Zeitungsverlage ihr Geschäftsmodell grundsätzlich überdenken müssen. 2018, also in nicht einmal mehr zehn Jahren, tut sich ohne drastische Gegenmaßnahmen ein Fehlbetrag von 2,7 Mrd. Euro auf. Das entspricht einer Marge von etwa -40 Prozent.

TABELLE 4
Startwerte für 2008 und Ergebnisse des Basismodells

Wenn nicht anders angegeben in Mrd. Euro	2008	2009	2010	...	2016	2017	2018
Verkaufte Auflage (Mio. Stück)	26,0	25,4	24,9	...	21,8	21,3	20,8
Vertriebserlöse gesamt	4,36	4,39	4,42	...	4,62	4,66	4,69
Erlöse mit überregionalen Anzeigen	1,23	0,93	0,91	...	0,80	0,78	0,77
Erlöse mit lokalen Geschäftsanzeigen	1,00	0,98	0,94	...	0,73	0,70	0,67
Rubrikenanzeigenerlöse Stellen	0,91	0,55	0,48	...	0,22	0,19	0,17
Rubrikenanzeigenerlöse Immobilien	0,45	0,36	0,33	...	0,20	0,19	0,17
Rubrikenanzeigenerlöse Kfz	0,23	0,19	0,18	...	0,12	0,11	0,10
Rubrikenanzeigenerlöse Sonstige	0,91	0,84	0,78	...	0,52	0,48	0,45
Anzeigenerlöse gesamt	4,73	3,86	3,63	...	2,58	2,45	2,32
Summe Erlöse	9,09	8,25	8,05	...	7,20	7,10	7,01
Kosten Verwaltung	0,63	0,64	0,65	...	0,72	0,73	0,75
Kosten Vertrieb	1,94	1,97	2,01	...	2,22	2,26	2,29
Kosten Anzeigen	1,28	1,31	1,33	...	1,47	1,49	1,52
Kosten Redaktion	1,99	2,02	2,06	...	2,27	2,31	2,35
Kosten Papier	0,64	0,63	0,65	...	0,71	0,73	0,74
Kosten Technische Herstellung	1,70	1,73	1,76	...	1,95	1,98	2,01
Summe Kosten	8,18	8,31	8,45	...	9,35	9,50	9,67
Ergebnis	0,91	-0,06	-0,39	...	-2,14	-2,40	-2,65
Marge (in Prozent)	10,0	-0,7	-4,9	...	-29,8	-33,8	-37,9

Geringfügige Abweichungen infolge der Rundungen

Was ist also zu tun? Eine noch stärkere Erhöhung der Copy-Preise um nicht nur drei, sondern um 10 Prozent pro Jahr (zusätzliche Verdopplung des Preises bis 2018 bei gleichbleibendem Leserrückgang) würde Anzeigenverluste zwar kompensieren, aber wahrscheinlich auch eine Beschleunigung der Einbrüche im Lesermarkt zur Folge haben. In den USA und in Großbritannien zeigt sich ohnehin, dass die Annahme eines weiterhin zwar stetigen, aber doch langsamen Rückgangs der Auflagen- bzw. Leserzahlen wohl zu positiv ist (vgl. dazu z. B. o.V. 2009b, c). Dort liegen vielmehr progrediente Abnahmen, ganz im Sinne der ›Anzeigen-Auflagen-Spirale‹ vor – nur eben nach unten. Online-Erlöse andererseits auf der Basis von (auch Paid-) Print-Content können voraussichtlich die überwiegend strukturellen Verluste nicht kompensieren. Dazu ist die Reichweitenrelevanz der Zeitungsableger online zu gering und tendenziell eher abnehmend (siehe Abb. 1) sowie der Wettbewerb zu groß. Die derzeitigen Hoffnungen der Verlage, etwa über zahlungspflichtige Apple-Apps einen nennenswerten Teil der Printverluste zu kompensieren scheint wenig aussichtsreich. Was die Wirkung der Rettungsvorschläge anbelangt, so würde eine sofortige Umwandlung der Mehrwertsteuer in höhere Copy-Preise bis in zehn Jahren nur etwa 7 Prozent weniger Verlust bedeuten. Ein gebührenfinanzierter ›öffentlich-rechtlicher Pressefonds‹ schließlich müsste bis in zehn Jahren von jedem Haushalt mit einem Beitrag von über 6 Euro pro Monat gespeist werden, was bei GEZ-Gebühren von heute etwa 18 Euro kaum durchsetzbar wäre. Eine Finanzierung über eine Zwangsabgabe z. B. der Suchmaschinen- oder Plattformbetreiber müsste auch die Lücke von fast 3 Mrd. Euro jährlich füllen, was, abgesehen von der Problematik, festzulegen, welches Online-Angebot warum wie viel von was abgeben muss, auch politisch zumindest nicht einfach zu begründen wäre.

7. Zusammenfassung und Ausblick

Mit der Digitalisierung hat sich die Position der Zeitung durch Verluste auf dem Leser- und dem daran gekoppelten Werbemarkt irreversibel verschlechtert, denn im Internet zerfällt das gedruckte Bündelprodukt Zeitung in seine verschiedenen Informations- und Unterhaltungsleistungen und ist damit auf jedem der Teilmärkte einem verschärften Wettbewerb mit jeweils anderen Akteuren ausgesetzt.

Die Modellrechnung schließlich zeigte, dass selbst, wenn erfolgreiche Online-Angebote das Print-Angebot ergänzen und möglicherweise sogar die Print-Auflage mitfinanzieren, der Markentransfer ins Internet alleine die Verluste im Print-Bereich wahrscheinlich nicht kompensieren kann. Für einen Ausgleich der Verluste im Print-Bereich wäre hier auch eine Optimierung des durchschnittlichen Umsatzes pro Nutzer über ergänzende, nichtredaktionelle Angebote zu erwägen.

Der ›Public Value‹, der in der publizistischen Vielfalt steckt, ist nicht zwangsläufig bedroht, wenn Verlage sterben, doch Alternativen des Qualitätsjournalismus müssten sich hierzulande trotzdem erst einmal etablieren. Dass qualitativ hochwertiger Journalismus auch bei ganz anderen Kosten möglich ist, zeigt der Erfolg der *Huffington Post* in den USA, die heute schon die Online-Reichweite z. B. der *Washington Post* überholt hat (COMPETE 2009) – freilich nicht ohne auch ihrerseits von den traditionellen Medien zumindest in Teilen zu profitieren. Statt über Förderinstrumente könnten Verlage und hier auch die Redaktionen selbst über Möglichkeiten und Chancen sinnieren, Verlagsprozesse umzustellen, etwa systematisch neue Formen der Content-Erstellung anzugehen.

Zeitungshäuser können sich nicht mehr einfach aus der Krise heraus sparen. Sie müssen sich auf Markt- und auch auf Produktionsseite neu erfinden und dabei gar nicht alles, was im Print gut war, der Online-Welt preisgeben: »I firmly believe in a hybrid future where old media players embrace the ways of new media [...] and new media companies adopt the best practices of old media [...]« (HUFFINGTON 2009).

Literatur

ABELL, D. F.: *Defining the Business. The Starting Point of Strategic Planning.* Englewood Cliffs [Prentice Hall] 1980

ARNOLD, K.: Qualität im Journalismus – ein integratives Konzept. In: *Publizistik*, 2008, Jahrgang 53, Ausgabe 4, S. 488-508.

AWA: *Allensbacher Markt- und Werbeanalyse (AWA).* Institut für Demoskopie Allensbach 2009. Auszählung unter: http://gujmedia.zaehlservice.de/cgi-bin/co.pl [04. Februar 2010] [Werte zu früheren Jahren analog]

BA BUNDESAGENTUR FÜR ARBEIT: *Arbeitsmarktstatistiken 2009* [Online]. Verfügbar unter: http://www.pub.arbeitsamt.de/hst/services/

statistik/000000/html/start/index.shtml [15. August 2009] [Werte zu früheren Jahren analog]
BDZV BUNDESVERBAND DEUTSCHER ZEITUNGSVERLEGER (Hrsg.): *Zeitungen 2009*. Berlin [zv] 2009 [Werte zu früheren Jahren analog]
BMF BUNDESFINANZMINISTERIUM: *Grunderwerbssteueraufkommen 2009*. Online abrufbar unter: http://www.bundesfinanzministerium.de/nn_17844/DE/BMF_Startseite/Aktuelles/Monatsbericht_des_BMF/2009/01/statistiken_und_dokumentationen/node.html?_nnn=true [29.082009] [Werte zu früheren Jahren analog]
COMPETE: *Traffic-Vergleich Online*. 2009. In: http://siteanalytics.compete.com/huffingtonpost.com+latimes.com+washingtonpost.com/?metric=uv [20.022010]
HABERMAS, J.: »Keine Demokratie kann sich das leisten«. In: *Süddeutsche Zeitung* vom 16.05.2007. In: http://www.sueddeutsche.de/kultur/21/404799/text/ [25.07.2009]
HUFFINGTON, A.: *Opening Remarks of Arianna Huffington for the Senate Subcommittee on Communications, Technology, and the Internet's Hearing on* »*The Future of Journalism*«. 6. Mai 2009. Online: http://commerce.senate.gov/public/?a=Files.Serve&File_id=ba1909cf-1f10-4654-81e0-d3e9cc254743 [abgerufen 20. Februar 2010]
IVW INFORMATIONSGEMEINSCHAFT ZUR FESTSTELLUNG DER VERBREITUNG VON WERBETRÄGERN. http://www.ivw.de/ [03.02.2010] [Werte zu früheren Jahren analog]
KNOLL, E. M.: Public Value. In: *MedienWirtschaft*, 2008, 3, S. 34-39
KOLO, C.: Online-Rubriken als Innovationen in der Marktkommunikation – Strukturwandel im Anzeigengeschäft. In: KIMPELER, S. et al. (Hrsg.): *Die digitale Herausforderung. Zehn Jahre Forschung zur computervermittelten Kommunikation*. Wiesbaden [vs Verlag für Sozialwissenschaften] 2007
KOLO, C.; R. MEYER-LUCHT: Erosion der Intensivleserschaft – Eine Zeitreihenanalyse zum Konkurrenzverhältnis von Tageszeitungen und Nachrichtensites. In: *Medien und Kommunikationswissenschaft*, 2007, Heft 4
MEDIA PERSPEKTIVEN BASISDATEN: *Daten zur Mediensituation in Deutschland*. Frankfurt/M. 2009 [Werte zu früheren Jahren analog]
NIELSEN RESEARCH GMBH: *Medienentwicklung Above-the-line und neue Medien*. Unternehmensangaben der *Nielsen Media Research GmbH*. 2010. In: http://www.nielsen-media.de/pages/template.aspx?level=1&treeViewID=3.0.0.0.0 [01.02.2010] [Werte zu früheren Jahren analog]

o.V.: Le détail des mesures de soutien à la presse. In : *Le Monde*, 23.01.2009. In: http://www.lemonde.fr/societe/article/2009/01/23/le-detail-des-mesures-de-soutien-a-la-presse_1145914_3224.html#ens_id=1138659 [29.05.2009] (zitiert o.V. 2009a)

o.V. In: http://www.newspaperdeathwatch.com/services-for-newspaper-publishers (zitiert o.V. 2009b)

o.V.: Local newspapers in peril. The town without news. In: *The Economist*, 23. Juli 2009 (zitiert o.V. 2009c)

PICARD, R. G.; M. GRÖNLUND: Development and Effects of Finnish Press Subsidies. In: *Journalism Studies*, 2003, 4 (1), S. 105-119

PRANTL, H.: *Sind Zeitungen systemrelevant? Eröffnungsrede am 6. Juni 2009 der Jahrestagung 2009 des Netzwerk Recherche*. In: http://www.netzwerkrecherche.de/docs/nr-JT2009-Heribert-Prantl-Eroeffnungsrede.pdf [30.11.2009]

PRESSE MA ARBEITSGEMEINSCHAFT MEDIA-ANALYSE E.V.: *Media-Analyse zu Angeboten der Presse*. 2009. http://agma-mmc.de/03_forschung/die_media_analyse.asp?subnav=73&topnav=10 [10.12.2009] [Werte zu früheren Jahren analog]

PWC PRICEWATERHOUSECOOPERS AG (HRSG.): *German Entertainment and Media Outlook 2009-2013*. Frankfurt/M. [Fachverlag Moderne Wirtschaft] 2009

REITZE, H.; C.-M. RIDDER: *Massenkommunikation VII. Eine Langzeitstudie zur Mediennutzung und Medienbewertung 1964-2005*. Baden-Baden [Nomos-Verlagsgesellschaft] 2005

SCHULZ, R.: *Zeitung und Internet 2002*. Berlin [ZV Zeitungs-Verlag Service GmbH] 2002

STATISTISCHES BUNDESAMT: *Verbraucherpreise 2009*. Online abrufbar unter: http://www.destatis.de/jetspeed/portal/cms/Sites/destatis/Internet/DE/Content/Statistiken/Zeitreihen/WirtschaftAktuell/Basisdaten/Content100/vpi001a.psml [10.02.2010]

VAN DER WURFF, R.: Impacts of the Internet on Newspapers in Europe. In: *Gazette – International Journal for Communication Studies*, 2005, 67, 1, S. 107-120

VAN EIMEREN, B.; B. FREES: Der Internetnutzer 2009 – Multimedial und total vernetzt? In: *Media Perspektiven*, 7, 2009, S. 334-348

WEICHERT, S.; L. KRAMP: *Das Verschwinden der Zeitung? Internationale Trends und Problemfelder. Studie im Auftrag der Friedrich-Ebert-Stiftung*. Berlin 2008. In: http://fes-stabsabteilung.de/docs/FES_Zeitungsverschwinden_2009.pdf [29.05.2009]

WEICHERT, S.; L. KRAMP: Eine Art Marshallplan. Fünf Modelle, wie die Zeitungsbranche gerettet werden kann. In: *Die Zeit*, 09.07.2009, Nr. 29. In: http://www.zeit.de/2009/29/Qualitaetsjournalismus [20.02.2010]

ZENTRALVERBAND DER DEUTSCHEN WERBEWIRTSCHAFT (ZAW): *Werbung in Deutschland 2009*. Berlin [Verlag edition ZAW] 2009 [Werte zu früheren Jahren analog]

ZDK ZENTRALVERBAND DES DEUTSCHEN KFZ-GEWERBES: *Zahlen/Fakten. 2009*. Online abrufbar unter: http://www.kfzgewerbe.de/verband/zahlenfakten/index.html [29.08.2009] [Werte zu früheren Jahren analog]

ZMG ZEITUNGS MARKETING GESELLSCHAFT MBH & CO KG: *Anzeigenstatistik der ZMG*. Frankfurt/M. 2010 [Werte zu früheren Jahren analog]

V. MÖGLICHKEITEN UND GRENZEN VON PUBLIC VALUE IN DER MARKTWIRTSCHAFT

KATI FÖRSTER / JOHANNA GRÜBLBAUER

TV-Markenmanagement: Eine empirische Untersuchung des ökonomischen und psychologischen Markenwertes von TV-Sendern in Österreich

1. TV-Markenführung: Status quo in Forschung und Praxis

Obgleich die Bedeutung von Medienmarken bereits seit Längerem unumstritten in Forschung und Praxis ist, rücken Medienmarken und deren Management im Allgemeinen und TV-Marken im Speziellen erst in der jüngeren Vergangenheit verstärkt in den Fokus wissenschaftlicher Betrachtungen. So merkt etwa Siegert (2000: 75) an: »Die Bedeutung der Markenpolitik in der Medienbranche hat im Zuge des intensivierten Wettbewerbs auf dem Markt parallel mit dem Voranschreiten der Ökonomisierungsprozesse immer mehr zugenommen.« Dies ist vor allem in technischen Entwicklungen, wie etwa der Digitalisierung, erhöhten Speicherkapazitäten und ansteigenden Übertragungsbreiten begründet (vgl. SJURTS 2005: 1), die ihrerseits zu einem Auflösen traditionell bestehender Grenzen zwischen den Mediengattungen führt (Konvergenz) und Diversifikationsmöglichkeiten – auch für bisher branchenfremde Anbieter – schafft. Mit der zunehmenden Digitalisierung verschärft sich der Wettbewerb weiter, da noch mehr private TV-Sender in den Markt eintreten bzw. bestehende Sender digitale Angebote auf den Markt bringen (vgl. WOLFF 2006: 7). Hinzu kommt ein verändertes Konsum- und Mediennutzungsverhalten, das seinen Ausdruck in einem sinkenden Bindungswillen und einer abnehmenden Markentreue findet (vgl. CASPAR 2002: 3f.).

Um sich von der Konkurrenz abzuheben, ist »die Präsentation des Senders als Marke zur Differenzierung und zur Herbeiführung einer einmaligen, klar abgrenzbaren Positionierung zwingend notwendig geworden« (HOLTMANN 1999: 323). »Eine zentrale Herausforderung für TV-Sender [...] [ist] die Positionierung im Wahrnehmungsraum der Zuschauer in dem extrem harten Wettbewerb des TV-Marktes« (FELDMANN 2001: 122). TV-Sender versuchen, diese bevorzugte Positionierung und die Differenzierung von der Konkurrenz damit zu realisieren, »Informationen über sich zu steuern, Emotionen zu erzeugen und eine Persönlichkeit zu schaffen« (HOLTMANN 1999: 321). Fernsehunternehmen treten also am Markt genauso auf wie Markenartikler.

Für die wissenschaftliche Durchdringung strategischer Medienmarkenmanagementansätze werden zumeist Modelle aus der Betriebswirtschaft herangezogen, wenngleich auch hier ganzheitliche und allgemein anerkannte Ansätze fehlen: »[...] auch in der betriebswissenschaftlichen Literatur fehlt ein vollständiges und übertragbares theoretisches Instrumentarium, um strategisches und operatives TV Markenmanagement auf dem Rezipientenmarkt zu beschreiben und zu erklären« (WOLFF 2006: 12). So untersuchte etwa Baumgarth (2008: 271-285) in seiner empirischen Studie den Status quo der TV-Markenführung in Deutschland und stellte fest, dass hier die Wissenschaft noch am Anfang steht.

2. Besonderheiten der Medienmarkenführung und ihre Anforderungen an ein Markenwertmodell

Die Besonderheiten von Medien wurden bereits umfassend in der wissenschaftlichen Literatur diskutiert. Heinrich (1999: 115) definiert das Produkt ›Rundfunkprogramm‹ als »die planvolle und zeitlich geordnete Folge von Darbietungen eines Veranstalters, die über eine im voraus bestimmte Frequenz oder über einen im voraus bestimmten Kanal verbreitet werden. Ein Rundfunkprogramm ist also das sendungsübergreifende Sortiment eines Veranstalters, ökonomisch vergleichbar etwa dem Produktsortiment eines Supermarktes oder eines Pressekiosks, es ist kein abgegrenztes Gut im ökonomischen Sinn.«

Darüber hinaus unterscheiden sich Rundfunkprodukte von herkömmlichen Markenartikeln dadurch, dass sie »Programme [darstellen], die aus einer Vielzahl von Einzelsendungen höchst unterschiedlicher Inhalte, Sendelängen, Funktionen und Herkunft bestehen, die nach einem mittelfristigen konstanten Zeitraster (Sende- oder Programmschema) im Tages- und Wochenablauf kontinuierlich ausgestrahlt werden« (SCHUSTER 1995: 135). Da sich die Inhalte des Programms täglich ändern, ist das Produkt ›Fernsehen‹ einem ständigen Wandel unterzogen. TV-Inhalte sind also optische und inhaltliche Unikate (vgl. dazu und im Folgenden BAUMGARTH 2004: 6ff.). Das Bemühen, ein einheitliches und kontinuierliches Markenbild aufrecht zu erhalten, ist gerade vor diesem Hintergrund schwierig umzusetzen. Hinzu kommt, dass Inhalte leicht imitierbar sind, eine Content-Exklusivität nur in Ausnahmefällen besteht und die Content-Produktion überdies hohe Fixkosten verursacht (laut WIRTZ 2009: 82 liegen diese im TV-Bereich bei 78 %). Die Immaterialität des Produktes reduziert die Branding-Instrumente im Wesentlichen auf die On- und Off-Air-Promotion sowie das Set-Design. Die Inhaltsbreite, die sich aus der Notwendigkeit einer hohen Reichweite ergibt, erschwert darüber hinaus eine klare Markenpositionierung.

Fernsehen ist zudem den Vertrauensgütern zuzuordnen, sodass das »[...] Informationskalkül [...] von großer Unsicherheit gekennzeichnet [ist], weil ex ante (vor dem Konsum) die Qualität des Programms, wie bei Erfahrungs- und Vertrauensgütern typisch, nicht richtig beurteilt werden kann und weil ex post (nach dem Konsum) die Unsicherheit bleibt, ob man wirklich das beste Programm gewählt hat« (HEINRICH 1999: 497). Der Rezipient kann sich hier nur auf Erfahrungswerte stützen. »Die Qualität medialer Inhalte kann der Rezipient weder vorab beurteilen, noch kann man die Inhalte zurückgeben, wenn die Qualität nicht den Erwartungen entspricht. Die eingeschränkte Qualitätsbeurteilung stellt somit ein wesentliches Kennzeichen der Rundfunkprodukte dar« (HEINRICH 1999: 606f.). Ein besonderes Spezifikum der Markenstrategie von TV-Sendern sind die Kommunikationskompetenzen, die sie als Massenmedium selbst besitzen und als Medium für die eigene Sache ›kostenlos‹ nutzen können (vgl. PARK 2004: 56). »Fernsehen ist gleichzeitig Produkt und Werbemedium für sich selbst« (KARSTENS/SCHÜTTE 2005: 90).

Neben diesen *produktspezifischen* Besonderheiten (also: optische und inhaltliche Unikate, Imitierbarkeit und fehlende Exklusivität, hoher Grad an Immaterialität und damit einhergehende Beschränkung an Branding-Instrumenten sowie hohe Inhaltsbreite) macht Baumgarth (2004: 6ff.) *marktinhärente* Merkmale wie die Dualität und die Mehrstufigkeit von Medienmärkten für die besonderen Bedingungen der Medienmarkenführung verantwortlich.

Während sich die produktspezifischen Merkmale insbesondere auf die strategischen und operativen Maßnahmen auswirken, stellen vor allem die marktinhärenten Merkmale spezifische Anforderungen an einen Messansatz zur Erhebung von Medienmarkenwerten. So muss ein TV-Markenwertmessansatz beide Märkte berücksichtigen; d.h. sowohl den Zuschauer- als auch den Werbemarkt; letzteren insbesondere für TV-Unternehmen, die ein werbefinanziertes Geschäftsmodell verfolgen. Die Wahrnehmung und Wertschätzung des Publikums wirkt indirekt über die Abgeltung von Aufmerksamkeit in Form von Reichweiten auf den Markenwert, der sich auf den Werbemarkt bezieht. In Analogie zur klassischen Werbe-Erfolgsmessung könnte daher der Markenwert auf Rezipientenebene als Kommunikationswirkung (psychologische Wirkungsgrößen), jener auf der Ebene der Werbetreibenden als Kommunikationserfolg (ökonomische Erfolgsgrößen) bezeichnet werden. Die Kommunikation erfolgt bei TV-Sendern sowohl über spezifische kommunikations- als auch über produkt- bzw. programmpolitische Maßnahmen. Die Mehrstufigkeit von Medienmärkten stellt insbesondere dahingehend Anforderungen an einen Messansatz, als hier ein Geflecht von verschiedenen Submarkenkategorien Einfluss auf den Gesamtmarkenwert eines Senders nimmt. Diese lassen sich im TV-Bereich in Personen-, Format- und Genremarken unterscheiden (vgl. WOLFF 2006: 43ff.). Im Rahmen der hier vorliegenden Untersuchung wurden Sendermarken untersucht.

Wie Abbildung 1 zeigt, ist der TV-Markenwert in erster Linie das Ergebnis der Markenpolitik. Gleichzeitig bildet er die Basis für markenpolitische Entscheidungen, insbesondere dann, wenn die Markenpositionierung (i.S.e. Soll-Position) vom erreichten Markenwert (i.S.e. Ist-Position) abweicht.

In der Innensicht ist zunächst von einer Markenidentität (vgl. dazu ESCH/LANGNER/REMPEL 2005: 111f.) auszugehen, die ihrerseits die Markenpositionierung – unter Berücksichtigung der Mitbewerber – bestimmt. Hier ist zwischen Points-of-Parity und Points-of-Difference zu unterscheiden. Points-of-Parity meint, dass der eigene Sender respektive die eigene Sendermarke (zumindest in einzelnen Dimensionen) die gleiche Position wie der Wettbewerb einnimmt. Points-of-Difference bedeutet, dass sich zentrale Positionierungsdimensionen von der Konkurrenz abheben (vgl. u.a. WOLFF 2006: 79; ESCH 2005: 123). Abhängig von der gewählten Positionierung

ABBILDUNG 1
Prozess des TV-Markenmanagements

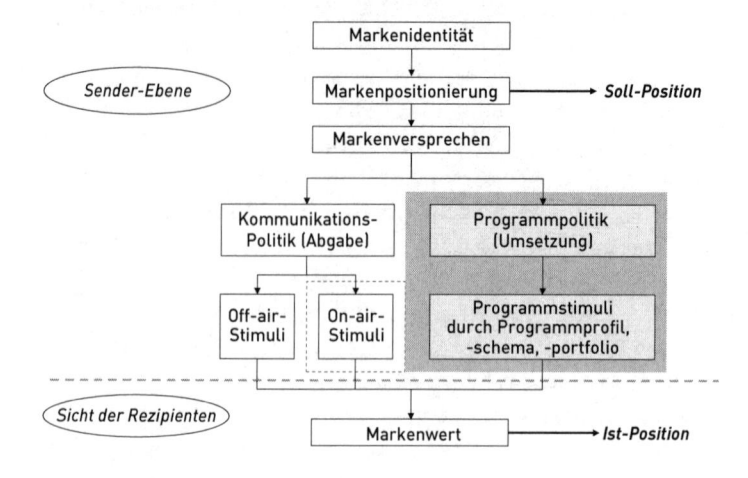

```
                         ┌─────────────────────────┐
                         │    Markenidentität      │
                         └───────────┬─────────────┘
  ┌──────────────┐                   ▼
  │ Sender-Ebene │        ┌─────────────────────────┐  ──▶ Soll-Position
  └──────────────┘        │  Markenpositionierung   │
                         └───────────┬─────────────┘
                         ┌─────────────────────────┐
                         │   Markenversprechen     │
                         └───────────┬─────────────┘
              ┌──────────────────────┴──────────────────────┐
              ▼                                             ▼
   ┌───────────────────┐                       ┌─────────────────────┐
   │  Kommunikations-  │                       │   Programmpolitik   │
   │  Politik (Abgabe) │                       │    (Umsetzung)      │
   └─────────┬─────────┘                       └──────────┬──────────┘
        ┌────┴────┐                                       ▼
        ▼         ▼                            ┌─────────────────────┐
   ┌────────┐ ┌────────┐                       │   Programmstimuli   │
   │Off-air-│ │On-air- │                       │ durch Programmprofil,│
   │Stimuli │ │Stimuli │                       │  -schema, -portfolio │
   └────────┘ └────────┘                       └─────────────────────┘

 ┌────────────────────┐
 │ Sicht der Rezipienten │  ┌─────────────────┐
 └────────────────────┘     │   Markenwert    │  ──▶ Ist-Position
                            └─────────────────┘
```

Basis: Wolff 2006: 109

ergibt sich ein Markenversprechen, das über die Kommunikations- und Programmpolitik kommuniziert und umgesetzt wird (vgl. WOLFF 2006: 37). Wie in der Grafik ersichtlich ist, ist die Zuordnung der On-Air-Stimuli auf Kommunikations- oder Programmpolitikebene umstritten (vgl. dazu etwa WOLFF 2006: 139; HEINRICH 1999: 318f.; HOLTMANN 1999: 27). Für die Analyse der On-Air-Stimuli sind beispielsweise das Corporate Design, Logos, Claims, Hausfarben, Station-IDs, Werbetrenner, Trailer, Set- und Studiodesigns zu untersuchen (vgl. dazu etwa PARK 2004: 74ff., 127ff.; KARSTENS/ SCHÜTTE 2005: 231; SIEGERT 2001: 129ff.; KOPPELMANN 2001: 380ff.; HOLTMANN 1999: 335; LINXWEILER 2004: 28off.). Zur Analyse der Programmpolitik können *Programmprofil* (vgl. WOELKE 2008: 67ff.), *Programmschema* (vgl. KARSTENS/SCHÜTTE 2005: 129; HEINRICH 1999: 116ff.) – inklusive entsprechender Strategien (vgl. dazu VERSPOHL 2008: 78-82) – sowie *Programmportfolio* (vgl. FREILING/ RECKENFELDERBÄUMER 2004: 175, 320ff.; KARSTENS/ SCHÜTTE 2005: 101; MEFFERT/ BURMANN 2000: 350) genutzt werden.

Für die Außensicht, also die Sicht der Zuseher, sind nach Esch (2005: 142f.) insbesondere zwei Kriterien entscheidend: die Relevanz des Angebotsprofils für die Konsumenten und die Differenzierung der Marke von der Konkurrenz. Auf dieser Ebene zeigt sich der Erfolg im Sinne eines Markenwertes. Ziel der Markenführung ist im Allgemeinen der bestmögliche Fit, d.h. die größtmögliche Übereinstimmung zwischen Selbst- und Fremdbild (vgl. MEFFERT/ BURMANN 2002: 76) auf der qualitativen Ebene und ökonomische Ergebnisse im Rezipienten- und im Werbemarkt auf der quantitativen Ebene.

3. Markenwert von TV-Sendern in Österreich: Ergebnisse einer empirischen Untersuchung

3.1 TV-Sender in Österreich: Rahmenbedingungen

Die Besonderheit des österreichischen TV-Marktes liegt einerseits in der vergleichsweise späten Öffnung des Marktes für private Anbieter, die dazu führte, dass der öffentlich-rechtliche Sender ORF über Jahrzehnte eine Alleinstellung innehatte, die erst im Juni 2003 durch den Markteintritt von ATVplus (heute ATV) beseitigt wurde. Im Mai 2004 kam dann der Musiksender GOTV hinzu; nach und nach folgten mehrere Ballungsraumsender wie etwa SALZBURG TV (heute SERVUS TV) oder PULS CITY TV WIEN (heute PULS4). Andererseits stehen österreichische Sender generell in Konkurrenz zu ihren Mitbewerbern aus den angrenzenden deutschsprachigen Ländern. »Zusammen mit der Schweiz ist die Programmkonkurrenz für Europa fast nirgends so groß wie für den ORF und die privaten österreichischen Fernsehvollprogramme« (STEININGER/WOELKE 2008: 118).

Diese historisch gewachsene Dominanz des ORF zeigt sich in der folgenden Übersicht der Marktanteile der verschiedenen Sender (vgl. Abb. 2):

Der Marktanteil drückt den Prozentualen Anteil der einzelnen TV-Kanäle an der gesamten Fernsehnutzungszeit aus. In der österreichischen Bevölkerung ab 12 Jahren liegt ORF 2 mit gut einem Viertel der gesamten Fernsehnutzungszeit als am häufigsten genutzter Sender an erster Stelle, gefolgt von ORF 1 mit 16,8 Prozent der Nutzungszeit. PRO7, RTL, SAT.1 und VOX sind die meistgesehenen deutschen Privatsender in der Gesamtbevölkerung ab 12 Jahren und vereinen insgesamt etwa 20 Prozent der Fernsehnutzungszeit. Die österreichischen Privatsender ATV und PULS 4 reihen sich nach den deutschen öffentlich-rechtlichen Sendern mit 3 Prozent bzw. 1,2 Prozent Marktanteil ein. Rund ein Viertel der Zeit teilt sich auf Sender mit geringeren Marktanteilen auf.

Berücksichtigt man zudem, dass die TV-Nutzungszeit innerhalb der letzten Jahre nur unwesentlich gestiegen ist, so wird deutlich, dass ein

ABBILDUNG 2
Marktanteile der Sender in Österreich 2008

Sender	Marktanteil
ORF 2	25,1
ORF 1	16,8
SAT 1	7,3
RTL	5,6
PRO 7	4,8
ZDF	4,3
VOX	3,9
ARD	3,8
ATV	3,0
kabel eins	2,5
RTL II	2,5
BFS	1,7
3 SAT	1,7
Super RTL	1,6
PULS 4	1,2

Grundgesamtheit: österr. Bevölkerung ab 12 Jahren in TV-Haushalten
Quelle: AGTT / GfK Austria

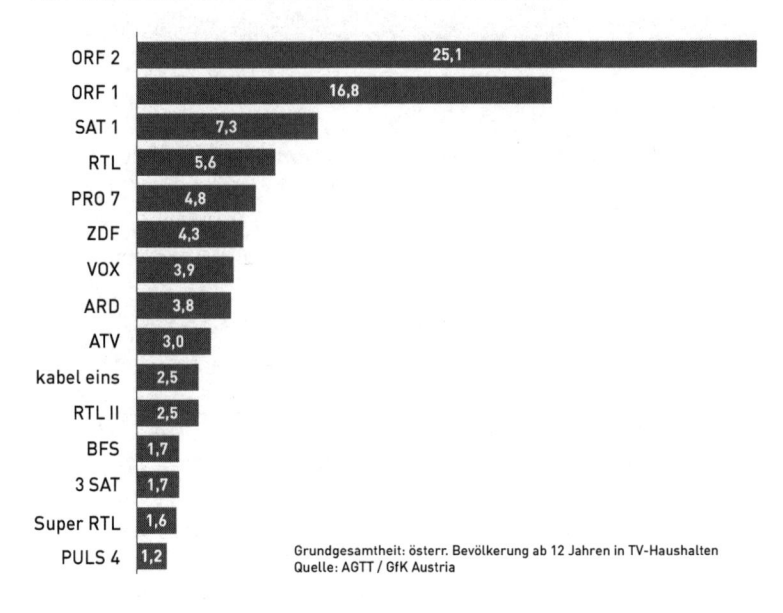

TABELLE 1
TV-Nutzungszeit in Österreich

Nutzungszeit pro Tag in Minuten	TV-Haushalte gesamt																	
	1991	1992	1993	1994	1995	1996	1997	1998	1999	2000	2001	2002	2003	2004	2005	2006	2007	2008
ORF 1	56	52	48	43	38	36	35	37	35	35	35	36	35	35	33	33	28	26
ORF 2	42	41	40	41	50	51	52	52	50	49	49	52	48	49	47	45	40	39
ATV [1]										1	1	1	1	3	4	4	4	5
PULS 4 [2]																		2
Andere Sender	29	35	45	51	52	54	55	56	61	64	67	73	76	77	82	82	85	84
TV-Gesamt	127	129	133	135	140	141	142	146	147	148	152	162	161	164	166	163	157	156

Geringfügige Abweichungen infolge der Rundungen

Quelle: AGTT / GfK Teletest; Grundgesamtheit: österr. Bevölkerung ab 12 Jahren in TV-Haushalten, [1] terrestrischer Sendestart am 1. Juni 2003, [2] Sendestart am 28. Januar 2008

organisches Wachstum (also eines, das nicht durch Übernahmen oder Fusionen entsteht) nur durch einen Verdrängungswettbewerb erreicht werden kann (vgl. Tab. 1).

Dies macht nicht nur die hohe Relevanz einer deutlichen Markenpositionierung und stringenten Sendermarkenführung deutlich, sondern zeigt auch, dass ein wesentlicher Indikator für den Erfolg der Markenführung die Entwicklung der Marktanteile ist.

3.2 TV-Markenwert: Ein Bezugsmodell

Allgemein kann unter der Erhebung des Markenwertes der Versuch verstanden werden, »die Gesamtwirkung der Marke zu quantifizieren« (BENTELE u.a. 2005: 12). Die Basis für die Ermittlung des Markenwertes von TV-Marken bildet die Studie und das von Strecker und Bardohn (2007: 84ff.) verwendete Modell, weil es sich gezielt mit der Ermittlung von Medienmarkenwerten auseinandersetzt und zudem – wenngleich mit der gebotenen Vorsicht – Vergleichsmöglichkeiten eröffnet. Obgleich die von ihnen durchgeführte Analyse Frauenzeitschriften in Deutschland zum Gegenstand hatte, lassen sich die verwendeten Kriterien auch auf TV-Marken bzw. jegliche Medienmarken übertragen.

Das Medienmarkenwert-Modell von Strecker und Bardohn unterteilt den Markenwert in zwei Dimensionen: in den monetären (ökonomischen) und in den psychologischen Markenwert. Letzterer gliedert sich wiederum in Indikatoren, die eine Bekanntheit des Senders erfordern (Außenwirkung) und jene, die eine Nutzung voraussetzen (Innenwirkung). So kann der monetäre Markenwert getrennt vom psychologischen Markenwert erhoben und diesem gegenübergestellt werden. Zudem spiegelt sich hier auch die Dualität der Medienmärkte wider. Für die vorliegende Studie wurde das Modell von Strecker und Bardohn wie in Tabelle 2 adaptiert.

Der ökonomische Markenwert kann mithilfe von Sekundäranalysen erhoben werden, für die Abbildung des psychologischen Markenwertes sind Primärdaten nötig.

Für die Aggregation der Werte und ihre Überführung in einen Gesamtmarkenwert wurde in der vorliegenden Studie wie folgt vorgegangen:

- Zunächst wurden alle Werte (entweder Mittelwerte von metrischen Variablen oder aber Prozentwerte der zustimmenden Ant-

TABELLE 2
Modell zur Erfassung des Markenwertes von TV-Sendern

Dimensionen	Monetärer Markenwert	Psychologischer Markenwert
Indikatoren	• Marktanteil als Indikator für den Erfolg der Marke im Käufermarkt • Entwicklung des Marktanteils als Indikator für die Marktdynamik • Reichweite • Bruttowerbeerlöse	Außenwirkung: • Ungestützte Bekanntheit → Marktpräsenz • Sympathie → emotionale Akzeptanz • Empfehlung → soziale Akzeptanz • Klarheit → Eindeutigkeit • Uniqueness → Einzigartigkeit Innenwirkung: • Zuwendung → Nutzungsintensität • Nähe → emotionale Verbundenheit zur Marke • Produktqualität → generelle Zufriedenheit • Kompetenz → funktionales Nutzenniveau

Basis: Strecker/Bardohn 2007: 84ff., modifiziert und adaptiert

worten von ordinalen Variablen) indiziert, sodass nicht von absoluten Werten ausgegangen, sondern der direkte Vergleich mit den Mitbewerbern in den Fokus gerückt wurde.
- In den ökonomischen Markenwert fließen die angegebenen vier Variablen zu gleichen Teilen ein.
- Für den psychologischen Markenwert wurde zunächst in *Außenwirkung* (insgesamt 5 Indikatoren) und *Innenwirkung* (insgesamt 22 Indikatoren für 4 Faktoren) unterschieden. Ersterer wird analog zum ökonomischen Markenwert als gemittelter Indexwert erhoben. Für die Berechnung der Innenwirkung wurden jeweils die gemittelten Indexwerte für die einzelnen Faktoren erhoben, die ihrerseits dann wieder mit einem Gewicht von 0,25 in den Index Innenwirkung einflossen. Der psychologische Markenwert entstand dann wiederum als Mittelwert aus Außen- und Innenwirkung.
- Der Gesamtmarkenwert wird zu gleichen Teilen aus dem ökonomischen und dem psychologischen Markenwert gebildet.

3.3 Methodik und Stichprobe der Studie

Zur Überprüfung des Modells wurden sekundäranalytische Methoden sowie eine Primärerhebung (über ein bereits etabliertes Online-Panel eines externen Anbieters) mit einer Stichprobengröße von n=2000 im Alter zwischen 14 und 49 Jahren angewendet.

Die Auswahl der erhobenen Sender erfolgt entsprechend der im Teletest ausgewiesenen Marktanteile, die dem Anteil der TV-Nutzungszeit entsprechen, der auf den jeweiligen TV-Sender entfällt. Für die vorliegende Studie wurden insgesamt zehn Marken erhoben, und zwar alle österreichischen Sender sowie jene mit einem Marktanteil von mindestens 2 Prozent. Dies sind im Einzelnen: ORF 1, ORF 2, PRO7, RTL, SAT.1, VOX, ATV, ARD und ZDF. Der österreichische Sender PULS 4 erreicht rund 1 Prozent Marktanteil. PULS 4 würde laut Marktanteilen an 15. Stelle nach KABEL 1, RTL II, BFS, 3SAT und SUPER RTL folgen, wird aber hier aufgrund seines Österreich-Bezugs mit aufgenommen. Aufgrund des umfangreichen Fragenkataloges zur Erhebung des psychologischen Markenwertes wurden in der Studie die Marken randomisiert rotiert, sodass ein Proband drei Sender bewertete. Diese Randomisierung weist zudem den Vorteil auf, dass mögliche Interaktionseffekte, die durch das gemeinsame Abfragen von TV-Marken entstehen können (z. B. ORF 1 vs. VOX), in der Bewertung nivelliert werden. Die Erhebung fand im September 2009 statt.

Die Struktur der Stichprobe bildet die Struktur der Gesamtbevölkerung in Österreich im Alter zwischen 14 und 49 Jahren im Hinblick auf Geschlecht, Alter und geografische Kriterien ab (vgl. Abb. 3). Insgesamt wurden 2008 Personen befragt.

Eine weitere Fragestellung im Zusammenhang der vorliegenden Studie ist jene, ob sich die Wahrnehmung der untersuchten TV-Sender durch einen eventuell bestehenden Migrationshintergrund unterscheidet. Insgesamt 10 Prozent der Stichprobe weisen einen solchen auf, davon etwa die Hälfte in erster und die andere Hälfte in zweiter Generation. Weisen die Ergebnisse hier auf signifikante Unterschiede hin, so werden diese im Folgenden explizit erwähnt.[1]

---

[1] Detaillierte Analysen dazu finden sich in Förster/Grüblbauer 2010.

ABBILDUNG 3
Struktur der Stichprobe

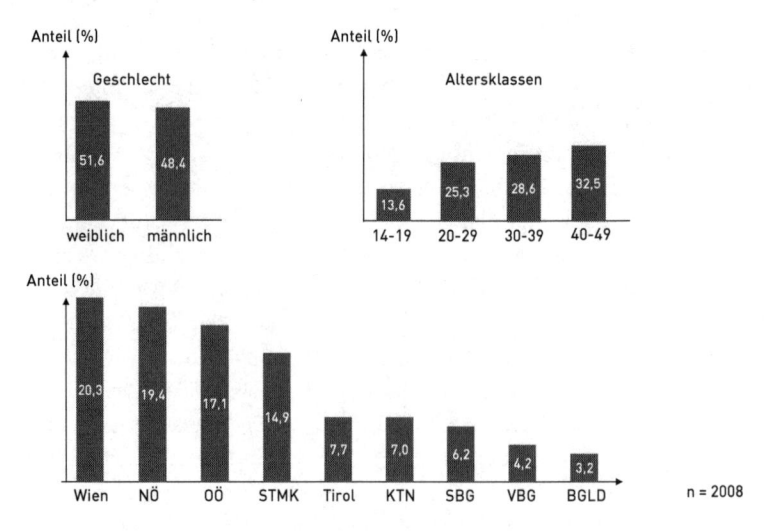

Anteil (%) Geschlecht: weiblich 51,6; männlich 48,4

Anteil (%) Altersklassen: 14-19: 13,6; 20-29: 25,3; 30-39: 28,6; 40-49: 32,5

Anteil (%): Wien 20,3; NÖ 19,4; OÖ 17,1; STMK 14,9; Tirol 7,7; KTN 7,0; SBG 6,2; VBG 4,2; BGLD 3,2

n = 2008

3.4 Ergebnisse zum ökonomischen Markenwert

Die Indikatoren der Studie von Strecker und Bardohn wurden für den TV-Markt wie folgt adaptiert:

TABELLE 3
Indikatoren des ökonomischen Markenwertes

Indikatoren Zeitungen/Zeitschriften	→	Indikatoren TV	Quelle
Auflage	→	Marktanteil	Arbeitsgemeinschaft Teletest
Auflagenentwicklung	→	Marktanteilsentwicklung	Arbeitsgemeinschaft Teletest
Vertriebsumsatz	→	-	
Reichweite lt. MA	→	Jährliche Durchschnittsreichweite	Arbeitsgemeinschaft Teletest
Anzeigenumsatz	→	Bruttowerbeerlöse	Focus Media Research

Indikatoren Zeitungen/Zeitschriften: Strecker/Bardohn 2007: 84ff.

Einzig der Vertriebsumsatz blieb im Fernsehen unbeachtet, da es hier bei Nicht-Bezahl-Fernsehen keine Entsprechung gibt und die Rundfunkgebühr aus Rezipientensicht nicht den einzelnen Sendern zugeordnet wird, wie dies bei Pay-per-View-Modellen der Fall wäre. Insofern entspräche der Vertriebsumsatz nicht der tatsächlichen Zahlungsbereitschaft der Rezipienten. Die Daten zu Marktanteilen und Reichweite wurden aus den Ergebnissen der Arbeitsgemeinschaft Teletest (AGTT) entnommen. Am Teletest-Panel nehmen 1540 österreichische Haushalte teil, in denen rund 3200 Personen ab 12 Jahren und insgesamt 350 Kinder leben. Das Panel ist damit repräsentativ für die TV-Haushalte in Österreich. Bei deutschen TV-Sendern werden Werte aus den Österreich-Fenstern und dem deutschen Programm kumuliert ausgewiesen. Die Angaben zu Bruttowerbeerlösen wurden von Focus Media Research erhoben und hier aufgenommen.

Abbildung 4 gibt die indizierten, ungewichteten Mittelwerte und damit die monetären Markenwerte der betrachteten TV-Sender wieder. In die Untersuchung sind dabei die folgenden Indikatoren eingeflossen: Marktanteil, Entwicklung des Marktanteils im Vergleich zum Vorjahr, Durchschnittsreichweite sowie Bruttowerbeerlöse. Das Kriterium der Bruttowerbeerlöse konnte nicht für die Markenwertberechnung von ARD

ABBILDUNG 4
Ökonomischer Markenwert

Sender	Wert
ORF 2	225,5
ORF 1	222,3
PRO 7	89,6
RTL	82,8
ATV	76,1
SAT 1	73,3
PULS 4	67,0
VOX	50,3
ZDF*	50,0
ARD*	34,3

Ungewichteter Markenwert aus indizierten Werten aus:
- Marktanteil
- Entwicklung des MA
- Durchschnittsreichweite
- Bruttowerbeerlöse

* Auf Basis von drei Indikatoren; ohne Bruttowerbeerlöse

Erläuterung: Die Werte sind als Indizes/Affinitäten zu verstehen; Werte größer als 100 sind also über-, jene kleiner als 100 unterdurchschnittlich.

und ZDF hinzugezogen werden, da diese kein Österreich-Werbefenster haben, sodass diese Werte lediglich drei Indikatoren berücksichtigen.

Erwartungsgemäß weisen ORF 1 und ORF 2 weit überdurchschnittliche Werte auf, was vor allem auf die hohen Reichweiten, die überdurchschnittlichen Marktanteile und auch die hohen Bruttowerbeerlöse zurückzuführen ist. Bei ATV und PULS 4 sind es vor allem die Entwicklungen ihrer jeweiligen Marktanteile im Vergleich zum Vorjahr, welche den hohen ökonomischen Markenwert beeinflussen. Die Schlussgruppe bilden VOX, ARD und ZDF, die insbesondere in den Kriterien ›Marktanteil‹ und ›Durchschnittsreichweite‹ unterdurchschnittliche Werte aufweisen. Streng genommen müsste der Index für ARD und ZDF noch geringer ausfallen, da die fehlenden Bruttowerbeerlöse im österreichischen Markt den Markenwert der Sender in Österreich beträchtlich schmälern. Im Sinne einer besseren Vergleichbarkeit und damit einer einheitlichen Basis wurde hier jedoch darauf verzichtet und der Mittelwert aus den drei Indikatoren gebildet.

Stellt man den kumulierten ökonomischen Markenwert dem klassischen Bewertungskriterium der Durchschnittsreichweite gegenüber (vgl.

ABBILDUNG 5
Durchschnittsreichweite und ökonomischer Markenwert

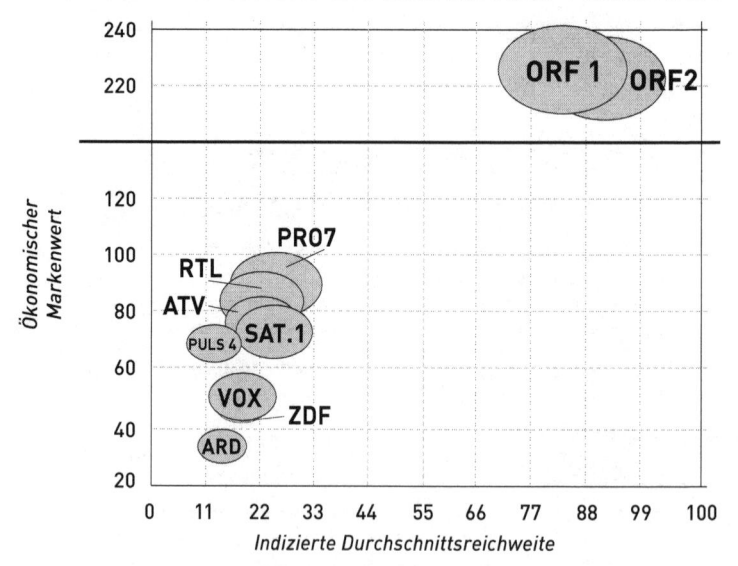

Erläuterung: Die Werte sind als Indizes/Affinitäten zu verstehen; Werte größer als 100 sind also über-, jene kleiner als 100 unterdurchschnittlich.

Abb. 5), zeigt sich eine positive Korrelation, die zeigt, dass eine Erhebung des ökonomischen Markenwertes nur einen geringen Informationszugewinn im Vergleich zu einer einfachen Betrachtung der Reichweiten liefert. Die Größe der Ellipsen in der Abbildung gibt den Gesamtmarkenwert[2] an.

Für eine inhaltliche Positionierung bzw. für das Ableiten von Implikationen für markenstrategische Überlegungen hinsichtlich Kommunikations- und Programmpolitik muss daher der psychologische Markenwert näher betrachtet werden.

3.5 Ergebnisse zum psychologischen Markenwert

Im Gegensatz zum ökonomischen Markenwert, der insbesondere auf finanzielle Kenngrößen abstellt, fokussiert der psychologische Markenwert auf die Wahrnehmung der Rezipienten. Wie bereits im Modell vorgestellt, ist der psychologische Markenwert in eine Außenwirkung (setzt Bekanntheit voraus) und in eine Innenwirkung (setzt Nutzung voraus) unterteilt. Bei TV-Sendern kann fast bei allen Befragten auch die Innenwirkung erhoben werden, da gerade die TV-Sender mit dem höchsten Marktanteil von den meisten der Probanden zumindest gelegentlich geschaut werden.

Für die Operationalisierung des psychologischen Markenwertes wurden die Indikatoren der Strecker/Bardohn-Studie nach unten angegebenem Muster für das Untersuchungsziel adaptiert.

Der Fragebogen wurde zur Operationalisierung des psychologischen Markenwerts in vier Blöcke unterteilt:

- Block A befasst sich mit der allgemeinen TV-Nutzung und Senderbekanntheit bzw. -präferenz, ohne auf spezifische Sender einzugehen. Insbesondere die ungestützte Bekanntheit und die Vorliebe für einzelne Sender sind hier wichtige Indikatoren für den Markenwert eines Senders.
- In Block B wurden die Probanden hinsichtlich (dreier zufällig zugeordneter) TV-Sender befragt, und zwar in Bezug auf die Zuwendung und Nähe, die sich ihrerseits vor allem in der spezi-

---

[2] Anm.: Der Gesamtmarkenwert setzt sich aus dem ungewichteten Mittelwert des jeweiligen ökonomischen und des psychologischen Markenwerts der einzelnen Sender zusammen.

TABELLE 4
Indikatoren des psychologischen Markenwertes

Dimension	Faktor	Indikatoren in Ursprungsstudie	Anpassung der Indikatoren für TV-Marken
Außenwirkung	Bekanntheit		Welche TV-Sender kennen Sie?
	Sympathie	Ist mir sympathisch	
	Empfehlung	Würden Sie einer Freundin/einem Freund diesen Titel/Sender empfehlen?	
	Preisspielraum	Ab wann wäre Titel X wirklich zu teuer?	entfällt
	Klarheit	Haben Sie ... eine klare Vorstellung/eine ungefähre Vorstellung/ eigentlich nur ein ganz vages Bild von dieser Marke (diesem Titel/ diesem Sender)?	
	Uniqueness	X hat einen eigenen unverwechselbaren Stil	
Innenwirkung	Zuwendung	Wo haben Sie X das letzte Mal gelesen? Wie viel lesen Sie im Allgemeinen in X?	Können Sie X auf Ihrem Fernsehgerät empfangen? Auf welchem Sendeplatz haben Sie X in Ihrem Fernsehgerät abgespeichert? Wie oft schauen Sie im Allgemeinen X?
	Nähe	Wie nahe ist Ihnen X?	Wenn es X morgen nicht mehr gäbe, dann »wäre mir das egal« bis hin zu »würde er mir sehr fehlen«.
	Produktqualität	Wie gut gefällt Ihnen der Titel/der Sender alles in allem genommen?	
	Kompetenz	Abfrage von 22 Kompetenz-Statements für jeden Titel zu Inspiration, Unterhaltung, Gestaltung, Realismus, Autorität, Engagement)	Abfrage von adaptierten Statements zu Unterhaltungs-, Informations-, Entspannungs- und Kommunikationskompetenz

fischen Nutzungsintensität, aber auch in der Substitutionskraft anderer Sender zeigen (»Wenn es diesen Sender morgen nicht mehr gäbe, ...«).

- Gegenstand der Fragen in Block C sind die Sympathie und Klarheit bzw. Einzigartigkeit des Senders.
- Im abschließenden Block D wurden die Probanden zu der von ihnen wahrgenommenen Qualität befragt, die sich inhaltlich an den Gratifikationsansatz anschließt, nachdem ein Mehrwert in der Mediennutzung in den Bereichen ›Information‹, ›Unterhaltung‹ und ›Kommunikation‹ entsteht.

Ergänzt werden diese Aussagen durch mehrere persönliche Variablen: Altersklasse, Geschlecht, Haushaltsstruktur, Ausbildungsniveau, Bundesland und Migrationshintergrund.

Die Zuordnung der Dimensionen ›Innen-‹ und ›Außenwirkung‹ zu den einzelnen Fragen bzw. Frageblöcken zeigt, dass die Innenwirkung durch Block B und D erhoben wird und die Außenwirkung in Block C abgefragt wurde. Überdies ist zu sehen, dass ergänzende Fragen hinzugefügt wurden, die einem besseren Gesamtbild über die Wahrnehmung der Marken dienen sollen (etwa die Substitutionskraft konkurrierender Sender).

Stellt man zunächst die Gesamtwerte der psychologischen Markenwerte sowie die Innen- und Außenwirkung der einzelnen Sender gegenüber, so ergibt sich folgendes Bild:

ABBILDUNG 6
Psychologischer Markenwert

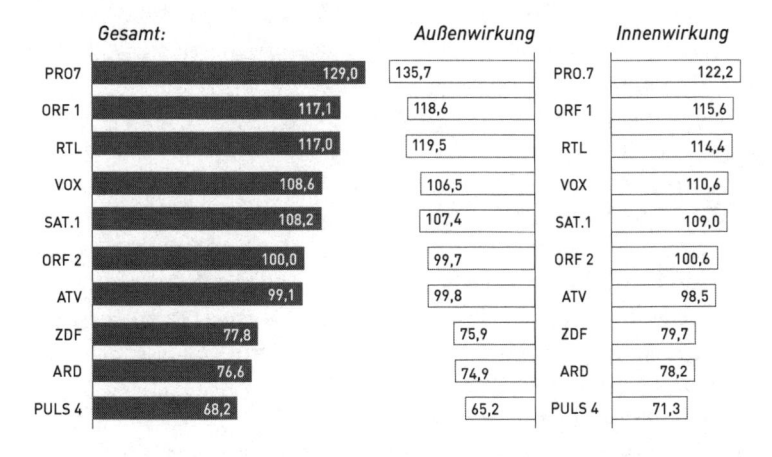

Sender	Gesamt	Außenwirkung	Innenwirkung
PRO7	129,0	135,7	122,2
ORF 1	117,1	118,6	115,6
RTL	117,0	119,5	114,4
VOX	108,6	106,5	110,6
SAT.1	108,2	107,4	109,0
ORF 2	100,0	99,7	100,6
ATV	99,1	99,8	98,5
ZDF	77,8	75,9	79,7
ARD	76,6	74,9	78,2
PULS 4	68,2	65,2	71,3

Bei der Betrachtung des psychologischen Markenwertes fällt auf, dass PRO7 hier noch vor ORF 1 den höchsten Wert aufweist. Das stringente Kommunikationskonzept des Senders scheint hier seinen Niederschlag zu finden, was sich wiederum in den hohen Werten der Außenwirkung zeigt. Auch RTL und VOX (im ökonomischen Markenwert an 9. Stelle) sind hier mit überdurchschnittlichen Werten zu sehen. Während ORF 2 im ökonomischen Markenwert an zweiter Stelle lag, nimmt der Sender im psychologischen Markenwert lediglich den fünften Rang ein. SAT.1 müsste offensichtlich mehr im Bereich der Kommunikationspolitik (Außenwirkung) tun, da der Sender im Bereich der Nutzung (Innenwirkung) durchaus hohe Werte verzeichnen kann. Die Schlussgruppe bilden ATV, ZDF, ARD und PULS 4. Insbesondere bei ATV und PULS 4, die beide für einen TV-Sender noch relativ jung sind, wird die Entwicklung in den nächsten Jahren interessant.

3.5.1 Außenwirkung: Eine clusteranalytische Betrachtung

Als Indikatoren für die Außenwirkung der Sender als Teil des psychologischen Markenwertes dienten die ungestützte Markenbekanntheit, die Sympathie, die Empfehlung, die Klarheit und die Einzigartigkeit des Markenbildes.

Die ungestützte Markenbekanntheit wurde als offene Frage formuliert und soll die Verankerung des TV-Senders im Bewusstsein seiner Konsumenten widerspiegeln (Relevant Set). Obgleich der ORF hier insgesamt die meisten Nennungen aufweist (86,4 %), scheint die Bindung und Wahrnehmung von ORF 1 (40,9 %) und ORF 2 (29,4 %) als eigenständige Marken nicht gegeben zu sein, was jedoch auch in der Dachmarkenstrategie des ORF begründet liegt. Die höchsten Werte weisen hier RTL mit 79,3 Prozent, SAT.1 mit 72,9 Prozent und PRO7 mit 71,9 Prozent der Nennungen auf. Alle anderen Werte liegen zwischen 53,6 Prozent (ATV) und 30,8 Prozent (PULS 4).

Hinsichtlich der Sympathie weist PRO7 in der Zielgruppe der 14- bis 49-Jährigen mit einem Mittelwert von 1,8 den besten Wert auf. Ex aequo an zweiter Stelle liegen VOX und SAT.1 mit einer durchschnittlichen Beurteilung von 2,1. Erst dann folgt ORF 1 als sympathischster österreichischer Sender mit einem Mittelwert von 2,2. Am wenigsten sympathisch wurden PULS 4 und ARD mit je 2,8 beurteilt (vgl. Abb. 7).

Da an dieser Stelle auf eine umfassende deskriptive Darstellung der einzelnen Ergebnisse verzichtet werden muss, soll eine zusätzliche Cluster-Analyse mögliche Ähnlichkeiten und Unterschiede in der Außenwirkung der Sender aufdecken. Die Grundlage für die Cluster-Analyse bilden die Indizes der verwendeten Indikatoren, wobei für die ungestützte Bekanntheit der Prozentwert der Nennungen sowie für Sympathie, Empfehlung, Klarheit und Einzigartigkeit der Prozentsatz zustimmender Antworten Eingang in die Daten gefunden haben. Unter Verwendung einer hierarchischen Cluster-Analyse[3] und unter Berücksichtigung des

---

3   Anm.: WARD-Methode, quadrierte euklidische Distanz.

ABBILDUNG 7
Sympathie für die Sender

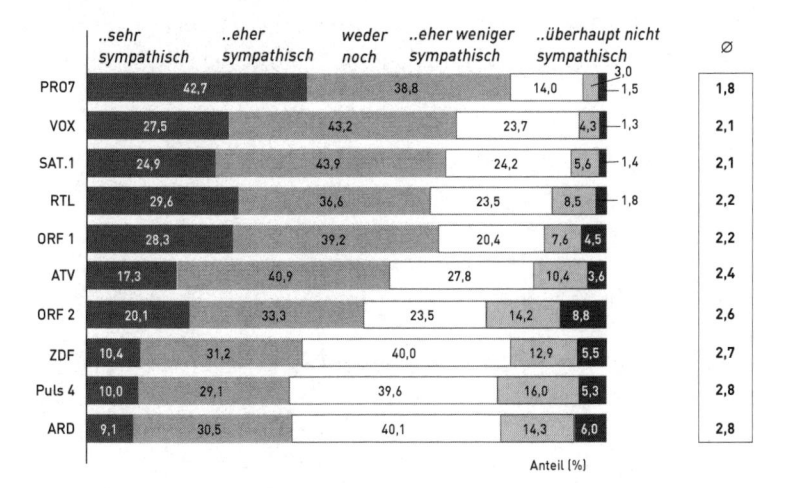

C1) Der Sender ist mir ..

	..sehr sympathisch	..eher sympathisch	weder noch	..eher weniger sympathisch	..überhaupt nicht sympathisch	Ø
PRO7	42,7	38,8		14,0	3,0 / 1,5	1,8
VOX	27,5	43,2	23,7	4,3	1,3	2,1
SAT.1	24,9	43,9	24,2	5,6	1,4	2,1
RTL	29,6	36,6	23,5	8,5	1,8	2,2
ORF 1	28,3	39,2	20,4	7,6	4,5	2,2
ATV	17,3	40,9	27,8	10,4	3,6	2,4
ORF 2	20,1	33,3	23,5	14,2	8,8	2,6
ZDF	10,4	31,2	40,0	12,9	5,5	2,7
Puls 4	10,0	29,1	39,6	16,0	5,3	2,8
ARD	9,1	30,5	40,1	14,3	6,0	2,8

Anteil (%)

Elbow-Kriteriums wurden drei Cluster identifiziert, die wie folgt charakterisiert werden können:

- Cluster 1 umfasst die Sender ORF 1, ORF 2, ATV und VOX. Auffällig sind hier die unterdurchschnittlichen Werte in der ungestützten Bekanntheit, durchschnittliche Werte in Sympathie und Empfehlung, jedoch überdurchschnittliche Werte in Klarheit und Einzigartigkeit des Markenbildes. Diese Sender haben es offensichtlich geschafft, ein einzigartiges Markenbild zu vermitteln, können dieses allerdings nicht in entsprechende Sympathie- und Empfehlungswerte übersetzen, die ihrerseits wieder für die emotionale und soziale Akzeptanz stehen.
- Cluster 2 beinhaltet die Sendermarken PULS 4, ARD und ZDF. Ihnen sind unterdurchschnittliche Werte in allen fünf Variablen gemein. Insbesondere die Klarheit des Markenbildes weist hier mit einem durchschnittlichen Index von 59,9 den deutlich geringsten Wert auf.
- In Cluster 3 befinden sich SAT.1, RTL und PRO7. Wenig überraschend weisen diese Sender in Bekanntheit, Sympathie, Empfehlung und Klarheit des Markenbildes die höchsten Werte auf. Hinsichtlich

der Einzigartigkeit des Markenbildes lassen sich allerdings nur durchschnittliche Werte erkennen.

Bereits hier lassen sich direkte Implikationen für die weitere strategische und auch operative Markenführung ableiten. Noch aussagekräftiger würden die Ergebnisse allerdings, wenn ergänzend eine Analyse der bestehenden Kommunikations- und Programmpolitik hinzugezogen würde.

3.5.2 Innenwirkung: Zuwendung, Nähe, Qualität und Kompetenz

Für die Erhebung der Innenwirkung der TV-Sendermarken wurden die Indikatoren ›Zuwendung‹, ›Nähe‹, ›Produktqualität‹ und ›wahrgenommene Kompetenz‹ analysiert.

Für die Dimension der Zuwendung wurden mehrere Indikatoren gewählt, wie etwa die Position des Senders im TV-Gerät und die Intensität der Nutzung der Sender-Website. Das spontane Wissen um die exakte Position der Sender ist dabei nicht nur ein Indikator für die Zuwendung, sondern ebenfalls im Markennamen begründet. So ist erkennbar, dass

ABBILDUNG 8
Position des Senders am TV-Gerät

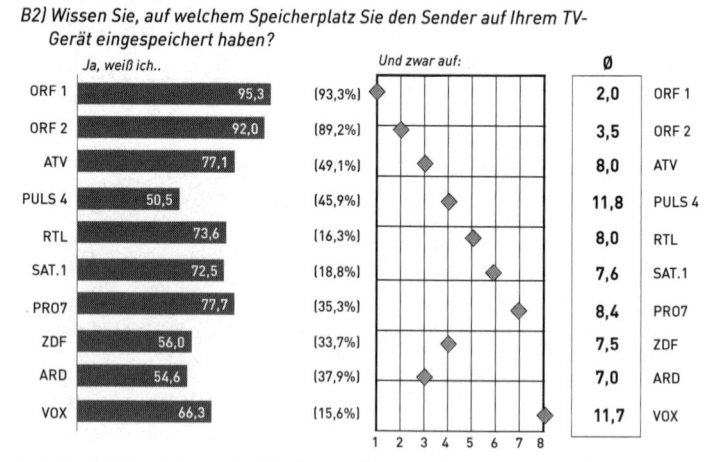

B2) Wissen Sie, auf welchem Speicherplatz Sie den Sender auf Ihrem TV-Gerät eingespeichert haben?

Sender	Ja, weiß ich.. (%)	Und zwar auf: (%)	Ø
ORF 1	95,3	(93,3%)	2,0
ORF 2	92,0	(89,2%)	3,5
ATV	77,1	(49,1%)	8,0
PULS 4	50,5	(45,9%)	11,8
RTL	73,6	(16,3%)	8,0
SAT.1	72,5	(18,8%)	7,6
PRO7	77,7	(35,3%)	8,4
ZDF	56,0	(33,7%)	7,5
ARD	54,6	(37,9%)	7,0
VOX	66,3	(15,6%)	11,7

◆ Häufigster Wert (Wert in Klammern: Anteil der Personen, die diesen Speicherplatz angegeben haben)

ORF 1 am häufigsten auf Position 1, ORF 2 auf 2, PULS 4 auf 4 und PRO7 auf Platz 7 der Fernbedienung gespeichert ist (vgl. Abb. 8).

Der Aspekt der Nähe zum Sender wurde ebenfalls über mehrere Indikatoren gemessen. Zum einen wurde in einer projektiven, geschlossenen Frage erhoben, wie sehr der Sender fehlen würde, gäbe es diesen morgen nicht mehr. Die Ergebnisse zeigen, dass die Ausprägung »würde mir sehr fehlen« zwischen 47,6 Prozent bei PRO7 und 9,8 Prozent bei PULS 4 liegt. Lediglich für ORF 1 und PRO7 stellt diese Antwortoption den Modus, also den häufigsten Wert. Für ORF 2, ATV, RTL, SAT.1 und VOX bildet die Ausprägung »würde er mir etwas fehlen« den Modus (zwischen 36,7 % für ORF 2 und 49,2 % für SAT.1); für PULS 4, ARD und ZDF antworten die meisten der Befragten mit »wäre mir das egal«. Zum anderen, und insbesondere um die Substitutionskraft zwischen den Sendern zu erheben, wurden die Probanden gebeten, offen zu benennen, welchen Sender sie stattdessen nutzen würden. In Tabelle 5 sind jeweils die höchsten drei Werte angegeben, wobei die Zeilen wie folgt zu lesen sind: »Wenn es ORF 1 morgen nicht mehr gäbe, dann würde ich stattdessen ORF 2 (18,4 %) schauen.«

TABELLE 5
Substitutionskraft als Indikator der Nähe

	ORF 1	ORF 2	ATV	PULS 4	RTL	SAT.1	PRO 7	ZDF	ARD	VOX	n
ORF 1	--	18,4	14,9				13,9				652
ORF 2	38,6	--	5,1					5,0			572
ATV	11,1		--	13,0	10,4						575
PULS 4			25,6	--	8,0		9,5				523
RTL					--	17,5	29,0			8,4	593
SAT 1					25,5	--	23,7			7,0	573
PRO 7					18,3	15,4	--			9,1	617
ZDF	4,5				8,5	4,5		--	28,0		550
ARD	5,3				5,8			36,9	--		569
VOX					16,4	7,7	18,9			--	518

Angaben in %, Frage: »Wenn es diesen Sender morgen nicht mehr gäbe, dann würde ich stattdessen ... schauen.«

Für ORF 1 zeigen sich die höchsten Substitutionsraten mit ORF 2, ATV und PRO7, wobei diese Werte zwischen 13,9 und 18,4 Prozent insgesamt recht ausgeglichen sind. Im Vergleich dazu sind es fast 40 Prozent der Befragten, die auf ORF 1 umschalten würden, gäbe es ORF 2 nicht mehr.

Die Substitutionskraft mit ATV und ZDF ist hier mit 5 Prozent vergleichsweise gering. Offensichtlich ist, dass ATV und PULS 4 in direkter Konkurrenz stehen, da sie wechselseitig die jeweils höchsten Substitutionsraten aufweisen. Eine weitere strategische Gruppe zeigt sich bei RTL, SAT.1 und PRO7. Hier ist – mit einigem Abstand – auch der Sender VOX zuzuordnen, der insbesondere zu PRO7 als nah/substituierbar wahrgenommen wird. Wenig überraschend werden ARD und ZDF als austauschbar wahrgenommen, wobei sich hier eine eindeutigere Positionierung zeigt als dies für den ORF 1 der Fall ist. Letzterer weist weit höhere Austauschraten mit privaten Sendern auf.

Ein viel diskutiertes Feld – insbesondere im Zuge der Public-Value-Diskussion – ist jenes der dargebotenen Qualität des Programms. Hier geht es weniger darum, welche objektiven Qualitätskriterien an TV-Programme und deren Ausgestaltung anzulegen sind, als vielmehr um die wahrgenommene Qualität aus Sicht der Befragten. Dazu wurden zunächst zwei globale Indikatoren, nämlich jene der Erfüllung der Erwartungen sowie der globalen Zufriedenheit erhoben. Drei Viertel der Befragten sehen ihre Erwartungen bei PRO7 erfüllt; damit verfügt PRO7 über die höchste Zufriedenheit. Auch RTL, VOX, SAT.1 und ORF 1 können etwa für 60 Prozent der Zielgruppe der 14- bis 49-Jährigen die Erwartungen an den Sender erfüllen. Am wenigsten erfüllen die deutschen öffentlich-rechtlichen Sender ZDF und ARD sowie der österreichische Privatsender PULS 4 die Erwartungen. ORF 2 erfüllt für 12 Prozent der 14- bis 49-Jährigen die Erwartungen überhaupt nicht und polarisiert damit am stärksten. Die globale Zufriedenheit wird ähnlich bzw. marginal besser beurteilt als die Erfüllung der Erwartungen und zeigt, dass diese Indikatoren ein und dasselbe Konstrukt messen. PRO7 bleibt auch in der globalen Zufriedenheit der als am besten bewertete Sender der Zielgruppe der 14- bis 49-Jährigen.

Um die wahrgenommene Kompetenz (und damit die funktionale Nutzenkomponente der Marke) zu erheben, wurden mehrere Statements formuliert, die unterschiedliche Kompetenz-Facetten widerspiegeln. Diese wurden für jeden einzelnen Sender getrennt bewertet. Die Ad-hoc-Einteilung orientiert sich am Gratifikationsansatz, nachdem ein Mehrwert aus Unterhaltung, Information oder Kommunikation resultieren kann. Die Unterhaltungskompetenz beinhaltet dabei neben Image-Aspekten auch Indikatoren, welche den Wunsch nach Entspannung und Eskapismus betreffen. Die Informationskompetenz zielt auf die wahrgenommene Glaubwürdigkeit und auch auf journalistische Qualität ab. In Bezug auf die Kommunikationskompetenz ist insbesondere wichtig, in seinem sozialen Umfeld ›mitreden‹ zu können. Die entsprechenden Statements wurden gemischt und mithilfe einer fünfstufigen Likert-Skala abgefragt

Die anfängliche Ad-hoc-Einteilung zu den drei Dimensionen wurde hinsichtlich ihrer Reliabilität geprüft und insofern modifiziert, als dass der Indikator »Nimmt kein Blatt vor den Mund« eher der Unterhaltungskompetenz zuzuordnen ist, die Varianz dieser Variablengruppe jedoch zu sehr erhöhen würde, sodass der Indikator im Weiteren keine Berücksichtigung mehr findet. Es entstehen somit die folgenden Kompetenzdimensionen:

TABELLE 6
Kompetenzdimensionen mit Indikatoren

Kompetenzdimension	Statement	Reliabilität (Cronbachs α)
Unterhaltung	Ist unterhaltsam und macht Spaß. Ist heiter und lebendig. Bietet Entspannung. Gut, um vom Alltag abzuschalten. Ist modern und zeitgemäß.	0,99
Information	Ist glaubwürdig. Hat kompetente Journalisten, die wissen, worüber sie berichten. Greift aktuelle Themen und Probleme auf. Greift immer auch wieder Missstände auf und berichtet darüber.	0,97
Kommunikation	Sendet alles, was man so braucht, um mitreden zu können.	---

In Abbildung 9 zweigt sich unter Berücksichtigung dieser Skalenbereinigung die Kompetenzpositionierung in den Augen des Publikums.

Wie ersichtlich ist, lassen sich im Wesentlichen drei Gruppen erkennen. ARD und ZDF weisen eine mittlere Unterhaltungskompetenz, aber die höchste zugesprochene Informationskompetenz auf. Interessant ist, dass ORF 1 und ORF 2 in beiden Dimensionen eine vergleichsweise geringe Ausprägung aufweisen. Insbesondere die Kompetenz, Missstände aufzudecken, werden diesen beiden Sendern abgesprochen. Insgesamt lässt sich allerdings über alle Dimensionen eine vergleichsweise schlechte Bewertung erkennen. Demgegenüber werden den privaten österreichi-

ABBILDUNG 9
Wahrgenommene Kompetenz

```
                    Informationssender              ARD                Allrounder
              1,5                                    ●
                                                    ZDF
              1,6                                    ●
                                                                                    ●
              1,7                                                                 PULS 4
                                                                        RTL
              1,8                                                ●       ●        ●
                    ORF 2                                      SAT.1              PR07
              1,9    ●                                            ●
                                                                 VOX
              2,0
                            ORF 1                       ATV
              2,1             ●                          ●
              2,2
              2,3
                    Basics                                            Unterhaltungssender
              2,5  2,4  2,3  2,2  2,1  2,0  1,9  1,8  1,7  1,6  1,5
                                   Unterhaltungskompetenz
```

(Y-Achse: Informationskompetenz)

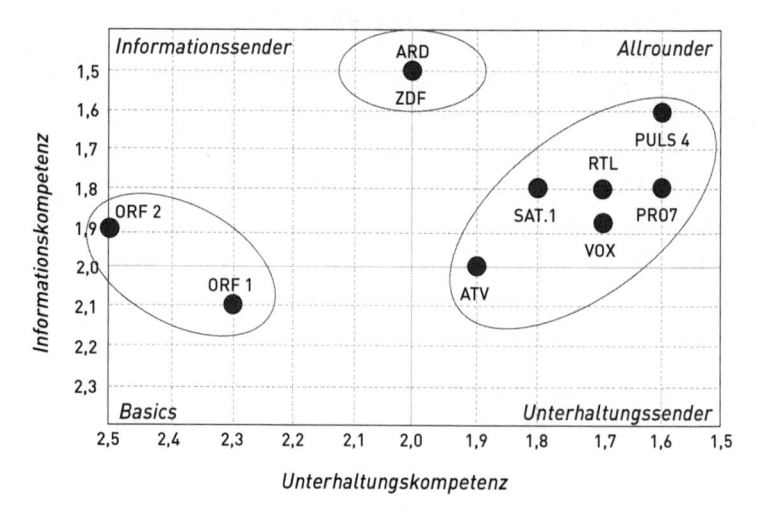

schen und deutschen Sendern weitaus höhere Kompetenzen in Unterhaltung und Information zugesprochen.

Auch an dieser Stelle ließe eine detaillierte Programmstrukturanalyse weitergehende Schlüsse zu. Zumindest kann an dieser Stelle vermutet werden, dass das tatsächliche Unterhaltungsangebot nicht zwingend in eine entsprechende Wahrnehmung mündet. So ist etwa laut der RTR-Programmanalyse der Unterhaltungsanteil von ORF 1 überdurchschnittlich hoch, was sich jedoch nicht in der Kompetenzzuschreibung zeigt. Es stellt sich daher die Frage, welche Rolle in dieser Wahrnehmung die Kommunikationspolitik im Vergleich zur Produktpolitik einnimmt.

3.6 Positionierung der Sender

Um nun die Ergebnisse der Primärerhebung zusammenzuführen, sind in der folgenden Grafik die Ergebnisse der Außen- und der Innenwirkung für die verschiedenen Sender einander gegenübergestellt. Die Größe der Ellipsen stellt dabei den Gesamtmarkenwert dar.

Wie ersichtlich ist, besetzen TV-Sender vor allem den Bereich der Lovemarks, wenngleich in unterschiedlichem Grad. Hier sind es insbesonde-

ABBILDUNG 10
Positionierung der Sender nach Außen- und Innenwirkung

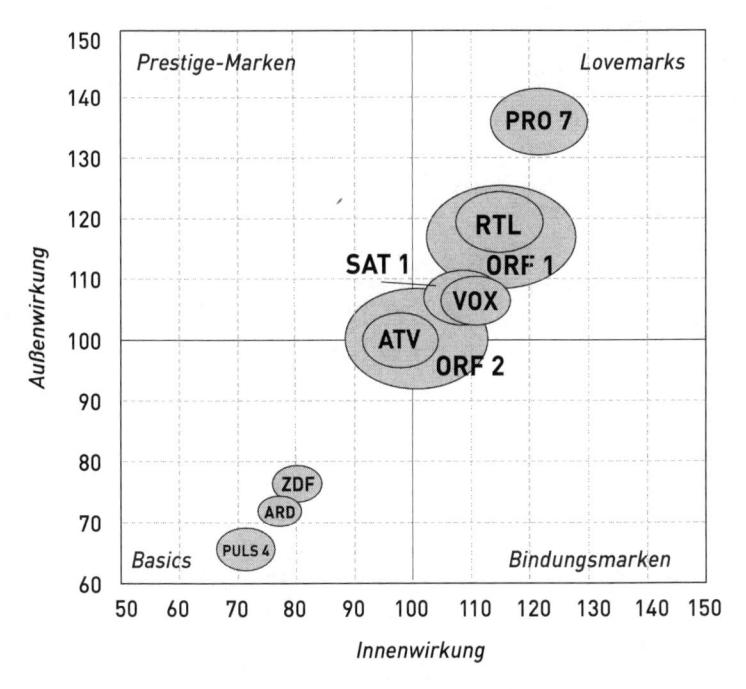

[Diagramm: Streudiagramm mit Achsen "Außenwirkung" (y-Achse, 60–150) und "Innenwirkung" (x-Achse, 50–150). Quadranten: oben links "Prestige-Marken", oben rechts "Lovemarks", unten links "Basics", unten rechts "Bindungsmarken". Positionen: PRO 7 (ca. 120/138), RTL (ca. 115/118), SAT 1 (ca. 105/112), ORF 1 (ca. 115/112), VOX (ca. 112/108), ATV (ca. 100/100), ORF 2 (ca. 110/98), ZDF (ca. 80/74), ARD (ca. 80/71), PULS 4 (ca. 80/67).]

re PRO7, ORF 1, VOX (Sender mit dem geringsten Gesamtmarkenwert) sowie RTL und SAT.1, die überdurchschnittliche Werte in der Innen- und Außenwirkung aufweisen. ATV und ORF 2 sind an der Schwelle dazu, Lovemarks in der Zielgruppe der 14- bis 49-Jährigen zu werden, müssen dazu aber gerade im Marketing – und dies schließt sowohl die Kommunikations- als auch die Programmpolitik ein – entsprechende Maßnahmen ergreifen. PULS 4, ARD und ZDF sind aus Sicht des österreichischen Publikums den Basics zuzuordnen. Für ARD und ZDF ist der österreichische Markt kein – zumindest noch nicht – primäres strategisches Feld. Für PULS 4 bleibt abzuwarten, wie sich dieser noch junge Sender bei den Zusehern etabliert. Fest steht, dass es hier einerseits noch ein großes Entwicklungspotenzial gibt, das Feld der Lovemarks allerdings bereits dicht von starken Mitbewerbern besetzt ist. Dies steht im Gegensatz zu den Ergebnissen der Studie von Strecker und Bardohn, deren Untersuchungsgegenstand allerdings Zeitschriften waren. Eine Erklärung hierfür ist, dass Lovemarks vor allem die emotionale Komponente widerspiegeln und Fernsehen, das als emotionales Medium gilt, hier demzufolge stark vertreten ist.

Stellt man nun den psychologischen dem ökonomischen Markenwert gegenüber (vgl. Abb. 11), so zeigt sich eine vollkommen andere Positionierung. So nehmen zwar ORF 1 und ORF 2 noch immer – aufgrund ihres weit überdurchschnittlichen ökonomischen Markenwerts – eine exponierte Stellung ein, jedoch zeigen sich bei den anderen Sendern einige Besonderheiten. Insbesondere VOX, der über einen geringen ökonomischen Wert verfügt, weist demgegenüber einen hohen psychologischen Markenwert auf. Die Frage ist, ob sich dieser künftig auch in ökonomische Erfolge übersetzen lässt. Im Gegensatz dazu weisen die österreichischen Sender PULS 4 und ATV einen überdurchschnittlichen ökonomischen im Vergleich zu ihrem unterdurchschnittlichen psychologischen Marken-

ABBILDUNG 11
Ökonomischer und psychologischer Markenwert

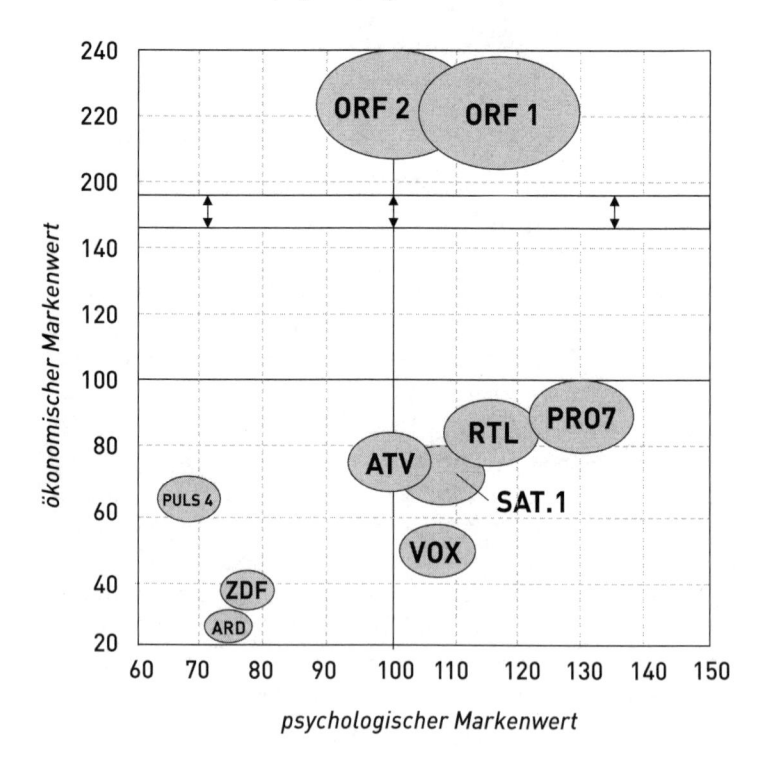

ABBILDUNG 12
Ökonomischer Markenwert und Innen-/ Außenwirkung

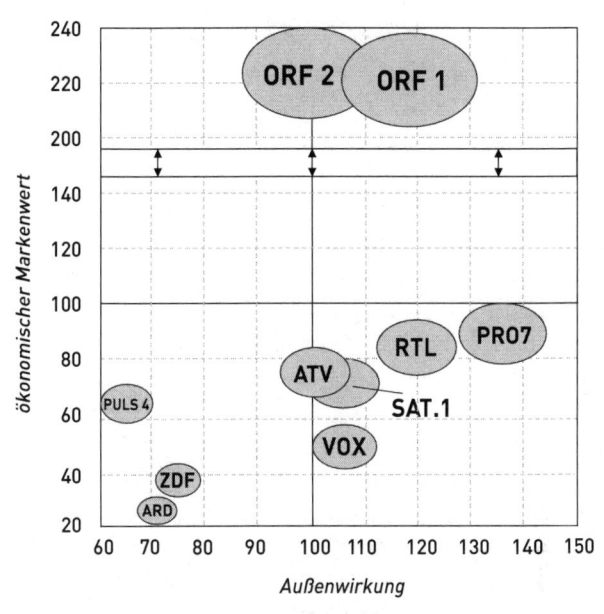

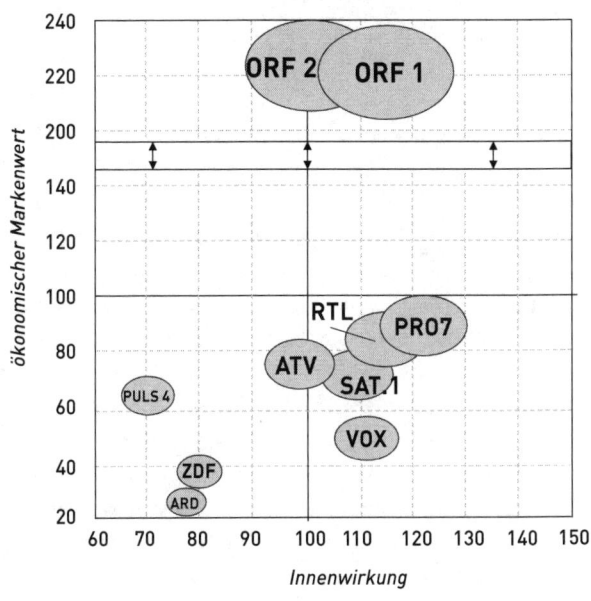

wert auf. Auch PRO7, RTL und SAT.1 weisen trotz ihres unterdurchschnittlichen ökonomischen Markenwerts einen hohen psychologischen Markenwert auf.

Insgesamt weist der psychologische Markenwert nicht nur einen höheren Erklärungsgehalt im Sinne einer Positionierung auf, sondern lässt direkte Implikationen für Kommunikations- und Programmpolitik zu. Dies wird umso deutlicher, stellt man die Außenwirkung dem ökonomischen Markenwert gegenüber. Hier zeigt sich, dass insbesondere PRO7, VOX und RTL im Vergleich zu ORF 1 und ORF 2 höhere oder zumindest gleichwertige Außenwirkungen (ungestützte Bekanntheit, Sympathie, Klarheit, Empfehlung und Einzigartigkeit) erreichen können.

Wenngleich das Bild sich mit der Innenwirkung (Zuwendung, Nähe, Qualität und Kompetenz) nicht ganz so deutlich darstellt, so zeigt sich auch hier die größere Varianz der Sender hinsichtlich ihrer Positionierung. PRO7, RTL, SAT.1 und VOX bilden erneut die Gruppe, die über eine hohe Innenwirkung bei einem gleichzeitig unterdurchschnittlichen ökonomischen Wert verfügen. Abzuwarten bleibt, ob sowohl eine hohe Innen- als auch Außenwirkung einen Einfluss auf die Entwicklung des ökonomischen Markenwerts haben werden. Dies würde insofern durch die Tatsache unterstützt, als dass laut Focus MediaResearch die Bruttowerbe-Erlöse im Jahr 2009 (im Vergleich zu 2008) um 7,8 Prozent für den ORF gesunken, für die privaten TV-Sender aber um 9,9 Prozent gewachsen sind.

4. Zusammenfassung und Handlungsempfehlungen

Aus der vorliegenden Studie lassen sich mehrere Ergebnisse ableiten: Der ökonomische Markenwert ist bei den Sendern ORF 1 und ORF 2 insgesamt am höchsten, insbesondere wegen ihrer überdurchschnittlichen Reichweite, der hohen Marktanteil und Bruttowerbe-Erlöse. Für eine inhaltliche Positionierung oder gar direkte Implikationen für Kommunikations- oder Programmpolitik der TV-Marken hat dies jedoch keinen zusätzlichen Erkenntniswert. Vielmehr ist dieses Ergebnis eher mit einem funktionalen Nutzen aus Sicht der Werbewirtschaft zu vergleichen – und dies insbesondere vor dem Hintergrund, dass eine streng positive Korrelation zu Reichweiten besteht. In letzteren ist allerdings noch nicht die bereits hohe TV-Nutzung über Internet und mobile Geräte abgebildet. So zeigte sich in der Primärerhebung eine bereits hohe TV-Nutzung der Befragten über das Internet (23,8 %) und über mobile Endgeräte (10,6 %). Die beliebtesten Sender in der TV-Internetnutzung[4] sind dabei ORF 1, ORF 2 und PRO7; die höchste tägliche TV-Mobilnutzung[5] weist PRO7 mit 6,8 Prozent der Befragten auf. Dies weist darauf hin, dass bereits auf strategischer Ebene und damit auf der Ebene der Definition einer Markenidentität ein stringenter crossmedialer Ansatz zu verfolgen ist, der sämtliche Übertragungswege berücksichtigt.

Der psychologische Markenwert, und damit die Sicht der Rezipienten, gibt Aufschluss über die Wirkung und Wahrnehmung der Sendermarken. Im Gegensatz zum ökonomischen sind die Ergebnisse zum psychologischen Markenwert weitaus ausgeglichener. Überdurchschnittliche Werte weisen hier PRO7, ORF 1, RTL, VOX, ORF 2 und SAT.1 auf. In einer clusteranalytischen Untersuchung hinsichtlich der Außenwirkung der Sender wurde zudem deutlich, dass sich drei verschiedene Gruppen identifizieren lassen, für die wiederum unterschiedliche Implikationen für die Markenführung abzuleiten sind:

- Für ORF 1, ORF 2, ATV und VOX sind es vor allem die Sympathie (selbstzentriert) und die Empfehlungsabsicht (sozial verankert), die in der weiteren Markenführung zu fokussieren sind.
- Die Marketinganstrengungen von PULS 4, ARD und ZDF sollten sich künftig verstärkt auf eine Schärfung eines klaren Markenbildes richten.
- Wenngleich RTL, SAT.1 und PRO7 bereits überdurchschnittliche Werte in allen Indikatoren aufweisen, fehlt es den Sendern derzeit an einr Einzigartigkeit ihres Markenbildes, sodass hier weiterhin die Points of Difference in Kommunikation und Programmpolitik herausgestellt werden sollten.

Auch hinsichtlich der zugesprochenen Kompetenz als Teil der Innenwirkung zeigten sich mehrere Gruppen: Während ARD und ZDF eine eindeutige Positionierung als Informationssender aufweisen, sind ORF 1 und ORF 2 eher den Basics zuzuordnen (geringe zugesprochene Unterhaltungs- und Informationskompetenz). Alle anderen untersuchten Sender sind als Allrounder (hohe zugesprochene Informations- und Unter-

---

4 Schauen Sie auch fern über das Internet? Wenn ja, welche Sender?; Angaben in Prozent der Befragten, die zumindest einmal pro Woche den Sender über das Internet schauen.
5 Schauen Sie auch fern über Ihr Handy? Wenn ja, welche Sender?; Angaben in Prozent der Befragten, die zumindest einmal pro Woche den Sender über ihr Handy schauen.

haltungskompetenz) einzuordnen, was die österreichischen öffentlich-rechtlichen Sendern auch künftig vor die schwierige Aufgabe stellt, ihr hohes Niveau in Reichweiten und Werbeerlösen zu halten.

Weitergehender Forschungsbedarf ergibt sich vor diesem Hintergrund in mehreren Richtungen. Zum einen – wie bereits mehrfach im vorliegenden Beitrag angesprochen – ist zu prüfen, welche Bedeutung die Programm- und Kommunikationspolitik für die Wahrnehmung und damit für den psychologischen Markenwert haben. Darüber hinaus ist durch eine Längsschnittstudie zu untersuchen, inwiefern ein kausaler Zusammenhang (mit entsprechender Berücksichtigung von zeitlichen Verzögerungs- und Beharrungseffekten) zwischen dem psychologischen und dem ökonomischen Markenwert besteht. Ein weiterer Akteur in diesem Zusammenhang ist der TV-Sender, sein Management und sein Marketing selbst: Hier wäre es interessant, mögliche Lücken zwischen Selbstbild (im Sinne einer Markenidentität) und Fremdbild (insbesondere im Sinne des psychologischen Markenwertes) aufzudecken bzw. zu eruieren, inwiefern sich die Sender hinsichtlich ihres Anspruchs- und Aussagenkonzeptes unterscheiden und ob sich dies in einer unterschiedlichen Wahrnehmung auf Rezipientenebene widerspiegelt. Um zudem den Einfluss und die Bedeutung der Personen-, Format- und Genremarken auf den Sendermarkenwert zu identifizieren, bedarf es einerseits einer Konzeption von Messmodellen, um diese abzubilden und andererseits einer Adaption der Methodik. Social-Media-Analysen und qualitative Assoziationstests wären hier ein geeignetes Instrumentarium. Schließlich, und dies ist ein nicht unerheblicher Einflussfaktor, muss geprüft werden, inwiefern Online-Content-Anbieter wie etwa YouTube die Markenführung verändern.

Literatur

BAUMGARTH, CARSTEN: Besonderheiten der Markenpolitik im Mediensektor. In: BAUMGARTH, CARSTEN: *Erfolgreiche Führung von Medienmarken.* Wiesbaden 2004, S. 5-13

BAUMGARTH, CARSTEN: Fernsehmarken. Status Quo der Markenführung deutscher TV-Sendermarken. In: KAUMANNS, RALF; VEIT SIEGENHEIM; INSA SJURTS (Hrsg.): *Auslaufmodell Fernsehen?: Perspektiven des TV in der digitalen Medienwelt.* Wiesbaden 2008, S. 271-285

BENTELE, GÜNTER; MARK-STEFFEN BUCHELE; JÖRG HOEPFNER; TOBIAS LIEBERT: *Markenwert und Markenwertermittlung. Eine systematische Modelluntersuchung und -bewertung.* 2. Auflage. Wiesbaden 2005
CASPAR, MIRKO: *Cross-Channel-Medienmarken.* Frankfurt/M. 2002
ESCH, FRANZ-RUDOLF: *Strategie und Technik der Markenführung.* München 2005
ESCH, FRANZ-RUDOLF; TOBIAS LANGNER; JAN ERIC REMPEL: Ansätze zur Erfassung und Entwicklung der Markenidentität. In: ESCH, FRANZ-RUDOLF: *Moderne Markenführung: Grundlagen – innovative Ansätze – praktische Umsetzungen.* 4., vollst. überarb. und erw. Aufl., Wiesbaden 2005, S.105-129
FELDMANN, VALERIE: *Markenstrategien von TV-Sendern dargestellt an ausgewählten Beispielen.* Berlin 2001
FÖRSTER, KATI; JOHANNA GRÜBLBAUER: *TV-Marken in Österreich: Eine Erhebung des ökonomischen und psychologischen Markenwertes.* Wien 2010
FREILING, JÖRG; MARTIN RECKENFELDERBÄUMER: *Markt und Unternehmung: Eine marktorientierte Einführung in die Betriebswirtschaftslehre.* Wiesbaden 2004
HEINRICH, JÜRGEN: *Medienökonomie. Band 2: Hörfunk und Fernsehen.* Wiesbaden 1999
HOLTMANN, KLAUS: *Programmplanung im werbefinanzierten Fernsehen: Eine Analyse unter besonderer Berücksichtigung des US-amerikanischen Free-TV.* Köln 1999
KARSTENS, ERIC; JÖRG SCHÜTTE: *Praxishandbuch Fernsehen: Wie TV-Sender arbeiten.* Wiesbaden 2005
KOPPELMANN, UDO: *Produktmarketing. Entscheidungsgrundlagen für Produktmanager.* Berlin 2001
LINXWEILER, RICHARD: *Marken-Design. Marken entwickeln, Markenstrategien erfolgreich umsetzen.* Wiesbaden 2004
MEFFERT, HERIBERT; CHRISTOPH BURMANN: *Marketing. Grundlagen marktorientierter Unternehmensführung. Konzepte – Instrumente – Praxisbeispiele.* Wiesbaden 2000
MEFFERT, HERIBERT; BURMANN, CHRISTOPH: Wandel in der Markenführung – vom instrumentellen zum identitätsorientierten Markenverständnis. In: MEFFERT, HERIBERT; CHRISTOPH BURMANN; MARTIN KOERS (Hrsg.): *Markenmanagement.* Wiesbaden 2002, S. 17-33
PARK, JOO-YEUN: *Programm-Promotion im Fernsehen.* Konstanz 2004
SCHUSTER, JÜRGEN: *Rundfunkmarketing: Entwicklung einer strategischen Marketingkonzeption für das öffentlich-rechtliche Fernsehen.* Konstanz 1995

SIEGERT, GABRIELE: Branding – Medienstrategie für globale Märkte? In: BROSIUS, HANS-BERND (Hrsg.): *Kommunikation über Grenzen und Kulturen*. Konstanz 2000, S. 75-92

SIEGERT, GABRIELE: *Medien Marken Management. Relevanz, Spezifika und Implikationen einer medienökonomischen Profilierungsstrategie*. München 2001

SJURTS, INSA: *Strategien in der Medienbranche*. 3. Aufl., Wiesbaden 2005

SEININGER, CHRISTIAN; JENS WOELKE: *Fernsehen in Österreich 2008*. Konstanz 2008

STRECKER, MARIA; THORSTEN BARDOHN: Von Markenwerten und Mediainvestitionen. In: *absatzwirtschaft*, 4/2007. Deutscher Marketing-Verband e.V., Düsseldorf, S. 84-87

VERSPOHL, LARS: *Die strategische TV-Programmplanung und das Bild des Zuschauers: Eine Analyse anhand der Sender NBC, RTL und Das Erste*. Saarbrücken 2008

WOELKE, JENS: *TV Programmanalyse. Fernsehvollprogramme in Österreich 2007*. Schriftenreihe der Rundfunk und Telekom Regulierungs-GmbH. Band 1/2008. Wien 2008

WOLFF, PER-ERIK: *TV MarkenManagement. Strategische und operative Markenführung. Mit Sender-Fallstudien*. [Verlag Reinhard Fischer] 2006

LOTHAR FUNK / SVEN PAGEL

Marktversagen des Wirtschaftsjournalismus – Eine Chance für die Öffentlich-Rechtlichen?

1. Einleitung

Die Wirtschafts- und Finanzkrise hat spätestens seit Herbst 2008 das Gefüge von Wirtschaftspolitik und Wirtschaftsmedien gehörig durcheinander gewirbelt. Vor allem laxere Richtlinien bei der Vergabe von Krediten und die Niedrigzins-Politik der US-Notenbank nach den Terror-Anschlägen in New York haben für ein Überangebot an billigen Krediten gesorgt. Dies ermöglichte es Banken in den USA zu investieren, ohne auf die risikoreichen Papiere zu achten – teilweise sogar, ohne sie überhaupt zu verstehen. Die Geldinstitute haben diese Risiken dann noch ahnungsloseren Konkurrenten im In- und vor allem im Ausland, z. B. in Deutschland, verkauft. Letztere haben sie mit fragwürdigen Konstruktionen außerhalb ihrer Bilanzen vor der Öffentlichkeit versteckt und außer Reichweite der Finanzaufseher gebracht. Die sich hieraus im US-Immobilienmarkt im Frühjahr 2007 im Gefolge von Zinssteigerungen der US-Notenbank ergebenden Pleiten von mehreren Millionen Hausbesitzern haben sich seitdem in Schwere und Geografie erheblich ausgeweitet. Erst kam es zu einer Krise am Kreditmarkt, dann zu einer Bankenkrise und ab Ende September 2008 zeichnete sich das Überschwappen auf die Realwirtschaft ab, nachdem die US-Investmentbank Lehman-Brothers als hochgradig vernetztes und daher systemisch relevantes Kreditinstitut mit erheblichen Wirkungen – Zusammenbruch des Interbankenmarktes – in die Insolvenz geschickt wurde. Als Folge der von den USA ausgehenden Finanzkrise wurde im Jahr 2009 die schwerste Rezession der Weltwirtschaft seit der Krise von 1929 mit erheblichen negativen Wachstumsraten vor allem in den Industrieländern ausgelöst (vgl. FUNK 2009b).

Es stellt sich die Frage, wieso nur sehr wenige Ökonomen und auch Wirtschaftsjournalisten das Herannahen der Krise vorhergesehen haben (vgl. MEIER/WINTERBAUER 2008; vgl. SCHLECHTER 2009). Manche führende Volkswirte in Deutschland verweisen darauf, dass die Methoden der Volkswirtschaftslehre noch nicht ausgereift seien, um derartige Krisen vorherzusagen. Andere betonen, dass sie seit Längerem unter anderem auf mangelnde Eigenkapitalquoten und zu risikoreiche Geschäftsmodelle der Banken hingewiesen hätten, aber damit nicht an die Öffentlichkeit durchgedrungen seien (vgl. zu dieser Diskussion FUNK 2009a). Dies erscheint als umso untersuchenswerter, als gerade auch in der wirtschaftspolitisch relevanten Berichterstattung normalerweise »über Probleme überproportional häufig und damit auch entschieden negativ berichtet wird« (VOLLBRACHT 2006: 69). Gerade die sich nun zeigenden Skandale im Finanzsystem und die sich daraus ergebenden Negativmeldungen hätten also ›Wasser auf den Mühlen‹ der Wirtschaftsjournalisten bedeuten müssen. Das Gegenteil war jedoch in der Praxis der Fall, sodass die hierfür verantwortlichen Gründe aufzudecken sind. Der Befund deutet auf Medienversagen bei der Wirtschaftsberichterstattung hin, wie es bereits unabhängig von der Finanzkrise vermutet worden ist (vgl. DULLIEN 2008; vgl. aber RHOMBERG 2009: 28, der zeigt, dass auch bei der Aufdeckung anderer Missstände Medien ihre Kontrollfunktion oft erst in letzter Instanz ausüben, »wenn alle zuständigen Kontrollorgane versagt haben«). Zumindest scheint jedoch festzustehen: »Letztlich ist wohl unstrittig, dass die Wirtschaftsmedien ihre Aufgabe hätten besser machen können« (BARBER 2009). Daher ergeben sich aus der Analyse ebenfalls medienpolitische Schlussfolgerungen.

Nach einer Darstellung der Funktionsweise und von spezifischen Anforderungen des Wirtschaftsjournalismus werden anhand von zwei Themenfeldern mögliche Marktversagensgründe in der Wirtschaftsberichterstattung skizziert. Auf dieser Basis leiten die Autoren abschließend Handlungsempfehlungen als besondere Chance für die öffentlich-rechtlichen Fernsehsender ab. Der Artikel geht somit vom Status quo in Deutschland aus und wirft die Frage auf, ob der öffentlich-rechtliche Rundfunk spezifische Erkenntnisse aus der Krise ziehen kann. Vergleichende Schlussfolgerungen gegenüber Ländern ohne bedeutende öffentlich-rechtliche Medien sind hiermit nicht direkt impliziert. Zentraler

Fokus ist eine mögliche Steigerung der Effizienz im deutschen Markt der Wirtschaftsmedien.

2. Funktionsweise des Wirtschaftsjournalismus

Primäre Funktion des Journalismus ist die Herstellung von Öffentlichkeit (WEISCHENBERG 1998: 42). Der zugrunde liegende journalistische Prozess unterteilt sich üblicherweise in die Schritte Informationsselektion, -aufbereitung und -veröffentlichung (vgl. PAGEL 2003: 54). Dies gilt grundsätzlich für alle unterschiedlichen Medientypen wie Print, Hörfunk, Fernsehen und Online (vgl. KRÖMKER/KLIMSA 2004: 19). Auch der Wirtschaftsjournalismus folgt diesem Muster. Unter thematischen Gesichtspunkten besitzt der »Wirtschaftsjournalismus als Schnittstelle zwischen Massenkommunikations- und Wirtschaftssystem« (MAST 2003: 71) eine besondere Bedeutung. Gegenstand ist »die aktuelle Berichterstattung über Menschen, Unternehmen, Institutionen und Organisationen der Wirtschaft, über Märkte und Bereiche der Wirtschaft, über Branchen, Sektoren und Industrien, [...] Berichterstattung über Volkswirtschaften und Probleme der Weltwirtschaft sowie die Berichterstattung über ökonomische Funktionen und Rollen der Menschen [...]« (HEINRICH/MOSS 2006: 10). Aus der Perspektive der Theorie der Wirtschaftspolitik gilt: Unabhängige Medien haben im Vorfeld und Gefolge von wirtschaftlichen Krisen und erforderlichen Reformen eine wichtige Funktion, da durch sie die öffentliche Diskussion in der Bevölkerung ermöglicht wird (vgl. WELFENS 2008: 552).

Im wissenschaftlichen Untersuchungsfeld der Wirtschaftsjournalistik haben Heinrich und Moss eine empirische Untersuchung zur Wirtschaftsberichterstattung von Tageszeitungen im Zeitvergleich zwischen 1990 und 2004 durchgeführt (vgl. HEINRICH/MOSS 2006: 23ff.). Befragt wurden 158 lokale und regionale Tageszeitungen aus dem Verzeichnis der Wirtschaftspresse (Rücklauf 51 Fragebögen). Heinrich und Moss differenzieren darin erstens die Konzeption und zweitens die Produktion der Wirtschaftsberichterstattung. In der Phase der *Konzeption* der Berichterstattung werden die funktionale sowie die personale Zielsetzung eines Wirtschaftsmediums festgelegt. Die mit Abstand meisten Nennungen (Frage mit möglichen Mehrfachnennungen) erhalten demnach im Jahr 2004 aktuelle, generelle Informationen über die lokale, regionale Wirtschaft, Hilfe für die ökonomische Lebensführung und aktuelle, generelle Informationen über die Wirtschaft allgemein (vgl. ebd.: 28-30).

TABELLE 1
Funktionale Zielorientierung – Zustimmung in Prozent*

	1990			2004		
	Voll und ganz	Eher	Insgesamt	Voll und ganz	Eher	Insgesamt
Aktuelle, generelle Information über die Wirtschaft allgemein	56	42	98	58	40	98
Aktuelle, generelle Information über die lokale/regionale Wirtschaft	-	-	-	82	8	90
Hilfe für die ökonomische Lebensführung (Verbraucher, Arbeitnehmer, Sparer...)	18	50	68	62	28	90
Einfluss auf die Wirtschaftspolitik allgemein	6	24	31	6	18	24
Einfluss auf die regionale Wirtschaftspolitik	-	-	-	22	34	56
Einfluss auf die Meinungsbildung der Leser	-	24	24	14	60	-
Unterhaltsamkeit	-	-	-	4	50	-

* Rundungsfehler möglich
Quelle: Heinrich/Moss 2006: 29

Der verbraucherorientierte Nutzwertjournalismus hat demnach an Bedeutung gegenüber der wirtschaftspolitischen Berichterstattung gewonnen, die übergreifende Zusammenhänge darstellt. Im weiteren Verlauf dieses Beitrags wird zu sehen sein, dass es hier Unterschiede zwischen den weitgehend national ausgerichteten Leitmedien und dem regional verbreiteten ›Mainstream‹ gibt.

Die personale Zielsetzung der befragten Tageszeitungen richtet sich nach derselben Studie von Heinrich und Moss an folgende Kreise: breite, allgemeine Leserschaft, interessierte Staatsbürger und Betroffene von wirtschaftlichen Entscheidungen.

Die thematische Ausrichtung des Marktsegments ›Wirtschaftsmagazine‹ lässt sich anhand einer Untersuchung von Kepplinger und Ehmig

TABELLE 2
Personale Zielorientierung – Zustimmung in Prozent

	1990			2004		
	Voll und ganz	Eher	Insgesamt	Voll und ganz	Eher	Insgesamt
Breite, allgemeine Leserschaft	55	29	84	90	8	98
Interessierte Staatsbürger	13	53	66	42	38	80
Von wirtschaftlichen Entscheidungen Betroffene	40	44	84	48	40	88
Entscheidungsträger	5	50	55	18	28	46

Quelle: Heinrich/Moss 2006: 30

in Finanztitel und Wirtschaftstitel differenzieren (vgl. KEPPLINGER/ EHMIG 2001). Dort wird zudem eine Unterscheidung der Leserrelevanz – im Sinne eines Bezugs der Berichterstattung zu Handlungsfeldern – in berufliche, private und allgemein wirtschaftliche Relevanz herausgearbeitet. Im Fernsehjournalismus ist die Aufgabenteilung zwischen öffentlich-rechtlichen und privaten Medien recht deutlich: »Die Informationen aus den zentralen Handlungsfeldern einer Gesellschaft (Politik, Wirtschaft) werden ganz überwiegend von den öffentlich-rechtlichen Sendern zur Verfügung gestellt« (LUCHT 2009: 29).

Die redaktionellen Bedingungen in der Phase der *Produktion* umfassen u. a. die Ausbildung der Wirtschaftsredakteure, die Besetzung der Wirtschaftsredaktionen sowie Qualität und Umfang des Wirtschaftsteils der betreffenden Tageszeitungen. Hier kann man auch von der Umsetzung der Wirtschaftsberichterstattung sprechen. Der Anteil der Redakteure mit wirtschaftswissenschaftlichem Studium ist zwischen 1990 und 2004 zwar von 35 auf 38 Prozent leicht gestiegen, beträgt somit aber dennoch nur knapp mehr als ein Drittel der Wirtschaftsredakteure. Wirtschaftsredaktionen von Tageszeitungen sind durchschnittlich mit knapp drei fest angestellten Redakteuren besetzt (vgl. HEINRICH/MOSS 2006: 25).

3. Anforderungen an den Wirtschaftsjournalismus

Geht man von der üblichen Schrittfolge von Informationsselektion, -aufbereitung und -publikation aus, lassen sich spezifische Anforderungen an den Wirtschaftsjournalismus in den Feldern ›Recherche‹, ›Inhalte‹ und ›Vermittlung‹ identifizieren.

Informationsquellen in der *Recherche* können Informanten, Unternehmen, Wissenschaft und staatliche Stellen sein. Eine hohe Recherchequalität wird von Faktoren wie zwei unabhängigen Quellen, Kompetenz der Informanten, Interessenlage, Glaubwürdigkeit, Stellung in der Wissenskette und Richtigkeit der Information abhängig gemacht (vgl. HEINRICH/ MOSS 2006: 67ff.). Ein hoher Rückgriff auf Agenturmeldungen mindert dabei das eigenständige Profil eines Wirtschaftsmediums. In einer Untersuchung des *Medien Tenors* stellt sich das Bild für die einzelnen überregionalen Tageszeitungen unterschiedlich dar, wie die folgende Tabelle zeigt.

TABELLE 3
Anteil von Agenturmeldungen im Wirtschaftsressort

	2000	2001
Die Welt	40%	39%
FAZ	10%	9%
Süddeutsche Zeitung	38%	35%
Frankfurter Rundschau	26%	22%

Quelle: Mast 2003: 92

Inhaltliche Anforderungen beziehen sich u.a. auf die Themen der Berichterstattung. Die Anreize für einen investigativen Wirtschaftsjournalismus, der sich von Artikeln von Konkurrenzredaktionen abgrenzt, sind laut Dullien nicht sehr hoch. »Der einzelne Redakteur ist Spezialist auf seinem Gebiet, sein Vorgesetzter aber üblicherweise eher Generalist« (DULLIEN 2008: 240). Chefredakteure und Ressortleiter orientieren sich deshalb in ihren Beurteilungen an der Konkurrenz, Abweichungen von der ›Mehrheitsmeinung‹ muss der Redakteur also rechtfertigen. Verschärft hat sich diese Situation noch durch den immer größeren wirtschaftlichen Druck angesichts knapper werdender Mittel aus dem Absatz, da die Konkurrenz des häufig (annähernd) kostenlosen Informationsangebots im Internet zunehmend zu Einsparungen zwingt (vgl. MEIER/ WINTERBAUER 2008; vgl. SCHLECHTER 2009). Eine Folge davon ist möglicherweise die Zunahme von einer Art ›Gefälligkeitsjournalismus‹ zu Lasten investigativer Recherche, um auch weiterhin Exklusivgeschichten aus der ebenfalls Anzeigen schaltenden Wirtschaft zu erhalten: Wer exklusive Unternehmensnachrichten haben will, braucht Zugang zum Management und ist deshalb womöglich weniger geneigt, ›unbequeme Geschichten‹ zu veröffentlichen (vgl. PIEPER 2009). Anders ausgedrückt: »We had gone from telling to selling« (SCHLECHTER 2009: 21). Hinzu kommt die Angst vor möglichen juristischen Auseinandersetzungen mit finanzkräftigen Unternehmen, die erheblich in ihre Public-Relations-Abteilungen investiert haben (vgl. SCHLECHTER 2009: 25).

Dem ist allerdings anzufügen: Je mehr Interesse Medieninhalte bei den Medienkonsumenten wecken, desto größer dürfte der Erfolg des Anbieters sein (STURM/RUPPRECHT 2007). Interesse kann aber nicht nur durch dramatisierende Berichterstattung geweckt werden, sondern auch an qualitativ hochwertigen, objektiv recherchierten Informationen bestehen, die durch vorher aufgebaute und immer wieder bestätigte Reputation an Glaubwürdigkeit gewinnen. Es ist durchaus zu erwarten, dass sich auch künftig zumindest ein Teil der führenden privaten Qualitätsmedien (z. B. *The Economist*) gewinnbringend vermarkten kann (vgl. KEESE 2009; URENECK 2009).

Im Wirtschaftsjournalismus lassen sich mit Schröter zwei *Vermittlungsstrategien* feststellen: eine Strategie, die zu ›nachrichtlichen Verlautbarungen‹ führt und jene Strategie, die in ›kommentierten Zusammenhangsdarstellungen‹ erfolgt (vgl. SCHRÖTER 1991: 83).

Aus diesen Anforderungsbereichen hinsichtlich Recherche, Inhalten und Vermittlung ergeben sich zwei zentrale Kompetenzfelder für Wirtschaftsjournalisten: journalistische und fachliche Kompetenz (vgl. HEINRICH/MOSS 2006: 16). Hier muss die Ausbildung von Wirtschaftsredakteuren ansetzen. Gleichzeitig ist auch ein Zielkonflikt zu berücksichtigen: Einerseits verweisen Heinrich und Moss (vgl. ebd.: 36) darauf, dass ein Studium der Wirtschaftswissenschaften problematisch sei und mit Blick auf die Vermittlungskompetenz teilweise sogar kontraproduktiv. Andererseits ist allerdings auch zu bedenken, dass das Herdenverhalten der Wirtschaftsjournalisten und die wohl oft mangelnde Sachkenntnis wesentliche Gründe für die allzu geringe Kritik an den Prozessen und Institutionen waren, die zur aktuellen Krise beigetragen haben. Dies zeigen die Verweise unter anderem auf mangelnde finanzwirtschaftliche Fachkenntnisse, auf zu geringes Wissen über die Abläufe in Finanzzentren sowie auf zu niedriges Basiswissen etwa in Buchhaltung in der Kritik von Schlechter am Versagen der Wirtschafts- und Finanzjournalisten vor der aktuellen Krise (vgl. SCHLECHTER 2009: 25f.).

Um diesen Konflikt zu lösen, erscheint die derzeitige Ausrichtung insbesondere der volkswirtschaftlichen Studiengänge in Deutschland auf eine hauptsächlich anspruchsvolle Mathematik auf Kosten der Praxisnähe wenig zielführend (vgl. SINN 2009). Vielmehr wäre es wohl erforderlich, das notwendige Fachwissen in entsprechenden Aufbaustudiengängen – eventuell gerade auch an Fachhochschulen – praxisorientiert für Wirtschafts- und Finanzjournalisten zu vermitteln. Eine solche Vorgehensweise würde auch zu einem differenzierten Angebot von Wirtschaftsstudiengängen führen und würde damit dem oben erwähnten Herdentrieb vorbeugen.

4. Marktversagen in der Wirtschaftskrise

Den dargestellten Anforderungen wird der derzeitige (Wirtschafts-)Journalismus nicht bzw. nicht genügend gerecht. Die aktuelle Krise verdeutlicht dies; das grundsätzliche Problem ist aber unabhängig davon strukturell vorhanden. Mast beschreibt das zugrunde liegende Dilemma. »Die Doppelfalle für den Wirtschaftsjournalismus ist bereits aufgestellt. Es geht um seine Unabhängigkeit und seine fachlich-kritische Kompetenz, verlässliche Nachrichten und Bewertungen zu liefern« (MAST 2003: 312). Die *Unabhängigkeitsfalle* entsteht demnach durch die Abhängigkeit von Werbekunden oder die individuelle Nutzung von Insider-Wissen im Eigeninteresse. Opfer der *Kompetenzfalle* werden Wirtschaftsredaktionen, wenn sie den Ansprüchen hoher Recherchequalität nicht gerecht werden. Beides gefährdet die Qualität und das Image des Wirtschaftsjournalismus. Hinzu kommt womöglich noch die spätestens seit den 1990er-Jahren erhebliche Dominanz eines neoliberalen Weltbilds unter den Wirtschaftsjournalisten der Leitmedien in Deutschland (trotz aller Ausnahmen bei kleineren überregionalen Medien), die ebenfalls zur Erklärung beitragen kann, warum die Unabhängigkeit des Urteils erheblich eingeschränkt sein kann und sich als Herdentrieb in der Profession des Wirtschaftsjournalismus äußert (vgl. MEIER/WINTERBAUER 2008).

Anhand von zwei Themenkreisen aus der Phase der Konzeption (Zielsetzung) und der Phase der Produktion (Umsetzung) in der Wirtschaftsberichterstattung werden nun mögliche Gründe des Marktversagens, verstanden als suboptimale Ergebnisse, verdeutlicht.

4.1 Zielsetzung: Ausrichtung auf Experten versus Laien

Aus kommunikationswissenschaftlicher Sicht ist für alle in der Öffentlichkeit agierenden Protagonisten eine Laienorientierung erforderlich, wenn sie Mehrheiten ›überzeugen‹ wollen. »Wer die Laienorientierung des Öffentlichkeitssystems nicht beachtet, kommt nicht an« (GERHARDS/ NEIDHARDT 1993: 46). Insbesondere Journalisten und PR-Verantwortliche gelten als Spezialisten für die passgenaue Ausrichtung auf Laien (vgl. RHOMBERG 2008: 69). Dennoch scheinen gerade in der Wirtschaftsberichterstattung besonders große Vermittlungs- und Verzerrungsprobleme zu liegen (STURM/RUPPRECHT 2007), die auf Gefahren eines Marktversagens hindeuten, sodass man Darstellungsformen braucht, »die der besonderen Komplexität der Wirtschaft stärker Rechnung tragen als die üblicherweise am Ereignis orientierten Formen von Meldung, Bericht und Kommentar« (HEINRICH/MOSS 2006: 34). Parallel ist zumindest eine bewusst aus Gründen der gewinnsteigernden Dramatisierung vorgenommene Verzerrung der Berichterstattung, die dem Stand des wissenschaftlichen Wissens widerspricht, problematisch, da nachweislich falsche »Nachrichten die Meinungen der Wirtschaftsakteure in eine bestimmte Richtung verzerren. Dies wiederum kann zu Fehlentscheidungen und ineffizienten Allokationen führen« (STURM/RUPPRECHT 2007). Dass derartige Probleme in der Praxis eine Bedeutung haben, zeigt sich beispielsweise in einer die Fakten verzerrt darstellenden Kampagne der *Bild*-Zeitung gegen den ›Teuro‹, obwohl der Euro nachweislich nicht zu einer höheren Inflationsrate geführt hat (vgl. STURM/RUPPRECHT 2007).

Aus wirtschaftswissenschaftlicher Sicht ist hiermit eine spezifische Problematik verbunden, wie jüngste Forschungsergebnisse nachdrücklich zeigen (vgl. kurz einführend STURM/RUPPRECHT 2007), denn Laien neigen grundsätzlich zu einer anderen Einschätzung als Ökonomen. »Der Durchschnittsbürger [...] verwendet systematisch ein anderes Bewertungsschema. Ökonomen hingegen urteilen in der Mehrzahl im Einklang mit ökonomischen Theorien, welche sie auch bei anderen Menschen unterstellen. Bei Ökonomen dominieren vielfach ökonomische Effizienzüberlegungen, während bei Nicht-Ökonomen Fairnessgedanken und gesinnungsethische Moralvorstellungen im Vordergrund stehen« (ENSTE/HAFERKAMP/FETCHENHAUER 2009: 61). Tabelle 4 verdeutlicht diesen Zusammenhang anhand der Globalisierungsdebatte.

TABELLE 4
Globalisierung versus Protektionismus

Nr.	Soviel Prozent der jeweiligen Gruppe stimmte der Aussage zu	Akzeptanz	... die Arbeitslosigkeit	... das Wirtschaftswachstum	... die Staatsverschuldung	... die Gerechtigkeit	... den eigenen Nutzen
			Positiv in Hinblick auf ... (Ökonomen / Ökon. Laien)				
1	»Zölle auf ausländische Produkte und Dienstleistungen sollten vollständig abgeschafft werden«	75% / 29%	73% / 43%	83% / 47%	86% / 44%	78% / 53%	34% / 19%
2	»Der Staat sollte Unternehmen unterstützen, die ausschließlich in Deutschland produzieren und nicht im Ausland«	8% / 73%	17% / 79%	10% / 79%	8% / 68%	6% / 74%	4% / 30%
3	»Arbeitgeber sollten nur dann Ausländer einstellen dürfen, wenn sich keine Deutschen auf die Stelle bewerben«	3% / 25%	23% / 63%	1% / 57%	7% / 57%	3% / 42%	0% / 12%
4	»Die Anzahl der in Deutschland lebenden Ausländer sollte so stark wie möglich reduziert werden«	1% / 36%	24% / 63%	3% / 49%	16% / 55%	3% / 32%	0% / 8%

Quelle: Enste u. a. 2009: 71

Ein Lesebeispiel zur ersten Zeile der Tabelle zeigt, wie brisant der Befund der Autoren ist, da eine erhebliche Kluft zwischen der Einschätzung des ökonomisch nicht speziell vorgebildeten ›Normalbürgers‹ und der von ökonomischen Experten existiert: »29 Prozent der ökonomischen Laien, aber 75 Prozent der Ökonomen befürworten die Abschaffung von Zöllen auf ausländische Produkte und Dienstleistungen. 43 Prozent der Laien und 73 Prozent der Ökonomen erwarten, dass dies positiv wirkt auf die Arbeitslosigkeit« (ENSTE U. a. 2009: 71). Die weiteren Zeilen sind analog zu interpretieren.

Zwei Probleme sind hier besonders zu beachten. Einmal bestätigen empirische Studien die Intuition: Die Kluft zwischen der Meinung ›normaler‹ Bürgerinnen und Bürger sowie Experten verringert sich, je öfter in den Medien sachgerecht berichtet worden ist. Vermitteln hingegen viele Medien ein von der Expertenmeinung abweichendes Bild, so erschwert dies signifikant die Vermittlung des zugrunde liegenden tatsächlichen Sachverhalts (vgl. STURM/RUPPRECHT 2007) – selbst wenn die Expertenmeinung empirisch gut belegt ist. Letzteres ist allerdings naturgemäß gerade bei wirtschaftspolitisch relevanten Themen nicht immer gegeben. Zum anderen wird der Begriff des Experten leichtfertig vergeben, um Kompetenz zu signalisieren und damit die Laien zu beeindrucken. Im Sinne der wissenssoziologischen Definition kennzeichnen sich Experten gegenüber spezialisierten Laien durch ein Sonderwissen, das sie vielfach im Berufszusammenhang erworben haben (vgl. BOGNER/LITTIG/MENZ 2005). Neben dieses fachliche Wissen treten weitere Faktoren, die den potenziellen Experten von anfragenden Journalisten zugeschrieben werden, bevor die Ansprache erfolgt. Grundlage dieses Zuschreibungsprozesses sind in Anlehnung an die Nachrichtenwerttheorie sog. *Expertenfaktoren* wie ›Status‹, ›Prominenz‹, ›mediengerechtes Auftreten‹, ›attraktives Erscheinungsbild‹, ›Erreichbarkeit‹ und die ›bisherige Medienpräsenz‹ (vgl. NÖLLEKE 2009: 102ff.).

Ein Indiz für den Expertenstatus ist die hohe Konsistenz der mündlichen Aussagen bzw. publizierten Studien, über die berichtet wird. »Innere Konsistenz bedeutet dabei, dass Äußerungen einzelner Wissenschaftler und Institute in sich widerspruchsfrei sein sollten – d. h. ein Einzelner sollte nicht heute ohne Begründung das Gegenteil von dem behaupten, was er zuvor behauptet hat. Äußere Konsistenz bedeutet dagegen, dass die Argumentation in Einklang mit den aus anderen Quellen zu beziehenden Fakten steht« (DULLIEN 2008: 229). Dullien weist anhand von Fallbeispielen nach, dass dies keineswegs immer erfüllt ist. In Bezug auf die oben genannten Anforderungen ist daher die Einbindung eines zweiten unabhängigen Experten geboten, um Inkonsistenzen aufzudecken.

4.2 Umsetzung: Kollegenorientierung versus Leerverkäuferprinzip

Unerwünschte Marktergebnisse sind auch Folge des Herdentriebs unter Journalisten, der wiederum zu bisweilen erheblichen gesamtwirtschaftlichen Effekten beitragen kann (vgl. STURM/RUPPRECHT 2007). Zuerst ist in diesem Zusammenhang die »Kollegenorientierung« (MAST

2003: 79) zu nennen, aus der sich auch ein gewisser »Zwang zum Angepasstsein« (TICHY 2008: XV) – Stichwort ›Schweigespirale‹ (vgl. RHOMBERG 2009: 41ff.) – ergibt und im Extremfall eine »freiwillig gleichgeschaltete Presse« (ebd.: XVI) resultieren kann. Bereits 1972 bezeichnete Janis Wirtschaftsredakteure mit starker Orientierung auf das eigene Ressort als ›Victims of Groupthink‹ (JANIS 1972). Während bis in die 1980er-Jahre hinein Wirtschaftsjournalisten Interventionismus oft nicht abgeneigt waren, neigt in den letzten 20 Jahren das Gros der Redakteure zum Marktliberalismus und lehnt staatliche Interventionen in der Regel weitgehend ab (vgl. MEIER/WINTERBAUER 2008: 12f.)

Bei der Frage der Mitschuld an der aktuellen Krise kommt es aktuell auch zu wechselseitigen Schuldzuweisungen zwischen Wirtschaftsmedien und Wirtschaftswissenschaftlern. Die Wirtschaftsmedien sehen sich dem Vorwurf der einseitigen, deregulierungseuphorischen und die Finanzindustrie begünstigenden Berichterstattung ausgesetzt; den Wirtschaftswissenschaftlern wird fachliche Inkompetenz vorgeworfen (vgl. NIENHAUS 2009; vgl. DÖRING 2009). Dennoch gab es vor dem Zusammenbruch von Lehman auch in der Qualitätspresse singuläre Warnungen (vgl. MEIER/WINTERBAUER 2008: 12). Allerdings wird das Thema augenscheinlich – zumindest in Teilen – von den Wirtschaftsmedien offensiver und durchaus konstruktiver verarbeitet als von großen Teilen der Ökonomen. Beispielsweise hat das *Wall Street Journal* kürzlich Verhaltensregeln für seine Mitarbeiter erlassen, nach denen Redakteure beispielsweise nicht unter falschem Namen veröffentlichen dürfen (vgl. o.V. 2009: 8).

Alternativ wird von leitenden Wirtschaftsjournalisten darüber nachgedacht, systematischer als bisher immer auch die Gegenpositionen zu den in den Beiträgen vertretenen Argumenten herauszuarbeiten (vgl. PIPER 2009). Auf einer Konferenz der Columbia-Universität zur Zukunft des Wirtschaftsjournalismus wurde Redaktionen vorgeschlagen, »eine Art institutionellen Leerverkäufer einzustellen, ›einen Journalisten, der immer die Gegenposition vertritt‹« (PIPER 2009).

4.3 Handlungsempfehlungen – Eine Chance für Öffentlich-Rechtliche

Staatseingriffe wie Subventionen für Tageszeitungen, die bereits verschiedentlich gefordert wurden (vgl. HABERMAS 2007), werden von anderen Autoren als wenig zielführend eingeschätzt (vgl. DULLIEN 2008: 242). In jedem Fall kann in der hier beschriebenen Entwicklung eine Chance für öffentlich-rechtliche Sender liegen, da zumindest Erfahrungen aus dem US-Zeitungsmarkt zeigen, dass sich angesichts der wirtschaftlichen Zwänge in der Privatwirtschaft wenig dabei gewinnen lasse, »die Öffentlichkeit über die wahre Funktionsweise der Wirtschaft und die Dilemmata der Wirtschaftspolitik zu informieren« (DELONG 2006). Auch wenn eine solche Diagnose als überspitzt erscheint und sich auch nicht unmodifiziert auf Deutschland übertragen lässt, so zeigt sie doch zumindest auf, dass ein sehr wenig regulierter freier Medienmarkt allein nicht zu den gesellschaftlich erwünschten Ergebnissen führen muss. Ein öffentlich-rechtliches Rundfunksystem kann durchaus zu superioren Ergebnissen führen, wenn es adäquat ausgestaltet wird. Letzteres wird in Deutschland gerade von Ökonomen grundsätzlich bestritten. Man kann sich aber ausgehend vom ›Status quo‹ auch überlegen, wie dieser angesichts unserer Befunde optimiert werden kann, wie dies nun kurz angerissen werden soll. »Öffentlich-rechtlich muss bedeuten: Dinge tun, die andere nicht tun« (NIGGEMEIER 2009: 5). Anders ausgedrückt: »Nur weil und solange ARD und ZDF die Grundversorgung der Gesellschaft mit einem umfassenden Programm für alle Bevölkerungsschichten gewährleisten, sind die privaten Veranstalter legitimiert, sich in besonderem Maße populären Inhalten zu widmen, welche den Zuschauer der Wer-

TABELLE 5
Verteilung der Journalisten in Deutschland auf Medien*

	absolut	prozentual
Fernsehen	7215	14,9%
Hörfunk	8003	16,5%
Zeitschriften	9419	19,5%
Zeitungen	17113	35,4%
Anzeigenblätter	2876	5,9%
Agenturen und Mediendienste	1428	3,0%
Online-Medien	2325	4,8%
Gesamt	48380	49,1%

Gemäß Studie *Journalismus in Deutschland 2005*.
Quelle: Weischenberg/Malik/Scholl 2006: 350

bung treibenden Wirtschaft zuführt, die den privaten Rundfunk finanziert« (SCHWARTMANN 2009). Hieraus lassen sich »funktionsgerechte Beschränkungen« (SCHWARTMANN 2009) ableiten, die die Unterschiedlichkeit der privaten und der öffentlich-rechtlichen Anbieter wieder stärker herausstellen könnten und zu einer schärferen Konturierung der Grenze zu den privaten Anbietern führen sollten. Gerade der Themenbereich ›Wirtschaft‹ bietet hierzu wichtige Ansatzpunkte.

Die journalistische Qualität hängt in hohem Maße von den zur Verfügung stehenden journalistischen Ressourcen ab, also von der Zahl der Wirtschaftsredakteure und ihrer Arbeitszeit.

Im Jahr 2005 haben in Deutschland 48.380 hauptberufliche Journalistinnen und Journalisten in fester oder freier Tätigkeit gearbeitet. Tabelle 5 zeigt die Verteilung auf einzelne Medienbranchen von Anzeigenblättern bis Zeitschriften. Der Anteil der öffentlich-rechtlichen Journalisten im Rundfunk (insgesamt über 15.000 Mitarbeiter) wird mit 68,6 Prozent angegeben, also 10.440 (vgl. Tab. 6). Dies ist mit 21,6 Prozent somit fast ein Viertel aller Journalisten in Deutschland. Die Idee des *institutionellen Leerverkäufers* wäre somit unter sonst gleichen Bedingungen einfacher umzusetzen als für kommerzielle Wettbewerber.

TABELLE 6
Anteil der öffentlich-rechtlichen Journalisten

	absolut	prozentual
Privatsender	4778	31,4%
Öffentlich-rechtliche Sender	10440	68,6%
Rundfunk insgesamt	15218	100%

Quelle: Weischenberg/Malik/Scholl 2006: 349

Von den mehr als 10.000 öffentlich-rechtlichen Journalisten ist nur ein kleinerer Teil in Wirtschaftsredaktionen tätig. Ein großer Anteil ist hingegen in den Nachrichtenredaktionen der zahlreichen Fernsehprogramme von ARD und ZDF sowie der über 60 Hörfunkwellen der ARD tätig, die – abgesehen von Regionalnachrichten – vielfach durchaus untereinander vergleichbare Nachrichten produzieren. Hier bieten sich also Chancen (und Notwendigkeiten, um ihre herausgehobene Stellung auch künftig zu rechtfertigen), die Ressourcenallokation in den öffentlich-rechtlichen Anstalten zu verbessern, denn in der jüngeren Berichterstattung über die Wirtschafts- und Finanzkrise scheinen sie – wie dargestellt – nicht besser abgeschnitten zu haben als die Privaten.

An dieser Stelle empfiehlt sich unter anderem eine stärkere thematische Spezialisierung der öffentlich-rechtlichen Journalisten, mit welcher der oben dargestellten *Kompetenzfalle* entgangen werden könnte. Eine Entwicklung des journalistischen Berufsprofils von Generalisten zu thematischen Spezialisten ist erforderlich. »Redakteure mit dezidierter Themenkompetenz« (PAGEL 2003: 250) arbeiten dann noch stärker arbeitsteilig als bisher – wie in Abbildung 1 dargestellt wird. Dies gilt künftig auch im Wirtschaftsjournalismus: »Die Spezialisierung im Wirtschaftsjournalismus wird weiter voranschreiten« (MOSS 2009: 154). Die folgende Abbildung verdeutlicht die Zusammenhänge und Tätigkeitsfelder im Rahmen einer solchen Spezialisierung.

ABBILDUNG 1
Ausdifferenzierung der Rolle ›Redakteur‹

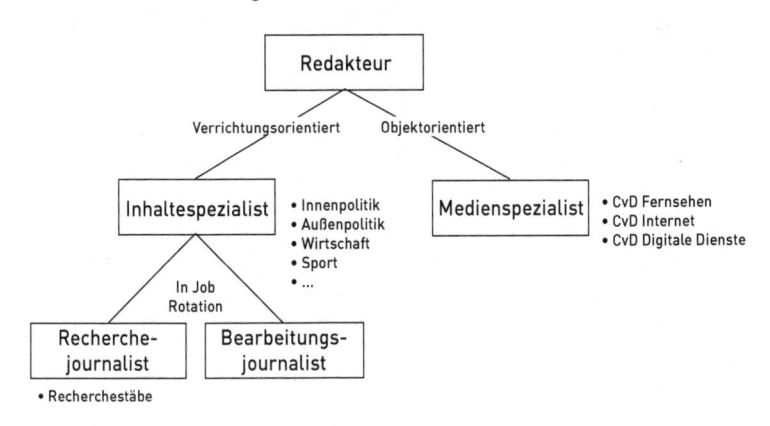

```
                          Redakteur
                          /        \
               Verrichtungsorientiert   Objektorientiert
                    /                        \
         Inhaltespezialist           • Innenpolitik    Medienspezialist   • CvD Fernsehen
          /            \             • Außenpolitik                       • CvD Internet
                                     • Wirtschaft                         • CvD Digitale Dienste
         In Job                      • Sport
         Rotation                    • …
    /              \
Recherche-      Bearbeitungs-
journalist      journalist
• Recherchestäbe
```

Quelle: Pagel 2003: 250

Der *Unabhängigkeitsfalle* entkommen die Öffentlich-Rechtlichen per se durch die ihnen zugemessene Wirtschaftsferne, da die oben thematisierte Abhängigkeit von der Werbefinanzierung deutlich kleiner ist. Ein vollständiger Verzicht auf Werbefinanzierung könnte die Unabhängigkeit der Öffentlich-Rechtlichen noch stärker sichern.

Literatur

BARBER, L.: Die Blindheit der Journalisten. In: *Financial Times Deutschland*, vom 23.4.2009, S. 24

BOGNER, A.; B. LITTIG; W. MENZ (Hrsg.): *Das Experteninterview – Theorie, Methode, Anwendung*. Wiesbaden [Verlag für Sozialwissenschaften] 2005

DELONG, B.: *Das Boulevardpresse-Syndrom*. In: http://www.project-syndicate.org/print_commentary/delong49/German [18.6.2009]

DÖRING, C.: Journalisten sind keine Propheten. In: *Börsen-Zeitung*, vom 11. Juli 2009, S. 8

DULLIEN, S.: Wirtschaftspolitische Berichterstattung in Deutschland – ein Fall von Marktversagen. In: HAGEMANN, H.; G. HORN; H.-J. KRUPP (Hrsg.): *Aus gesamtwirtschaftlicher Sicht. Festschrift für Jürgen Kromphardt*. Marburg [Metropolis Verlag] 2008, S. 225-244

ENSTE, D.; A. HAFERKAMP; D. FETCHENHAUER: Unterschiede im Denken zwischen Ökonomen und Laien – Erklärungsansätze zur Verbesserung der wirtschaftspolitischen Beratung. In: *Perspektiven der Wirtschaftspolitik*, 10. Jg., 1, 2009, S. 60-78

FUNK, L.: Die Themen im Sommer 2009: Die Finanzmarktkrise und die Verantwortung der Volkswirtschaftslehre / Dauerhafte Lohndifferenzen zwischen Wirtschaftszweigen und experimentelle Ökonomik. In: *WISU – Das Wirtschaftsstudium*, 38. Jg., 7, 2009a

FUNK, L.: Kontroverse volkswirtschaftliche Interpretationen zur Finanzmarktkrise – einige kritische Anmerkungen. In: *Sozialer Fortschritt*, 58. Jg., 4, 2009b, S. 79-83

GERHARDS, J.; F. NEIDHARDT: Strukturen und Funktionen moderner Öffentlichkeit. In: LANGENBUCHER, W. (Hrsg.): *Politische Kommunikation*. Wien [Braumüller] 1993, S. 31-89

HABERMAS, J.: Keine Demokratie kann sich das leisten. In: *Süddeutsche Zeitung* vom 16.5.2007, S. 13

HEINRICH, J.; C. MOSS: *Wirtschaftsjournalistik – Grundlagen und Praxis*. Wiesbaden [Verlag für Sozialwissenschaften] 2006

IMHOF, K.; R. STADLER: Fröhlich im falschen Leben. In: *Neue Zürcher Zeitung*, vom 17.11.2009, S. 32

JANIS, I.: *Victims of Groupthink*. Boston 1972

KEESE, C.: Bezahlen hat Zukunft. In: *Financial Times Deutschland* vom 12.11.2009, S. 24

KEPPLINGER, H.; S. EHMIG: *Content Guide Wirtschaftsmagazine. Institut für Publizistik der Universität im Auftrag der Bauer Verlagsgruppe.* Hamburg 2001 (Zitiert nach MAST, C.: *Wirtschaftsjournalismus.* 2003, S. 86).

KRÖMKER, H.; P. KLIMSA (Hrsg.): *Handbuch Medienproduktion. Produktion von Film, TV, Hörfunk, Print, Web, Musik.* Wiesbaden [Westdeutscher Verlag] 2004

LUCHT, J.: Öffentlich-rechtlicher Rundfunk in der Demokratie. In: *Aus Politik und Zeitgeschichte*, 9-10, 2009, vom 23.2.2009, S. 26-32

MAST, C.: *Wirtschaftsjournalismus – Grundlage und neue Konzepte für die Presse.* Wiesbaden [Westdeutscher Verlag] 2003

MEIER, C.; S. WINTERBAUER: *Die Finanzkrise und die Medien: Nagelprobe für den Wirtschafts- und Finanzjournalismus, Landeszentrale für Medien und Kommunikation.* Mainz 2008

MOSS, C.: Den ›einen‹ Wirtschaftsjournalismus gibt es nicht. Spezialisierung vom crossmedialen Alleskönner bis zum Konjunkturexperten. In: DERNBACH, B.; T. QUANDT (Hrsg.): *Spezialisierung im Journalismus, Verlag für Sozialwissenschaften.* Wiesbaden 2009, S. 147-155

NIENHAUS, L.: *Die Blindgänger. Warum die Ökonomen auch künftige Krisen nicht erkennen werden.* Frankfurt/M. [Campus] 2009

NIGGEMEIER, S.: Selbstbewusst anders sein. In: *Aus Politik und Zeitgeschichte*, 9-10, 2009, 23.2.2009, S. 3-6

NÖLLEKE, D.: Die Konstruktion von Expertentum im Journalismus. In: DERNBACH, B.; T. QUANDT (Hrsg.): *Spezialisierung im Journalismus.* Wiesbaden [Verlag für Sozialwissenschaften] 2009, S. 97-10

PAGEL, S.: *Integriertes Content Management in Fernsehunternehmen. Zur Digitalisierung der Wertschöpfungsprozesse der Nachrichtenproduktion.* Wiesbaden [Deutscher Universitätsverlag] 2003

PIPER, N.: Fakten zählen. In: *Süddeutsche Zeitung* vom 20./21.6.2009, S. 19

o.V.: Wall Street Journal erlässt Facebook-Regeln. In: NZZ, 22.5.2009, S. 8

RHOMBERG, M.: *Politische Kommunikation.* Paderborn 2009

SCHLECHTER, D.: Credit crisis: how did we miss it? In: *British Journalism Review*, 20. Jg., 1, 2009, S. 19-26

SCHRÖTER, D.: Plädoyer für Qualitätssicherung. Ein Werkstattbericht über zwei Studien zur Qualität der Wirtschaftsberichterstattung. In: KLAUE, S. (Hrsg.): *Marktwirtschaft in der Medienberichterstattung. Wirtschaftsjournalismus und Journalistenausbildung.* Düsseldorf et al. 1991, S. 73-111

SCHWARTMANN, R.: Mut zum Medienburger. In: *Frankfurter Allgemeine Zeitung* vom 5.11.2009, S. 8

SINN, H.-W.: Der richtige Dreiklang der VWL. In: *Frankfurter Allgemeine Zeitung* vom 22.6.2009, S. 12

STURM, J.-E.; RUPPRECHT, S.: Die zunehmende Macht der Medien. In: *Neue Zürcher Zeitung* vom 30.6./1.7.2007, S. 31

TICHY, R.: Wer oder was zwingt Journalisten in den Meinungs-Mainstream? In: *Orientierungen zur Wirtschafts- und Gesellschaftspolitik*, 119, 4, 2008, S. XII-XVI

URENEK, L.: A perfect storm for papers. In: *International Herald Tribune* vom 14.5.2009, S. 7

VOLLBRACHT, M.: Das Medienbild der Sozialen Marktwirtschaft – eine Analyse der Berichterstattung über das Wirtschaftssystem und seine Akzeptanz in der Bevölkerung, In: FARMER, K.; W. HARBRECHT (Hrsg.): *Theorie der Wirtschaftspolitik, Entwicklungspolitik und Wirtschaftsethik*. Münster 2006, S. 61-81

WELFENS, P.: *Grundlagen der Wirtschaftspolitik*. Berlin, Heidelberg 2008

WEISCHENBERG, S.: *Journalistik*. Opladen/Wiesbaden 1998

WEISCHENBERG, S.; M. MALIK; A. SCHOLL: Journalismus in Deutschland 2005. Zentrale Befunde der aktuellen Repräsentativbefragung deutscher Journalisten. In: *Media Perspektiven*, 7, 2006, S. 346-361

MIRIAM DE ACEVEDO / M. BJØRN VON RIMSCHA /
GABRIELE SIEGERT

Unterhaltungsproduktion im Public-Service-Fernsehen

Nach dem Ende der Frequenzknappheit ist es die Aufgabe der gebührenfinanzierten TV-Sender, Public Value zu schaffen. In Rundfunkgesetzen, Verordnungen, Sendelizenzen und ähnlichen Dokumenten wird der Leistungsauftrag für öffentliche Sender meist recht weit gefasst: Sie sollen gleichermaßen informieren, bilden und unterhalten. Für den Bereich der Information und der Bildung wird die Gebührenfinanzierung in der Regel mit einer Marktunvollkommenheit gerechtfertigt, wonach die eigentlich gesellschaftlich gewünschte Nachfrage nach informativen und bildenden Inhalten nicht ausreicht, um ein kommerziell motiviertes Angebot zu erzeugen.[1] In beiden Fällen handelt es sich um meritorische Güter, deren Wert trotz demokratiefördernden oder integrierenden Inhalten vom Publikum unterschätzt wird. Das Angebot von öffentlichen Sendern soll ausgleichend wirken, indem das angeboten wird, was die Elite für wichtig hält (paternalistische Meritorik), bzw. was die Zuschauer auf einer reflektierten Ebene für wichtig halten, auch wenn sie es nicht nutzen (individualistische Meritorik). Im Bereich der Unterhaltung stellt sich die Situation etwas anders dar: Offensichtlich besteht kein Problem im Umfang des Angebots. Das Nutzerinteresse ist groß und wird von kommerziellen Anbietern ausführlich bedient. Allerdings könnte

---

1   Zumindest in Deutschland ist die Marktunvollkommenheit nicht die einzige Rechtfertigung für den öffentlichen Rundfunk. Der Gesetzgeber sieht auch in der organisationalen Vielfalt einen Wert für die Gesellschaft.

bemängelt werden, dass kommerzielle Anbieter die ›falsche‹ Unterhaltung anbieten, also unterhaltende Inhalte, die dem Individuum zwar gefallen, die jedoch negative externe Effekte für die Gesellschaft haben. Es stellt sich also die Frage, ob es eine spezielle Public-Service-Unterhaltung gibt, ob also auch im Unterhaltungsbereich das Argument der Meritorik als Rechtfertigung für ein öffentliches Angebot dienen kann. Was unterscheidet Unterhaltung im öffentlichen Fernsehen von den Unterhaltungsangeboten der kommerziellen Anbieter, oder wie sollte es sich unterscheiden? Sendervertreter der Public-Service-Anbieter (vgl. z.B. AMGARTEN 2008), Kulturkritiker, aber auch die Europäische Kommission vertreten die Ansicht, Public-Service-Sender seien für ›*quality entertainment*‹ (EUROPÄISCHE KOMMISSION 1998) zuständig. Um ein Public-Service-Unterhaltungsangebot zu rechtfertigen, müsste demnach geklärt werden, was ›qualitativ hochwertige‹ Unterhaltung ist, und inwieweit ein solches Angebot der Public-Service-Sender mit denen der kommerziellen Anbieter konkurriert, sodass in der Summe ggf. kein positiver Effekt auf die Wohlfahrt besteht (LOBIGS 2004: 59).

Die Forschung ist in dieser Frage zurückhaltend. Einzelne Autoren sehen in der Unterhaltung grundsätzlich keinen Public Service. Das Angebot der sogenannten ›Public-Service-Anbieter‹ setze sich vielmehr aus Public-Service-Elementen (Nachrichten, Bildungssendungen etc.) und nicht Public-Service-Elementen, wie der Unterhaltung zusammen (BROWN 1996). Costera Meijer (2005: 36) plädiert dagegen dafür, Rezipienten nicht nur in der Dichotomie von Staatsbürger und Konsument zu betrachten, sondern auch als Genießer. Qualitativ hochwertige Unterhaltung wäre damit ein Programm, das folgendes Ziel hat: »Giving your audience real pleasure«.

Weder Wissenschaft noch Praxis postulieren dezidiert einen Unterschied zwischen kommerzieller und Public-Service-Unterhaltung. Gelegentlich wird die Unterhaltung als notwendiges Übel dargestellt, das die Gebührenakzeptanz sichern soll (vgl. z.B. BROWN 1996: 6; VAN DER WURFF 2004: 135), als gesellschaftlicher Kitt dient (BORN 2003: 776) und im besten Fall durch Lead-in-Effekte den Informationssendungen ein Publikum zuführen soll, das anderenfalls keine gesellschaftlich erwünschte Informationsnutzung hätte (VAN ZOONEN 2004). Unterhaltungsprogramme transportieren jedoch in erheblichem Umfang Wertvorstellungen und soziale Orientierungen und sind so ein formatives Element der Öffentlichkeit (vgl. THOMASS 2003: 33; VON RIMSCHA/SIEGERT

2008: 13). Insofern kann es durchaus Unterschiede in der Unterhaltung geben, je nachdem, wie funktional oder dysfunktional die transportierten Wertvorstellungen und Orientierungen für die Gesellschaft sind.

Praktiker aufseiten der Public-Service-Anbieter betonen einerseits die Universalität der Unterhaltung (FELIX 2003), andererseits aber auch, dass die Herangehensweise sich von der kommerziellen Konkurrenz unterscheide. Unterhaltungsredakteure bei Public-Service-Sendern seien anders sozialisiert und stünden weniger unter Quotendruck (AMGARTEN 2008). Das würde zu einer weniger reißerischen Inszenierung führen, die z. B. Showkandidaten mehr Würde belasse oder in fiktionalen Sendungen auch gesellschaftlich kontroverse Themen behandeln lässt. Somit ist *Türkisch für Anfänger* nur in der ARD möglich, das SCHWEIZER FERNSEHEN ist stolz den Migrationshintergrund von Castingshow-Kandidaten aus der Perspektive der Integration zu behandeln und der *Marienhof* traut sich den Amoklauf an einer Schule zum Thema zu machen (TELESCHAU 2007). Einzelne Macher von Unterhaltung sehen jedoch auch klare Grenzen der Problem- und Gemeinwohlorientierung: So merkte Alfred Biolek etwa schon bei den Mainzer Tagen der Fernsehkritik 1970 an:

> »Es ist nicht so schwierig zu erkennen, daß eine Unterhaltungssendung einem bestimmten Geschmack entsprechen muß, daß sie ein bestimmtes Niveau haben soll, daß sie realitätsbezogen oder gar zeitkritisch sein kann. Das Schwierige ist jedoch erst, auch bei Erfüllung all dieser Ansprüche immer noch eine Unterhaltungssendung zu machen« (zitiert in PRAGER 1971: 114).

Spätestens bei eingekauftem Lizenzprogramm stellt sich jedoch die Frage, wo der Unterschied zwischen Public-Service- und kommerziellen Anbietern liegt. Ein Vertreter von CHANNEL 4 sieht es als Public Service, wenn sein Sender sicherstellt, dass US-Erfolgsserien wie *Emergency Room* nicht ausschließlich im britischen Pay-TV laufen (BORN 2003: 787). Was unterscheidet aber einen *James-Bond*-Film auf KABELEINS von solchen im ERSTEN? Warum läuft CSI in Deutschland und der Schweiz auf kommerziellen Sendern, in Österreich jedoch beim Public-Service-Anbieter? Was bedeutet es, wenn der langjährige Unterhaltungschef des WDR von Endemol kam und nach Harald Schmidt auch Oliver Pocher ins öffentliche Fernsehen geholt hat? Was, wenn der Redaktionsleiter Fernsehfilm des SCHWEIZER FERNSEHENS von RTL kommt? Zwar sind bestimmte Regeln und Bewertungen jeweils durch die Institution vorgegeben, es darf jedoch vermutet werden, dass individuelle Redakteure bei einem Stellenwechsel zunächst ihre Ziele, Orientierungen und Wertmaßstäbe behalten. Im Folgenden soll genau dieser Schnittpunkt zwischen Organisation und individuellem Medienschaffenden beleuchtet werden. Einerseits sollen die Vorgaben der Regulierung, wie sich Public-Service-Unterhaltung zu unterschieden hat, dargestellt werden, andererseits werden Ergebnisse einer explorativen Studie mit Unterhaltungsredakteuren bei öffentlichen und kommerziellen Sendern vorgestellt, um zu analysieren, wie diese Vorgaben umgesetzt werden. Somit sind Hinweise darauf möglich, ob sich gewollte Qualitätsunterschiede der Unterhaltung im Rollenselbstbild der Kommunikatoren widerspiegeln.

1. Regulierung von Qualität

Es gibt keine universale Definition von Qualität für das Unterhaltungsprogramm von Public-Service-Sender, da die rechtlichen Rahmenbedingungen von spezifischen Mediensystemen das Verständnis von Qualität widerspiegeln. Die Medienregulierung beeinflusst daher die Marktstruktur und setzt die Grundregeln für die Medienorganisationen (MCQUAIL 1997: 521). Regulierungskonzepte variieren von Land zu Land: Je nach gesellschaftlicher Entwicklungsphase und Größe des Staates kommt es zu bestimmten Regelungsformen für Rundfunkveranstalter. Bezüglich der Größe stellt Puppis (2009: 14) fest, dass Kleinstaaten stärker zu interventionistischer und protektionistischer Regulierung tendieren. Interventionismus bedeutet, dass Medienvielfalt und kulturpolitische Zielsetzungen durch staatliche Eingriffe wie z.B. Presseförderung oder die Unterstützung eines starken öffentlichen Rundfunks erreicht werden sollen. Protektionismus bedeutet, dass inländische Medienunternehmen geschützt werden sollen, indem auf nationaler Ebene Medienkonzentration toleriert oder sogar begünstigt wird. In großen Staaten andererseits soll Vielfalt durch die Förderung von Wettbewerb zwischen einer Vielzahl von Unternehmen gefördert werden.

In Kleinstaaten mit gleichsprachigen Nachbarländern, wie z.B. die Schweiz und Österreich, ist die Rundfunklandschaft durch eine hohe Präsenz ausländischer Programme und eine starke Auslandsorientierung des Publikums geprägt. Für inländische TV-Sender ist es schwieriger, kulturelle und soziale Leistungen für die Gesellschaft zu erbringen und die kulturelle Identität zu wahren. Daher wird der politischen Regulierung der Medien eine besondere Rolle beigemessen (SIEGERT 2006: 202).

Durch eine Regulierung, die eine starke Position des Public Service vorsieht, wird versucht, die kulturelle Identität des Landes zu wahren, um sich vom großen Nachbarn abzugrenzen.

>A small country can only viable affirm its audiovisual identity and produce quality programming by defending the role of public service« (BURGELMAN/PAUWELS 1992: 174).

Der Begriff ›Kleinstaat‹ ist dabei relativ: Frankreich z. B. sieht sich als kleines Land im Verhältnis zur angelsächsischen Welt und versucht entsprechend, seine kulturelle Identität und Sprache zu wahren, indem den Anbietern striktere Vorgaben gemacht werden. Auf eine weit reichende Selbstkontrolle der Public-Service-Veranstalter vertrauen dagegen die deutsche und britische Regulierung (HOLZNAGEL/VOLLMEIER 2003: 278). Es zeigt sich dabei, dass sowohl Public Service als auch kommerzielle Veranstalter einer gesetzlichen Regulierung unterliegen, die vom Gesetzgeber geschaffen ist oder sich aus der Konzession ergibt. Bedeutend ist aber, dass vor allem bei Public-Service-Veranstaltern, die Autonomie der Medienschaffenden in der Berichterstattung gesichert werden muss (HOFFMANN-RIEM 2003: 32). Innerhalb der jeweiligen Organisationen bestehen neben den vom Gesetzgeber formulierten Rahmenbedingungen und Vorgaben, die sich aus besonderen Konzessionen ergeben, weitere Dokumente, welche die normativen Vorstellungen und Zielsetzungen der institutionalisierten Regulierungskonzepte in interne Rahmenbedingungen übersetzen. Dokumente wie beispielsweise ein Leitbild sind nicht ausschließlich auf der normativen Ebene angesiedelt, sondern in der Mittelposition »zwischen normenvermitteltem Wert und realer Erfahrung« (JARREN 1996: 74). Diese Dokumente werden von den Veranstaltern im Sinne einer Selbstverpflichtung den Mitarbeitern vorgelegt.

In den vom Gesetzgeber formulierten externen und den internen Rahmenbedingungen sind konkrete Vorgaben zur Qualität der Programme selten. Der Qualitätsbegriff taucht zwar sowohl in den externen wie auch in den internen Rahmenbedingungen auf, doch wird nicht erläutert, was unter Qualität zu verstehen ist und wie sie durch die Veranstalter und ihre Mitarbeiter gesichert oder geschaffen werden soll. Da Public-Service-Sender zum Public Value beitragen sollen und daher Qualität gewährleistet werden soll, sollte davon ausgegangen werden, dass sich die Dokumente von Public-Service-Sendern von denjenigen der kommerziellen Sender unterscheiden. Allerdings lassen sich keine großen Unterschiede zwischen den Public-Service- und den kommerziellen Sendern aufzeigen, es dominieren in den Dokumenten vielmehr die Gemeinsamkeiten: Die Trennung von Werbung und Programm, die Einhaltung des Jugendschutzes, der Grundsatz der Meinungsfreiheit und die Erfüllung der Programmquoten sind Verpflichtungen, welche für die Public-Service- und kommerziellen Sender gleichermaßen gelten. Allerdings wird in den Gesetzen und Verordnungen von Public-Service-Sendern mehr ›Anspruch‹, ein höheres ›Niveau‹, mehr Anstrengungen für die Integration der Gesellschaft und eine Kooperation mit der audiovisuellen Branche verlangt.

Es wurde bereits thematisiert, dass die Größe des Staates einen Einfluss auf die Medienregulierung hat. In der Schweiz und in Österreich finden sich konkretere Vorgaben zur Qualitätssicherung. Die schweizerische Regulierung geht deutlich über den in den Nachbarländern üblichen Rahmen hinaus und definiert in der Konzession, dass sich die Programme der SRG durch ›Glaubwürdigkeit‹, ›Verantwortungsbewusstsein‹, ›Relevanz‹ und ›journalistische Professionalität‹ (Art. 3 Konzession SRG) auszeichnen müssen. Mit der Revision der Regulierung 2008 wurde eine Positivkontrolle der Programmqualität eingeführt: Es soll nicht mehr nur nachträglich bei Verstößen gerügt werden und die Programmaufsicht soll verdachtsunabhängig institutionalisiert werden. Die in der Konzession formulierten Qualitätsstandards müssen von der SRG selbst konkret definiert und veröffentlicht werden. Die Einhaltung dieser Standards wird anhand von externen und internen Programmanalysen und Publikumsbefragungen überprüft. Auch Österreich hat als Kleinstaat einen gleichsprachigen großen Nachbarn, dessen Medien von der Bevölkerung stark genutzt werden, und zeigt entsprechend eine stärkere Regulierung. Das Bundesgesetz über den Österreichischen Rundfunk (ORF-G) erwähnt dabei explizit die gesellschaftliche Wichtigkeit der Unterhaltung und fordert ein entsprechendes Verantwortungsbewusstsein. Eine Besonderheit des ORF-G ist der explizite Bezug auf die Mitarbeitenden des Senders. In §4 Abs. 7 ORF-G heißt es:

> »Die Mitarbeiter des Österreichischen Rundfunks sind den Zielen des Programmauftrags verpflichtet und haben an dessen Erfüllung aktiv mitzuwirken«.

Dies lässt vermuten, dass die Mitarbeiter des ORF stärker als andere mit den externen Rahmenbedingungen für ihre Arbeit vertraut sein müssten.

Zusammenfassend kann konstatiert werden, dass sich bezüglich der Medienregulierung Unterschiede zwischen Public-Service-Sendern aus Kleinstaaten und denen aus größeren Ländern finden. In Kleinstaaten greift der Staat stärker ein, insbesondere, um die eigene Kultur zu wahren. Durch die strikteren Angaben, vor allem für die schweizerischen Public-Service-Sender in Bezug auf Qualität, wird versucht Public Value zu schaffen und zu sichern.

2. Programmqualität aus Sicht der Redakteure

Um zu untersuchen, inwieweit die Vorgaben aus der Regulierung wirksam werden, soll im Folgenden untersucht werden, woran Redakteuren, Programmqualität festmachen, was unter Programmqualität verstanden wird und wie versucht wird, Programmqualität zu gewährleisten. Hierfür wurden Redakteure bei zwölf Sendern in fünf Ländern befragt.[2] Die Arbeiten von Albers (1996) und Leggatt (1996), welche versucht haben, Programmqualität aus Sicht von Produzenten in Nordamerika und Großbritannien zu erfassen, dienen dabei als Anknüpfungspunkt, wobei der Fokus von Produzenten auf Redakteure verschoben wurde. Es soll der konkrete Umgang der Organisationsmitglieder mit den gesellschaftlichen Anforderungen erfasst werden. Die Perspektive auf ›Public Value‹ ist damit nicht wie üblich eine normative, sondern eine explorativ empirische. Dadurch können mögliche Unterschiede zwischen Public-Service- und den kommerziellen Sendern in der Schweiz und im internationalen Vergleich im Zusammenhang mit Public Value aufgezeigt werden. Es wurden insgesamt 30 Leitfadeninterviews durchgeführt. Die Auswahl der untersuchten Sender fokussiert auf die Schweiz, berücksichtigt aber jeweils auch die wichtigsten Sender aus den angrenzenden Nachbarstaaten im gleichen Sprachraum: Deutschland, Frankreich, Italien und Österreich. Für die Schweiz wurden die SRG-Sender (PS) und 3+ als kommerzieller Sender untersucht, für Österreich der ORF (PS), für Deutschland die ARD (PS) und die kommerziellen Sender RTL und SAT.1, für Frankreich FRANCE 2 (PS) und der kommerzielle Sender M6 und schließlich für Italien RAI (PS) und CANALE 5 als kommerzieller Sender. Angelehnt an Bonfadelli und Meier (1994: 390) ermöglicht diese Auswahl, Sender in Kleinstaaten und in großen Ländern miteinander zu vergleichen. Es wurden solche Redakteure ausgewählt, die konkret an

---

2   Die Erhebung wurde durch einen Beitrag des BAKOM ermöglicht.

bestimmten Programmen arbeiten und nicht in Leitungsfunktionen qua Amt routiniert die Standardformulierungen zur Selbstverpflichtung repetieren.

Da Public-Service-Sender ein Programmauftrag zu erfüllen haben und daher Public Value, das heißt Qualität, generieren müssen, ist es wichtig zu analysieren, ob Redakteure von Public-Service-Sendern ihre Verantwortung, die gesetzliche Regulierung und die Leitbilder anders wahrnehmen als die Redakteure von kommerziellen Sendern. Weiter sollen Gemeinsamkeiten und Unterschiede in Bezug auf das Rollenselbstbild der Redakteure identifiziert werden und die Unterschiede bezüglich der Kriterien der Programmauswahl und der Auftragsvergabe eruiert werden. Folgende Forschungsfragen wurden formuliert:

- Wie beeinflussen die rechtlichen Rahmenbedingungen und die internen Rahmenbedingungen die Redakteure und wie stark fühlen sie sich von diesen Dokumenten in ihrer täglichen Arbeit eingeschränkt?
- Wie ist das Selbstbild der Redakteure? Gibt es Unterschiede zwischen Public-Service- und kommerziellen Sendern einerseits und schweizerischen und einstrahlenden Sendern anderseits?
- Welche Kriterien werden bei der Programmauswahl und bei der Auftragsvergabe von den Redakteuren benutzt? Gibt es Unterschiede zwischen Public-Service- und kommerziellen Sendern?

3. Wahrgenommene Einflüsse

Die Interviewpersonen wurden nach vorhandenen Dokumenten und Instrumenten innerhalb der Organisation selbst und nach Leistungs- oder Programmauftrag durch den Gesetzgeber oder die Regulierungsbehörde gefragt. Weiter mussten sie auf einer fünfstufigen Likert-Skala bewerten, wie gut sie mit den Inhalten dieser Dokumente vertraut sind und wie stark diese die tägliche Arbeit beeinflussen oder gar einschränken. Die Ergebnisse zeigen, dass sich die Wahrnehmung der vorhandenen Dokumente bei den Redakteuren von Public-Service- und kommerziellen Sendern kaum voneinander unterscheidet. Die meisten Befragten sind mit den vorhandenen Dokumenten wenig vertraut. Nur 28 Prozent der Public-Service-Redakteure und 27 Prozent der kommerziellen Redakteure, geben an, dass die Organisation über ein Leitbild verfügt und nur 23 Prozent der Befragten bei den Public-Service- und 36 Prozent bei den kommerziellen Sendern erwähnen publizistische Leitlinien. Tatsächlich verfügen jedoch praktisch alle Sender über entsprechende Dokumente. Bei den Public-Service-Sendern werden die Dokumente und Instrumente, welche Rahmenbedingungen der jeweiligen Sender thematisieren, häufiger wahrgenommen. Im Vergleich zu den Public-Service-Sendern (16 %), werden bei den kommerziellen Sendern Qualitätsmemos nie erwähnt. Diese Unterschiede und vor allem, dass Qualitätsmemos den Befragten der Public-Service-Sendern bekannt sind, zeigen auf, dass Public-Service-Sender einen öffentlichen Auftrag zu erfüllen haben und von öffentlicher Seite Qualitätsfernsehen mit dem Selbstverständnis, Fernsehen im Auftrag der Gesellschaft und nicht von Gesellschaftern zu veranstalten, verlangt wird. Die Mitarbeiter haben jedoch betont, dass die unterschiedlichen Dokumente nicht in jeder Situation ausschlaggebend für eine Entscheidung oder für ein Handeln sind: Vieles sei auch Bauchgefühl. Nicht die Dokumente stehen im Zentrum, entscheidend sei vielmehr das Gefühl dafür, was dem Profil des Senders entspricht und was auf keinen Fall auf einem bestimmten Sendeplatz ausgestrahlt werden darf.

Sowohl Mitarbeitende der Public-Service-Sender als auch jene der kommerziellen Sender nehmen eine externe Kontrolle durch den Gesetzgeber oder die Regulierungsbehörde wahr. Auch kommerzielle Sender sind an Richtlinien gebunden, etwa beim Thema Jugendschutz, der Trennung von Werbung und Programm, den Herkunftsquoten und bezüglich der Meinungsfreiheit. Tabelle 1 zeigt den wahrgenommenen Einfluss der und die Einschränkung durch die externen Dokumente in Bezug auf die tägliche Arbeit der Redakteure. Da keine Unterschiede zwischen Kleinstaaten und großen Staaten aufgezeigt werden können, sind hier nur die Ergebnisse für Public-Service- und kommerzielle Veranstalter dargestellt. Der gewichtigste Unterschied zwischen den Redakteuren bei Public-Service- und kommerziellen Sendern liegt darin, dass erstere der Ansicht sind, dass der Programm- beziehungsweise Leistungsauftrag einen großen Einfluss auf ihre tägliche hat Arbeit hat (3.9). Insbesondere trifft dies auf ›Qualitätsmemos‹ zu, bei welchen die Befragten der kommerziellen Sender angeben, dass diese gar keinen Einfluss auf die tägliche Arbeit hätten, während sie für Redakteure der Public-Service-Sender durchaus einen gewissen Einfluss haben. Was den Einfluss des Programmauftrags auf die tägliche Arbeit betrifft, so fühlen sich weder die Redakteure der Public-Service- noch die der kommerziellen Sender in ihrer täglichen Arbeit davon eingeschränkt. Im Vergleich zeigt sich jedoch, dass sich die Redakteure aufseiten der kommerziellen Sender (1.2) noch weniger davon eingeschränkt fühlen als jene bei den Public-Service-Sendern (2.1). Aufseiten der Public-Service-Anbieter wird argumentiert, dass der Gebührenzahler durch die Gebühren den Auftrag gibt, ihm ein Vollprogramm zur Verfügung zu stellen. Das heißt, dass beispielsweise ›ein gewisser Bildungsauftrag‹ erfüllt werden muss und das auch im Unterhaltungsbereich.

TABELLE 1
Wahrnehmung des Einflusses und der Einschränkung der rechtlichen Rahmenbedingungen (Mittelwerte)

	Public Service	Kommerziell
	N=18	N=5*
Einfluss auf die tägliche Arbeit	3.9	2.4
Einschränkung der täglichen Arbeit	2.1	1.2

Likert-Skala von ›1 – keinen Einfluss/Einschränkung‹ bis ›5 – starker Einfluss/Einschränkung‹

* Die Mehrheit der Redakteure der kommerziellen Sender behauptet, dass rechtliche Rahmenbedingungen nicht existieren. Nur fünf Redakteure haben den Einfluss und die Einschränkung der rechtlichen Rahmenbedingungen auf die tägliche Arbeit bewertet.

Zusammenfassend lässt sich festhalten, dass sowohl bei den Redakteure der Public-Service- als auch der kommerziellen Sender wenig Wissen über die vorhandenen Dokumente zur Qualitätssicherung vorhanden ist. Redakteure der Public-Service- und der kommerziellen Sender nehmen aber die Verpflichtungen der externen und der internen Dokumente wahr und sind der Ansicht, dass diese einen Einfluss auf die tägliche Arbeit haben. Sie fühlen sich aber nicht von den Dokumenten eingeschränkt.

4. Rollenselbstverständnis

Eine Qualitätsorientierung von Redakteuren sollte sich auch in ihrem Rollenselbstverständnis wiederfinden. Da es innerhalb der Kommunikatorforschung noch kein standardisiertes Erhebungsinstrument für Rollenselbstbilder gibt, wurde aus den vielen vorliegenden Systematisierungen und dazugehörigen Erhebungsinstrumenten diejenige ausgewählt, welche für die Schweiz und die Unterhaltungsproduktion die größte Relevanz hat. Als Basis für die Rollenselbstbilder wurde die Operationalisierung aus der schweizerischen Journalisten-Enquete (MARR et al. 2001) verwendet und nach dem Vorbild von von Rimscha und Siegert (2010) an die Unterhaltung angepasst (für die Formulierung der Items siehe dort).

Im Fragebogen waren die Redakteure aufgefordert, die persönliche Wichtigkeit der verschiedenen Rollen auf einer fünfstufigen Skala zu bewerten. Tabelle 2 gibt einen Überblick über die Antworten als Gruppenmittelwerte.

TABELLE 2
Einschätzung der Wichtigkeit von Rollenselbstbildern

Dimension	Ziel:	Gesamt N=30	Public Service n=19	Kommerziell n=11
	Original	4.07	4.32	3.64
	kostenbewusster Unternehmer	3.90	4.05	3.64
Gemeinwohlorientierung	Kritiker	2.83	3.17	2.27
	Anwalt	2.82	3.08	2.36
	Vermittler	2.62	3.11	1.82
	Künstler	3.14	3.61	2.36
Marktorientierung	Analytiker	3.55	3.67	3.36
	Vermarkter	2.84	2.67	3.14
	Zielgruppenverkäufer	2.27	2.21	2.36
Professionalitätsorientierung	Kreativer	3.48	3.44	3.55
	neutraler Berichterstatter	2.93	2.89	3.00

Likert-Skala von ›1 – gar nicht wichtig‹ bis ›5 – sehr wichtig‹

Es zeigt sich, dass keine der drei vermuteten Dimensionen ›Gemeinwohl-‹, ›Markt-‹ und ›Kreativorientierung‹ die anderen klar dominiert. Mit dem *Original*, dem *kostenbewussten Unternehmer* und dem *Analytiker* sind Items aus der Kreativorientierung, der Marktorientierung und der Gemeinwohlorientierung unter den drei als am wichtigsten bewerteten Zielen genannt.

Public-Service-Vertreter versuchen, in der Rolle des Originals Trends zu setzen. Im Gegensatz zu Redakteuren bei kommerziellen Sendern gilt die Rolle des Künstlers als wichtiger als die des Kreativen. Die Vermittlerrolle wird mit mittlerer Wichtigkeit bewertet und damit als erheblich wichtiger als von Redakteuren bei kommerziellen Sendern. Die Vermarkterrolle gilt bei letzteren als wichtiger, wird aber auch nur knapp über der Skalenmitte bewertet.

Mithilfe einer konfirmatorischen Faktorenanalyse soll geprüft werden, ob sich die vermuteten Dimensionen mit den Antworten der Redakteure bestätigen lassen.

TABELLE 3
Empirische Dimensionen des Rollenselbstbildes der Redakteure

	Gemeinwohl-orientierung	Markt-orientierung	Professionalitäts-orientierung
Kritiker	.89		
Anwalt	.83		
Vermittler	.68		
Zielgruppenverkäufer		.78	
Analytiker		.77	
Vermarkter		.70	
Künstler	.47	-.54	
Kreative			.80
neutraler Berichterstatter			.75
Erklärte Varianz	25,3%	22,9%	17,4%

Lesebeispiel: Der Wert der Variablen ›Kritiker‹ korreliert mit .89 mit dem Faktor Gemeinwohlorientierung. Je höher die Faktorladung (max. 1), desto stärker ist der Zusammenhang zwischen Faktor und Variablen.

Drei Items müssen aus der Faktorenanalyse ausgeschlossen werden, da sie Mehrfachladungen aufweisen oder keine interpretierbaren Ergebnisse liefern. Es sind dies die beiden als am wichtigsten bewerteten Rollen *Original* und *kostenbewusster Unternehmer*. Bei diesen Items herrscht eine so große Einigkeit, dass sie nicht zur Distinktion taugen. Jenseits dessen müssen die Dimensionen angepasst werden: Zwar ergibt sich eine Gemeinwohlorientierung, allerdings besteht diese lediglich aus den Rollen *Kritiker, Anwalt* und *Vermittler*. Die Dimension ›Marktorientierung‹ setzt sich aus den Rollen *Zielgruppenverkäufer, Vermarkter* und zusätzlich *Analytiker* zusammen. Offenbar wurde die Rolle des Analytikers von den Befragten eher auf Geschäftsprozesse oder Marktforschung bezogen als auf Inhalte. Die Rolle des *Künstlers* lädt auf zwei Dimensionen: positiv auf die Gemeinwohlorientierung, da ein Künstler ggf. auch ein Anwalt, Kritiker und Vermittler ist, negativ auf die Marktorientierung, da die Rolle des Künstlers hier eher hinderlich ist. Die in ›Professionalitätsorientierung‹ umbenannte Dimension ›Kreativorientierung‹ setzt sich aus der erwarteten Rolle des *Kreativen* und der zunächst der Gemeinwohlorientierung zugeschriebenen Rolle des *neutralen Berichterstatters* zusammen.

Was zunächst als widersinnig erscheint, ist auf den zweiten Blick durchaus plausibel: Die Professionalitätsorientierung kombiniert zwei Herangehensweisen, professionell mit Inhalten umzugehen. Einerseits sollen kreative Themen gesucht werden, andererseits macht sich der Redakteur die Themen nicht zu eigen, sondern inszeniert diese professionell und neutral. Eine eigentliche Kreativitätsorientierung, wie sie sich für Produzenten von TV-Unterhaltung nachweisen lässt (VON RIMSCHA/ SIEGERT 2010), zeigt sich hier nicht. Die Kreativitätsorientierung kann damit auch nicht als Korrektiv gegenüber der Marktorientierung wirken und so die Qualität sicherstellen. Das Rollenselbstbild beinhaltet keine intrinsische Motivation, kreative Qualität zu schaffen, sondern eine eher extrinsisch motivierte Orientierung an professionellen Standards. Dennoch sind die Dimensionen des Rollenselbstverständnisses der Redakteure geeignet, potenziell Qualität im Sinne der SRG-Konzession zu ermöglichen. Relevanz, Glaubwürdigkeit und Verantwortungsbewusstsein können aus der Gemeinwohlorientierung bedient werden, die (journalistische) Professionalität aus der Professionalitätsorientierung.

Durch die niedrige Fallzahl kann die Faktorenanalyse nicht getrennt für Public-Service- und kommerzielle Redakteure durchgeführt werden. Korreliert man jedoch die Regressionsfaktoren der Faktoren mit der Public-Service-Variablen zeigt sich, dass ein signifikanter positiver Zusammenhang nur zwischen Public Service und der Gemeinwohlorientierung besteht. Der Faktor wird demnach primär durch die Antworten der Public-Service-Redakteure gespeist, für die eine Gemeinwohlorientierung damit wichtiger ist.

Um die Relevanz der Rollenselbstbilder und der damit verbundenen Ziele besser einschätzen zu können, wurden die Redakteure gebeten, zusätzlich zu beantworten, inwieweit es ihnen gelingt, die von ihnen als mehr oder weniger wichtig eingestuften Ziele auch zu erreichen. Auf diese Weise können einerseits Ziele identifiziert werden, die den Redakteuren zwar wichtig sind, die im Berufsalltag jedoch nicht wie gewünscht erreicht werden können; andererseits Ziele, die sie relativ gut erreichen, obschon sie ihnen weniger wichtig sind.

ABBILDUNG 1
Missmatch zwischen der Wichtigkeit von Zielen und ihrer Umsetzung

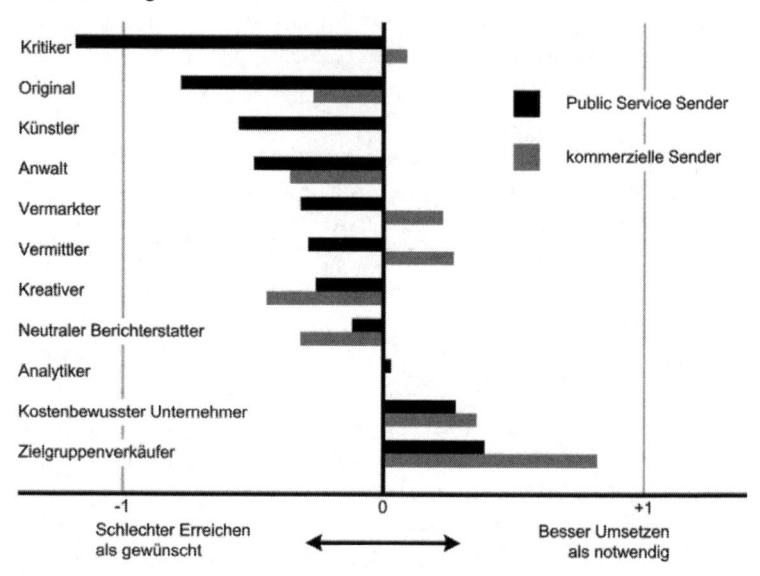

[Balkendiagramm mit folgenden Kategorien: Kritiker, Original, Künstler, Anwalt, Vermarkter, Vermittler, Kreativer, Neutraler Berichterstatter, Analytiker, Kostenbewusster Unternehmer, Zielgruppenverkäufer. Skala von -1 (Schlechter Erreichen als gewünscht) über 0 bis +1 (Besser Umsetzen als notwendig). Legende: Public Service Sender, kommerzielle Sender.]

Lesehilfe: Ein negativer Wert bedeutet, ein Ziel hat eine höhere Zuschreibung von Wichtigkeit als eine wahrgenommene Umsetzung. Die Redakteure würden diese Ziele gerne stärker umsetzen, als sie es können. Umgekehrt bedeutet ein positiver Wert, dass es ihnen gelingt, ein Ziel zu erreichen, obschon sie es für weniger wichtig halten. Mögliche Werte reichen von -4 (gar nicht wichtiges Ziel, das voll und ganz erreicht wird) bis +4 (sehr wichtiges Ziel, das gar nicht erreicht wird).

Über alle Redakteure betrachtet zeigt sich, dass die Ziele aus der Dimension ›Marktorientierung‹ besser erreicht werden, als es ihrer Wichtigkeit entsprechen würde. Die Ziele aus der Dimensionen ›Professionalitätsorientierung‹ und insbesondere die aus der Dimension ›Gemeinwohlorientierung‹ werden dagegen schlechter erreicht, als es ihrer Wichtigkeit entspricht. Zumindest in der Selbstwahrnehmung kann also festgehalten werden, dass den Redakteuren Qualität zwar wichtig ist, sie diese im Alltag aber schlechter als gewünscht umsetzen können.

Zwischen den Public-Service-Vertretern auf der einen und den Redakteuren der kommerziellen Sender auf der anderen Seite zeigen sich dabei zum Teil erhebliche Unterschiede. Die Public-Service-Vertreter sehen bei der Rolle des Kritikers die mit Abstand größte Diskrepanz zwischen Wichtigkeit und Umsetzung. Die Vertreter von kommerziellen Sendern geben dagegen sogar an, diese Rolle etwas besser auszufüllen, als es der Wichtigkeit entsprechen würde. Sie sehen das größte Manko in der Dimension ›Professionalitätsorientierung‹, sowohl die Rolle des Kreativen als auch die des neutralen Berichterstatters wird hier schlechter erreicht als es der empfundenen Wichtigkeit entspricht. Public-Service-Vertreter sehen ein Manko bei den Rollen ›Vermarkter‹ und ›Vermittler‹ – beides wiederum Rollen, die Vertreter von kommerziellen Sendern besser zu erfüllen glauben, als es der Relevanz entsprechen würde.

5. Kriterien der Programmauswahl

In den Interviews wurde den Redakteuren eine Liste mit 28 Kriterien vorgelegt, welche bei der Entscheidung für oder gegen eine bestimmte Sendung eine Rolle spielen können. Diese wurden jeweils auf einer 5-stufigen Likert-Skala von 1 – gar nicht wichtig bis 5 – sehr wichtig bewertet. Tabelle 4 gibt eine Übersicht über die Antworten, geordnet nach der größten durchschnittlichen Wichtigkeit über alle Programmsparten hinweg.

Insgesamt zeigt sich, dass viele Kriterien bei der Entscheidung für oder gegen eine Sendung eine Rolle spielen: Nur für ein Kriterium, den eigenen Geschmack des Redakteurs, liegt der Wert für alle Redakteure im Mittel unter dem Skalenmittelpunkt. Am wichtigsten sind Kriterien, die sich den Qualitätsdimensionen ›Relevanz‹ und ›Professionalität‹ zuordnen lassen. Die Relevanz wird hierbei nicht als normatives Kriterium verstanden, sondern als praktische Relevanz für die Rezipienten. Wichtig sind die Betroffenheit des Publikums und der Bezug zur Lebenswelt. Die Professionalität gilt sowohl auf inhaltlicher (Dramaturgie) als auch auf handwerklicher Ebene als wichtig. Ebenfalls als wichtig gelten Kriteri-

TABELLE 4
Mittelwerte Wichtigkeit von Entscheidungskriterien für Produktion oder Einkauf

	Index	Gesamt N=42	Public Service n=27	Kommerziell n=15
Betroffenheit des Publikums	RV	4.52	4.67	4.27
Übereinstimmung mit Programmauftrag	VB	4.10	4.67	2.92
Dramaturgie	PR	4.44	4.57	4.20
Eignung für Programm-Slot	PP	4.34	4.56	3.92
Bezug zur Lebenswelt der Zielgruppe	VB	4.45	4.44	4.47
Handwerkliche Qualität	PR	4.28	4.36	4.13
Bezug zur nationalen Kultur	RV	3.92	4.20	3.40
Künstlerischer Wert	KG	3.88	4.20	3.30
Quotenerwartung des Senders	RA	4.33	4.19	4.62
Exklusivität	RV	4.25	4.17	4.40
Konsistenz der Handlung	GW	4.10	4.16	4.00
Relevanz des Themas	RV	4.03	3.92	4.20
Anzahl der Folgen/Staffeln	PP	3.83	3.96	3.60
Preis	RA	3.81	3.74	3.93
Wertschöpfung im Inland	VB	3.39	3.78	2.58
Sendungslänge	PP	3.40	3.59	3.07
Reputation der Produzenten	KG	3.38	3.52	3.13
Aktualität	RV	3.45	3.44	3.47
Bekanntheit der Regie/Moderation	RV	3.23	3.43	2.87
Altersfreigabe	VB	3.47	3.40	3.62
Sprache	RV	3.09	3.35	2.67
Trend bei anderen Sendern	RV	3.38	3.30	3.53
Quotenerfolg im Herkunftsland	PP	3.37	3.28	3.53
Crossmediale Verwertbarkeit	RA	3.24	3.26	3.20
Bekanntheit der Schauspieler, Kandidaten etc.	RV	3.05	3.11	2.93
Markterfolg einer Vorlage	RA	3.24	3.07	3.53
Eignung als Werbeumfeld	RA	3.15	2.72	3.87
Eigener Geschmack	KG	2.67	2.67	2.67

Skala: von ›1- gar nicht wichtig‹ bis ›5 – sehr wichtig‹
Indices: RV = Relevanz, PR = Professionalität, GW = Glaubwürdigkeit,
VB = Verantwortungsbewusstsein, RA = Rentabilität, PP = Programmplanung,
KG = Künstlerischer Geschmack

en aus der organisatorischen und ökonomischen Planung der Sender, so etwa die Passung auf einen Programm-Slot, die Aussicht, Quotenerwartungen erfüllen zu können und die Exklusivität einer Sendung im Vergleich zum Angebot der Konkurrenz. Andere ökonomische Kriterien wie etwa die Eignung einer Sendung als Werbeumfeld oder die crossmediale Verwertbarkeit fallen offenbar weniger ins Gewicht. Sie finden sich erst im unteren Viertel der Rangreihe in Tabelle 4.

Public-Service-Kollegen sind um Übereinstimmung mit ihrem Programmauftrag bemüht und versuchen, die Wertschöpfung in der Produktion im Inland zu halten. Kommerzielle Sender haben dagegen weniger Probleme, Aufträge auch ins Ausland zu vergeben. Bei den Public-Service-Sendern scheint stärker zwischen privater und öffentlicher Relevanz differenziert zu werden. Daraus ergibt sich, dass kommerzielle Sender der Relevanz des Themas eine höhere Wichtigkeit einräumen. Für den ARD-Vertreter hat eine Show dagegen erst dann Relevanz, wenn sie sich wie bei *Wie deutsch bist du wirklich?* mit gesellschaftlich relevanten Themen wie der Einbürgerung beschäftigt. Es wird demnach nicht auf Relevanz verzichtet, sondern vielmehr ein höherer Maßstab an die Relevanz angelegt.

Bei den SRG-Sendern wird mehr noch als bei anderen Public-Service-Sendern Wert auf den Bezug zur nationalen Kultur, die Sprache und den künstlerischen Wert gelegt. Die ersten beiden lassen sich aus der Notwendigkeit des Kleinstaates erklären, seine Kultur und Sprache zu pflegen, letzteres kann als Reaktion auf die grundsätzliche Skepsis der Schweizer gegenüber dem Fernsehen als Kulturtechnik (vgl. LEUENBERGER 2003: 45) verstanden werden. Zwischen großen Ländern und Kleinstaaten zeigt sich eine unterschiedliche Preissensibilität: Während ein Vertreter eines Public-Service-Senders in Frankreich erklärt, der Preis sei nicht wichtig, denn es sei ohnehin nicht teuer, versuchen sowohl ORF- als auch SF-Vertreter ihr Budget durch vergleichsweise günstigere Koproduktionen zu strecken und sind dafür auch bereit, inhaltliche Kompromisse einzugehen. Zwar wird der eigene Geschmack allgemein als am wenigsten wichtig bezeichnet, für mehrere Redakteure ist er aber im Sinne des ›Bauchgefühls‹, oder des ›Herzens‹ von entscheidender Wichtigkeit. Genau wie bei Produzenten (vgl. VON RIMSCHA 2010: 250) ist auch für Redakteure der kreative Wert kaum zu operationalisieren, sie verlassen sich also auch auf ihre Intuition.

6. Index der Einflusskriterien

Um die 28 Kriterien besser auswerten zu können, werden sie in sieben Indizes zusammengefasst. Vier entsprechen den im Rahmen der Befragung messbaren Aspekten der Qualitätsdimensionen aus der SRG-Konzession, drei weitere decken relevante Aspekte der unternehmerischen Praxis (Rentabilität, Planung) und der kreativ künstlerischen Orientierung ab. Die Zuordnung zu den Indices kann in Tabelle 4 abgelesen werden.

Die Indizes sind als additive Indizes konzipiert, d. h., die einzelnen Werte innerhalb des Index werden ohne Gewichtung aufaddiert. Um eine Vergleichbarkeit trotz unterschiedlicher Anzahl von Variablen in den Indizes zu ermöglichen, werden die Indexwerte auf 100 standardisiert: 100 bedeutet den maximal erreichbaren Wert, 0 den minimalen. Die vier Qualitätsdimensionen – zumindest soweit sie in den abgefragten Items abgebildet sind – sind für die Programmentscheidungen über alle Sender und Produktionsformen hinweg betrachtet wichtiger als die Dimensionen ›Rentabilität‹ und ›künstlerischer Geschmack‹. Allerdings gilt die Dimension ›Programmplanung‹ als etwas wichtiger als die Dimension ›Relevanz‹. Salopp formuliert könnte man das Motiv so zusammenfassen: ›Relevanz ist wichtig, aber sie muss sich ins Programm einfügen.‹

TABELLE 5
Mittelwerte Indizes der Entscheidungskriterien der Programmauswahl

Index	Gesamt N=42	Public Service n=27	Kommerziell n=15
Professionalität	87	89	83
Glaubwürdigkeit	82	83	80
Verantwortungsbewusstsein	77	81	68
Relevanz	73	75	71
Programmplanung	75	77	71
Rentabilität	71	68	77
Künstlerischer Geschmack	66	69	61

Maximale Indexwerte auf 100 standardisiert

Angesichts der geringen Fallzahl und der unvollständigen Abbildung der Dimensionen in den Items (insbesondere bei der Glaubwürdigkeit) sollten diese Abweichungen jedoch nicht überinterpretiert werden. Auffällig ist jedoch der Vergleich mit den kommerziellen Sendern: Die befragten Redakteure schreiben sämtlichen Qualitätsdimensionen weniger Bedeutung zu als die Redakteure der Public-Service-Anbieter. Auch Aspekte der Programmplanung und der künstlerische Geschmack zeigen niedrigere Indexwerte, die Dimension ›Rentabilität‹ jedoch ist für die kommerziellen Sender erwartungsgemäß bedeutsamer als für die Public-Service-Sender. Von einer alleinigen Profitorientierung kann jedoch auch hier keine Rede sein, Professionalität und Glaubwürdigkeit werden auch von den Vertretern kommerzieller Sender höher gewertet als die Rentabilität.

7. Fazit

Public Value ist im Kontext der TV-Unterhaltung ein schwer fassbares Konstrukt. Während in der Öffentlichkeit und in der Wirtschaftswissenschaft gelegentlich bezweifelt wird, dass Unterhaltung überhaupt einen Beitrag zum Public Service leisten kann, hat sich in der Medien- und Kommunikationswissenschaft die Ansicht durchgesetzt, dass eine Beschränkung des öffentlichen Rundfunks auf Information und Bildung dem Auftrag entgegenstehen und die Integrations- und Orientierungsfunktion gefährden würde (MCQUAIL 2005; BILTEREYST 2004: 348). Unterhaltung im Public Service muss sich dafür qualitativ von jener auf kommerziellen Sendern abheben. Allerdings zeigt eine Analyse der Regulierungsdokumente, dass greifbare Vorgaben, wie dies gelingen soll, weitgehend fehlen. Eine Differenzierung zwischen den Programmen muss sich deshalb vor allem aus dem Rollenselbstverständnis und dem konkreten Handeln der Redakteure ergeben. Unsere Analyse zeigt, dass sich die Ansichten von Redakteuren bei öffentlichen und kommerziellen Sendern durchaus unterscheiden und Public-Service-Redakteuren eine gewisse Gemeinwohlorientierung attestiert werden kann. Um festzustellen, ob die Orientierung tatsächlich in bessere Programme umgesetzt wird, sind kleinteilige Inhaltsanalysen notwendig, die z.B. neben Genres auch Inszenierungsstrategien erfassen. So könnte festgestellt werden, ob das Rollenselbstverständnis der Redakteure ausreicht, um Qualität zu sichern, oder ob ggf. konkretere Regulierungsmaßnahmen notwendig wären.

Literatur

ALBERS, R.: Quality in programming from the perspective of the professional programme maker. In: ISHIKAWA, S. (Hrsg.): *Quality assessment of television*. Luton [University of Luton Press] 1996, S. 101-144

AMGARTEN, G.: Praxisperspektive. Unterhaltungsproduktion im Service public. In: SIEGERT, G.; M. B. VON RIMSCHA (Hrsg.): *Zur Ökonomie der Unterhaltungsproduktion*. Köln [Herbert von Halem] 2008, S. 116-122

BILTEREYST, D.: Public service broadcasting, popular entertainment and the construction of trust. In: *European Journal of Cultural Studies*, 7 (3), 2004, S. 341-362

BONFADELLI, H.; W. A. MEIER: Kleinstaatliche Strukturprobleme einer europäischen Medienlandschaft. Das Beispiel Schweiz. In: JARREN, O. (Hrsg.): *Medienwandel – Gesellschaftswandel? 10 Jahre dualer Rundfunk in Deutschland: Eine Bilanz*. Berlin [Vistas] 1994, S. 69-90

BORN, G.: Strategy, positioning and projection in digital television. Channel Four and the commercialization of public service broadcasting in the UK. In: *Media, Culture & Society*, 25 (6), 2003, S. 774-799

BROWN, A.: Economics, public service broadcasting, and social values. In: *Journal of Media Economics*, 9 (1), 1996, S. 3-15

BURGELMAN, J.-C.; C. PAUWELS: Audiovisual policy and cultural identity in small European states. The challenge of a unified market. In: *Media, Culture & Society*, 14 (2), 1992, S. 169-183

COSTERA MEIJER, I.: Impact or content? Ratings vs quality in public broadcasting. In: *European Journal of Communication*, 20 (1), 2005, S. 27-53

EUROPÄISCHE KOMMISSION: *Das digitale Zeitalter. Europäische Audiovisuelle Politik. Bericht der hochrangigen Expertengruppe für Audiovisuelle Politik*. Brüssel 1998

FELIX, K.: Die leichte Muse – 50 Jahre Schwerarbeit. In: PRESSEDIENST DES SCHWEIZER FERNSEHENS DRS (Hrsg.): *50 Jahre Schweizer Fernsehen. Zum Fernseh'n drängt, am Fernsehn hängt doch alles...* Baden [hier + jetzt] 2003, S. 137-156

HOFFMANN-RIEM, W.: Kann und soll der öffentliche Rundfunk eine Staatsaufgabe sein? In: DONGES, P.; M. PUPPIS (Hrsg.): *Die Zukunft des öffentlichen*

Rundfunks. Internationale Beiträge aus Wissenschaft und Praxis. Köln [Herbert von Halem] 2003, S. 29-51

HOLZNAGEL, B.; I. VOLLMEIER: Gemeinsame oder getrennte Aufsichten? Ein Überblick über die verschiedenen Ansätze der Beaufsichtigung von öffentlichem und kommerziellem Rundfunk. In: DONGES, P.; M. PUPPIS (Hrsg.): *Die Zukunft des öffentlichen Rundfunks. Internationale Beiträge aus Wissenschaft und Praxis.* Köln [Herbert von Halem] 2003, S. 277-291

JARREN, O.: Das duale Rundfunksystem – politiktheoretisch betrachtet. In: HÖMBERG, W.; H. PÜRER (Hrsg.): *Medien-Transformation. Zehn Jahre dualer Rundfunk in Deutschland.* Konstanz [UVK] 1996, S. 69-80

LEGGATT, T.: Quality in television. The view from professionals. In: ISHIKAWA, S. (Hrsg.): *Quality assessment of television.* Luton [University of Luton Press] 1996, S. 145-168

LEUENBERGER, M.: Ist das Fernsehen kommunikativ? In: PRESSEDIENST DES SCHWEIZER FERNSEHENS DRS (Hrsg.): *50 Jahre Schweizer Fernsehen. Zum Fernsehn drängt, am Fernsehn hängt doch alles ...* Baden [hier + jetzt] 2003, S. 45-53

LOBIGS, F.: Niveauvolle Unterhaltung im öffentlich-rechtlichen Fernsehen. Notwendige Voraussetzungen eines Arguments der Meritorik. In: FRIEDRICHSEN, M.; U. GÖTTLICH (Hrsg.): *Diversifikation in der Unterhaltungsproduktion.* Köln [Herbert von Halem] 2004, S. 48-64

MARR, M.; V. WYSS; R. BLUM; H. BONFADELLI: *Journalisten in der Schweiz. Eigenschaften, Einstellungen, Einflüsse.* Konstanz [UVK] 2001

MCQUAIL, D.: Accountability of media to society. Principles and means. In: *European Journal of Communication,* 12 (4), 1997, S. 511-529

MCQUAIL, D.: *McQuail's mass communication theory.* London, Thousand Oaks, New Dehli [Sage] 2005

PRAGER, G. (Hrsg.): *Unterhaltung und Unterhaltendes im Fernsehen.* Mainz [v. Hase und Koehler] 1971

PUPPIS, M.: Introduction. Media regulation in small states. In: *International Communication Gazette,* 71 (7), 2009, S. 7-17

SIEGERT, G.: The role of small countries in media competition in Europe. In: HEINRICH, J.; G. G. KOPPER (Hrsg.): *Media economics in Europe.* Berlin [Vistas] 2006, S. 191-210

TELESCHAU: Amoklauf im ›Marienhof.‹ Redaktionsleiterin Caren Toennissen über heiße Eisen am Vorabend. In: *teleschau – der mediendienst,* 2007

VAN DER WURFF, R.: Program choices of multichannel broadcasters and diversity of program supply in the Netherlands. In: *Journal of Broadcasting & Electronic Media,* 48 (1), 2004, S. 134-150

VAN ZOONEN, L.: Popular qualities in public broadcasting. In: *European Journal of Cultural Studies*, 7 (3), 2004, S. 275-282

VON RIMSCHA, M. B.: *Risikomanagement in der Entwicklung und Produktion von Spielfilmen. Wie Produzenten vor Drehbeginn Projektrisiken steuern.* Wiesbaden [vs Verlag] 2010

VON RIMSCHA, M. B.; G. SIEGERT: Unterhaltung jenseits des Klischees. Produzententypen und ihre Orientierungen. In: HEPP, A.; M. HÖHN; J. WIMMER (Hrsg.): *Medienkultur im Wandel.* Konstanz [UVK] 2010

VI. CORPORATE SOCIAL RESPONSIBILITY (CSR) UND
     PUBLIC VALUE

CARSTEN WINTER / ANKE TROMMERSHAUSEN

Potenziale und Probleme der Corporate Social Responsibility (CSR) von TIME-Unternehmen unter den Bedingungen der Medienkonvergenz

1. TIME-Unternehmen im Kontext von Medienkonvergenz

Medienentwicklung bewirkt die stetige ›inhomogene Integration‹ (WINTER 2006: 16) von Technologien, Inhalten sowie den Momenten und Kontexten der Kommunikation: die Produktion, Allokation, Rezeption und Nutzung von digitalen Netzwerkmedien. Im Kontext von Medienkonvergenz gelingt es immer weniger Medienunternehmen, technologische Innovationen und neue reichhaltige, mobile Medienprodukte und -dienstleistungen mit den vorhandenen Ressourcen und in den gegebenen Unternehmensstrukturen zur Verfügung zu stellen (vgl. MAIER 2004: 28ff.). Vertikal integrierte Medienunternehmen wandeln sich zunehmend zu horizontal integrierten Netzwerkunternehmen (vgl. CASTELLS 2004: 176ff.; vgl. SYDOW/WINDELER 2006), da sie sowohl Abteilungen, Profitcenter etc. auf Unternehmensebene als auch Verbindungen zu Branchenpartnern in Form von Netzwerken organisieren. Dadurch entsteht eine neue Form der Medienunternehmung, die es zuvor nicht gab. Dies manifestiert sich zunehmend in der Konvergenz der ehemals getrennten Branchen Telekommunikation, Information, Media und Entertainment, den sogenannten ›TIME-Unternehmen‹. Bezugspunkt dieser Konvergenz ist die Entwicklung neuer Medien (technologisch), durch die neue Produkte und Dienstleistungen zur Verfügung gestellt werden können und die einen grundlegenden Branchenwandel bewirken, der Medienunternehmen herausfordert. Während die elektronischen Massenmedien (Tertiärmedien) vor allem von globalen Medienunternehmen in oligopolistischen Märkten einseitig (one-to-many) zur Verfügung gestellt wurden (vgl. KARMASIN 1993), gilt dies für die digitalen Netzwerkmedien (Quartärmedien) nur noch bedingt. Mit digitalen Netzwerkmedien sind jene technologischen Innovationen gemeint, denen es, ähnlich wie Client-Server-Technologien im Computernetzwerk, gelingt, den Einzelnen an jedem Punkt des Kommunikationsnetzwerkes mit einem anderen Teilnehmer zu verbinden. Über Programme ist es möglich, dass jeder Einzelne auch Inhalte erstellt, weitergibt und dies durch die zunehmende Mobilität und Miniaturisierung der Endgeräte überall und zu jeder Zeit durchführen kann. Das internetfähige Mobiltelefon, über das auf Social Networks zugegriffen werden kann, ist hierfür ein Beispiel. Mit digitalen Netzwerkmedien sind somit sowohl die technologischen Voraussetzungen (z. B. Mobiltelefon, Laptop etc.) gemeint, als auch die durch sie zugänglichen Konnektivitätsmöglichkeiten wie Social Networks und Web-2.0-Anwendungen (Blogs, Wikis, Mikroblogging, Podcasts, Social Bookmarking etc.; vgl. O'REILLY 2005). Während vor der Konvergenz unterschiedlicher Medien(formate) die Massenmedien alleinige Produzenten und Anbieter von Kommunikation waren, wandelt sich die Produktion und Allokation von Kommunikation durch den an jeder Stelle des Kommunikationsprozesses möglichen Eingriff des Einzelnen.

Im Kontext von Medienkonvergenz und der Frage nach dem gesellschaftlichen Wertbeitrag von TIME-Unternehmen ist das Kerngeschäft und damit die Bereitstellung konvergenter Medien besonders relevant, weil dort die (negativen) Externalitäten identifiziert werden können, deren Vermeidung und Begrenzung oftmals in den Aktivitäten der Corporate Social Responsibility gebündelt werden. Da sich das Kerngeschäft von Medienunternehmen im Kontext von Medienentwicklung und -konvergenz verändert, können darüber sowohl Potenziale als auch Probleme einer Corporate Social Responsibility von TIME-Unternehmen im Sinne eines gesellschaftlichen Wertbeitrages benannt und diskutiert werden.

Während der lineare Prozess medialer Konnektivität (WINTER 2006: 24) von Produktion, Allokation, Rezeption und Nutzung (vgl. Abb. 2 auf S. 345) dem klassischen unidirektionalen Sender-Empfänger-Schema entspricht, ist es heute eine konvergente Konnektivität (vgl. WINTER 2006: 28; vgl. Abb. 3 auf Seite 347), in der der Nutzer durch digitale Netzwerkmedien an jeder Stelle des Kommunikationsprozesses eingreifen kann. So ist die Rolle des Produzenten und des Verteilers von Kommunikation nicht mehr zwangsläufig aufseiten der Medienunternehmen zu verorten, sondern jeder Einzelne kann auf Facebook oder Twitter selbst zum Produzenten von Inhalten aber auch zum Rezipienten von Informationen werden, die er zu jeder Zeit und an jedem Ort über mobile digitale Netzwerkmedien nutzen kann. Um diese reichhaltigen mobilen Netzwerkmedien zur Verfügung stellen zu können, werden TIME-Unternehmen in der Organisation ihrer Wertschöpfungskette neu herausgefordert. Der Anspruch an eine effektive Kommunikation entlang des Wertschöpfungsprozesses nimmt stark zu, da die einzelnen Stufen der Wertschöpfung nicht mehr linear und vertikal im Unternehmen, sondern oftmals außerhalb der Unternehmensgrenzen im Netzwerk organisiert sind. Dies bedeutet, dass ein erhöhter Kommunikationsbedarf an den Schnittstellen unterschiedlicher Netzwerkknoten entsteht, den es zuvor nicht gab. Die Organisation und Realisation von neuen Ressourcen (vgl. R[essourcen]=G[lobal] nach PRAHALAD/KRISHNAN 2008) und deren produktive Integration in den Wertschöpfungsprozess liegt oftmals außerhalb der traditionellen Unternehmensgrenzen. Dieser strukturelle Wandel wird immer öfter zur zwingenden Voraussetzung, um den Wettlauf um die Zukunft (vgl. HAMEL/PRAHALAD 1997/1994) gewinnen zu können sowie neue Märkte zu schaffen und zu erschließen, in denen noch keine Wettbewerber sind (vgl. KIM/MAUBOURGNE 2005). Die Kompetenzen, die vor allem zur Bearbeitung der gegebenen Marktbedingungen herangezogen werden, reichen dafür nicht mehr aus (vgl. HAMEL/PRAHALAD 1997/1994: 65). Die »Sicherung von Chancenanteilen« (ebd. 1997/1994: 63), um die Märkte der Zukunft bedienen zu können, liegt maßgeblich in einer neuen Art der Organisation der Wertschöpfungskette, die eben nicht mehr linear integriert ist, sondern sich durch die Zielsetzung, konvergente Medienangebote anbieten zu können, zunehmend in Form des Netzwerks organisiert. Der Wandel der Branchenstruktur im Kontext der Medienkonvergenz bedingt eine »Rekonfiguration von Wertschöpfungsketten« (SIEGERT/HAUTZINGER 2006: 118) zu Wertschöpfungsnetzwerken (vgl. PICOT/SCHMID/KEMPF 2007; vgl. SYDOW 2006). Durch die zunehmend horizontale Integration von Werteketten (vgl. konvergente Wertschöpfung nach FREIENSTEIN 2002 in WINTER 2006: 15) entstehen an den Schnittstellen der einst vertikal integrierten Wertschöpfungsstufen neue kommunikative Vermittlungsnotwendigkeiten, die es mit den jeweiligen Stakeholdern auf eine neue Art zu bewältigen gilt.

Im Kontext von Medienentwicklung und -konvergenz wandeln sich Medienunternehmen zunehmend zu TIME-Unternehmen, die Produkte und Dienstleistungen bereitstellen, die es dem Einzelnen ermöglichen, kommunikative Beziehungen aufzubauen und zu führen, Inhalte zu produzieren und weiterzugeben sowie unabhängig von Ort und Zeit die Art und Weise der Kommunikation selbst zu bestimmen. Durch Medienentwicklung und -konvergenz kommt es dadurch zu einem grundlegenden Wandel der Konstitution gesellschaftlicher Kommunikation, der wiederum die neuen Rahmenbedingungen darstellt, in denen TIME-Unternehmen ihre Produkte und Dienstleistungen zur Verfügung stellen.

Von besonderem Interesse im Konzept der CSR sind ›Externalitäten‹ des Kerngeschäfts von TIME-Unternehmen, somit auch die Produktion von Public Value, von ›wertvollen‹ Beziehungen zu Anspruchsgruppen, die es im Rahmen von Corporate-Social-Responsibility-Maßnahmen professionell zu managen gilt. Die TIME-Unternehmen, die durch ihre Produkte und Dienstleistungen digitale Netzwerkmedien her- und zur Verfügung stellen, stehen im Fokus dieses Beitrags, da sie durch ihre Produkte und Dienstleistungen die gesellschaftliche und damit die öffentliche Kommunikation maßgeblich verändern. Dies hat Auswirkungen auf die Bereiche der gesellschaftlichen Verantwortung gerade privater TIME-Unternehmen, was die Corporate-Social-Responsibility-Strategie im Kontext von Public Value gesellschaftlich und strategisch relevant werden lässt. Der gesellschaftliche Anspruch an TIME-Unternehmen ist ein normativer Anspruch, der in Bezug auf das Kerngeschäft den gerechten und gleichen Zugang jenseits staatlicher Regulierung einfordert. Medienunternehmen sind als Anbieter quasi-öffentlicher Güter (vgl. KARMASIN 1998: 319) per se (zivil)gesellschaftliche Akteure, an die der normative Anspruch gesellschaftlicher Verantwortung gestellt wird. Durch die Ausrichtung der Verantwortungsübernahme am Kerngeschäft der Unternehmung können darüber hinaus auch strategische Potenziale genutzt werden. CSR als strategischer Ansatz bietet auch Möglichkeiten für einen gesellschaftlichen Wertbeitrag (z. B. Zugang zu Medien, Gestaltung und Ermöglichung kommunikativer Beziehungen etc.). Das professionelle Management der CSR (vgl. KARMASIN/TROMMERSHAUSEN 2010) von TIME-Unternehmen kann zum Bezugspunkt von Differenzierung, Wachstum und (Marken-)Kommunikation werden und wird durch die erhöhte Anspruchshaltung von Kunden, Mitarbeitern und Partnern immer wichtiger. Zunächst gilt es, die gesellschaftliche und strategische Relevanz von Corporate Social Responsibility für TIME-Unternehmen herauszustellen, um weitere Potenziale und Probleme benennen zu können.

2. Gesellschaftliche und strategische Relevanz von Corporate Social Responsibility in TIME-Unternehmen

Die zunehmende Deregulierung in der Medienbranche, die steigende Anzahl privater Medienunternehmen (z. B. Google, Vodafone, Twitter) und die zunehmende Kommerzialisierung von Medienprodukten und -dienstleistungen lassen die Frage nach dem (nicht gesetzlich geregelten) gesellschaftlichen Wertbeitrag von TIME-Unternehmen wichtiger werden. Neben öffentlich-rechtlichen Medienunternehmen der Massenkommunikation werden kommerzielle Medienprodukte vor allem über den Markt alloziiert, dessen Zugang nicht per Regulierung oder Gesetz anhand der Werte von Gerechtigkeit und Gleichheit garantiert ist. Somit wandelt sich durch Deregulierung, Privatisierung und Kommerzialisierung die Legitimationsbasis von (massen)medialer Kommunikation. Weder der Staat noch zentrale Regulierungsbehörden legitimieren das Kerngeschäft von Medienunternehmen, die konvergente Medienprodukte zur Verfügung stellen. Die Legitimation ihres wirtschaftlichen und auch kommunikativen/gesellschaftlichen Handelns wird zunehmend von den Stakeholdern direkt eingefordert, was TIME-Unternehmen in der Transparenz der Darstellung ihrer Geschäftsprozesse neu herausfordert. Die freiwillige Selbstverpflichtung zur Co-Regulierung privater TIME-Unternehmen wird nicht nur zum normativen Anspruch ihrer Stakeholder, sondern auch zum strategischen Potenzial (vgl. HABISCH/MOON 2006: 45).

Die gesellschaftliche Relevanz von Corporate Social Responsibility lässt sich jedoch vor allem aus der digitalen Realität im Alltagsleben der Menschen ableiten. Es ist zunehmend durch die Aneignung digitaler Netzwerkmedien charakterisiert und organisiert. Der Einzelne produziert und verteilt gesellschaftliches Wissen zunehmend selbst.[1] Der Aussage »Der Umgang mit digitalen Medien ist für mich ein selbstverständlicher und wichtiger Bestandteil meines täglichen Lebens« stimmten in einer internationalen Delphi-Studie 95,1 Prozent der Befragten zu (vgl. HESS/DT. TELEKOM 2009: 16).[2] Somit gehören digitale Netzwerkmedien

---

[1] Ausführlich zum Zusammenhang von Medienentwicklung und gesellschaftlichem Wandel vgl. WINTER 2003.
[2] Die Daten wurden in der LIFE-Studie für Großbritannien, Frankreich, die USA, Ungarn, Südkorea und Deutschland durch eine Delphi-Befragung von 10545 Konsumenten erhoben. (vgl. HESS/DT. TELEKOM 2009: 11)

zum Alltagsleben ganz gewöhnlicher Menschen (vgl. WILLIAMS 1958) und verändern dadurch grundlegend die Art und Weise, in der Menschen mit Menschen und Menschen mit Institutionen verbunden sind. Vier Milliarden Menschen sind weltweit mit breitbandigem Internet verbunden (vgl. SCHLÄFFER 2008), und ca. 2,6 Milliarden Mobiltelefone befinden sich im Umlauf (weltweit). Dies zeigt, dass die gesellschaftliche Relevanz neuer Medien vor allem auch in ihrer mobilen Nutzung steigt. Die Aussage »Mit meinen technischen Geräten beschäftige ich mich häufig auch, wenn ich unterwegs bin« stimmten 85,4 Prozent der Befragten zu (vgl. HESS/DT. TELEKOM 2009). Somit beeinflussen digitale Netzwerkmedien mehr und mehr »the way people work, live, love and relate to places« (KLUTH 2008).

Neben der zunehmenden gesellschaftlichen Relevanz digitaler Netzwerkmedien, die von TIME-Unternehmen zur Verfügung gestellt werden, erhält das Konzept der Corporate Social Responsibility nicht nur normativ (zivil)gesellschaftliche, sondern zunehmend auch strategische Relevanz.

Corporate Social Responsibility ist nicht mehr nur ein Instrument der Public Relations und des Reputationsmanagements. Diese instrumentelle Nutzung markiert nur die Anfangsphase eines sich zunehmend professionalisierenden Einsatzes von CSR in Unternehmen. Dies manifestiert sich vor allem in zentralen Kommunikationsdilemmata, die dann entstehen, wenn Unternehmen nur über CSR kommunizieren, sie aber nicht professionell betreiben (vgl. Kommunikationsdilemmata von CSR bei Bentele in BEHRENT/WIELAND 2003: 33). Soll CSR jedoch wirklich strategisch eingesetzt werden – jenseits einer reinen Überzeugungskommunikation (vgl. GRUNIG 1992) – so gilt es, einen Business Case für CSR im Unternehmen zu schaffen. Unter der Prämisse, einen strategischen Wettbewerbsvorteil durch eine professionell gemanagte Corporate Social Responsibility zu erzielen, ist die Messbarkeit der Maßnahmen, d.h. die Erfolgskontrolle, ein zentraler und gleichzeitig schwieriger Bereich des Corporate Responsibility-Managements. Die Beurteilung der Wirkung von Corporate-Responsibility auf den Unternehmenserfolg wird anhand jener Variablen und Treiber gemessen, an denen sich auch der wirtschaftliche Erfolg der Kernprozesse des Unternehmens ablesen lässt (vgl. SCHALTEGGER/HASENMÜLLER 2005: 10). Für den Business Case für CSR können acht Bereiche genannt werden, in denen die Folgen spezifischer Entscheidungen messbar gemacht und damit auch erfolgsstrategisch überprüfbar werden. Dies sind weiterhin das Reputationsmanagement, Risikomanagement, Mitarbeiter-Recruiting, die Motivation und Verweildauer der Mitarbeiter im Unternehmen, die Qualität der Investor Relations, Lern- und Weiterbildungsmöglichkeiten, Innovationen sowie die Wettbewerbsfähigkeit und Marktpositionierung sowie die gesamte operative Leistungsfähigkeit und die Licence to operate (vgl. ROBERTS/KEEBLE/BROWN o.J.; zum Business Case von CSR vgl. auch SCHALTEGGER/WAGNER 2006; vgl. auch SCHALTEGGER/HASENMÜLLER 2005).

Auch Aktien-Indizes wie der FTSE For Good Sustainability Index sowie international anerkannte Standards und Regelwerke der United Nations (Global Compact) und der Internationalen Gewerkschaftsorganisation (ILO) zeigen, dass die Überprüfbarkeit, Messbarkeit und Vergleichbarkeit der Übernahme gesellschaftlicher Verantwortung auch strategische Relevanz durch gesellschaftliche Legitimation erhält. Porter und Kramer (2006) haben ein Konzept für die Identifikation und operative Umsetzung unternehmensspezifischer Maßnahmen von Corporate Social Responsibility vorgelegt, dessen Grundlage die Nutzung strategischer Potenziale darstellt.

Die strategische Bedeutung von Corporate Social Responsibility wird in der »revisionistischen« Sichtweise (vgl. SCHALTEGGER/WAGNER 2006: 10) von CSR deutlich, in der die Integration der ›sozialen‹ Verantwortung in den Unternehmensprozess als mögliche Quelle von Wettbewerbsvorteilen angesehen wird.

> »In conclusion, social performance is much more than charitable donations and secure legitimacy. It is a part of, and a tool, for improved competitiveness« (KUNO 2006: 105).

Die Theorie der Wettbewerbsvorteile nach Porter (1992) bietet (trotz der Organisationslogik des Netzwerks in TIME-Unternehmen) einen strukturellen Ausgangspunkt für die Identifikation und die operative Umsetzung von CSR. Porter und Kramer (2006) entwickeln ein Rahmenmodell[3], das die Verbindung zwischen einem verantwortungsvollen und nachhaltigen Geschäftsgebaren und einem strategischen Wettbewerbsvorteil herstellt. Es orientiert sich an den primären und unterstützenden Tätigkeiten der Unternehmung (PORTER 1992: 63ff.) und identifiziert die möglichen Bereiche einer strategischen Corporate Social Responsibility

---

3 Anzumerken ist, dass Porter/Kramer (2006) einer »produktionstechnischen Auffassung der Unternehmung, die input/output-Relationen reflektiert« zugrunde legen, die jedoch aufgrund der Konvergenz der Medienbranche nicht mehr uneingeschränkt zutrifft. Zentral ist hier jedoch der strategische Aspekt der Corporate Responsibility.

durch die von ihnen entworfene Inside-Out- und die Outside-In-Perspektive (siehe unten). Das Konzept verdeutlicht die strategische Relevanz von CSR auch für TIME-Unternehmen, da es auch für die Bereitsteller digitaler Netzwerkmedien die enge Verknüpfung von Kerngeschäft und strategischer Corporate Responsibility konzeptualisiert.

Zunächst lassen sich nach Porter und Kramer (2006: 78) zwei zentrale Fehler benennen, die Unternehmen in der Konzeptualisierung ihrer Corporate Social Responsibility begehen: Einerseits positionieren sie ihre Geschäftstätigkeit stets als etwas, das der Gesellschaft gegenübersteht, obwohl gerade bei TIME-Unternehmen die Geschäftstätigkeit als Teil der Gesellschaft und als sie konstituierend angesehen werden kann. Zudem haben TIME-Unternehmen das Thema der Corporate Social Responsibility lange unterschätzt. Die Berufung auf den öffentlichen Auftrag und die rechtliche Regulierung im Rahmen des dualen Systems (vor allem in Deutschland) haben dazu beigetragen, dass gerade das Thema ›Public Value‹ nur selten auch für private Medienunternehmen diskutiert wurde.

Ein weiteres Problem ist, dass Unternehmen mit Corporate Social Responsibility in einer sehr allgemeinen Weise umgehen, die oftmals weit vom eigentlichen Kerngeschäft entfernt ist. Dies gilt für TIME-Unternehmen in besonderem Maße, da diese oftmals aufgrund von Privatisierung und Globalisierung (T-Mobile/Deutsche Telekom) neue Wettbewerbsbedingungen vorfinden, in denen es zunächst im Kerngeschäft schwer ist, sich zu differenzieren oder gar in der Corporate Social Responsibility eine Schwerpunktsetzung auf spezifische Bereiche vorzunehmen.

Wenn TIME-Unternehmen im Bereich der Corporate Social Responsibility tätig werden, so wird oftmals der mögliche Wettbewerbsvorteil noch gar nicht erkannt oder gar verfolgt. Es sind vielmehr der öffentliche und der Branchendruck, die TIME-Unternehmen zu einer eher unstrategischen Übernahme internationaler Regelwerke und Standards motivieren (zum Beispiel Google: Don't do evil).[4] Daher fordern die Autoren als Güte- und als Erfolgskriterium, das Management von CSR an jenen Managementprozessen zu orientieren, die ohnehin im Unternehmen vorherrschend sind.

> »If instead, corporations were to analyze their prospects for social responsibility using the same frameworks that guide their core business choices, they would dis-

---

4 So erschließt es sich weder Mitarbeitern noch externen Stakeholdern, was nun auf der Handlungsebene das »Don't do Evil« von Google bedeutet, das die CSR-Strategie des Global Player beschreibt.

cover that CSR can be much more than a cost, a constraint, or a charitable deed – it can be a source of opportunity, innovation, and competitive advantage« (PORTER/ KRAMER 2006: 80).

Die Corporate Social Responsibility kann zu sozialem Fortschritt (Sozialkapital) führen, wenn Unternehmen ihre spezifischen Kompetenzen dort einsetzen, wo die Gesellschaft am meisten davon profitiert (business case = social case).

> »The most strategic CSR occurs when a company adds a social dimension to its value proposition, making social impact integral to the overall strategy« (PORTER/ KRAMER 2006: 90).

Im nächsten Abschnitt wird daher das Neue an dem Kerngeschäft von TIME-Unternehmen im Kontext von Medienkonvergenz herausgestellt, um die davon ausgehenden Potenziale und Probleme einer strategischen CSR in TIME-Unternehmen zu benennen.

Um die zentralen Bereiche eines CSR-Engagements zu identifizieren, schlagen Porter und Kramer (2006) mit der Inside-Out-Perspektive vor, die sozialen/gesellschaftlichen Konsequenzen hinsichtlich der Prozesse in der Wertekette zu identifizieren. Welchen sozialen Einfluss haben also die primären und unterstützenden Aufgaben eines Unternehmens? Dies können zum Beispiel spezifische, unter Zuhilfenahme von digitalen Netzwerkmedien konzipierte Mitarbeiter-Schulungen und -Weiterbildungen sein (Sozialer Impact einer unterstützenden Tätigkeit: Personalmanagement; vgl. PORTER 1992: 70) oder auch faire und transparente Preis-Leistungs-Angebote durch ehrliche Werbung und Marketing-Aktivitäten (Primäre Aktivität: Marketing, Vertrieb; vgl. PORTER 1992: 67).

In einem zweiten Schritt plädieren Porter und Kramer (2006) für eine Outside-In-Perspektive, in der soziale Einflüsse von außen auf die Wettbewerbsfähigkeit geprüft werden. Hier wird der soziale, marktbezogene Kontext der Unternehmung (zum Beispiel Branche, lokale Nachfrage und Ansprüche, Wettbewerbsregeln/-gesetze) auf spezifische Ansprüche hin untersucht, um sie in der Corporate Social Responsibility umzusetzen. Hierzu zählt auch ein strategisches Stakeholder-Management. Für TIME-Unternehmen bedeutet dies, dass spezifische Branchen-Codizes (Global e-Sustainability Initiative [GeSI] oder der Electronic Industry Code of Conduct [EICC]) neue Anforderungen an ihre CSR-Strategien stellen, aber auch der kritischen Überprüfung hinsichtlich der Universalität ihrer Gültigkeit bedürfen.

Für TIME-Unternehmen sind es marktliche und nicht marktliche Aktivitäten, die für die Corporate Social Responsibility hinsichtlich der Generierung von Wettbewerbsvorteilen zentrale Bedeutung in Bezug auf das Kerngeschäft erlangen.⁵

Die hohe strategische Relevanz von CSR für TIME-Unternehmen zeigt, dass die professionelle Übernahme von gesellschaftlicher Verantwortung nicht nur eine Idee von PR-Strategen darstellt, sondern, wird sie am Kerngeschäft und damit an den primären und unterstützenden Tätigkeiten der Unternehmung ausgerichtet, auch strategische Potenziale besitzt, die genutzt werden können.

Die hohe Bedeutung des Business Case für CSR und die Ausrichtung von CSR am Kerngeschäft, um Differenzierungspotenziale gegenüber dem Wettbewerb zu nutzen, zeigt eine Studie des IBM Institute for Business Value. Unter dem Titel *Attaining Sustainable Growth through Corporate Social Responsibility* (2008) wurden 250 Führungskräfte weltweit befragt, um herauszufinden, wie tief CSR bereits in die Unternehmensstrategie integriert ist. Die Studie macht drei zentrale Entwicklungen bei der strategischen Nutzung von CSR in Unternehmen fest. Zum einen wandelt sich das Verständnis, dass CSR nur etwas mit Philanthropie zu tun habe. Die Aktivitäten, die in diesem Konzept gebündelt werden, verursachen nicht mehr nur Kosten, sondern auch Gewinne (From Cost to Growth; vgl. IBM 2008: 3ff.). Des Weiteren zeigt sich, dass sich die Legitimationsbasis von Unternehmen gegenüber der Gesellschaft wandelt. Nicht mehr nur die Kommunikation nach außen und damit die Sichtbarkeit der Unternehmen ist zentral in der Wahrnehmung der Stakeholder, sondern auch und gerade die Transparenz der Prozesse im Unternehmen, die es für Stakeholder zugänglich zu machen gilt (From Visibility to Transparency; vgl. IBM 2008: 6ff.). Und als dritten relevanten Punkt fördert die Studie die Einsicht zutage, dass die Beziehungen zu Stakeholdern im Kontext von Medienentwicklung und dem vermehrten Einsatz digitaler Netzwerkmedien in diesen Beziehungen ein neues tiefergehendes Verständnis dieser Beziehungen notwendig macht. Es reicht nicht mehr aus, nur das Bild der Unternehmung gegenüber Stakeholdern zu wahren, sondern tatsächliche, gleichberechtigte und damit möglicher Weise auch konfliktbeladene

---

5   So weisen z. B. Carroll/Buchholtz (2003) darauf hin, dass auch die »sozialen Benefits«, die offensichtlich nicht monetarisierbar sind, gemessen werden müssten, d.h. nicht nur die Effektivität finanzieller Returns, sondern auch Social Impacts. »CSP [Corporate Social Performance] cannot be fully comprehended unless we also consider that its impacts on stakeholders, such as consumers, employees, the community, and other stakeholder groups, are noted, measured, and considered« (CARROLL/BUCHHOLTZ 2003: 57).

ABBILDUNG 1
Focusing CSR to create new revenue streams (Percent Responses)

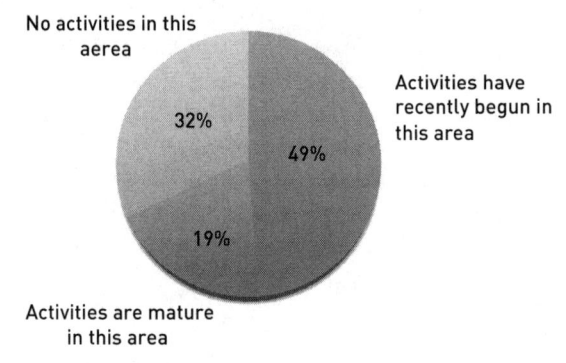

- No activities in this aerea: 32%
- Activities have recently begun in this area: 49%
- Activities are mature in this area: 19%

Quelle: In Anlehnung an IBM 2008: 3

ABBILDUNG 2
Das klassisch lineare Modell medialer Kommunikation

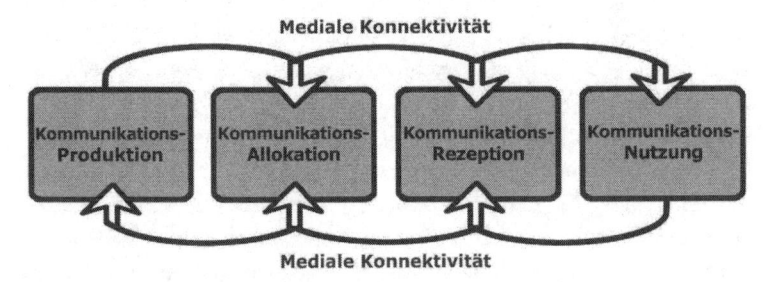

Mediale Konnektivität

Kommunikations-Produktion → Kommunikations-Allokation → Kommunikations-Rezeption → Kommunikations-Nutzung

Mediale Konnektivität

Eigene Darstellung in Anlehnung an Winter 2006: 24

Beziehungen mit Stakeholdern einzugehen (vgl. IBM 2008: 11ff.). Insgesamt zeigt die Studie, dass die befragten Führungskräfte CSR zunehmend als Geschäftsstrategie für zukünftiges Wachstum begreifen und die professionelle Integration in die laufenden Geschäftsabläufe (wie es Porter und Kramer vorschlagen) zunimmt.

Dennoch muss an dieser Stelle festgehalten werden, dass die Messbarkeit und die Quantifizierung eines Return on Corporate Social Responsibility noch Schwierigkeiten bereitet. Trotz des Einsatzes bekannter Messinstrumente aus anderen Bereichen der BWL wie z. B. der Balanced Score

Card, dem zertifizierten Qualitäts- oder Umweltmanagement, sowie von Audits und Zertifizierungen, die auch für das Social Responsible Investment (SRI) immer wichtiger werden, kann von einem universellen Messinstrument für CSR noch nicht ausgegangen werden.

Porter und Kramer (2006) haben ein umfassendes Konzept zur Identifikation und auch zur operativen Umsetzung einer CSR entworfen, die sich für strategische Ziele vor allem am Kerngeschäft auszurichten hat. Vor dem Hintergrund der Medienkonvergenz und der hohen gesellschaftlichen Bedeutung digitaler Netzwerkmedien gilt es daher, besser zu verstehen, worin der soziale Impact, der soziale Footprint des Kerngeschäfts von TIME-Unternehmen tatsächlich besteht, bevor die CSR strategisch ausgerichtet und genutzt werden kann.

3. Ein neues Verständnis des Kerngeschäfts von TIME-Unternehmen

Das Kerngeschäft von TIME-Unternehmen besteht zunehmend darin, Beziehungsmedien zur Verfügung zu stellen. Das spezifisch Soziale ist damit im Konzept der CSR für TIME-Unternehmen vor allem im Bereich der Art und Weise, in der Kommunikation konstituiert wird, zu verorten. Die neue Art der Kommunikationskonstitution ist in Abgrenzung zum klassischen Kommunikationsparadigma der Massenmedien zu sehen. Während die Momente und Kontexte der Produktion Allokation, Rezeption und Nutzung (vgl. WINTER 2006: 24) stets linear und bis zu der Stufe der Rezeption eindeutig auf der Seite der klassischen Massenmedien verortet werden konnte (vgl. Abb. 2), ist es für die ehemals als Rezipienten und Nutzer bezeichneten Akteure im Kontext von Medienkonvergenz möglich, zu jedem Zeitpunkt in diesen Ablauf einzugreifen (vgl. Abb. 3).

Dies verändert grundlegend die Art und Weise, in der Kommunikation konstituiert wird und Öffentlichkeit entsteht. Die mediale Konnektivität entsteht dort, wo der Einzelne die Möglichkeit erhält, in den Kommunikationsprozess durch digitale Netzwerkmedien einzugreifen. Die Teilhabe an Konnektivität entscheidet zunehmend darüber, ob und wie der Einzelne überhaupt an Gesellschaft teilhat. Dies ist der zentrale Bereich, in dem es für TIME-Unternehmen in Bezug auf ihr Kerngeschäft neue Bereiche der Verantwortungsübernahme zu identifizieren gilt, sofern sie das Konzept der CSR auch strategisch nutzen wollen. Dies ist unseres Erach-

ABBILDUNG 3
Das Modell von Kommunikation mit Netzwerkmedien

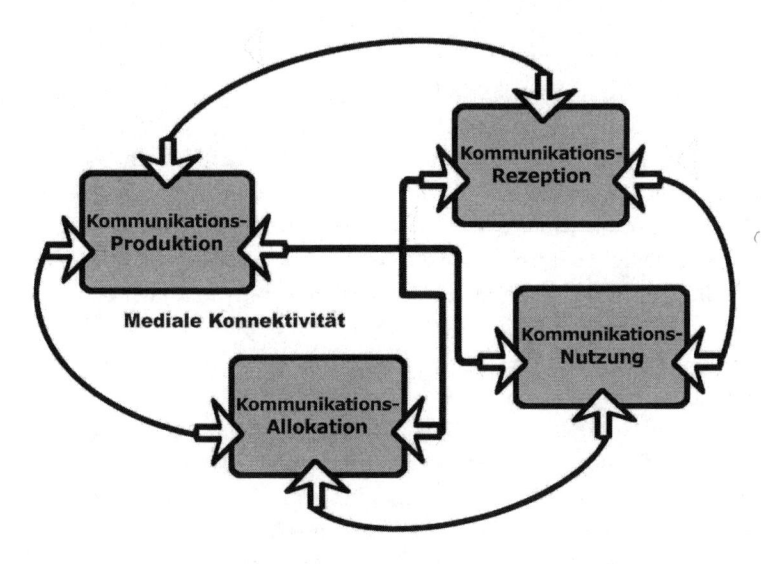

Diagramm: Mediale Konnektivität mit den Elementen Kommunikations-Produktion, Kommunikations-Rezeption, Kommunikations-Nutzung und Kommunikations-Allokation

Quelle: Eigene Darstellung in Anlehnung an Winter 2006: 28

tens ein großes Potenzial, um sich vom Wettbewerb abzusetzen und mit CSR einen spezifischen Schwerpunkt im Engagement für die Gesellschaft zu setzen.

Der soziale Footprint entsteht dort, wo sich die Kommunikationsstufen neuartig im Netzwerk organisieren und sich deutlich vom linearen Kommunikationsprozess der Massenkommunikation abgrenzen. Als Bereitsteller von Kommunikationsmöglichkeiten, die jeder Einzelne zu jeder Zeit des Kommunikationsprozesses nutzen kann, wandelt sich das Kerngeschäft von TIME-Unternehmen. Diese spezifische Veränderung gilt es, für die strategische Übernahme von Verantwortung sowie für die Erbringung eines gesellschaftlichen Wertbeitrags zu berücksichtigen. Der Wandel des Kommunikationsprozesses und die Auswirkungen auf das Soziale und damit die Konstitution von Kommunikation lassen sich noch näher beschreiben.

Die Produktion von Kommunikation ist nicht mehr ausschließlich an globale Medienorganisationen in einem oligopolistischen Markt gebunden. Durch Medienkonvergenz werden die Markteintrittsbarrieren auch für einst branchenfremde Anbieter geringer (z. B. der Beginn von YouTube oder Twitter) und die Kosten der Produktion von Kommunikation sind gegenüber der Produktion in den Massenmedien niedriger. So erhält jeder Einzelne – vor allem auch durch mobile digitale Netzwerkmedien – zunehmend die Möglichkeiten, zu jeder Zeit und an jedem Ort Kommunikation herzustellen, mit anderen in Verbindung zu treten, und Inhalte zur Verfügung zu stellen, ohne dabei an einen spezifischen Ort oder spezifische Kontexte gebunden zu sein. Die Produktion von Kommunikation tritt aus den Medieninstitutionen zunehmend heraus, oftmals stellen sie jedoch dafür die nötigen Technologien und Infrastrukturen zur Verfügung. Der soziale Footprint dieser neuen Art der Produktion von Kommunikation zeigt sich darin, dass sowohl in privaten als auch in beruflichen Arenen der Zugang zu digitalen Netzwerkmedien taktische und strategische Vorteile generieren kann, die im Leben des Einzelnen zuvor so nicht existierten. Der Zugang zu digitalen Netzwerkmedien kann eine Optimierung von Lebens- und Wirtschaftsbedingungen (vor allem in der Dritten Welt) bewirken. Dies ist neu. Gegenüber traditionellen Massenmedien wird es durch digitale Netzwerkmedien möglich, dass der Einzelne Inhalte produziert, die er selbst wieder alloziiert, d. h. verteilt ohne die Abhängigkeit oder Legitimation von Institutionen (Staat, Kirche, etc.). Dies verändert auf der sozialen Ebene grundlegend die Art und Weise, wie Kommunikation konstituiert und Wissen in Gesellschaft produziert wird.

Die Allokation von Kommunikation wird ebenfalls neu organisiert. Der Zugang zu und die Verteilung von Medien finden immer seltener durch staatliche Regulierung oder durch institutionelle Kontrolle statt. Die Verteilung von Kommunikation in Gesellschaft befindet sich durch Medienkonvergenz zunehmend in der Hand privater Medienorganisationen, die Teilhabe des Einzelnen an Kommunikation und medialer Konnektivität wird über den Zugang zum Markt entschieden. Die Verteilung von Kommunikation ist charakterisiert durch globale und deregulierte Content-Ströme (vgl. WINTER 2006b: 193; vgl. auch HEPP/KROTZ et al. 2006: 8ff.), die von privaten Personen alloziiert werden. Dies bewirkt eine zunehmende De-Institutionalisierung und De-Professionalisierung von Inhalten, die jedoch in zunehmendem Maße genutzt werden und die Geschäftsmodelle von Unternehmen der TIME-Branche besonders stark herausfordern. Der Einzelne entscheidet nicht nur allein über die Inhalte, die er erstellt, sondern auch über die Inhalte, die er mit anderen teilt. Kollaborative Teams, ›die Weisheit der Vielen‹ (vgl. SUROWIECKI 2007) und die Konnektivität durch soziale Netzwerke wie Facebook oder Myspace ermöglichen es ganz gewöhnlichen Menschen (vgl. WILLIAMS 1958), neue Formen von Kommunikation (und Wissen) zu konstituieren und zu teilen. Auch das ist neu und ist als ›Externalität‹ des Kerngeschäfts von TIME-Unternehmen im Kontext von Medienkonvergenz zu verstehen. Die Zurverfügungstellung von Möglichkeiten, Inhalte selbst zu produzieren und mit anderen zu teilen, rufen neue Flüsse von Informationen hervor, die es zuvor nicht gab und die an Orten stattfinden (Interpenetrationszonen, vgl. MÜNCH 1991: 137), die zuvor als nicht zu überbrücken galten. Es »[...] entsteht eine immer engere Verflechtung der gesellschaftlichen Subsysteme durch Vernetzung, Kommunikation, Aushandeln und Kompromissbildung« (MÜNCH 1991: 284). Soll die CSR von TIME-Unternehmen strategisch ausgerichtet werden, so gilt es, die Veränderungen an diesen Schnittstellen zu verstehen.

Auch im Kommunikationsprozess der Rezeption und Nutzung zeigen sich grundlegende Veränderungen durch Medienkonvergenz, die bei der Übernahme sozialer Verantwortung durch TIME-Unternehmen zu berücksichtigen sind. Die Unabhängigkeit von Ort und Zeit der Rezeption bereitet einer neuen Komplexität von Beziehungen den Weg. Globale Ströme und Netzwerke machen Beziehungen möglich, die es zuvor nicht gab oder die an ortsgebundene und feste Strukturen der sozialen Integration gebunden waren. Um an der Schnelligkeit und Flexibilität gesellschaftlichen Lebens teilhaben zu können, ist die mobile Nutzung von Medien entscheidend. Dabei werden die Kontexte und Bedingungen, in denen sich Menschen Medien aneignen, immer individueller und spezifischer. Die Zuschreibungen zu einem festen Ort, einem einheitlichen Kulturkreis oder einer festen Position in der Unternehmensstruktur werden dabei zunehmend schwieriger. Daher wird die Kontextualisierung der Medienaneignung zu einem zentralen Kriterium (vgl. ANG 1997), wenn die neue Art der Kommunikationskonstitution wirklich verstanden werden soll. Ein starker gesellschaftlicher Einfluss digitaler Netzwerkmedien und dadurch ein spezifischer sozialer Footprint des Kerngeschäfts von TIME-Unternehmen ist in der zunehmenden Fragmentierung von Öffentlichkeite(en) zu sehen, da es zu einer verstärkten Personalisierung von Medien(inhalten) kommt (vgl. WINTER 2006a: 192ff.).

Es wird deutlich, dass sich das Kerngeschäft von TIME-Unternehmen im Kontext von Medienkonvergenz wandelt und es diesen Wandel konkret zu verstehen gilt, um ein strategisches Konzept von CSR für TIME-Unternehmen und der Erbringung eines gesellschaftlichen Wertbeitrages entwickeln zu können. Wenn dies gelingt und der soziale Footprint vor dem

Hintergrund des Kerngeschäfts (Inside-Out und Outside-In) verstanden wird, so kann CSR zum Wettbewerbsvorteil werden.

Abschließend können nun zentrale Potenziale, aber auch Probleme einer CSR in TIME-Unternehmen benannt werden, die Ausgangspunkt der zukünftigen theoretischen wie auch der empirischen Auseinandersetzung mit der Thematik sind.

4. Potenziale und Probleme von Corporate Social Responsibility in TIME-Unternehmen

Nach Porter und Kramer (2006) kann CSR, sofern sie am Kerngeschäft der Unternehmung ausgerichtet ist, Wettbewerbsvorteile genieren. Dazu ist es notwendig, dass TIME-Unternehmen ihr spezifisches Kerngeschäft besser verstehen und den spezifischen sozialen Footprint, den sie dabei hinterlassen (Externalität), genauer benennen können. Eine erste Analyse der strategischen CSR von TIME-Unternehmen, deren Ergebnisse derzeit noch ausgewertet werden, weist darauf hin, dass es genau an diesem spezifischen Verständnis des Kerngeschäftes sowie dem professionellen Management von CSR in TIME-Unternehmen mangelt. Für TIME-Unternehmen besteht die Herausforderung darin, zu verstehen, dass sie durch ihre Produkte und Dienstleistungen, die sie im Kontext von Medienkonvergenz zur Verfügung stellen, den linearen Kommunikationsprozess in einen konvergenten Kommunikationsprozess verwandeln, der maßgeblich Einfluss darauf nimmt, wie Kommunikation und Wissen in der Gesellschaft konstituiert werden. Hier gilt es für die TIME-Unternehmen, mit ihrer CSR-Strategie und der Erbringung eines gesellschaftlichen Wertbeitrages anzusetzen. Es ist ebenfalls deutlich geworden, dass TIME-Unternehmen immer weniger als machtvolle Anbieter in oligopolistischen Märkten auftreten (vgl. z.B. SCHILLER 1996), sondern als Bereitsteller von Kommunikationsmöglichkeiten. Dadurch wandelt sich ihre gesellschaftliche Rolle immer mehr vom Gatekeeper zum Bereitsteller kommunikativer Infrastrukturen. Auch hier gilt es, die neuen Herausforderungen gesellschaftlicher Verantwortung unternehmensspezifisch zu identifizieren und in eine strategische CSR zu überführen. Außerdem konnte gezeigt werden, dass es nur aus einer medien- und kommunikationswissenschaftlichen Perspektive auf das Konzept der CSR möglich ist, eine am Kerngeschäft ausgerichtete CSR für TIME-Unternehmen zu konzipieren. Dies wird nicht

TABELLE 1
Potenziale und Probleme einer Corporate Social Responsibility in TIME-Unternehmen

Potenziale	Probleme
Eine auf das Unternehmen/Branche zugeschnittene CSR kann Wettbewerbsvorteile generieren	CSR ist kein Einheitskonzept: Professionelles CSR-Management für TIME-Unternehmen noch am Anfang
Das Kerngeschäft von TIME-Unternehmen verändert die Art und Weise wie Kommunikation in Gesellschaft konstituiert wird → strategische Potenziale	Strategische CSR gelingt den wenigsten Unternehmen: Was ist das Kerngeschäft?
Eine neues Verständnis von der gesellschaftlichen Rolle der TIME-Unternehmung ermöglicht die Generierung von Wettbewerbsvorteilen	Traditionelle Erklärungsweisen der gesellschaftlichen Rolle von Medienunternehmen werden diskussionswürdig, verändern sich
Eine medien- und kommunikationswissenschaftliche Perspektive hilft, die Veränderungen von Kommunikation und Kultur besser zu verstehen	Rein betriebswirtschaftliche und ökonomische Ansätze greifen zu kurz, um die grundlegenden Veränderungen von Kommunikation und CSR in TIME-Unternehmen zu verstehen

nur aus strategischer Sicht eingefordert, sondern ist vor dem Hintergrund des normativen Anspruchs eines gesellschaftlichen Wertbeitrags von TIME-Unternehmen zwingende Voraussetzung.

Die Corporate Social Responsibility in TIME-Unternehmen birgt viele strategische und gesellschaftliche Potenziale, die zukünftig im Kontext von Medienentwicklung und Medienkonvergenz mit dem Ziel der Erbringung eines gesellschaftlichen Wertbeitrages theoretisch zu konkretisieren und empirisch zu erforschen sind.

Literatur

ALTMEPPEN, K.-D.; M. KARMASIN (Hrsg.): *Medien und Ökonomie*. Wiesbaden [vs Verl. für Sozialwiss.] 2004

ALTMEPPEN, K.-D.; M. KARMASIN (Hrsg.): *Medien und Ökonomie. Anwendungsfelder der Medienökonomie*, Bd. 3. Wiesbaden [vs Verlag für Sozialwiss.] 2006

ANG, I.: *Radikaler Kontextualismus und Ethnografie in der Rezeptionsforschung*. In: HEPP, A.; R. WINTER (Hrsg.): *Kultur – Medien – Macht. Cultural Studies und Medienanalyse*. Opladen [Westdt. Verl.] 1997, S. 85-102

BEHMER, M. (Hrsg.): *Medienentwicklung und gesellschaftlicher Wandel. Beiträge zu einer theoretischen und empirischen Herausforderung.* 1. Aufl. Wiesbaden [Westdt. Verl.] 2003

BEHRENT, M.; J. WIELAND: *Corporate Citizenship und strategische Unternehmenskommunikation in der Praxis.* München [Hampp] (DNWE-Schriftenreihe, 11) 2003

CARROLL, A. B.; A. K. BUCHHOLTZ: *Business and Society. Ethics and Stakeholder Management.* Cincinnati, Ohio [South-Western] 2003

CASTELLS, M.: *Das Informationszeitalter. Teil 1 der Trilogie: Das Informationszeitalter.* Unveränderte Studienausg. der 1. Aufl. Opladen [Leske + Budrich [UTB]] 2004

FREIENSTEIN, J.: Von Connectivity zu Content – Mehrwertdienste für die Telekommunikation. In: KARMASIN, M.; C. WINTER (Hrsg.): *Mediale Mehrwertdienste und die Zukunft der Kommunikation.* Wiesbaden [Westdeutscher Verlag] 2002, S. 121-136

GRUNIG, J. E.: *Excellence in Public relations and Communication Management.* Hillsdale N.J [Erlbaum] (Communication Textbook Series Public Relations) 1992

HABISCH, A.; J. MOON: Social Capital and Corporate Social Responsibility. In: JONKER, J. (Hrsg.): *The Challenge of Organizing and Implementing Corporate Social Responsibility.* Basingstoke, Hampshire [Palgrave Macmillan] 2006, S. 63-77

HAMEL, G.; C. K. PRAHALAD: *Wettlauf um die Zukunft. Wie Sie mit bahnbrechenden Strategien die Kontrolle über Ihre Branche gewinnen und die Märkte von morgen schaffen.* Wien [Ueberreuter] 1997/1994

HEPP, A.; F. KROTZ; S. MOORES et al. (Hrsg.): *Konnektivität, Netzwerk und Fluss. Konzepte gegenwärtiger Medien-, Kommunikations- und Kulturtheorie.* Wiesbaden [vs Verl. für Sozialwiss.] (Medien - Kultur - Kommunikation) 2006

HEPP, A.; R. WINTER (Hrsg.): *Kultur – Medien – Macht. Cultural Studies und Medienanalyse.* Opladen [Westdt. Verl.] 1997

HESS, T. (Hrsg.): *Ubiquität, Interaktivität, Konvergenz und die Medienbranche. Ergebnisse des interdisziplinären Forschungsprojektes Intermedia.* Göttingen [Univ.-Verl. Göttingen] 2007

HESS, T.; DEUTSCHE TELEKOM AG: LIFE. *Digitales Leben.* Bonn 2009

JONKER, J. (Hrsg.): *The Challenge of Organizing and Implementing Corporate Social Responsibility.* Basingstoke, Hampshire [Palgrave Macmillan] 2006

KARMASIN, M.: *Das Oligopol der Wahrheit. Medienunternehmen zwischen Ökonomie und Ethik.* Wien [Böhlau] 1993

KARMASIN, M.: *Medienökonomie als Theorie (massen-) medialer Kommunikation. Kommunikationsökonomie und Stakeholder Theorie.* Graz/Wien [Nausner&Nausner] 1998

KARMASIN, M.; A. TROMMERSHAUSEN: Medienmanagement als CSR-Management. In: WINTER, C.; M. KARMASIN (Hrsg.): *Grundlagen des Medienmanagements. Innovationen im Medienmanagement.* Im Erscheinen

KARMASIN, M.; C. WINTER (Hrsg.): *Mediale Mehrwertdienste und die Zukunft der Kommunikation.* Wiesbaden [Westdeutscher Verlag] 2002

KARMASIN, M.; C. WINTER (Hrsg.): *Konvergenzmanagement und Medienwirtschaft.* München [Fink (UTB)] 2006

KIM, W. C.; R. MAUBORGNE: *Der blaue Ozean als Strategie. Wie man neue Märkte schafft wo es keine Konkurrenz gibt.* München [Hanser] 2005

KLUTH, A.: Nomads at Last. Wireless Communication is Changing the Way People Work, Live, Love and Relate to Places – and Each Other. In: *The Economist* (April 12th, 2008), S. 3-16

KUNO, S.: *Social Performance and Competitiveness.* In: SCHALTEGGER, S.; M. WAGNER (Hrsg.): *Managing the Business Case for Sustainability. The Integration of Social, Environmental and Economic Performance.* Sheffield [Greenleaf] 2006, S. 82-106

MAIER, M.: Medienunternehmen im Umbruch. Transformation ökonomischer Dispositive, neue Organisationsstrutkuren und entgrenzte Arbeitsformen. In: ALTMEPPEN, K.-D.; M. KARMASIN (Hrsg.): *Medien und Ökonomie.* Wiesbaden [vs Verl. für Sozialwiss.] 2004, S. 15-42

MÜNCH, R.: *Dialektik der Kommunikationsgesellschaft.* 1. Aufl. Frankfurt/M. [Suhrkamp] 1991

O'REILLY MEDIA: *What is web 2.0. Design Patterns and Business Models for the next Generation of Software.* 2005. In: http://www.oreilly.com/lpt/a/6228#mememap

PICOT, A.; M. S. SCHMID; M. KEMPF: Die Rekonfiguration der Wertschöpfungssysteme im Medienbereich. In: HESS, THOMAS (Hrsg.): *Ubiquität, Interaktivität, Konvergenz und die Medienbranche. Ergebnisse des interdisziplinären Forschungsprojektes Intermedia.* Göttingen [Univ.-Verl. Göttingen] 2007, S. 205-258

PORTER, M. E.: *Wettbewerbsvorteile. Spitzenleistungen erreichen und behaupten.* Frankfurt/M./New York [Campus] 1992

PORTER, M. E.; M. R. KRAMER: Strategy and Society. The Link Between Competitive Advantage and Corporate Social Responsibility. In: *Harvard Business Review,* Dezember 2006, S. 78-92

PRAHALAD, C. K.; M. S. KRISHNAN: *The new age of innovation. Driving cocreated value through global networks*. New York, NY [McGraw-Hill] 2008

ROBERTS, S.; J. KEEBLE; D. BROWN: *The Business Case für Corporate Citizenship*. o. J.

SCHALTEGGER, S.; P. HASENMÜLLER: *Nachhaltiges Wirtschaften aus Sicht des ›Business Case of Sustainability‹. Ergebnispapier zum Fachdialog des Bundesumweltministeriums (BMU) am 17. November 2005*. Lüneburg [CSM] 2005

SCHALTEGGER, S.; M. WAGNER (Hrsg.): *Managing the Business Case for Sustainability. The Integration of Social, Environmental and Economic Performance*. Sheffield [Greenleaf] 2006

SCHILLER, H. I.: *Mass Communications and American Empire*. 2. ed., updated. Boulder: [Westview Press] 1992

SCHLÄFFER, C.: *Beyond Connectivity. Vortrag auf dem Trendforum der Deutschen Telekom. Cebit 2008*. Veranstaltung vom 6.3.2008. In: http://www.telekom-trendforum.de/trendforum/de/media# [12.01.2010]

SIEGERT, G.; N. HAUTZINGER: Marketing und Vermarktung unter Konvergenzbedingungen. In: KARMASIN, M.; C. WINTER (Hrsg.): *Konvergenzmanagement und Medienwirtschaft*. München [Fink (UTB)] 2006, S. 117-130

SUROWIECKI, J.: *Die Weisheit der Vielen. Warum Gruppen klüger sind als Einzelne*. 1. Aufl. München [Goldmann] 2007

SYDOW, J.; A. WINDELER: Neue Organisationsformen in der Medienökonomie. Modularisierung, Netzwerkbildung, Virtualisierung. In: ALTMEPPEN, K.-D.; M. KARMASIN (Hrsg.): *Medien und Ökonomie. Anwendungsfelder der Medienökonomie*, Bd. 3. Wiesbaden [vs Verlag für Sozialwiss.] 2006, S. 47-60

WILLIAMS, R.: *Culture and Society. 1780-1950*. London, New York, NY [Chatto & Windus; Columbia Univ. Press] 1958

WINTER, C.: Der Zusammenhang von Medienentwicklung und Wandel als theoretische Herausforderung. Perspektiven für eine artikulationstheoretische Ergänzung systemfunktionaler Analysen. In: BEHMER, M. (Hrsg.): *Medienentwicklung und gesellschaftlicher Wandel. Beiträge zu einer theoretischen und empirischen Herausforderung*. 1. Aufl. Wiesbaden [Westdt. Verl.] 2003, S. 65-102

WINTER, C.: TIME-Konvergenz als Herausforderung für Management und Medienentwicklung. In: KARMASIN, M.; C. WINTER (Hrsg.): *Konvergenzmanagement und Medienwirtschaft*. München [Fink (UTB)] 2006, S. 13-51

WINTER, C.: Medienentwicklung und der Aufstieg einer neuen Beziehungskunst. In: KARMASIN, M.; C. WINTER (Hrsg.): *Konvergenzmanagement und Medienwirtschaft*. München [Fink (UTB)] 2006a, S. 183-216

FRANZISCA WEDER / LARISSA KRAINER

Public Value und die Verantwortung von Medienunternehmen. Corporate Communicative Responsibility als Bedingung für die Möglichkeit der Herstellung von Public Value

1. Einleitung

Die Ausläufer der vor allem Ende der 1980er-Jahre vielfach beschriebenen gesellschaftlichen Entwicklungen führen heute – insbesondere in Anbetracht der Herausforderungen durch die Digital- und Internetökonomie – erneut zu wissenschaftlichen und praktischen Diskussionen: die zunehmende Singularisierung und Individualisierung (BECK 1986; HACHENBERGER 2003), der Wertewandel (INGLEHART 1998; KLAGES/GENSICKE 2006), der Zerfall gewachsener sozialer Netzwerke (KEUPP/RÖHRLE 1987; STEGBAUER 2008) sowie die steigende Bedeutung von ›Ersatz-Netzwerken‹ in strukturell unsicheren bzw. instabilen Situationen. Kommunikationsprozesse können sogenannte ›Ersatz-Netzwerke‹ bilden, mediale Kommunikations- und damit Öffentlichkeits-Strukturen kompensieren zunehmend die erodierenden gesellschaftlichen Strukturen. Kommunikationen sind Beziehungszusammenhänge, sind Stabilisatoren und Sinnstifter zugleich (vgl. u. a. WEDER 2007, 2009). Die Öffentlichkeit als ein derartiges Kommunikationsnetzwerk ist damit *wert*voll, macht die Akteure und damit auch die gesellschaftlichen Organisationen, die an dieser gesellschaftlichen Strukturation durch Kommunikation beteiligt sind, zu Sinn- und *Wert*stiftern. Eine zentrale Rolle für die Herstellung und die Sicherung dieses ›Public Value‹ spielen Medienunternehmen.

In unterschiedlichen wissenschaftlichen Kontexten wird über Dynamiken der Corporate Governance, Media Governance und in diesem

Zusammenhang auch über Verantwortlichkeiten, konkretisierbar in Konzepten der Corporate Social Responsibility von Unternehmen, gesprochen. Den folgenden Überlegungen zugrunde liegende Fragen sind, inwiefern bisherige medienethische Auseinandersetzungen mit Potenzialen und Grenzen medialer Selbstregulierung diese Aspekte nur unter einem anderen Namen behandeln und entsprechende Vorschläge für die Umsetzung geliefert haben, oder ob eine unternehmerische Ausrichtung an einem Prinzip der Nachhaltigkeit und damit eine Unternehmenspraxis im Sinne der gesellschaftlichen Verantwortungswahrnehmung medienethische Grundlagen spezifiziert, substituiert oder komplementär ergänzt. Anhand aktueller Studienergebnisse aus dem deutschsprachigen Raum mit Schwerpunkt Österreich findet eine Auseinandersetzung damit statt, ob Medienunternehmen sich als ›good corporate citizens‹ wahrnehmen und wo Unterschiede und Gemeinsamkeiten in Überlegungen der Medienethik sowie der CSR liegen. Die Ergebnisse deuten darauf hin, dass insbesondere international operierende Medienunternehmen eher ihre CSR-Aktivitäten als medienethische Bemühungen kommunizieren. Einen Schwerpunkt im vorliegenden Artikel bildet die Diskussion der angekündigten Studienergebnisse vor dem Hintergrund der Frage nach der Dynamik der Selbstregulierung für Medienunternehmen im Sinne der Verantwortung, die durch die Rolle als Generator von ›Public Value‹ entsteht.

2. Medienunternehmen und ihre Verantwortung

Medienunternehmen sind – so die theoretische Basis der folgenden Diskussion – an den Strukturationsprozessen in Bezug auf die Öffentlichkeit beteiligt. Anknüpfungspunkte für das hier zugrunde gelegte Öffentlichkeitsverständnis bzw. Spannungsverhältnis zwischen der Organisationsstruktur ›Medienunternehmen‹ und dem Strukturzusammenhang ›Öffentlichkeit‹ sind insbesondere die Überlegungen von Schimank (2000, 2002) und Giddens (1995), die das individuelle und damit auch organisationale Handeln stets in Bezug auf systemische Kontexte, auf einen entsprechenden teilsystemischen Orientierungshorizont und diesen Bezug als Strukturationsprozess, als sich gegenseitig bedingend und reproduzierend beschreiben (vgl. für eine kommunikationswissenschaftliche Adaption GOTTWALD 2006; WEDER 2007, 2009). Öffentlichkeit wird daran anschließend als das Prozessprodukt der von Kommunikationsmanagement (speziell PR/Öffentlichkeitsarbeit) operationalisierten und von den Medien selektierten Organisationskommunikationen (vgl. WEDER 2008) verstanden.

2.1 Wert des Öffentlichen, Wert für die Öffentlichkeit?

Anknüpfungspunkt für die folgenden Überlegungen ist der Bericht zu Public Value des ÖSTERREICHISCHEN RUNDFUNKS (ORF 2007), in dem im Mittelpunkt der Definitions- und Adaptionsversuche der Begriff ›MehrWert‹ steht. Wie kommt es, dass der ›Wert des Öffentlichen‹ plötzlich nicht mehr auszureichen scheint, warum muss es gleich ein ›MehrWert‹ sein? Was bedeutet es, wenn der Wert zum ›MehrWert‹ und dieser dann weiter zur ›Währung‹ (z. B. im Rahmen des ORF-Berichts zu Public Value, ORF 2007: 2) transformiert wird? Ist Öffentlichkeit an sich eine Wertfigur? In diesem Zusammenhang erscheint es als sinnvoll, Begriffe wie ›Öffentlichkeit‹, die ihren Weg aus der Alltagssprache in die Wissenschaft genommen haben und von ihr wieder in den Alltagsgebrauch zurückgelangen, genauer zu betrachten und damit die Bedeutungsvielfalt wahrzunehmen.

›Public Value‹ führt beispielsweise Pons weder 1995 noch aktuell als eigenständige (oder erwähnenswerte) Wortkombination (PONS 1995; http://de.pons.eu/dict/search/results/?q=public%20value&l=deen, 7. März 2010). Der Begriff ›public‹ steht für ›öffentlich‹ und ›value‹ bedeutet so viel wie Wert oder Nutzen, für ›to be of value‹ bietet Pons die Übersetzung an:»wertvoll oder nützlich sein«. Im Duden (DUDEN 2006) finden sich unter anderem die folgenden Hinweise zum Begriff ›öffentlich‹: ›öffentliche Meinung‹, ›öffentliche Hand‹, ›im öffentlichen Dienst‹, ›öffentliche und Privatmittel‹. Im vorliegenden Kontext ist aber insbesondere die Unterscheidung zwischen Wert und Nutzen von Interesse. Ein Wert kann sowohl rational messbar sein (z. B. Preise als Maßstab verwenden) oder gerade das Gegenteil bezeichnen; dann bezeichnet der Begriff etwas, das sich objektiv und materiell nicht fassen lässt, das nur ideell in Bedeutungskategorien ausgedrückt werden kann. Bei ›nutzen‹ bzw. ›Nutzen‹ liegt eine viel breitere Begriffsvielfalt vor, die darüber hinaus viel stärker in die Richtung von Mess- und Verwertbarkeit verweist: Genannt werden z. B. die Synonyme ›(be)nützen‹, ›verwerten‹, ›verwenden‹, ›anwenden‹, ›einsetzen‹, ›sich zunutze/dienstbar/nutzbar machen‹, ›gebrauchen‹,

›zugute [...]kommen‹, ›sich auszahlen‹, ›Wert haben‹ bzw. die ›Ausbeute‹, der ›Verdienst‹ oder die ›Zweckdienlichkeit‹ (KNAUR 1992).

Auch der Begriff ›Öffentlichkeit‹ kann nicht eindeutig gefasst werden: »›Öffentlichkeit‹, so könnte man es kurz fassen, ist damit kein Name, der ein bestimmtes Ding benennt – obwohl er dies sein kann – sondern ein Begriff mit einem Bedeutungsumfeld, das verschiedene Verwendungsweisen ermöglicht« (HEINIGER/STEININGER 2007: 22). Diesem Exkurs zu verschiedenen Terminologien und den wissenschaftlichen Auseinandersetzungen wie beispielsweise in der Zeitschrift *Medienjournal* (1/2007) kann dementsprechend entnommen werden, dass Wert und Nutzen zwar in gewisser Weise synonym verwendet werden können, aber nicht generell. In diesem Zusammenhang ist auf den Doppelcharakter von Werten und Normen zu verweisen, die uns auf der einen Seite konkrete Hinweise für unser Handeln liefern, auf der anderen Seite aber auch abstrakte Normen (z. B. Menschenrechte) beschreiben und dementsprechend auch aufrechterhalten bleiben müssen. Sie stellen damit gleichsam einen Auftrag dar, der bestmögliche Annäherung an ihn vorsieht (HEINTEL 2000: 52; KRAINER 2001: 26). Dafür hat Immanuel Kant den Begriff der »regulativen Ideen« geprägt, die »niemals von konstitutivem Gebrauch sein können« (KANT 1974: 565).

Öffentlichkeit ist sowohl als empirische Größe als auch als theoretisches Konstrukt schwer zu fassen (WEDER 2009). In der Sozial- und speziell in der Kommunikationswissenschaft wird mit unterschiedlichen Varianten des Begriffs vor system- und akteurstheoretischen Folien gearbeitet, dennoch steht fest, dass »aus kommunikationswissenschaftlicher Sicht [...] das Konzept ›Öffentlichkeit‹ defizitär entwickelt [ist]. So sind weder ein *eigenständiges Öffentlichkeitskonstrukt* entwickelt, noch die *analytischen Grenzen von Öffentlichkeit* systematisch ausgelotet worden« (WIMMER 2007: 60, Hervorhebungen im Original). Daran anknüpfend werden im Folgenden die unterschiedlichen Konzeptionen und Auseinandersetzung mit Öffentlichkeit auf Aussagen zur ›Wertigkeit‹ dieses ›Öffentlichen‹, des ›Veröffentlichten‹ bzw. des Systems oder der Arena, die als ›Öffentlichkeit‹ beschrieben wird, diskutiert.

- Bei Konzepten einer ›politischen Öffentlichkeit‹ wird von einer Gesamtheit der zum öffentlichen Diskurs versammelten bzw. angesprochenen Menschen (dem Publikum) ausgegangen, eine Wurzel liegt in der Idee der ›Agora‹, des griechischen Marktplatzes; des Weiteren wird bei Öffentlichkeit als einer ›Methode der Aufklärung‹ (Öffentlichkeit als kritisches Forum) angesetzt und damit politische

Öffentlichkeit zu einem Strukturprinzip moderner Demokratien. Welche ›Wertigkeit‹ ist in diesem Zusammenhang der Öffentlichkeit zuzusprechen? Gibt es eine Trennung zwischen Privatheit und Öffentlichkeit (das ›Heraustreten‹ aus der Privatheit in die Öffentlichkeit)? Die Gegenüberstellung von ›öffentlich‹ und ›privat‹ ist historisch vergleichsweise jung. So verknüpft beispielsweise Wabnegg die Entstehung des modernen Begriffs der Öffentlichkeit mit der Entwicklung der bürgerlichen Gesellschaft, in der auch das Private einen Bedeutungswandel erfährt, etwa wenn es um Eigentumsrechte geht und öffentlich schließlich mit dem Terminus des Gemeinwohls verbunden wird (vgl. WABNEGG 2006: 31f.). Zur Frage, ob und wenn ja wie eine politische Steuerung des Öffentlichen möglich ist, verweist der Autor darauf, dass diese nur in Form einer »gemeinsam getragenen Verantwortung von Organisationen des Öffentlichen und [der] Politik gelingen kann« (WABNEGG 2006: Klappentext). Ein zweiter Gedanke führt zu der Rolle der Medien in Bezug auf die Produktion bzw. den Erhalt der Öffentlichkeit und damit eines Public Value.

- Habermas, der den Übergang unserer Gesellschaft zur Massengesellschaft als einen Prozess beschreibt, der aus dem Zusammenwirken von Politik, bürgerlichen Wirtschaftsvorstellungen und Massenmedien resultiert (vgl. HABERMAS 1991), verweist auf den Prozess der Herstellung von Öffentlichkeit als politisches Versprechen, das ebenso gut als Drohmittel verwendet werden könne. An dieser kritischen Konzeption einer politischen Öffentlichkeit anknüpfbar sind aktuelle kulturwissenschaftliche Ansätze, die unter anderem nach der Funktion der Öffentlichkeit fragen und damit nach »den Möglichkeiten von Öffentlichkeiten«; es geht ihnen darum, »kulturelle Selbstvergewisserungsprozesse anzustoßen oder kulturelle Ziele und Identitäten zu konstituieren« (WINTER 1993: 29). Anders in der ›klassischen‹ Kommunikationswissenschaft; hier werden Medien als Hersteller von Öffentlichkeit behandelt,[1] erklärbar durch die systemtheoretische Prägung. Das systemtheoretische Verständnis formuliert Öffentlichkeit als Spiegel (MARCINKOWSKI 2001; vgl. auch BAECKER 1996), die Funk-

---

[1] In der deutschsprachigen Kommunikationswissenschaft zeigt ein Blick in die allgemeinen Einführungswerke (vgl. exemplarisch BENTELE et al. 2003; LÖFFELHOLZ/QUANDT 2003), dass nicht überall auf das Konstrukt Öffentlichkeit speziell eingegangen wird; dennoch finden sich brauchbare Zusammenstellungen der Öffentlichkeitskonzepte (empfehlenswert WIMMER 2007).

tion der Medien bzw. eines ›Systems‹ Publizistik liegt dann in der *Her- und Bereitstellung von Themen öffentlicher Kommunikation*, die Leistung ist das *Veröffentlichen*. Vor diesem Hintergrund entstehen Überlegungen zur ›Wertigkeit‹ von öffentlich-rechtlichen und privaten Medien. Findet sich auf der einen Seite die Leistung des Veröffentlichens als ›Auftrag‹ öffentlich-rechtlicher Medien, markiert es auf der anderen Seite die Strategie, Privates ›ans Licht zu zerren‹, aufzudecken.

- Aktuellere Konzepte von Öffentlichkeit erweitern diese Idee der Medienöffentlichkeit und sprechen von einer Arena (vgl. GERHARDS/NEIDHARDT 1991, Überblick in WEDER 2009). Öffentlichkeit wird dabei zu einem ›spezifischen Kommunikationssystem‹, das sich über den Austausch von Informationen und Meinungen konstituiert, ein »leeres Feld«, das für Akteure und damit ›Sprecher‹ aller Art zugänglich ist (NEIDHARDT 1994: 19), ein sozialer Raum, »in dem sich Akteure in spezifischen Rollen bewegen« (WESSLER 1999: 25). Die dabei mitgedachte Mehrdimensionalität von Öffentlichkeit (Medien-, Themen-, ›Encounter-‹ oder Diskursöffentlichkeit mit jeweils unterschiedlich stark zugeordneten Sprecher- und Publikumsrollen) verweist auf einen ›mehrfachen Wert‹ (statt des vielfach diskutierten MehrWert) bzw. auf die Notwendigkeit, über den Wert (Value) der unterschiedlichen Öffentlichkeitsebenen zu diskutieren: von einfachen Interaktionssystemen (Diskurse, Dialoge, Verständigungs- und Aushandlungsprozesse – u. a. von Werten, s. o.) über Themenöffentlichkeiten (als thematisch zentrierte Interaktions- und Handlungssysteme) bis zur Medienöffentlichkeit (d. h. über die Massenmedien hergestellte Öffentlichkeit); damit löst sich auch der Dualismus zwischen privat und öffentlich auf.

2.2 *Medienunternehmen und ihre Corporate Communicative Responsibility*

- Medienunternehmen wirken auf der anderen Seite auf gesellschaftliche Struktur- und Wertewandlungsprozesse (vgl. GIDDENS 1995; WEDER 2007) zurück; dementsprechend sind Medienunternehmen nicht allein auf Profit und Marktanteile ausgerichtete Unternehmen (u. a. BEYER/CARL 2004: 87; KIEFER 2005: 21) und verantwortlich gegenüber ihren Share- und Stakeholdern. Darüber hinaus wird in unterschiedlichen, insbesondere medien- und kommunikationswissenschaftlichen Fachbereichen die politische, kulturelle oder auch etische (im Sinne gesellschaftlicher Reflexionsprozesse) Funktion bzw. Rolle in der Gesellschaft untersucht und beschrieben. Geht es auf der einen Seite um Fragen der Meinungsbildungs- und Orientierungsfunktion sowie der politischen Kontrolle, wird Medienunternehmen darüber hinaus eine zentrale Rolle in Bezug auf Realitätskonstruktionen, Etablierung von Deutungs- und Wertmustern, von individuellen und Gruppen-Identitäten zugesprochen. Dementsprechend können Medienunternehmen in ökonomischer Terminologie (vgl. u. a. KARMASIN 1998) als Produzenten von Sozialkapital (Medienunternehmen als Teil der Gesellschaft), von Realkapital (Medienunternehmen als Teil der Wirtschaft) und von Kulturkapital (Medienunternehmen als Produzenten von Öffentlichkeit) verstanden werden. Daraus erwächst für Medienunternehmen eine besondere – zweidimensionale – Verantwortung:

- im ökonomischen Sinne: *Corporate Social Responsibility* (CSR) als Legitimationspflicht für das eigene Handeln seitens gesellschaftlicher Organisationen, als Möglichkeit, »soziale Belange und Umweltbelange in ihre Unternehmenstätigkeit und in die Wechselbeziehungen zu den Stakeholdern zu integrieren« (EUROPÄISCHE KOMMISSION 2004: 8). Diese Dynamik entsteht mit zunehmendem Bewusstsein um den eigenen ›Brand‹ eines Medienunternehmens, die eigene ›corporate identity‹: »the topicality and urgency of the notion of social resspsonibility in the media are increasing« (BARDOEL/D'HAENENS 2004b: 10). Hier haben die Medien durch den privilegierten Zugang zur Öffentlichkeit einen Vorteil gegenüber anderen Unternehmen, dieses Potenzial wird auch genutzt – insbesondere durch private oder öffentlich-rechtliche Rundfunkanstalten wie beispielsweise mit einem Monopol (die Marktanteile betreffend) beim ORF in Österreich. Eine Alternative zu eigenen PR-Maßnahmen wäre, andere Medienunternehmen zu ignorieren oder deren Aktivitäten verzerrt wiederzugeben (vgl. FENGLER/RUSS-MOHL 2005).
- im kulturellen Sinne: *Corporate Communicative Responsibility* (CCR), als kommunikativ im Sinne kultureller Verantwortung von Medienunternehmen, als Verantwortung von, in und durch Medien. Dies wird im Folgenden genauer erklärt.

Medienunternehmen schaffen auf der einen Seite Öffentlichkeit, sie stellen somit die ›öffentliche Exponiertheit‹ (vgl. u. a. CHRYSSIDES/KALER 1993: 21) von Unternehmen kommunikativ her. Auf der anderen Seite sind Medienunternehmen eingebunden in ein Kräftefeld von Anspruchs- und Bezugsgruppen (vgl. WEDER 2009), die im vorliegenden Verständnis als Stakeholder bzw. Teilöffentlichkeiten gefasst werden können; dies entspricht einem kommunikativen Netzwerk, einem Interaktions- und Beziehungsgefüge, das sich über Kommunikationsprozesse herstellt und über Kommunikationskanäle manifestiert, die wiederum über Kommunikationsprozesse reproduziert werden (WEDER 2007, 2008).

Die theoretische Diskussion zeigt, dass Medienunternehmen eine besondere Verantwortung gegenüber der Gesellschaft zukommt. Als Hersteller von Öffentlichkeit schaffen sie ein Beziehungs- bzw. Interaktionsgefüge, über das gesellschaftliche Organisationen und damit Unternehmen Verantwortung gegenüber ihren relevanten Umwelten wahrnehmen können. Dieses Beziehungsfeld umfasst aber auch die beschriebenen individuellen Kommunikationsnetzwerke, die als Strukturgebilde das Individuum an die Gesellschaft bzw. deren Teilsysteme binden. Dies ist aber nur eine Verantwortungsdimension. Die *Corporate Communicative Responsibility*, über die Medienunternehmen ›Public Value‹ produzieren (können), umfasst neben der Herstellung von Öffentlichkeit im weiter oben geschilderten Sinn (Kap. 2.1.) zwei weitere Aspekte. Es stellt sich nämlich im Anschluss an die hier angeführten theoretischen Überlegungen die Frage, inwiefern dieses ›Bewusstsein‹ über die eigene Verantwortlichkeit im Sinne der öffentlichen Wertstiftung in den Medienunternehmen herrscht und darüber hinaus auch entsprechend strukturell gesichert (implementiert) werden kann und tatsächlich wird. Die These: Public Value wird in dem so eben beschriebenen Sinne erst dann hergestellt, wenn die kommunikative Verantwortung in und von Medienunternehmen realisiert wird, und zwar:

a) In Medienunternehmen: Verantwortungswahrnehmung nach innen durch selbstregulative Maßnahmen (institutionen- und individualethisch);

b) Von Medienunternehmen: Verantwortungswahrnehmung nach außen durch entsprechende Publikation des eigenen (verantwortlichen) Handelns (Medienjournalismus, Vorbildfunktion in der Verantwortungskommunikation, siehe Abb. 1).

Für die Operationalisierung und damit auch die wissenschaftliche Untersuchbarkeit ist es notwendig, vor dem Hintergrund dieser Über-

ABBILDUNG 1
Die ›Quatriple-Bottom-Line‹ der Verantwortung von Medienunternehmen

| ökonomische Verantwortung
| soziale Verantwortung
| ökologische Verantwortung

| kommunikative Verantwortung

→ *durch* Medienunternehmen — Schaffen der Öffentlichkeit als Raum, über den andere Unternehmen Verantwortung wahrnehmen können (Veröffentlichung der ökonomischen, sozialen, ökologischen Verantwortungsübernahme von Unternehmen)

→ *in* Medienunternehmen — Verantwortungswahrnehmung nach innen, Mitarbeiter, Professions-/Führungsethik, Managementsysteme

→ *von* Medienunternehmen — verantwortungsvolle Kommunikation nach außen, verantwortungsvolles Handeln gegenüber externen Stakeholdern (insbes. dem Publikum), Vorbild in der Verantwortungswahrnehmung sein

Quelle: Weder/Karmasin 2009

legungen die Schlüsselbegriffe der Fremd- und Selbstregulierung sowie der Corporate und Media Governance einander gegenüberzustellen und damit deren Eignung als Analysekriterien zu überprüfen.

3. Wahrnehmung von Verantwortung – Media oder Corporate Governance?

Ein immer wieder debattiertes Spannungsfeld im Rahmen medienethischer Diskussionen ist das Mit- oder Nebeneinander zwischen Selbst- und Fremdregulierung. »[S]tatutory media regulation can be defined as the formulation and enforcement of rules as well as the sanctioning of non-compliance regarding media organizations and the process of mass communication they are organizing« (PUPPIS 2007: 331). In diesem Sinn wird im Folgenden versucht, Konzepte von CSR mit der Idee der Media Governance zusammenzuführen und vor diesem Hintergrund aktuelle Studienergebnisse aus Österreich zu interpretieren.

3.1 CSR und Media Governance

Media Governance ist ein Begriff, der zumeist im medienpolitischen Kontext verwendet wird; so wurde beispielsweise mit dem ›World Summit on the Information Society‹ versucht, Global Media- bzw. Communications Governance in die Praxis umzusetzen (vgl. http://www.worldsummit2003.de/, 04.03.2010). Unterschiedliche Akteure bezogen zur Zukunft der Informationsgesellschaft Stellung, entsprechende Beratungskonzepte folgten. Das Konzept der Media Governance bezeichnet »a multi-stakeholder approach which is supposed to ›tackle‹ complex Conflicts of interest in media policy« (MEIER/PERRIN 2007: 338), es bezieht sich also auf entsprechende Strukturen und Handlungen zwischen einem Medienunternehmen und den Stakeholdern (im Sinne von Bezugsgruppen). Das Konzept umfasst aber auch die Verantwortlichkeiten bzw. die Notwendigkeit zur Legitimation des eigenen Handelns in politischer sowie sozialer Hinsicht (ebd.: 71f.). Daran schließen aktuelle Definitionen der generellen unternehmerischen Verantwortung an, die beispielsweise in der Definition der EU-Kommission als ein ›Konzept‹ beschrieben wird, »das den Unternehmen als Grundlage dient, auf freiwilliger Basis soziale Belange in ihre Tätigkeit und in die Wechselbeziehungen mit den Stakeholdern zu integrieren« (EUROPÄISCHE KOMMISSION 2001: 8; vgl. auch KÖPPL/NEUREITER 2004: 5). Nicht speziell auf Medienunternehmen bezogen finden sich in der Literatur unterschiedlichste Überlegungen zur konkreten Umsetzung von CSR. Für eine Untersuchung eignen sich unserer Meinung nach die folgenden von Ulrich (2001: 416ff.) ausgearbeiteten, aber auch bei anderen Autoren (vgl. insbesondere MARREWIJK 2003: 102f.) beschriebenen Kategorien (vgl. WEDER/KARMASIN 2009):

1. Compliance-driven CSR: CSR wird nur im Rahmen gesetzlicher Rahmenbedingungen wahrgenommen. Das Ziel: »providing welfare to society, within the limits of regulations from the rightful authorities« (MARREWIJK 2003: 102). Möglich sind dann Formen der direkten Regulierung, aber auch Aufforderungen zur Selbstregulierung, gesellschaftliche Privilegien (Sendelizenzen, Förderungen) werden beispielsweise an den Nachweis von ethischen Maßnahmen geknüpft.

2. Instrumentalistische CSR: Soziale, ethische und ökonomische Überlegungen werden in das unternehmerische Handlungsfeld

integriert, vorausgesetzt es bringt finanziellen Gewinn. Ziel ist die Reputationssteigerung, für Medienunternehmen konkret die Erhöhung der Publikumsbindung, Motivation der Mitarbeiter etc. CSR ist reine Geschäftsstrategie.

3. Karitative CSR: Diese geht über rechtliche Verpflichtungen oder instrumentelle Ansätze hinaus, Gewinne werden außerökonomisch eingesetzt, CSR-Überlegungen berühren nicht das Kerngeschäft, es geht nur um die *Art* der Gewinnverwendung.
4. Synergetische, korrektive CSR: Ziel sind funktionelle aber ausbalancierte Lösungen und damit eine Wertsteigerung im ökonomischen, sozialen und ökologischen Bereich. Aber: Ethische Verantwortung kann in Gewinnverzicht münden.
5. Intergrative CSR »Holistic CS« (MARREWIJK 2003: 103): CSR ist in jeden Aspekt der Organisation bzw. des organisationalen Handelns integriert. Ethik wirkt in diesem ›Idealkonzept‹ im Kerngeschäft der Unternehmung. Als notwendig angesehen wird ein hohes Ausmaß an Institutionalisierung von CSR-Maßnahmen.

Beschreibungen von konkreten CSR-Instrumenten beziehen sich allerdings zumeist auf die vier Ebenen der Verantwortung von Carroll (vgl. CARROLL/BUCHHOLTZ 2006), die ökonomische, die rechtliche, die ethische und die philantropische/freiwillige Verantwortung. Dementsprechend werden soziale Projekte (karitative Hilfsprojekte etc.), Umweltprojekte, das Engagement im Bereich Bildung und Kultur (Forschungsförderung, Kunstsponsoring) und in Sport und Gesundheit (Breiten- und Spitzensport, Aufklärungskampagnen) als Bereiche gesellschaftlichen Engagements definiert; konkret genannt werden beispielsweise Geld- und Sachspenden (Corporate Giving), Sponsoring, Caused Related Marketing, soziale Kooperationen, Social Commissioning (Auftragsvergabe an gemeinnützige Organisationen) u.a. Hinzu kommen aus einer kommunikationswissenschaftlichen Perspektive (vgl. KARMASIN/WEDER 2008) die *Responsible Communication* (interne Kommunikation) und das *Reporting/Communication about* CSR (externe Kommunikation; Nachhaltigkeits-, Umweltberichte).

3.2 CSR *und Medienethik*

Mit einem Blick auf die zunehmenden Untersuchungen der CSR von Medienunternehmen wird deutlich, dass es hier *entweder* um die Verantwortung der Medienunternehmen für den produzierten Content (als privates und öffentliches Gut) geht *oder* um die Verantwortung des Unternehmens an sich gegenüber der Gesellschaft (strukturell, nach innen und außen; vgl. u.a. BARDOEL/D'HAENENS 2004a, 2004b). Dementsprechend ist insbesondere im anglo-amerikanischen Raum der Übergang von einem allgemeinen Konzept der Verantwortung zu einer konkreten Idee der ›Accountability‹ zu beobachten (vgl. BARDOEL/D'HAENENS 2004a; HODGES 1986), die auch die medienökonomische Auseinandersetzung mit dem (zu produzierenden) Public Value anknüpfbar macht. Medienunternehmen sind dementsprechend zweifach gefordert; erstens in Bezug auf die gesellschaftliche Verantwortung als Produzent eines ökonomischen Gutes (CSR). Zweitens besteht für Medienunternehmen als Hersteller von Öffentlichkeit und damit eines Kulturgutes die Verpflichtung, selbstreflexiv und damit selbstregulativ tätig zu werden (vgl. KARMASIN/WEDER 2009). Entsprechende Formen der Medienethik, mit denen Medienunternehmen CSR sowohl prozessual als auch institutionell wirksam machen können, sind dementsprechend *medienethische* Instrumente, wie beispielsweise auf institutionenethischer Ebene der Einsatz eines Presse-Ombudsmannes oder Ethik-Beauftragten, der Abdruck von Corrections-Spalten, Leserbriefen oder die Umsetzung von Op-Ed Pages oder Company Codes (vgl. u.a. STAPF 2000: 154ff.), die Einrichtung einer Ethik-Hotline oder einer Ethik-Kommission bzw. die Implementierung von Stakeholder-Management, Mitarbeiter-Trainings und Gender- oder Diversity-Programmen in der Personalpolitik.

Gehen wir also davon aus, dass über Organisationsstrukturen die teilsystemische Handlungslogik durch individuelles Akteurshandeln operationalisiert wird (vgl. GIDDENS 1990, 1995; WEDER 2007, 2008), finden sich sowohl auf individualethischer Ebene Zusammenhänge zwischen wirtschafts- und medienethischen Überlegungen, als auch auf organisations- und systemischer Ebene. Eine Organisation als netzwerkartiges Kommunikations- und Interaktionssystem ist der Rahmen, in dem verantwortungsvolles Individualhandeln stattfindet, in anderen Worten die Verantwortungswahrnehmung ermöglichende Struktur. Die organisatorischen Fähigkeiten, diese Strukturen und Verhaltensmuster zu verändern, ohne die (kulturelle) Identität als Ganzes zu verlieren, lässt sich als Selbstorganisation beschreiben (vgl. u.a. WEDER 2007, 2008). Verantwortungswahrnehmung wird also sowohl aus ordnungs-, institutionen- als auch individualethischer Perspektive zu einer Frage der Selbstregulierung (vgl. KARMASIN/WEDER 2009) und vice versa. An dieser Stelle sei auf das Konzept der Prozessethik verwiesen, in dem es um eine derartige Organisation ethischer Entscheidungsprozesse geht. Die Idee: »sozusagen ›von unten‹ Gewohnheitsmoral stufenweise zu universalisieren« (KRAINER/HEINTEL 2010: 22).

Neben der bereits mehrfach angeführten Studie von Bardoel und d'Haenens (2004b), die sich mit Medienunternehmen in unterschiedlichen europäischen Ländern und Kanada auseinandersetzen, sei auf die Fallstudien von Holly und Stark (2006) verwiesen, die sich mit den CSR-Aktivitäten deutscher Verlage auseinandergesetzt haben – doch auch diese Ergebnisse sind nur wenig systematisch aufgearbeitet. Hinweise auf Zusammenhänge zwischen Formen der Verantwortungswahrnehmung und medienethischen Regelmäßigkeiten in Medienunternehmen finden sich auch in Analysen und Modellen zur Co-Regulierung. Dieser Begriff bezeichnet eine Regulierung durch private Akteure für den eigenen Sektor gemeinsam mit staatlichen Akteuren (politisch-administratives System plus unabhängige Regulierungsbehörden); entsprechende ›Regelmäßigkeiten‹ bestehen hinsichtlich Regelsetzung, Durchsetzung und Sanktionierung. Eine Besonderheit ist die Verpflichtung der Branche zur Selbstkontrolle durch den Staat, der Mindeststandards und Ziele festlegt. Angelehnt an die Beschreibung der Birmingham Audiovisual Conference (vgl. http://europa.eu.int/comm/avpolicy/legis/key_doc/saarbruck_en.htm, 18.02.2010) definiert eine Studie des *Hans-Bredow-Instituts* regulierte Selbst-Regulierung als »Selbst-Regulierung, die in einen staatlich gesetzten Rahmen eingepasst ist bzw. auf rechtlicher Grundlage erfolgt« (vgl. SCHULZ/HELD 2000). In diesem Zusammenhang untersuchte beispielsweise Held (2007) Modelle der Co-Regulierung (vgl. auch GOTTWALD et al. 2006), die Ergebnisse haben allerdings nur beispielhaften Charakter. Eine Studie an der Universität Fribourg untersuchte 2008 elf österreichische, zehn italienische, elf französische, zwölf deutsche und 20 schweizerische Medienunternehmen nach Kategorien, die in den drei Dimensionen der Corporate Governance (Besitzverhältnisse, Corporate Strategy, Organisationsstruktur etc.), der Media Governance (journalistische Leitlinien/Kodizes, Kontrollmechanismen, Einbindung der Rezipienten etc.) und der CSR (Orientierung Richtung Mitarbeiter, Gesellschaft, Umwelt).[2] Die Ergebnisse zeigen insbesondere, dass eine genauere Gliederung medienethischer Aktionen

---

[2] Dzt. noch nicht publiziert, Kontakt: Prof. Dr. Diana Ingenhoff.

und Strukturen im Sinne von Untersuchungskategorien notwendig ist; eine Untersuchung von Mechanismen der Media Governance zeigte länderspezifische Unterschiede insbesondere bzgl. Kontrollmechanismen und der Kommunikation der Bemühungen im Bereich Media Governance. Ebenso bedarf die Dimension unternehmerischer Verantwortung einer Spezifizierung. In den bisherigen Studien konnte zwar festgestellt werden, dass – insbesondere von deutschen Medienunternehmen – CSR-Aktivitäten auf den Websites kommuniziert werden, allerdings wurde im Rahmen der quantitativen Analyse des Internetauftritts nicht erfasst, welche Aktivitäten nun tatsächlich stattfinden und ob diese medienethisch (Produktion eines Kulturgutes) oder im Rahmen unternehmerischer Verantwortungswahrnehmung (Produktion von Realkapital) stattfinden und kommuniziert werden. Für eine Auseinandersetzung mit dem beide Produktionsprozesse umfassenden Begriff ›Public Value‹ erscheint diese Unterscheidung allerdings als sinnvoll und notwendig.

Dementsprechend dienten für die im Folgenden präsentierte Untersuchung der zehn größten österreichischen und europäischen Medienunternehmen die an die hier bereits diskutierten theoretischen Grundlagen anknüpfenden Schematisierungen: Als Kategorienschemata dienen dabei auf der einen Seite die CSR-Konzepte nach Ulrich (2001) und Marrewijk (2003) und auf der anderen Seite die Unterscheidung der medienethischen Prozesse und Strukturen auf individual-, organisations- und systemethischer Ebene. Mithilfe dieser Kategorien wurden sowohl medienethische als auch CSR-bezogene Maßnahmen bzw. Instrumente mit einer quantitativen Webpage-Analyse der zehn größten europäischen und österreichischen Medienunternehmen erhoben.[3] Die zentralen Forschungsfragen lauteten:

1. In welchem Umfang diskutieren Medienunternehmen CSR und Medienethik auf ihren Internetseiten, was sind die angeführten Schwerpunkte?
2. Werden von den Medienunternehmen Motive für ihr CSR-Engagement und medienethische Reflexionen angegeben und, wenn ja, welche sind dies?

---

[3] Erhoben wurden nur Content produzierende Unternehmen, bei Printmedien wurde nicht zwischen Print- und Online-Auftritt differenziert und der ORF wurde gesamt, d.h. TV und Hörfunk-Produktion gemeinsam betrachtet (Stichwort: Dachunternehmung). Vgl. ANKOWITSCH et al 2009.

3. Werden die CSR und die medienethischen Instrumente auf bestimmte Stakeholder ausgerichtet und, wenn ja, auf welche?
4. Werden medienethische Instrumente als CSR bezeichnet oder CSR-Maßnahmen als medienethische Instrumente präsentiert?

Die Ergebnisse werden im Folgenden präsentiert und reflektiert; referiert wird dabei ergänzend auf die Daten einer Studie zu Medienregulierung in Österreich aus dem Jahr 2006.[4]

In Österreichs Medienunternehmen finden sich implementierte Formen der Selbstregulierung insbesondere auf institutioneller Ebene. Der ÖSTERREICHISCHE RUNDFUNK (ORF) übernimmt hier eine Vorreiterrolle, geachtet wird insbesondere auf die Transparenz der Programmrichtlinie[5] sowie eine strukturelle Vernetzung. Damit kommt der ORF seiner Verantwortung im Sinne der Rolle eines Herstellers von Öffentlichkeit nach. Im Sinne der Selbstregulierung haben *Mediaprint*, *Moser Holding* und *Wimmer Holding* einen Ombudsmann eingesetzt, was sich, wie das Engagement im Bereich Ausbildung und Forschung (*Vorarlberger Medienhaus*, ORF), auch als CSR-Maßnahme wiederfindet (vgl. Tab 1).

TABELLE 1
CSR-Maßnahmen in österreichischen Medienunternehmen

Unternehmen	CSR-Maßnahmen				
	Compliance driven CSR	Instrumentalistische CSR	Karitative CSR	Synergetische, korrektive CSR	Integrative CSR
ORF	Medien-Jugendschutz		Rat auf Draht, ORF-Elterntelefon, Nachbar in Not, Team Österreich, Ö3 Kummernummer, Nachdenken statt lenken, Sicheres Köpfchen		Licht ins Dunkel, Themenschwerpunkte, Radio Afrika International, Wiener Slowaken und Tschechen für Volksgruppen, Nachwuchsförderung Musikantenstadl, Nachwuchsförderung Journalisten (TW1)
Mediaprint	Ombudsmann, Mitglied der MAK	Magazin-award, Schüler-zeitung,	Schüleranwalt, Spendenaktion Schmetterlingskinder, Golfen mit Smile, Charity Golfturnier, Schüler-Charity, Happy-Kids-Charity, (Yacht: Regenbogenregatta)		
Styria Medien AG		Schüler-zeitung, Kindernest, Charity Award	Kärntner in Not, gelbes Telefon, Kindernest, Schulgolftag		Antenne macht Schule

4 Rekurriert wird hier auf die bereits angekündigte Studie ›Medienselbstregulierung zwischen Ökonomie und Ethik. Erfolgsfaktoren für ein österreichisches Modell‹ von GOTTWALD et al. 2006.
5 Transparenz im Sinne des Mediengesetz (§ 25) ist stets gegeben.

Auf ordnungsethischer Ebene ist eine Bezugnahme auf ordnungspolitische Regeln bzw. Gesetze zu beobachten (Schutz von Minderjährigen, Thematisierung der rechtlichen Grundlagen zu Gewalt/Obszönität). *Der Standard* richtet sich an Gender- und Diversity-Prinzipien aus und nutzt mit seinem Internetauftritt *Die Standard* (www.diestandard.at) die neuen Medien für eine Verantwortungsübernahme in ordnungsethischer Dimension. Medienunternehmerische Richtlinien für Mitarbeiter sind bei *Vivendi* und *Lagadère* festzustellen. Die *kommunikative Verantwortung* liegt, wie weiter oben theoretisch hergeleitet, in einer verantwortungsvollen Kommunikation nach innen, aber auch in der Kommunikation der Verantwortungswahrnehmung selbst (Gesellschafts-, Ethik- und CSR-Berichte auch bei *Reed Elsevier* und *BSkyB*). Die *News Corp. Europe, Reed Elsevier* und *Lagardère* sind die großen europäischen Medienunternehmen, bei denen ethische Standards bzw. Grundwerte in der Organisationsstruktur implementiert wurden, *Pearson* bezieht sich auf einen ›Code of Business Conduct‹.

TABELLE 2
Medienethik in den europäischen Medienunternehmen

Unternehmen	Individualeth. Dim.	Institutionenethische Dim.	Ordnungsethische Dim.
Vivendi (Paris, F)	Richtlinien für Mitarbeiterinnen	FAQs, Berichte, Nutzerbestimmungen	Prinzipien: Schutz von Kindern und Minderjährigen, kulturelle Vielfalt, Knowledge-Sharing; Standards, Richtlinien eigens formuliert/adaptiert
Lagardère (Paris, F)	MitarbeiterInnen Komitee (Maßnahmenkatalog), Förderung der kulturellen Vielfalt, Umweltmaßnahmen (deklariert als CSR), Corporate Governance, Transparenz (Artikel, Investor Relations, Infos für Aktionäre, FAQs)	Sozialer Dialog (Human Relations), Verpflichtung gegenüber der Gesellschaft als Prinzip	Deklarierte Grundwerte
Reed Elsevier (London, GB; Amsterd., NL)	k.A.	Gesellschafts- und CSR-Berichte, Code of Ethics Strategien, Werte/Mission extra angeführt, Mitarbeiterförderung, MA-Komitees	
BSkyB (Isleworth, GB)		Training Days für Angestellte, Business- und CSR-Berichte (öffentliche Präsentationen)	
Pearson (London, GB)		Benefits für Mitarbeiterinnen, FAQs für Leser/Userinnenund Aktionäre, Kontaktdaten der Analysten, Ethik-Site im Internet, Ethikbericht, Firmenbericht, Firmenpolitik-Bericht, Umweltbericht, soziale Pläne, Code of Business Conduct	Prinzipien: Umwelt, Vielfalt, Kinder, Gesundheit/Sicherheit; Fortschritt, Community-Charity
News Corp. Europe (London, GB)		Ethical Standards, Richtlinien für Mitarbeiterinnen, Ethical Standards, Code of Ethics für den CEO/Senior Financial Officers	Safe Habor Policy (Human Resource)

Auch für europäische Medienunternehmen gelten das jeweilige nationale Medienrecht sowie die grundlegenden Regulierungen auf europäischer Ebene (vgl. http://europa.eu/pol/infso/index_de.htm, 20.11.2008).

Daraus entsteht eine Kombination aus selbst- und fremdregulativer Dynamik, die sich aber gegenseitig nicht ersetzen, sondern vielmehr komplementär ergänzen.

Die Reputation eines Unternehmens und damit Fragen von Vertrauen und Glaubwürdigkeit sind immaterielle ›Wertzuschreibungen‹ (vgl. u. a. FUCHS-GAMBÖCK 2006: 35ff.) bzw. Wertschöpfungsfaktoren – auf Medienunternehmen bezogen der Public Value. Inwiefern lassen sich österreichische und europäische Medienunternehmen nun als verantwortungsvolle ›Good Corporate Citizens‹ (vgl. SCHRADER 2003) verstehen? Tatsächlich zeigt die Analyse der Studienergebnisse, dass – wie eingangs vermutet – medienethische Instrumente als CSR ›gelabelt‹ werden. Insbesondere in der Kategorie der ›Compliance driven CSR‹ (Verantwortungswahrnehmung im Rahmen von bestehenden, gesetzlichen Strukturen) finden sich Zustimmungserklärungen zum Jugendschutz oder der Einsatz einer Ombudsperson, die auch im Rahmen von Medienethik diskutierte Möglichkeiten der Selbstregulation markieren. Das ›Reporting‹ als Form instrumentalistischer CSR zielt darauf ab, interne und externe Stakeholder mit transparenten Informationen zu versorgen und dadurch Glaubwürdigkeit zu schaffen. Eine strategisch verankerte Nachhaltigkeitsberichterstattung ist damit ein zentraler Baustein der unternehmerischen Verantwortungsübernahme, also ein »wichtiger Bestandteil transparenter Kommunikation« (FUCHS-GAMBÖCK 2006: 171); für Medienunternehmen ist dies allerdings keine Selbstverständlichkeit, dies wird nur in großen, international agierenden Unternehmen praktiziert. Medienunternehmen, die in nationalen Rankings nicht unter den ›großen‹, umsatzstarken Unternehmen zu finden sind, bilden in Bezug auf entsprechende Reporting-Strategien und Instrumente die Ausnahme.

ORF, *Mediaprint* und die *Styria Medien* AG praktizieren v. a. die sogenannte karitative CSR, d. h. Initiativen, die über instrumentelle Ansätze hinaus gehen. Die Ergebnisse verweisen hier auf einen Zusammenhang zwischen Größe des Unternehmens und Bereitschaft für Spenden, Sponsorships oder Sozialprojekte (Rat auf Draht, Schmetterlingskinder etc.). Bei diesen Formen des ›Corporate Giving‹ (Spenden- bzw. Sponsorentätigkeiten) geht es um die in der Literatur seit den 1970er-Jahren diskutierte philantropische Verantwortung (vgl. CARROLL 1981: 187). Ein ›Holistic System‹ der Verantwortungswahrnehmung findet – so wurde es auch im Rahmen der theoretischen Vorüberlegungen angedeutet – dann statt, wenn sich fremdregulative Maßnahmen auf Organisationsebene wiederfinden und zugleich individuelles Handeln anknüpfbar wird, bzw. diese regulativen Maßnahmen durch das individuelle Handeln operationalisiert und damit umgesetzt werden, auf Organisationsebene wirken und durch eine selbstreflexive bzw. -regulative Dynamik ergänzt werden. Marrewijk und Werre sprechen in diesem Zusammenhang von »Synergy« und »Self-development and also environmentally concerned« (2003: 111). Maßnahmen wie Mitarbeiter-Trainings und Ausbildungsprogramme (ORF, *Vorarlberger Medienhaus, Reed Elsevier, BSkyB, Mediaset*), Kooperationen bzw. sogenannte ›Public Private Partnerships‹ (wie z. B. der ORF mit seiner Aktion ›Licht ins Dunkel‹), aber auch die Etablierung in einem Themenfeld (Issue Management) sind Beispiele für ›integrative CSR‹. Dies bestätigt, dass der Dialog mit den Teilöffentlichkeiten essenziell für den CSR-Prozess ist (vgl. KARMASIN/WEDER 2008: 62, 88), geht es doch bei der Rückbindung einer Unternehmung an die Gesellschaft über die Wahrnehmung von Verantwortung um das Schaffen von Integrationsmöglichkeiten für die Stakeholder in das organisationale Feld (ebd.: 128).

Mit diesen Reflexionen der Studienergebnisse, die zwar als strukturiert, aber dennoch als eher exemplarisch behandelt werden müssen, zeigt sich, dass an einigen Stellen CSR medienethisch kommuniziert, häufiger noch medienethische Überlegungen im Sinne des ›ökonomischen Trends zur Nachhaltigkeit‹ als CSR-Maßnahme markiert und auch formuliert werden – insbesondere auf europäischer Ebene. Eine Kombination aus CSR und Medienethik auf konzeptioneller sowie Selbst- und Fremdregulierung auf praktischer Ebene kann dementsprechend als anzustrebende Variante der Verantwortungswahrnehmung diskutiert werden, die über ideale/idealisierende Zielvorgaben an Unternehmen hinausgeht und tatsächlich opartionalisierbar ist. Das bedeutet, dass in einer Kombination aus Fremd- und Selbstregulierung möglicherweise genau die gesellschaftliche Verantwortungswahrnehmung von Medienunternehmen und damit eine nachhaltige Sicherung der *Bedingungen* für die Generierung eines Public Value steckt.

4. Ausblick

Vergleichsdaten aus Österreich, Deutschland und den zehn größten europäischen Medienunternehmen hinsichtlich ihrer CSR-Aktionen (vgl. ULRICH 2001; MARREWIJK 2003) sowie medienethischen Instrumente bzw. Maßnahmen (vgl. GOTTWALD/KALTENBRUNNER/KARMASIN 2006) zeigen, dass die meisten Medienunternehmen ihre gesellschaftliche Verantwortung (CSR) medienethisch umsetzen. Eine ›Holistic‹-Variante (vgl. MARREWIJK 2003), die eine Verbindung der ordnungs-, institutionen- und individualethischen Dimension bedeutet, kann in Bezug auf die Einzelergebnisse als Kombination aus fremdregulativen (Ordnungsethik, d. h. Mediengesetz etc.) und selbstregulativen Maßnahmen (Unternehmens-Kodizes, Ethik-Kommission als institutionsethische und Führungsethik als individualethische Instrumente) beschrieben werden – findet sich allerdings in den untersuchten nationalen und internationalen Medienunternehmen nicht. Die Generierung von Public Value entsteht aber, so viel lässt sich aus den Studienergebnissen ableiten, dort, wo das Bewusstsein der dreidimensionalen Corporate Communicative Responsibility bei einem Medienunternehmen, umgesetzt als Medienethik, deutlich wird. Dies lässt zwei Schlussfolgerungen zu:

- Selbst-Regulierung – wenn sie denn als medienethische Maßnahme gekennzeichnet und nicht in anderen Zusammenhängen ›kommunikativ genutzt‹ wird –, die nur auf Freiwilligkeit beruht, kann bestimmte Erfolgsfaktoren, die international als zwingend angesehen werden, nicht erfüllen. Selbst-Regulierung ist ein Instrument der Qualitätssicherung und bietet Orientierungsmöglichkeiten und Wegmarken dieses kann daher nicht nur ein Ex-post-Sanktionsinstrument sein. Selbst-Regulierung muss auf Nachhaltigkeit ausgerichtet sein, d. h. Rechtsform, Ziele, Verfahren und Verantwortlichkeiten müssen klar definiert sein. Selbst-Regulierung kostet Geld (Geschäftsstelle, Media Monitoring, Leseranwaltschaft etc.), es bedarf einer entsprechenden Finanzierung. Erst dann wird der *Wert* bzw. das *Wertschöpfungspotenzial* dieser Verantwortungswahrnehmung sichtbar.
- Public Value bezeichnet im hier vertretenen Verständnis eine mehrfache Wertigkeit auf allen »Ebenen des Sinnbezugs zwischen Sprechäußerungen und den im Publikum zirkulierenden Weltverständnissen« (WESSLER 1999: 37). Es geht nicht um einen MehrWert, sondern um einen mehrfachen Wert auf den unterschiedlichen Öffentlichkeitsebenen. Sowohl auf der Ebene von Interaktionsöffentlichkeiten als auch der Themen- und der Medienöffentlichkeit finden ›Werte-Aushandlungsprozesse‹ (Ethik) statt – in der oder *über* die Öffentlichkeit (wir konstatieren gleich-

sam eine »kulturelle Öffnung« des Öffentlichkeitsbegriffs, vgl. WESSLER 199: 37). Die Öffentlichkeit wird damit zum Indikator sozialen Wandels bzw. des Wertewandels, die Gesellschaft sucht einen Konsens für übergeordnete Werte. In der Öffentlichkeit als Resonanzkörper entstehen ebenenübergreifend Werte, womit sich die Öffentlichkeit selbst als offenes ›Werte-Feld‹ reproduziert.

Literatur

ANKOWITSCH, J.; A. LEOPOLD; F. WEDER: CSR *in österreichischen Medienunternehmen*. Unveröff. Forschungsbericht. Klagenfurt 2008

BAECKER, D.: Oszillierende Öffentlichkeit. In: MARESCH, R. (Hrsg.): *Medien und Öffentlichkeit, Positionierungen, Symptome, Simulationsbrüche*. München 1996, S. 89-107.

BARDOEL, J.; L. D'HAENENS: Media Meet the Citizen. Beyond Market Mechanism and Government Regulations. In: *European Journal of Communication*, 2004a, 19/2, S. 165-194

BARDOEL, J.; D'HAENENS, L.: Media Responsibility and Accoutability: New Conceptualizations and Practices. In: *Communications*, 2004b, 29, S. 5-25

BECK, U.: *Die Risikogesellschaft*. Frankfurt/M. 1986

BENTELE, G.; H.-B. BROSIUS; O. JARREN (Hrsg.): *Öffentliche Kommunikation. Handbuch Kommunikations- und Medienwissenschaft*. Wiesbaden 2003

BEYER, A.; P. CARL: *Einführung in die Medienökonomie*. Konstanz 2004

CAROLL, A. B.; A. K. BUCHHOLTZ: *Business & Society. Ethics and Stakeholder Management*. 4. Aufl. Cincinnati, Ohio 2000

CHRYSSIDES, G. D.; J. H. KALER: *An Introduction to Business Ethics*. London u.a. 1993

DUDEN: *Duden. Die deutsche Rechtschreibung*. Mannheim 2006

EUROPÄISCHE KOMMISSION (Hrsg.): *Europäische Rahmenbedingungen für die soziale Verantwortung der Unternehmen*. Grünbuch. Brüssel 2001

GIDDENS, A.: *Die Konstitution der Gesellschaft. Grundzüge einer Theorie der Strukturierung*. Frankfurt/M./New York 1995

FENGLER, S.; S. RUSS-MOHL: Unternehmenskommunikation und Journalismus – ökonomische Analyse einer ungleichen Partnerschaft. In: PIWINGER, M.; A. ZERFASS (Hrsg.): *Handbuch Unternehmenskommunikation*. Wiesbaden 2007, S. 777-798

FUCHS-GAMBÖCK, K.: *Corporate Social Responsibility im Mittelstand. Wie Ihr Unternehmen durch gesellschaftliches Engagement gewinnt*. Heidelberg u.a. 2006

GOTTWALD, F.: *Gesundheitsöffentlichkeit: Entwicklung eines Netzwerkmodells für Journalismus und Public Relations.* Konstanz 2006

GOTTWALD, F.; A. KALTENBRUNNER; M. KARMASIN: *Medienselbstregulierung zwischen Ökonomie und Ethik. Erfolgsfaktoren für ein österreichisches Modell.* Wien et al. 2006

HACHENBERGER, J.: *Intellektuelles Eigentum im Zeitalter von Digitalisierung und Internet: eine ökonomische Analyse von Missbrauchskalkülen und Schutzstrategien.* Wiesbaden 2003

HEININGER, M.; C. STEININGER: Zum Begriff Öffentlichkeit. Eine sprachphilosophische Näherung. In: *Medien Journal*, 1, 2007, S. 4-25

HEINTEL, P.: Systemtranszendenz und die Selbststeuerung von Systemen. In: BAMMÉ, A.; P. BAUMGARTNER; W. BERGER; E. KOTZMANN (Hrsg.): *Klagenfurter Beiträge zur Technikdiskussion.* Bd. 94., 2000

HELD, T.: Co-Regulation in European Union member states. In: *Communications*, 2007, 32, S. 355-362

HONDRICH, K.-O.: *Enthüllung und Entrüstung. Eine Phänomenologie des politischen Skandals.* Frankfurt/M. 2002

INGLEHART, R.: *Modernisierung und Postmodernisierung.* Frankfurt/M. 1998

KANT, I.: *Kritik der reinen Vernunft.* Frankfurt/M. 1974

KARMASIN, M.: *Das Oligopol der Wahrheit. Medienunternehmen zwischen Ökonomie und Ethik.* Wien 1998

KARMASIN, M.; F. WEDER: *Organisationskommunikation und CSR: Neue Herausforderungen an Kommunikationsmanagement und PR.* Münster et al. 2008

KEUPP, H.; B. RÖHRLE (Hrsg.): *Soziale Netzwerke.* Frankfurt/M., New York 1987

KIEFER, M. L.: *Medienökonomik. Einführung in eine ökonomische Theorie der Medien.* München/Wien 2005

KLAGES, H.; T. GENSICKE: Wertesynthese – funktional oder dysfunktional. In: *Kölner Zeitschrift für Soziologie und Sozialpsychologie*, 2004, 58. Jg/2, S. 332-351

KNAUR: *Knaurs Lexikon der Synonyme.* München 1992

KRAINER, L.: *Medien und Ethik. Zur Organisation medienethischer Entscheidungsprozesse.* München 2001

KRAINER, L.; P. HEINTEL: *Prozessethik. Zur Organisation ethischer Entscheidungsprozesse.* Wiesbaden 2010

LÖFFELHOLZ, M.; T. QUANDT (Hrsg.): *Die neue Kommunikationswissenschaft. Theorien, Themen und Berufsfelder im Internet-Zeitalter. Eine Einführung.* Opladen 2003

MARCINKOWSKI, F.: Politische Kommunikation und politische Öffentlichkeit. Überlegung zur Systematik einer politikwissenschaftlichen Kommunikatorforschung. In: MARCINKOWSKI, F. (Hrsg.): *Die Politik der Massenmedien*. Köln 2001, S. 237-256

MARREWIJK, M. V.: Concepts and Definitions of CSR and Corporate Sustainability: Between Agency and Communion. In: *Journal of Business Ethics*, 2003, 44, S. 95-105

MARREWIJK, M. V.; M. WERRE: Multiple Levels of Corporate Sustainability. In: *Journal of Business Ethics*, 2003, 44, S. 107-119

MEIER, W. A.; I. PERRIN: Media Concentration and Media Governance. In: *Communications*, 2007, 32, S. 336-343

NOELLE-NEUMANN, E.: *Öffentliche Meinung. Die Entdeckung der Schweigespirale.* Frankfurt/M. 1996

ORF: *Wert über Gebühr*. Wien 2007

PONS: *PONS Handwörterbuch Deutsch-Englisch, Englisch-Deutsch*. Stuttgart 1995

PUPPIS, M.: Media Governance as a Horizontal Extension of Media Regulation: The Importance of Self- and Co-Regulation. In: *Communications*, 2007, 32, S. 330-336

SCHIMANK, U.: *Theorien gesellschaftlicher Differenzierung*. 2. Auflage. Opladen 2000

SCHIMANK, U.: Organisationen: Akteurkonstellationen – Korporative Akteure – Sozialsysteme. In: ALLMENDINGER, J.; T. HINZ (Hrsg.): *Organisationssoziologie. Kölner Zeitschrift für Soziologie und Sozialpsychologie*, Sonderheft 42. Wiesbaden 2002, S. 29-54

SCHULZ, W.; T. HELD: *Regulierte Selbst-Regulierung als Form modernen Regierens*. Studie des Hans-Bredow-Instituts für Medienforschung an der Universität Hamburg im Auftrag des Bundesbeauftragten für Angelegenheiten der Kultur und der Medien. Endbericht Mai 2002

STAPF, I.: *Medien-Selbstkontrolle: Ethik und Institutionalisierung*. Konstanz 2006

STEGBAUER, C.: *Netzwerkanalyse und Netzwerktheorie. Ein neues Paradigma in den Sozialwissenschaften*. Wiesbaden 2008

ULRICH, P.: *Integrative Wirtschaftsethik. Grundlagen einer lebensdienlichen Ökonomie*. Bern 2001

WABNEGG, H.: *Das Öffentliche verantworten. Zur politischen Steuerung des Öffentlichen*. Heidelberg 2006

WEDER, F.: Produktion und Reproduktion von Öffentlichkeit. Über die Möglichkeiten, die Strukturationstheorie von Anthony Giddens für die Kommunikationswissenschaft nutzbar zu machen. In: HEPP, A.; F.

KROTZ; C. WINTER (Hrsg.): *Theorien der Kommunikations- und Medienwissenschaft*. Wiesbaden 2007, S. 345-362

WEDER, F.: Communities als ›neue Öffentlichkeiten‹? Über die Abgrenzung von Öffentlichkeiten aus der Perspektive der Organisationskommunikation. In: SCHACHTNER, C; A. HÖBER (Hrsg.): *Learning Communities. Der Cyberspace als neuer Lern- und Wissensraum*. Frankfurt/M., New York 2008, S. 95-106

WEDER, F.: *Organisationskommunikation und* PR. Wien et al. 2009

WEDER, F.; M. KARMASIN: Österreichische Medienunternehmen in der Verantwortung. In: STARK, B.; M. MAGIN (Hrsg.): *Die österreichische Medienlandschaft im Umbruch. Relation: Communication Research in Comparative Perspective*. Vol. 3, Vienna [Austrian Academy of Sciences Press] 2009

WESSLER, H.: *Öffentlichkeit als Prozess. Deutungsstrukturen und Deutungswandel in der deutschen Drogenberichterstattung*. Opladen, Wiesbaden 1999

WIMMER, J.: *(Gegen-)Öffentlichkeit in der Mediengesellschaft. Analyse eines medialen Spannungsverhältnisses*. Wiesbaden 2007

WINTER, C.: Kulturelle Öffentlichkeiten? Kritik des Modells bürgerlich-liberaler Öffentlichkeit. In: FAULSTICH, W. (Hrsg.): *Konzepte von Öffentlichkeit*. Bardowick 1993, S. 29-46

AUTORINNEN UND AUTOREN

DE ACEVEDO, MIRIAM, 1980, Lic. phil., Assistentin am IPMZ – Institut für Publizistikwissenschaft und Medienforschung der Universität Zürich in der Abteilung Medienökonomie und Management, Forschungsschwerpunkte: Medienökonomie und Medienmanagement, vor allem Management der Unterhaltungsproduktion und Medienmarketing.

FÖRSTER, KATI, Prof. Dr., Jahrgang 1975, promovierte nach ihrem Studium der Betriebswirtschaftslehre zum Thema ›Personalisiertes E-Learning in Unternehmen‹ am Lehrstuhl für Marktorientierte Unternehmensführung der TU Dresden. Danach Forschungsaufenthalt in San Diego (USA). Seit 2004 ist sie hauptberufliche Dozentin in den Studiengängen Medienmanagement sowie Media- und Kommunikationsberatung an der Fachhochschule St. Pölten; interimistische Studiengangsleitung; Aufbau und Leitung des Forschungsinstitituts für Medienwirtschaft. Im Frühjahr 2010 Forschungsaufenthalt an der University of South Florida, School of Mass Communication (USA). Forschungsschwerpunkte: Medienmarkenmanagement, Werbewirkungsforschung, Social Media Marketing.

FUNK, LOTHAR, Prof. Dr., Dipl.-Volksw., Jg. 1965, ist seit 2004 Professor für Volkswirtschaftslehre, insbesondere Internationale Wirtschaftsbeziehungen, an der Fachhochschule Düsseldorf. Er lehrt dort auch jährlich einen Einführungskurs in die Medienökonomie. Er ist zudem Fellow am Institut der deutschen Wirtschaft Köln, am Institute for German Studies des European Research Institute, Birmingham/Großbritannien, sowie Mitglied des ordnungspolitischen Beirats der Konrad-Adenauer-

Stiftung. Sein Studium absolvierte er an den Universitäten Trier und Loughborough, Großbritannien und war während dieser Zeit Stipendiat des Instituts zur Förderung publizistischen Nachwuchses, e.V. Vor seiner Tätigkeit in Düsseldorf arbeitete er als wissenschaftlicher Assistent an der Universität Trier, als DAAD-Fachlektor an der Universität Birmingham, Großbritannien und als Referats- und Projektleiter am Institut der deutschen Wirtschaft Köln. Seine jüngste Buchveröffentlichung: *Arbeitsmarkttheorien. Eine ökonomisch-juristische Einführung*, 3. Aufl., Physica, Heidelberg 2010 (zusammen mit Werner Sesselmeier und Bernd Waas). Zudem ist er Koautor eines Lehrbuches zur Makroökonomik und hat mehrere Bücher herausgegeben sowie eine Vielzahl von Aufsätzen, vor allem zur vergleichenden Volkswirtschaftslehre, publiziert.

GRANNEMANN, NILS, hat an der Universität Hamburg, der New York University und der Bond University studiert. Er ist wissenschaftlicher Mitarbeiter und Head of International Office an der Hamburg Media School. Seine Lehr- und Forschungsschwerpunkte sind Finanzplanung, Mathematik und Betriebswirtschaftslehre.

GRÜBLBAUER, JOHANNA, Jg. 1982, studierte Medienmanagement an der FH St. Pölten. Zur Zeit ist sie Wissenschaftliche Mitarbeiterin am Institut für Medienwirtschaft an der Fachhochschule St. Pölten. Ihre Forschungsschwerpunkte sind: Medieninnovations- und Transformationsmanagementforschung mit den Schwerpunkten Qualität, Branding und Marketing, insbesondere bezogen auf Verlage und sonstige Printbetriebe.

GUNDLACH, HARDY, Prof. Dr., Professor für Medien- und Informationsökonomie an der Hochschule für Angewandte Wissenschaften Hamburg, Fakultät Design, Information und Medien; bis 2006 wissenschaftlicher Referent der Kommission zur Ermittlung der Konzentration im Medienbereich (KEK); wissenschaftlicher Mitarbeiter, Gerhard-Mercator-Universität-Gesamthochschule-Duisburg, Fachgebiete Spezielle Wirtschaftspolitik, Forschungsgruppe Öffentliche Wirtschaft; Promotion über die öffentlich-rechtlichen Rundfunkanstalten zwischen öffentlichem Auftrag und marktwirtschaftlichem Wettbewerb. Arbeitsschwerpunkte: Medien- und Informationsökonomie, Industrieökonomik, Public Management, Internet- und Digitalökonomie, Wettbewerbspolitik, (De-)Regulierung, Infrastrukturtheorie.

HELD, THORSTEN, Dr., geb. 1971, studierte Rechtswissenschaft an der Universität Hamburg. Er gehört als in Hamburg zugelassener Rechtsanwalt dem Büro für informationsrechtliche Expertise (i.e.) an. Außerdem ist er seit 1998 wissenschaftlicher Referent am Hans-Bredow-Institut für Medienforschung. Ein Schwerpunkt seiner Arbeit am Institut liegt auf der Frage, wie die verfassungsrechtlichen Vorgaben für öffentliche Kommunikation auch unter veränderten technischen und gesellschaftlichen Bedingungen erfüllt werden können. Ein weiteres Arbeitsfeld sind neue Regulierungskonzepte für den Rundfunk und das Internet, etwa in den Bereichen Jugendschutz, Konzentrationskontrolle und Werbung. Als Anwalt ist er vor allem im Bereich Medien und Telekommunikation tätig.

JUST, NATASCHA, Mag. Dr., geboren 1972 in Rom, Italien. Oberassistentin an der Abteilung Medienwandel & Innovation des Instituts für Publizistikwissenschaft und Medienforschung (IPMZ) der Universität Zürich. Studium der Publizistik- und Kommunikationswissenschaft sowie der Romanistik an den Universitäten Salzburg und Wien sowie an der Università degli Studi, Perugia. Hertha-Firnberg-Stipendium des FWF – Der Wissenschaftsfonds, Österreich. Forschungsaufenthalte u. a. an der Stanford Law School, Stanford University und der Annenberg School for Communication, USC, Los Angeles. Forschungsschwerpunkte: Kommunikationsökonomie und -politik, Medienwandel, Marktmachtkontrolle, Informationsgesellschaft.

KARMASIN, MATTHIAS, geboren 1964 in Wien, Univ.-Prof. Mag. DDr., Ordinarius für Kommunikationswissenschaft an der Universität Klagenfurt, Vorsitzender des wissenschaftlichen Förderpreises des Verbandes österreichischer Zeitungen (VÖZ), stv. Vorsitzender des Publizistikförderungsbeirats (§ 9 PubFG) der KommAustria, stv. Obmann der Kommission für vergleichende Medien- und Kommunikationsforschung der österreichischen Akademie der Wissenschaften; Studium der Publizistik und Kommunikationswissenschaft, Politikwissenschaft, Philosophie und Betriebswirtschaft (alle Graduierungen mit Auszeichnung), Habilitation für Kommunikationswissenschaft an der Universität Wien, Praxis als Unternehmens- und Medienberater, Gutachter Lehrtätigkeiten an der Wirtschaftsuniversität Wien, den Universitäten Wien, Klagenfurt und Graz, der Donau-Universität Krems, der FHW, der University of Vermont (UVM Burlington), der University of Tampa (UT Florida), Faculty Member IMBA

WU-WIEN/USC (University of South Carolina), Vertretungsprofessur und Ruf (C4) an der TU-Ilmenau, Gastprofessor am IAK (Institut für angewandte Kulturwissenschaft) der Universität Karlsruhe TH. Forschungsgebiete: Kommunikationstheorie, Organisationskommunikation, interkulturelle Kommunikation, Medien- und Wirtschaftsethik, Medienökonomie, Medienmanagement.

KOLO, CASTULUS, Dr. rer. nat. Dr. phil., geboren 1965, Studium der Kulturanthropologie und Soziologie (München) sowie der Physik (u. a. CERN). Professor und Studiengangleiter für Medienmanagement an der Macromedia Hochschule für Medien und Kommunikation MHMK (München) sowie Geschäftsführer der Strategieberatung future directions GmbH. Forschungsschwerpunkte: Medienökonomie und Strukturwandel, Wandel der Wertschöpfung als Herausforderung für das Medienmanagement, Medien und Innovationsforschung, Nutzung und Aneignung von Online-Medien, Methoden empirischer Sozialforschung und statistischer Analyse.

KOPS, MANFRED, Dr., Jg. 1950, Studium der Volkswirtschaftslehre, Soziologie und Informatik an den Universitäten Bonn, Köln und Pennsylvania State University. Examen zum Diplom-Volkswirt soz.wiss. R. an der Universität zu Köln im Jahr 1976; Promotion dort 1982. Seit 1992 Geschäftsführer des Instituts für Rundfunkökonomie an der Universität zu Köln. Forschungsschwerpunkte: die deutsche duale Rundfunkordnung, internationaler Vergleich von Mediensystemen, Finanzierung von Medien, Medienpolitik.

KRAINER, LARISSA, Univ.-Prof. Dr., Jahrgang 1967, ist Philosophin, Kommunikationswissenschaftlerin und Interventionsforscherin. Sie leitet den Arbeitsbereich Kommunikationswissenschaft, Organisationskommunikation und Medienmanagement an der Universität Klagenfurt. Arbeitsschwerpunkte: Medienethik, Nachhaltigkeitskommunikation, Kulturelle Nachhaltigkeit.

KRONE, JAN, Prof. (FH) Dr., Studierte Publizistik- und Kommunikationswissenschaft, Jura, Neuere Deutsche Literatur sowie Theaterwissenschaft an der Freien Universität Berlin und promovierte am dortigen Fachbereich Politik- und Sozialwissenschaften. Er arbeitet vorwiegend an ökonomischen und politischen Aspekten der Mediennutzung sowie zum Medienwandel allgemein und ist aktuell Leiter des Moduls Medien im Department Wirtschaft an der Fachhochschule St. Pölten GmbH, Österreich. Neben freier Beratertätigkeit für die INNOVATION International Media Consulting Group, Pamplona/New York nimmt er derzeit die Sprecherfunktion für die Fachgruppe Medienökonomie in der Deutschen Gesellschaft für Publizistik- und Kommunikationswissenschaft wahr.

LATZER, MICHAEL, Prof. Mag. Dr. habil., Jg. 1961. Lehrstuhl für Publizistik- und Kommunikationswissenschaft am IPMZ – Institut für Publizistikwissenschaft und Medienforschung der Universität Zürich; Leiter der Abteilung Medienwandel & Innovation. Studium der Betriebs- und Wirtschaftsinformatik sowie der Politikwissenschaft/Pädagogik an der Universität Wien; Habilitation für Kommunikationsökonomie und -politik; Forschungsaufenthalte und Gastprofessuren u.a. an der Columbia University, NY, der Keio University, Tokio, der University of California, San Diego und der Wirtschaftsuniversität Wien. Forschungsschwerpunkte: Technische, ökonomische und politische Aspekte/Implikationen von Medieninnovationen im konvergenten Kommunikationssektor.

MELLMANN, ULRIKE, Jg. 1979, Studium von 2000-2006 an der FSU Jena in Medienwissenschaft (Kommunikationswissenschaft mit Schwerpunkt Ökonomie und Organisation der Medien), Interkulturelle Wirtschaftskommunikation und Psychologie. Seit 2007 ist sie wissenschaftliche Assistentin/Doktorandin am IPMZ der Universität Zürich, Abteilung Medienökonomie und Management. Forschungsschwerpunkte: Internationale Werbeentwicklung, Ökonomisierung der Medien.

PAGEL, SVEN, Prof. Dr., Dipl.-Kfm., Jg. 1973, ist Professor für Betriebswirtschaftslehre, insbesondere Kommunikation und Multimedia, an der Fachhochschule Düsseldorf. Als Studiengangleiter ist er dort für das Bachelor-Programm ›Kommunikations- und Multimediamanagement‹ verantwortlich. Des Weiteren ist Sven Pagel Sprecher des Forschungsschwerpunkts Kommunikationsforschung mit Fokus auf digitaler Bewegtbildkommunikation und Usability-Forschung. Vorher arbeitete er bei Rundfunksendern in den Bereichen Informationstechnologie, Digitalfernsehen und Internetredaktion. Sein BWL-Studium hat er in Gießen, Edinburgh und Montpellier absolviert sowie am Institut für Journalistik der Universität Dortmund zu einem medienökonomischen Thema promoviert.

PELLEGRINI, TASSILO, M.A., Jg. 1974, studierte Handelswissenschaften, Kommunikationswissenschaft und Politologie. Er ist seit 2004 Bereichsleiter Media & Transfer an der Semantic Web Company in Wien und seit Ende 2007 Dozent im Studiengang Medienmanagement der Fachhochschule St. Pölten GmbH. Zum Zeitpunkt der Veröffentlichung promoviert er über Policy-Learning in der Europäischen Union am Beispiel Software-Patentdirektive und arbeitet zu Fragestellungen offener Lizenzierungsmodelle. Weitere Schwerpunktthemen sind neue Medientechnologien, Semantic Web und Metadaten-Ökonomie.

RIMSCHA, M. BJØRN VON, Jg. 1978, Dr., Oberassistent am IPMZ – Institut für Publizistikwissenschaft und Medienforschung der Universität Zürich in der Abteilung Medienökonomie und Management, Forschungsschwerpunkte: Medienökonomie und Medienmanagement, vor allem Management der Medienproduktion, Unterhaltung und Kommunikatorforschung.

ROTT, ARMIN, Prof. Dr., ist Professor für Medienökonomie und internationales Management an der Bauhaus-Universität Weimar und akademischer Leiter des Fachgebietes Medienmanagement an der Hamburg Media School sowie geschäftsführender Gesellschafter des Instituts für TV-Management. Seine Schwerpunkte in Forschung und Lehre sind Medienökonomie, empirische Wettbewerbsforschung, Wettbewerbspolitik und strategische Unternehmensführung.

SERONG, JULIA, Jg. 1982, Studium der Kommunikationswissenschaft, Wirtschaftspolitik und Englischen Philologie in Münster. Von 2007 bis 2008 Wissenschaftliche Hilfskraft am Institut für Kommunikationswissenschaft der Universität Münster. Seit 2009 Wissenschaftliche Mitarbeiterin am Institut für Publizistik- und Kommunikationswissenschaft der Freien Universität Berlin. Aktuelle Forschungsschwerpunkte: Journalismusforschung, Medienqualität, Öffentlichkeitstheorie.

SEUFERT, WOLFGANG, Prof. Dr. phil., Dipl.-Volkswirt, Professor für Kommunikationswissenschaft mit dem Schwerpunkt Ökonomie und Organisation der Medien an der Fakultät für Sozial- und Verhaltenswissenschaften der Friedrich-Schiller-Universität Jena, Institut für Kommunikationswissenschaft. Studium der Publizistik/Kommunikationswissenschaft, Volkswirtschaftslehre und Geschichte an der Freien Universität Berlin.

1983-2003 wissenschaftlicher Referent für Neue Medien am Deutschen Institut für Wirtschaftsforschung, Berlin. 2003 Habilitation in Publizistik- und Kommunikationswissenschaft, Freie Universität Berlin. Forschungsschwerpunkte: Medienökonomie, Medienregulierung, Strukturwandel der Medienwirtschaft.

SIEGERT, GABRIELE, Jg. 1963, Prof. Dr., Direktorin des IPMZ – Institut für Publizistikwissenschaft und Medienforschung der Universität Zürich und Ordinaria für Publizistikwissenschaft mit Schwerpunkt Medienökonomie, Forschungsschwerpunkte: Medienökonomie und Medienmanagement, vor allem Management der Medienproduktion und Medienmarken sowie Werbung.

SÜSSENBACHER, DANIELA, Jg. 1973, Studium der Publizistik und Kommunikationswissenschaft, Psychologie und Soziologie. Seit 2004 Mitarbeiterin am Institut für Journalismus & Medienmanagement. Seit April 2007 Bereichsleiterin. Seit 2008 Keyresearcher. 2008-2009 Leitung des Forschungsprojekts ›Public Value‹. Laufende Dissertation: *Selbst- und Fremdthematisierung des Journalismus am Beispiel der ›Public-Value‹-Diskussion.*

TROMMERSHAUSEN, ANKE, Dr., Jg. 1975, studierte Angewandte Kulturwissenschaften an der Universität Lüneburg mit dem Schwerpunkt Medien und Kommunikation. Sie schloss ihre Promotion im Rahmen des Doktoratsstudiums an der Alpen-Adria-Universität Klagenfurt im Fach Medien- und Kommunikationswissenschaft an der Fakultät für Kulturwissenschaften mit Auszeichnung ab. Sie arbeitete als wiss. Mitarbeiterin an der Universität Lüneburg sowie am Institut für Journalistik und Kommunikationsforschung (IJK) der Hochschule für Musik und Theater in Hannover im Studiengang Medienmanagement. Ihre Forschungsschwerpunkte sind das strategische Medienmanagement mit Fokus auf Corporate Social Responsibility in Medienunternehmen, Cultural Studies und die alltagskulturelle Bedeutung digitaler Netzwerkmedien für (Medien-) Unternehmen und Gesellschaft sowie qualitative Forschungsmethoden. Derzeit ist sie Lehrbeauftragte am IJK Hannover.

TROXLER, REGULA, Mag. (FH), Jg. 1985, absolvierte von 2004 bis 2008 ein Diplomstudium am Institut für Journalismus & Medienmanagement, FH Wien-Studiengänge der WKW. Seit Herbst 2008 ist sie ebendort wissenschaftliche Mitarbeiterin des Forschungsprojekts ›Public Value‹. Zur Zeit ist sie Doktoratsstudentin am Institut für Publizistik- und Kommunikationswissenschaft, Universität Wien. Seit 2007 freie Mitarbeit beim Österreichischen Buchklub der Jugend. Autorin von *Der gläserne Wähler/Konsument. Markt- und Meinungsforschung weiß alles über uns – oder?* (2009, Hrsg. C. Hüffel, F. Plasser, D. Ecker). Forschungsschwerpunkte: Public Value und Neue Medien, Medien im Spannungsfeld von Kultur und Ökonomie, Jugendmedien, Gender Studies.

WEDER, FRANZISCA, Ass.-Prof. Dipl.-Journ. Dr., Jg. 1977, ist Kommunikationswissenschaftlerin mit besonderem Schwerpunkt auf dem Fachbereich Organisationskommunikation/Public Relations am Institut für Medien- und Kommunikationswissenschaft der der Universität Klagenfurt. Weitere Arbeitsschwerpunkte liegen in den Bereichen Corporate Social Responsibility und Nachhaltigkeitskommunikation sowie Öffentlichkeitsforschung und Medienethik.

WINTER, CARSTEN, Prof. Dr., Jg. 1966, studierte Angewandte Kulturwissenschaften an der Universität Lüneburg mit den Schwerpunkten Betriebswirtschaftslehre, Kommunikation und Medien. Er ist Universitätsprofessor für Medien- und Musikmanagement am Institut für Journalistik und Kommunikationsforschung der Hochschule für Musik, Theater und Medien Hannover. Forschungsschwerpunkte: Medienentwicklung und Strategie, Medien- und Konvergenzmanagement und der Wandel von Wirtschaft, Kultur und Gesellschaft.

WIPPERSBERG, JULIA, DDr., Jg. 1976, Studium der Publizistik- und Kommunikationswissenschaft sowie der Rechtswissenschaften; Forschungsschwerpunkte: Fernsehen und Medienwandel; Qualität und Evaluation von Auftragskommunikation.

ONLINE-FORSCHUNG

ANSGAR ZERFASS / MARTIN WELKER / JAN SCHMIDT (Hrsg.)
**Kommunikation, Partizipation und Wirkungen im Social Web.
Band 1: Grundlagen und Methoden: Von der Gesellschaft zum Individuum**
Neue Schriften zur Online-Forschung, 2
2008, Broschur, 213 x 142 mm
ISBN 978-3-938258-66-8

Partizipative Formen der Kommunikation haben in den vergangenen Jahren einen unerhörten Aufschwung genommen. Weblogs, Podcasts und Wikis sind so erfolgreich, dass sie inzwischen die Struktur der Öffentlichkeit verändern. Das spiegelt sich einerseits im Mediennutzungsgefüge wider; klassische Massenmedien wie der Hörfunk, das Fernsehen und die Zeitung verlieren insbesondere bei den jüngeren Nutzergruppen an Rückhalt. Der Erfolg zeigt sich andererseits in der vielfältigen Verwendung durch Unternehmen und Politik. Beide wenden sich direkt an ihre Kunden (Beispiele sind CEO-Blogs oder auch Politik-Podcasts wie von Bundeskanzlerin Merkel) und umgehen die klassischen Gatekeeper. Die Zeit ist deshalb reif, nach der Wirkung dieser Kommunikationsformen zu fragen: gesellschaftlich aber auch auf der Mikroebene.

Das Werk ist zweibändig aufgebaut. Band 1 behandelt Grundlagen und Methoden des neuen Internet auf Makro- und Mikroebene. Einleitend werden in einer überwiegend gesamtgesellschaftlichen Perspektive Grundlagen für die Analyse des Social Web sowie seiner Veränderungen und Potenziale gelegt. Anschließend geht es in einer Mikroperspektive um die Rezipienten und ihr Nutzungsverhalten. Ein drittes Kapitel lotet Potenziale des Social Web als Forschungsinstrument aus und verbindet so Mikro- und die Makroperspektive miteinander.

HERBERT VON HALEM VERLAG
Lindenstr. 19 · 50674 Köln
http://www.halem-verlag.de
info@halem-verlag.de

ONLINE-FORSCHUNG

ANSGAR ZERFASS / MARTIN WELKER /
JAN SCHMIDT (Hrsg.)
**Kommunikation, Partizipation und Wirkungen im Social Web.
Band 2: Anwendungsfelder:
Wirtschaft, Politik, Publizistik**
Neue Schriften zur Online-Forschung, 3
2008, Broschur, 213 x 142 mm
ISBN 978-3-938258-68-2

Band 2 ist den Strategien und Anwendungen im Social Web auf der Mesoebene gesellschaftlicher Organisationen gewidmet: Wie sieht die gelebte Praxis professioneller Kommunikation im Social Web aus, wie reagieren etablierte Akteure auf diese Entwicklungen? Das erste Kapitel beantwort diese Frage im Hinblick auf Journalismus und Verlage, die sich im Spannungsfeld von Selektion und Partizipation bewegen, der zweite Teil für die politische Kommunikation staatlicher und nicht-staatlicher Akteure im neuen Netz. Der dritte Teil richtet den Fokus auf Unternehmen, wobei eine Reihe von Fallbeispielen den praktischen Einsatz von Elementen des Social Web für die interaktive Wertschöpfung verdeutlichen.

HERBERT VON HALEM VERLAG
Lindenstr. 19 · 50674 Köln
http://www.halem-verlag.de
info@halem-verlag.de

MEDIENÖKONOMIE

SIEGFRIED J. SCHMIDT / JÖRG TROPP (Hrsg.)
**Die Moral der Unternehmenskommunikation.
Lohnt es sich, gut zu sein?**
2009, 408 S., 26 Abb., 17 Tab., Broschur,
213 x 142 mm, dt.
ISBN 978-3-938258-48-4

Es scheint, dass ohne einen moralisch korrekten Auftritt der Unternehmenskommunikation sich die Unternehmen heute ökonomische Nachteile einhandeln. Zumindest liegt vor dem Hintergrund des enormen Anstiegs der Kommunikation zum Thema der Übernahme gesellschaftlicher Verantwortung auf Unternehmensebene (Corporate Social Responsibility) ein solcher Befund nahe. Die Wahrnehmung derartiger Kommunikationsangebote wirft die Frage auf, ob es sich dabei lediglich um ein strategisches Manöver, meist werblicher Art, oder um die glaubwürdige Mitteilung verwirklichter unternehmenskultureller Werte handelt - oder ob wir es hier gar nicht mit einer Alternative, sondern mit einer notwendigen Synthese aus Moral und Ökonomie zu tun haben, die durchaus einen paradoxalen Eindruck hinterlassen kann.

Der Band ist gleichermaßen interdisziplinär wie praxisbezogen konzipiert: Beiträge aus der Kommunikationswissenschaft und Betriebswirtschaftslehre sowie Standpunkte und Fallstudien namhafter Kommunikationsagenturen und Unternehmensberatungen spiegeln die Karriere von Moral als Thema der internen wie externen Unternehmenskommunikation wider.

HERBERT VON HALEM VERLAG
Lindenstr. 19 · 50674 Köln
http://www.halem-verlag.de
info@halem-verlag.de

MEDIENÖKONOMIE

GABRIELE SIEGERT /
BJØRN VON RIMSCHA (Hrsg.)
**Zur Ökonomie der
Unterhaltungsproduktion**
2008, 296 S., 12 Abb., 6 Tab., Broschur,
213 x 142 mm, dt.
ISBN 978-3-938258-75-0

Während für die medienpsychologisch orientierte Forschung zur Unterhaltungsrezeption bereits umfangreiche Ergebnisse vorliegen, muss im Bereich der Unterhaltungsproduktion einen Forschungslücke konstatiert werden. Der Sammelband soll einen Beitrag leisten, die Entstehungsbedingungen von Unterhaltungssendungen im Fernsehen besser zu verstehen. Die Auseinandersetzung mit der Entwicklung und Produktion von und dem Handel mit Unterhaltung ist dabei nicht nur medienökonomisch relevant, sondern gleichzeitig auch Basis für die Evaluation des gesellschaftlichen Einflusses dieses Teils der öffentlichen Kommunikation.

Der Band richtet sich an Wissenschaftler, Studierende und Policymaker im Bereich Medienökonomie und Medienwissenschaften sowie Praktiker im deutschsprachigen Raum.

HERBERT VON HALEM VERLAG
Lindenstr. 19 · 50674 Köln
http://www.halem-verlag.de
info@halem-verlag.de

MEDIENÖKONOMIE

THOMAS SCHIERL (Hrsg.)
**Prominenz in den Medien
Zur Genese und Verwertung von
Prominenten in Sport, Wirtschaft
und Kultur**
2007, 360 S., 32 Abb., 33 Tab., Broschur,
213 x 142 mm, dt.
ISBN 978-3-938258-61-3

Egal ob Print, Hörfunk oder TV, wir können der Permanenz von Prominenz kaum entkommen. In den vergangenen Jahren haben sich die Berichterstattung über Prominenz und die Nachfrage nach Prominenten stark ausgeweitet. Trotz der steigenden Relevanz in den Massenmedien hat sich die Forschung diesem Untersuchungsgegenstand in nur geringem Maß angenommen.

Der vorliegende Band widmet sich dem Thema aus unterschiedlichen Perspektiven. Es wird ein genauerer Blick auf rechtliche, kulturelle, ökonomische wie publizistische Entwicklungen geworfen und das Phänomen der Prominenz aus verschiedenen Blickwinkeln eingeordnet. Neben überblicksartigen Beiträgen über Angebot und Rezeption von Medienprominenz werden auch erste Analysen in ausgewählten Teilbereichen (z. B. Sport, Musik) vorgestellt.

HERBERT VON HALEM VERLAG
Lindenstr. 19 · 50674 Köln
http://www.halem-verlag.de
info@halem-verlag.de